南开大学教材建设立项资助

U0678968

国家经济学基础人才培养基地系列教材
南开大学重点专业建设系列教材

劳动经济学

（第二版）

Labor Economics

宁光杰　编著

经济管理出版社
ECONOMY & MANAGEMENT PUBLISHING HOUSE

前　言

　　劳动经济学是一门新兴的应用经济学科。最早的劳动经济学著作是所罗门·布卢姆（Solomon Blum）1925年出版的《劳动经济学》，第二次世界大战后劳动经济学在西方国家得到较快的发展。随着中国市场经济体制改革的深入和劳动力市场的建立与完善，学习劳动经济学、研究中国的劳动和就业问题成为摆在我们面前的一项重要任务。

　　本书是作者在多年教学实践的基础上编写而成的，它系统地介绍了劳动经济学的基本理论和分析方法，并以专题的形式讲解现实中的劳动就业问题。目的在于让学生掌握劳动经济学的基本原理，了解学科发展的最新动态，并能够对现实中的劳动经济问题产生兴趣，运用所学的理论去分析和解决实际经济问题，为我国的社会主义市场经济建设服务。

　　本书的特色如下：一是对劳动经济学的前沿理论做具体介绍，作者参考了多本国外教材，以便于学生能够了解到劳动经济学的新发展。二是注重理论联系实际，强调学科的应用性。在每一个专题中，除了对该专题的理论做出基本介绍，更重要的是对西方国家和中国的现实劳动经济问题做出分析与解释，并有相关的案例教学和实证资料。三是本书综合运用微观经济学、信息经济学、计量经济学等多学科知识进行理论与实证分析，以培养学生的综合素质和研究能力。四是本书设计新颖、实用。每章最后附有本章小结、本章主要概念、思考题、课外阅读文献，有助于学生的复习和课外自学、提高。思考题可以作为学生课后作业用，而课外阅读文献包括一些学术论文和专著，可以引导学生进一步学习，提高其研究能力，这对于高年级本科生和研究生尤其重要。

　　本教材共包括十章：导论（第一章）、劳动力供给（第二章）、劳动力需求（第三章）、劳动力市场的均衡（第四章）、人力资本投资（第五章）、劳动合约与工作激励（第六章）、工会与劳动关系（第七章）、劳动力流动（第八章）、工资差距问题（第九章）、失业问题（第十章），基本涵盖了劳动经济学的主要内容。

目前国内外的劳动经济学教材并不少见。国外教材的理论较系统，但对我国的实用价值需要我们自己去挖掘，而国内能够系统介绍最新理论的教材还不多，且没有紧密结合中国当前的劳动就业问题。本教材的作者对国外的劳动经济学教材做了系统的了解和研读，在消化吸收的基础上进行再创造，无论在教材理论体系方面，还是西方理论与中国实际结合方面，都做出了积极的尝试，以使本书具有更大的应用价值。

劳动经济学是劳动经济学、人力资源管理、社会保障专业的必修课或其他经管类专业的选修课，可以在本科三年级、四年级开设这一课程，学生的必备知识包括微观经济学、宏观经济学、计量经济学。本书也可以作为研究生《劳动经济学》课程的参考教材。

本书第二版在第一版的基础上进行了修订，主要是对部分章节的内容进行修改、调整，增加了新的理论；适应经济形势变化，增加了新的案例和小资料；对数据也尽可能进行了更新；对思考题和课外阅读文献做了补充、修订。对于书中可能出现的疏漏和不妥之处，敬请广大读者不吝赐教，以便进一步修改与提高。

宁光杰

2015 年 1 月

目　　录

第一章　导　论 ……………………………………………………… 1

第一节　劳动经济学的研究对象 …………………………………… 1

第二节　劳动经济学的发展历史 …………………………………… 6

第三节　劳动经济学的研究方法 …………………………………… 8

第四节　本书的结构安排 …………………………………………… 10

第二章　劳动力供给 ………………………………………………… 13

第一节　基本概念 …………………………………………………… 13

第二节　短期劳动力供给决策 ……………………………………… 16

第三节　制度因素对劳动力供给的影响 …………………………… 23

第四节　家庭生产与劳动力供给 …………………………………… 26

第五节　应用：劳动供给弹性的估计 ……………………………… 31

第六节　生命周期中的劳动力供给 ………………………………… 34

第七节　经济周期中的劳动力供给 ………………………………… 43

第八节　生育与劳动力供给 ………………………………………… 45

第三章　劳动力需求 ………………………………………………… 56

第一节　短期的劳动力需求 ………………………………………… 56

第二节　长期的劳动力需求 ………………………………………… 59

第三节　要素的替代与互补 ………………………………………… 62

第四节　技术进步、劳动力需求及其补偿 ………………………… 64

第五节　雇佣调整成本与劳动力需求 ……………………………… 70

第四章　劳动力市场的均衡 ………………………………………… 85

第一节　充分竞争劳动力市场的均衡 ……………………………… 85

第二节　劳动力市场均衡的调整：蛛网模型 ················· 88
第三节　政策应用：政府政策与劳动力市场均衡 ············· 92
第四节　非充分竞争的劳动力市场：买方垄断与卖方垄断 ······· 96
第五节　公共部门的工资与就业 ····················· 105

第五章　人力资本投资 ··························· 114
第一节　教育投资的成本与收益分析 ··················· 115
第二节　教育的信号功能 ························· 128
第三节　在职培训及费用负担 ······················ 133
第四节　培训对劳动者的影响 ······················ 140

第六章　劳动合约与工作激励 ······················ 149
第一节　长期劳动合约 ·························· 150
第二节　隐含合约 ····························· 152
第三节　工资激励：计时工资、计件工资与效率工资 ·········· 155
第四节　对经理的工作激励：锦标赛模型、剩余索取权 ········· 165
第五节　职位晋升激励 ·························· 172
第六节　企业内部劳动力市场 ······················ 174

第七章　工会与劳动关系 ························· 181
第一节　工人参加工会的决定 ······················ 181
第二节　工会与企业的谈判 ······················· 185
第三节　罢工模型 ····························· 192
第四节　工会与资源配置 ························· 197
第五节　工人参与管理、利益分享与职工持股 ·············· 202
第六节　社会分化问题 ·························· 211

第八章　劳动力流动 ··························· 218
第一节　劳动力的跨地区流动 ······················ 218
第二节　家庭迁移与劳动力流动 ····················· 226
第三节　国际移民问题 ·························· 229
第四节　劳动者与企业的寻找行为 ··················· 239
第五节　劳动力流动与岗位匹配 ····················· 247

第九章 工资差距问题 ……………………………………… 253

  第一节 工作性质与工资差距 …………………………… 253

  第二节 技能与工资差距 ………………………………… 264

  第三节 劳动力市场分割与工资差距 …………………… 265

  第四节 劳动力市场歧视与工资差距 …………………… 272

第十章 失业问题 ………………………………………… 287

  第一节 关于失业的一些事实 …………………………… 287

  第二节 工资确定、工资黏性与失业 …………………… 294

  第三节 周期性失业 ……………………………………… 302

  第四节 技术变动与结构性失业 ………………………… 305

  第五节 寻找工作模型与摩擦性失业 …………………… 311

  第六节 经济全球化与失业 ……………………………… 321

  第七节 失业的综合分析 ………………………………… 323

附 录 ……………………………………………………… 331

参考文献 ………………………………………………… 332

后 记 ……………………………………………………… 333

第一章 导 论

第一节 劳动经济学的研究对象

劳动是人类历史发展进程中的重要活动，工业化国家中劳动收入构成了总收入的最大比重——大约2/3，剩下的1/3是资本投资收入。对于微观个体而言，劳动收入也构成其主要的收入来源，尤其是大部分人要被他人雇用以获得工资性收入。① 在市场经济社会中，人们的劳动与市场发生紧密的联系。合理地利用、配置劳动力这种资源（其中包含劳动力资源与其他资源的有效组合），对经济效率的提高是至关重要的。劳动经济学这门学科主要是研究如何通过劳动力市场合理有效地配置劳动力资源。我们知道，经济学是研究如何有效地配置稀缺的资源，以满足人们不断增长的物质需要的学科。作为资源的一种，在特定的历史时期和特定的地区，不同类型的劳动力资源也会出现稀缺问题。劳动经济学研究如何有效地配置稀缺的劳动力资源，因而它是经济学的一个分支学科，它以特定的要素——劳动力作为研究对象，或者说是研究与劳动力配置相关的一切问题。劳动经济学主要研究下面一些问题：劳动参与率的高低、企业对劳动力的需求、工资的决定与劳动力市场的均衡、人力资本投资、劳动合约与工作激励、工会活动、劳动力的流动、工资差距、失业问题等。这些问题不仅与微观劳动者的切身利益相关，也与宏观经济的运行密切相联。

对劳动力市场的关注不仅仅来自私人的利益考虑（人们希望通过劳动获得更多的收入），也来自社会政策的考察，因为劳动经济学研究的领域涉及社会整体的失业率、劳动者与资本所有者的利益冲突等，这些问题构成了政府决策的重要

---

① 除了工资性收入，其他收入包括经营性收入、财产性收入和转移性收入。事实上，经营性收入也与经营者的一部分劳动分不开。

方面。换言之，劳动经济学虽然主要是研究微观主体的经济行为，但它最终必然与宏观经济问题相联系。

劳动和就业问题是微观主体面临的现实问题。例如，一个年轻人选择是否上大学是他的一项经济决策。他要分析接受大学教育的成本和收益，要考虑大学教育到底会对其技能的提高产生怎样的影响。在大学毕业之后，他又面临着如何在劳动力市场上找到适合自己的工作，以使教育的投资收益真正得到实现。当前一方面我国年轻人上大学的比例不断提高，甚至出现"考研究生热"、"考博士热"的问题；另一方面，大学毕业生就业日益困难。这些现象背后的原因是什么？是高校"扩招"带来的劳动力供给增加、劳动力市场就业困难，还是教育质量下降导致学历贬值？这一系列的问题都是劳动经济学值得深入研究的。

【案例】

大学毕业生就业难

自20世纪90年代后期以来，我国高等教育发展迅速。2002年，我国高等教育毛入学率首次达到15%，进入高等教育大众化阶段。随后，高等教育毛入学率一直在上升，到2013年已达到34.5%。但当前大学毕业生的就业问题日益突出，许多大学毕业生找不到理想的工作，长期处于待业状态。2004年，普通高校毕业生达280万人，是2000年的3倍。2006年，高校毕业生总量大幅增加，全国普通高校毕业生达413万人。2013年，高校毕业生更是接近700万人。近年，高校毕业生初次就业率只能维持在70%左右，甚至更低。例如，截至2006年7月5日第一次集中派遣后的数据统计，2006届辽宁省毕业生总体签约率达到50.79%，其中研究生67.02%，本科（含双学位）为55.46%，高职专科生为40.11%。[①] 根据岳昌君（2012）的调查研究，2003年、2005年、2007年、2009年和2011年高校毕业生的就业落实率分别为59.8%、69.9%、71.1%、67.1%和72.2%。[②]《中国教育发展报告（2014）》指出，2013年"史上最难就业年，高校毕业生初次就业率为71.9%，其中专科生为79.7%，本科生为67.4%，硕士生与博士生均为86.2%"。虽然有的数据显示，大学生的就业率并没有出现大幅度的下降，[③] 但是大学生"就业难"又是现实存在的一个不争事实。在失业者中，具有大专以上学历的比例在上升。大学生就业难，表面上看是自1999年大学"扩招"的后续

---

① 《中国大学生就业》，2007年1月5日。

② 岳昌君：《高校毕业生就业状况分析：2003~2011》，《北京大学教育评论》2012年第10卷第1期。

③ 根据麦可思的中国大学毕业生社会需求与培养质量调查的结果，2008届、2009届、2010届和2011届大学生的就业率分别为85.5%、86.6%、89.6%和90.2%。资料来源：麦可思研究院：《中国大学生就业报告》，社会科学文献出版社2012年版。

影响，但更深层的原因在于高等教育体制、大学生就业观念。形成鲜明对比的是，2002年以来，中等职业学校毕业生就业率均保持在90%以上。2011年，全国中等职业学校毕业学生数为662.67万人，就业学生数为640.9万人，平均就业率为96.71%。[①] 另外，就业难是局部的和地区性的，大学生就业难主要集中在东部沿海大城市。西部地区经济发展急需大量高学历的人才，却不能得到满足。大部分大学生不愿到西部地区就业，不愿到民营企业就业。

从企业的角度来看，它们不愿意花力气和成本去考核、甄别人才，只依靠人为提高招聘条件（要硕士、博士而不要本科生）来达到获取高素质人才的目的，这也在一定程度上刺激了学生进行过度教育投资，导致大学毕业生就业难。

许多企业不愿意雇用应届大学毕业生的一个重要原因是他们缺乏工作经验。企业不愿意为大学生提供技能培训、积累经验的机会，只愿意接受具有工作经验的劳动者。

对于企业而言，在生产过程中如何合理安排资本和劳动力的组合比例，决定着企业生产成本的高低和经济效率水平。从企业的长远发展来看，随着技术的发展变化，需要不断对员工进行技能培训，以提高他们的劳动生产率。企业内部还要通过一定的工资制度、奖金制度以及晋升制度，来加强对员工的激励，充分调动员工的工作积极性。例如，我国近年出现的"民工荒"、技术工人缺乏现象，需要从劳动者的薪酬设计、产业结构升级、企业培训体系、教育内容与就业市场脱节等多个方面寻找答案。

【案例】

技能人才短缺状况为何难以改变？

据全球领先管理咨询公司麦肯锡的最新报告，随着经济结构的进一步转型和调整，中国对高技能人才的需求正飞速增长。到2020年，如果劳动者的技能不能进一步得以提升，中国将面临2400万的人才供应缺口。中国劳动科学研究所《2010～2020年我国技能劳动者需求预测研究报告》也指出，目前全国技能劳动者总需求约为11577.3万人，短缺927.4万人；高技能人才需求为3067.1万人，短缺105.8万人。据该需求预测研究报告课题组负责人刘军分析，未来时期，我国高技能人才队伍建设将面临三大突出矛盾，一是总量矛盾突出，二是结构性矛盾突出，三是经济社会发展过程中技能劳动者需求结构和形态特征不断变化。

---

① 教育部官方网站，2012年7月25日。

技能人才短缺现状为何难以改变？分析技能人才短缺的原因主要有以下几点：

首先是政策制度方面。尽管高技能人才的社会地位得到了极大改善，但技能人才得不到社会应有的承认与尊重依然是不争的事实。高技能人才培养投入总体不足，培养培训机构能力建设滞后，人才发展的体制机制障碍依然存在。

其次是社会文化环境方面，"学而优则仕"的文化心理作怪。我国自古就有"万般皆下品，唯有读书高"的古训，"劳心者治人，劳力者治于人"的传统观念对青年择业有着深刻的影响。目前60%~70%技校生是农村孩子，他们上技校并不是因为兴趣爱好，而是因为没钱上大学。在发达国家的就业人口中，技工比例占到了大多数，形成了"橄榄型"结构，而我国却出现了"哑铃型"结构，接受高等教育人口的比例大增，而技能人才却成为稀有人群。

最后是企业方面。许多企业以追求利润最大化为目标，给予技能工工资待遇相对较低，不少技工是劳务派遣的身份；企业对于技能人才的投入积极性不高，对技术工人的培训也关心不够。特别是民营企业无力也不愿培养人才，只使用不培养现象较为普遍。即便是有的技能人才利用业余时间获得了更高一级的职业资格证书，却在收入分配中得不到合理体现，形成一定负面影响，如企业技工人才流失、技工转行、技能人才断档等。

资料来源：朱志敏：《技能人才短缺状况为何难以改变》，《中国人才杂志》2013年第7期。

在市场经济中，政府的出现是为了解决市场失灵的问题。在劳动力市场上，同样也存在市场失灵的现象，也需要政府干预。在经济运行过程中，当就业率低于充分就业水平时，政府要采取积极的措施解决失业问题，例如提供失业救济和技能培训。政府制定的各项劳动政策和法规，要在保护劳动者基本权益的同时，有助于提高劳动力资源配置的效率，而不能一味地盲目保护，抑制企业雇用劳动力的积极性。

例如，我国各省市都制定了最低工资保障，最低工资标准水平各地为何不同？制定的依据是什么？最低工资政策的出台是否会对劳动力市场的正常运转产生不利影响？是否会像经典微观经济学中所描述的那样导致劳动力供给增加、劳动力需求减少，从而出现更多的失业？政府在何种情况下需要对劳动力市场进行干预？要回答这些问题，需要我们学习劳动经济学的基本原理知识，运用所学原理并结合中国的劳动力市场实际情况进行分析。

【案例】

最低工资调整

2014 年 4 月 1 日起，北京市最低工资标准由每月 1400 元调整为 1560 元，小时最低工资标准由 15.2 元提高到 16.9 元；上海最低工资标准从 1620 元调整为 1820 元，小时最低工资标准从 14 元增至 17 元；天津最低工资标准由 1500 元调整为 1680 元，小时最低工资标准由 15 元调整为 16.8 元。2014 年以来，全国已有重庆、陕西、深圳、山东、北京、上海、天津 7 个地区上调了最低工资标准。

值得注意的是，北京和上海的最低工资标准执行的是"净收入"，即劳动者的最低工资不包括其个人应缴纳的养老、失业、医疗等社会保险（放心保）费及住房公积金等，是实实在在的"到手工资"。除了"五险一金"的费用，根据京沪两地规定，最低工资也不包括伙食补贴、交通费补贴、住房补贴及加班工资。

2013 年，包括北京、上海和广州在内的全国 15 个重点城市的普通劳动者薪酬，同比增长 4.66%，高于同期 CPI 2.6% 的涨幅，但仍低于 2012 年 7.7% 的 GDP 涨幅。而据"十二五"规划纲要，我国最低工资标准年均调增幅度至少为 13%。于是，综合参考经济发展水平、企业承受力、物价水平等因素，各地最低工资标准一涨再涨，给劳动者和用工企业传递出这一信号——政府要"补短板、兜底线"，要保证工资跑赢 GDP。

调高最低工资标准，可谓"牵一发而动全身"，随之而来的是加班补贴、养老保险、社保等最低计算基数的相应调整。每次提高最低工资标准都会出现市场的优胜劣汰，在"用工荒"、"招工难"的现实境况下，企业用工成本愈发高企，小部分企业已在考虑将产能搬离中国。根据渣打银行 3 月 27 日发布的《珠三角 375 家企业工资调查》（以下简称《调查》）显示，在受访的 375 家珠三角地区的港资和台资制造业企业中，有 6% 的企业表示最低工资提高对其工资水平有"重大影响"；过半受访企业称最低工资标准提高迫使企业加薪幅度超出原计划；42% 的企业表示无论最低工资标准增加与否，都会上调薪资。此外，社保缴纳的更严格执行也加重了制造企业的成本负担。面对工资压力的不断上涨，企业是迁厂还是追加投资？《调查》称，迁出中国并非企业首选，事实上考虑迁往内陆的企业数量是迁离中国企业数量的两倍。"一小部分但数量不断增加的受访企业表示正考虑将产能搬离中国，然而多数企业称仍会通过增加资本投资来降低劳动力成本。"

资料来源：刘熠：《7 省市上调最低工资标准》，《南方日报》2014 年 4 月 25 日。

学习劳动经济学会使你对劳动力市场的运转有深刻的理解，并能够预见市场可能出现的结果。作为一个劳动者，这有助于你充分发挥自己的才能，获得尽可能多的劳动收入，使自己的人生更加精彩。作为一个企业主，这可以帮助你有效地利用各种类型的劳动力资源，实现利润最大化。作为一个政府官员，在宏观经济管理过程中，劳动经济学的学习会为你提供指导，让你制订出合理的政策，以充分发挥劳动力市场的配置功能，并弥补其固有的缺陷，使一国或一个地区的劳动力资源得到最有效的利用。

从上面的分析中，我们可以发现劳动经济学中的三个微观主体——劳动者、企业与政府。有时，劳动者会联合起来，组成工会。因此，工会也成为劳动经济学的一个重要角色。

作为要素市场之一，劳动力市场与其他要素市场（比如土地市场、资本市场）相比，有其特殊性。主要在于劳动力这种商品的特殊性，它不仅具有异质性——有不同类型的劳动力，劳动者的技能很难做数量上的衡量；而且具有非物化的特征——劳动力是具有感情的社会动物。所以，研究劳动力市场问题就不能采用纯经济的分析思维，而要与心理学等其他社会科学联合，以取得更真实的结果。劳动力市场的供给也具有特殊性：供给曲线会出现向后弯的现象（我们在第二章中将详细论述）。此外，统一的、充分竞争的劳动力市场很难形成，我们看到的现实劳动力市场都存在着一定程度的分割，甚至出现二元结构劳动力市场：头等劳动力市场（Primary Labor Market）上就业稳定、工资较高，而次等劳动力市场（Secondary Labor Market）上就业不稳定、工资较低，次等劳动力市场上的劳动者要想流入头等劳动力市场，存在很大的障碍。我国的劳动力市场相对于其他要素市场而言，市场化程度还较低。最后，不同国家对劳动就业有不同的法律、政策，从而形成了不同的就业体制。例如，欧洲国家的就业体制不同于美国的就业体制，有更多的就业保护。这些特殊性都是我们在研究劳动经济问题时需要注意的。

第二节　劳动经济学的发展历史

因为经济学有两大理论基石——政治经济学（马克思主义经济学）与西方经济学（新古典经济学、凯恩斯经济学），作为经济学的应用分支学科，劳动经济学也会沿着不同的路线发展。以政治经济学为理论基石的劳动经济学的研究对象主要侧重于劳动关系，它们强调劳动关系作为生产关系的重要组成部分，对劳动力资源的配置发挥着重要作用。以西方经济学为理论基石的劳动经济学则假设基本的制度是既定的，侧重研究劳动经济的"技术"层面，即资源配置本身。当然，它们也承认劳动关系会影响资源配置，只是把它作为分析内容的一部分而非主要方面，尤其是不涉及或很少涉及根本的制度和劳资关系。在我国，长期以来劳动经济学是以政治经济学为理论基础，其体制背景为计划经济体制，并深受苏联劳动经济学教科书的影响。改革开放之后，劳动力市场逐步建立起来，通过市场配置劳动力资源的问题变得越来越重要，逐渐地，学习西方劳动经济学理论也日益必要。

本书的劳动经济学分析主要以西方经济学为理论基础，但是我们仍没有忽视体制对劳动问题的作用。在具体分析中国的劳动问题时，更是如此。因为中国目前仍处于经济体制转轨、市场经济体制不断完善的阶段，体制不是固定不变的，它的变化必然会对劳动力市场产生影响。所以，忽视体制和劳动关系的变化会影响我们研究结论的正确性。

从西方劳动经济学的历史发展来看，它是一门比较年轻的学科。但经济学经典作家的著作都涉及劳动就业问题。如亚当·斯密在1776年发表的《国民财富的性质和原因的研究》中提到工资补偿理论——不同工种间的工资差别是对劳动力能力差异和工作难度差异的"补偿"。马歇尔在1890年出版的《经济学原理》中认为工资可以使劳动力供给与需求达到均衡。希克斯在1932年出版的《工资理论》中试图使经济学理论能够适用于对不完全劳动力市场的分析，并且构建了一个工资谈判模型。

早期的劳动就业方面的论著主要研究劳工运动历史、工会谈判、劳动法、劳动关系等内容，代表性的著作是 Richard T. Ely 发表于1886年的《美国劳工运动》。1925年，出现了第一本劳动经济学的论著——Solomon Blum 的《劳动经济学》。劳动经济学作为一门独立的学科是在 John Dunlop、Clark Kerr、Richard Lester、Lloyd Reynolds 等人的推动下于20世纪40年代在美国诞生。这些研究大都是描述性的，强调历史发展和事实，注重制度和法律的分析。到了第二次世界大战以后，经济学理论得到极大的发展，不仅微观经济学和宏观经济学有了更深入的发展，而且出现了人力资本理论、经济增长理论等新理论。一些新的分析工具，如计量经济学也开始得到广泛应用。这时，劳动经济学的学科发展也展开了新的一页。它成为应用的微观经济学和宏观经济学，主要分析劳动力市场的实际运行，解决现实中存在的劳动和就业方面的经济问题。劳动关系等制度问题也属于劳动经济学的研究内容，不过不再作为研究的重点。

劳动经济学在近半个世纪得到快速的发展，在很大程度上是由于工资、就业、人力资本投资是人类经济活动的主要内容，人们对此非常关心，劳动经济学也就成为很受关注的应用经济学科。劳动经济学的学科体系、理论也在不断发展和成熟，有一批经济学者由于在劳动经济学领域做出贡献而获得诺贝尔经济学奖，例如舒尔茨（Schultz）、贝克尔（Becker）、赫克曼（Heckman）、斯宾塞

（Spence）、戴蒙德（Diamond）、莫藤森（Mortensen）和皮萨里德斯（Pissarides）等。在当今国际上的经济学核心期刊上，与劳动、就业相关的论文数量非常多，这反映了劳动经济学在经济学发展中的重要地位。

劳动经济学作为一门独立的学科，与其他相关学科存在一定程度的联系，例如人力资源管理，它也是研究劳动力资源的配置，不过它的视角在企业层面，研究企业内部如何实现人力资源的合理配置。劳动经济学则强调人力资源在全社会范围内的合理配置，研究视角更广阔。作为管理学的分支，人力资源管理的理论基础并不深厚，有时也需要经济学的理论支持。事实上，如今劳动经济学的发展已将微观的企业内部的劳动问题纳入自己的研究体系，只是在保证企业内部人力资源优化的同时，还需要进一步考虑其外部影响和劳动力市场整体效应。劳动经济学与人口经济学也有一定的联系。人口经济学研究人口出生、死亡等变动的规律，人口增长与经济、环境的关系，它与劳动经济学的联系主要体现在劳动力是人口的一部分，对劳动力供给的考察有时需要我们对人口学本身有一定的了解。劳动经济学与教育经济学也有联系，教育经济学主要运用经济学分析教育问题，研究教育的投资、教育管理、教育如何提高人力资本并推动经济增长等问题。劳动经济学中的人力资本理论要研究人力资本投资的两种形式，其一是教育，其二是在职培训，因而与教育经济学的相关理论有联系。此外，教育对劳动力市场还会产生其他方面的影响。劳动经济学与劳动法、劳动关系等学科也有一定的联系，劳动法、劳动关系以协调劳动关系为主要研究对象，更多地与法学、制度经济学相联系。前面已经提到，现代劳动经济学包含劳动关系这一内容，经常在工会理论这一部分出现。

第三节　劳动经济学的研究方法

与其他经济学门类的研究一样，劳动经济学要建立理论模型，然后运用理论来分析、解释和预测现实问题。这里需要了解理论与现实之间的关系。首先，理论的建立来自于对现实事件的观察和了解，而成型的理论又能帮助我们更好地理解现实。其次，理论模型的建立必须简化，一个与现实完全一致、包括所有因素的模型不能称其为模型，它也不能提供任何有指导意义的结果；但是，模型过度简化又会与现实情况相去甚远，从而失真。因此，模型的简化应该是适度的，这个"度"就是能够足以帮助我们了解和预测现实的劳动力市场运行。再次，模型的简化是可以分步骤进行的。可以先建立一个最简单的模型，而后加入一个假设前提，建立新的模型，与最初的模型相比，它与现实贴近了一步。进一步地，再加入一个假设前提，建立更新的模型，它与现实的贴近程度也就进一步加深，从而能够更准确地反映现实。有了新的复杂模型来反映现实，在前面的简单模型中得出的结论也不是完全无用的，它反映的是最基本的关系，而且必须在高度抽象、高度简化的模型中才可以发现这样一些关系。最后，理论模型要用来说明和解释现实问题。有了理论作为工具，我们面对纷繁复杂的现实问题时，就会更从容地理出头绪，发现其中的重要环节。

劳动经济学的研究方法要综合运用数理经济学和计量经济学，一方面要运用数理经济学来进行理论模型的构建；另一方面，因为劳动经济学研究的主要是现实经济问题，要运用现实的历史统计数据进行计量分析，来展开实证研究。在本书中，只涉及简单的数理模型和运用简单的计量工具进行实证分析。

劳动经济学的研究方法以实证分析为主，但也不能够完全没有规范分析。我们知道，实证分析主要回答"是什么"的问题，例如，实行最低工资是否会导致失业人口增加，而规范分析回答的是"应该是什么"，例如，是否应该实行最低工资制度。做出"应该是什么"、"应该怎样做"的论断，当然其依据仍然来自实证分析中的"是什么"，只有对事物本身认识清楚，才能提出恰当的政策建议。例如，如果实行最低工资导致更多的人失业，从社会效率的角度考虑，经济学家会做出不应该实行最低工资的政策建议。但是政策建议、经济决策本身又在一定程度上反映了当事人的价值判断和社会立场。虽然经济学家应该尽可能保持中立，但如果他代表着特定阶级的利益，就会做出有利于该阶级的政策建议。此外，一些个人的价值取向也会影响经济主体的决策。例如，在明白对女性劳动者歧视会导致本企业的雇佣成本上升时，一个企业的雇主仍然不愿意雇用女性劳动者，其中的原因就需要从经济原因之外去寻找。

因为劳动经济学是研究现实问题的学科，因而在研究方法中要特别强调社会调查。社会调查可以获得对现实劳动力市场的初步印象，也能够获得进行计量分析的原始数据资料。

学习劳动经济学需要具备一些预备知识，如微观经济学、宏观经济学、计量经济学。劳动经济学实际上是微观经济学的一个应用分支学科，它运用微观经济学的一些基本方法（例如无差异曲线、预算线）来分析劳动力市场问题。研究劳动和就业问题，也要对宏观经济有所了解，因而宏观经济学的知识也很必要。而计量经济学可以帮助我们对特定国家或地区的劳动和就业问题进行实证的量的分析，以使理论与实践更好地结合。

近年来，人们又运用信息经济学、实验经济学、行为经济学等新兴学科的分析工具，对劳动和就业问题进行新的分析，取得了显著的效果。

第四节　本书的结构安排

本书的结构安排如下：第一章为导论，主要介绍劳动经济学的研究对象，发展历史，研究方法及本书结构安排。第二章分析劳动力的供给，包括劳动力的短期供给和劳动力的长期供给两个方面。第三章介绍劳动力的需求，也从短期需求和长期需求两方面分析。在以上三章分析的基础上，第四章分析劳动力市场的均衡，主要涉及均衡的条件以及在出现不均衡的情况下如何进行调整以恢复均衡，也分析了劳动力市场的非竞争形态——买方垄断和卖方垄断。最后对特殊的非市场化部门——公共部门的劳动力供求及工资情况做简要分析。第五章分析人力资本投资，包括学校教育和在职培训两种投资方式。第六章分析企业劳动合约和工作激励。包括对普通员工和经理阶层不同的激励措施。第七章分析工会与劳动关系，探讨工会如何对工资决定、雇用数量等问题施加影响。第八章分析劳动力的流动，流动是实现劳动力资源有效配置的重要方式，既包括国内地区间流动和跨国界流动，又包括个人流动和家庭流动。最后分析了劳动力的流动性与工作更换的关系。第九章分析劳动者的工资差异，寻找产生工资差异的原因，如技能原因、工作性质原因（危险的工作）、劳动力市场的歧视原因、劳动力市场的分割原因、激励手段的原因等，并讨论哪些原因是合理的，哪些是不合理的。第十章分析失业问题。主要是分析失业产生的各种原因和相关的治理对策。

劳动经济学的框架结构如图 1-1 所示，从图 1-1 可以看出，劳动经济学主要围绕劳动力市场研究微观企业和劳动者之间的均衡问题，其中涉及

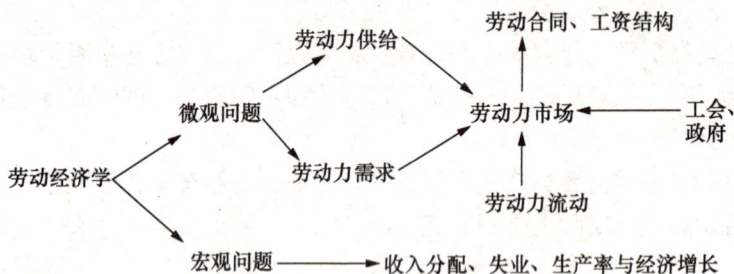

图 1-1　劳动经济学的结构

的两大问题是工资高低和就业数量多少。政府作为市场的干预者也会影响均衡的工资和就业。在宏观方面，主要研究失业、收入分配、经济增长等问题，这些问题的研究需要依靠微观研究来提供基础。

本章小结

● 劳动经济学研究劳动力市场如何运转以实现劳动力资源的最优配置。重要的问题包括劳动力市场均衡、人力资本、劳动力流动、劳动关系、工资差异以及失业等。

● 劳动力市场上的参与者包括企业、劳动者和政府三方。企业是追求利润最大化的主体，劳动者追求自身效用最大化，政府的各项政策会改变劳动者和企业的行为。

● 劳动经济学属于应用经济学，它有自己的理论，但更重要的是要用实际数据来检验理论的正确性。

本章主要概念

劳动经济学（Labor Economics）

劳动力市场（Labor Market）

均衡（Equilibrium）

规范经济学（Normative Economics）

实证经济学（Positive Economics）

模型（Model）

应用经济学（Applied Economics）

思考题

1. 从近日的新闻媒体中了解一条劳动、就业方面的新闻，分析它涉及劳动经济学研究对象中哪些方面的问题。

2. 翻阅近期国内外的经济学杂志，搜索劳动经济学方面的相关论文，了解劳动经济学研究的动态，包括论文选题、研究方法等。

课外阅读文献

1. D. 桑普斯福特、Z. 桑普斯福特：《劳动经济学近期理论与实证研究发展概况》，载 D. 桑普斯福特、Z. 桑普斯福特主编《劳动经济学前沿问题》，中国税务出版社、北京腾图电子出版社 2000 年版。

2. 朱玲：《实地调查基础之上的研究报告写作》，《经济研究》2007 年第 1 期。

3. Smith，A.，*The Wealth of Nations*，Chapter 10 of Book I.，1776.

4. Becker，G.，*The Economic Approach to Human Behavior*，University of Chicago Press，1975：3 – 14.

5. Angrist，J. D. and A. B.，Krueger.，Empirical strategies in labor economics，in Ashenfelter，A. O. and D. Card（eds.），the *Handbook of Labor Economics*，Elsevier，1999，3：1278 – 1366.

第二章 劳动力供给

劳动力供给与劳动力需求是劳动力市场分析的基础，任何一个劳动经济问题都要在此基础上进行研究。因此本章和第三章就分别介绍劳动力市场上的供给和需求，从而为以后几章研究具体的劳动就业问题建立一个基本的分析框架。

在供给方面，分别从短期和长期的角度来分析劳动供给的变动规律、影响因素。劳动者决定是否工作以及工作多长时间取决于多种因素，包括个人偏好、市场机会、制度约束、非劳动收入来源等。每个劳动者的决策不同，劳动者的短期供给行为与长期供给行为也有区别。劳动力供给的变动会影响到劳动力市场上供求均衡的结果：均衡的工资与均衡的就业量。

另外，劳动的供给和劳动力的供给含义不同，劳动的供给与劳动时间、劳动努力程度相联系，它对劳动力市场产生更直接、更重要的影响。而狭义的劳动力供给仅仅表示提供劳动力数量的多少。只有假定每个劳动者的劳动时间、劳动努力程度相同，劳动力供给才是劳动供给的合理替代。区分劳动供给和劳动力供给对研究许多劳动和就业问题都是有帮助的，但在理论分析过程中，为了简化，有时模糊两者之间的差异。

第一节 基本概念

劳动力供给是指参与到劳动力市场上的人口数量。人口（Population）总量可以分为两部分：一是劳动年龄人口，劳动年龄人口一般是指年龄在 16 ~ 60 周岁，具有劳动能力的人口总量。二是非劳动年龄人口，包括年龄不足 16 周岁和超过 60 周岁以及虽然年龄在 16 ~ 60 周岁，但由于疾病等原因丧失劳动能力的人口。一般认为年龄超过 60 周岁的老年人丧失了劳动能力，应该退休。但是这一划分也并不是绝对的，随着人类寿命的延长，很多 60 周岁以上的老年人依然有劳动能力并参加工作，这在人口老龄化的国家尤其普遍，例如日本。

并非所有的劳动年龄人口都要求就业并参加到劳动力队伍中。接受全日制教育的青年人就不会形成劳动力供给；还有的人由于有稳定的收入来源，不想参加工作。例如有些妇女由于丈夫有较高的收入，不愿意外出工作，选择在家里做家庭主妇，她们也处于劳动力队伍之外。所以劳动年龄人口又可以划分为劳动力（Labor Force）和非劳动力（或不在劳动力，Out of the Labor Force）。后者一般包括义务兵役制下的士兵①、在校学生②、家务劳动者、服刑犯人③、不愿工作的人等。

参加到劳动力市场上的劳动力会面临两种处境：就业（Employment）和失业（Unemployment）。所谓就业，按照美国的标准是指在有报酬的工作岗位上至少工作一小时，或者在没有报酬的工作岗位（例如家庭农场，属于自我雇佣者）至少工作15小时。所谓失业是指劳动者或者被临时解雇，或者没有工作，并在报告期之前的四周时间内正积极寻找工作。

而在就业劳动力中又分为两种，即被雇用（受人雇用，Employed）和自我雇佣（Self－employment）。在一些西方国家，自我雇佣劳动者在就业人口中占相当大的比例。1997年OECD国的自我雇佣占全部就业人口的比例为19%，2007年为16%。2007年自我雇佣比例较高的国家为希腊（35.95%）、意大利（26.4%）和葡萄牙（24.2%）。④

综上所述，我们可以用图2－1来阐明各种人口类型之间的关系。在非劳动年龄人口和劳动年龄人口之间存在着转换，劳动年龄人口达到退休年龄成为非劳动年龄人口，而青少年达到法定劳动年龄，会成为劳动年龄人口。在劳动力和不在劳动力之间存在着转换，劳动者可以选择退出劳动力市场（如收入达到一定水平后选择提前退休），而在劳动力市场之外的劳动者也可以选择进入劳动力市场，这里又存在两种情况：新加入者（如初次就业的大学毕业生）和重新加入者（如重新外出工作的家庭主妇）。在就业和失业之间也存在流动和转换，就业者可能由于被解雇，也可能主动辞职，从而成为失业者。而失业者也会重新找到新的工作，或者被原来的企业召回（属于临时解雇）。自我雇用和被他人雇用是劳动者的两种就业状态，可以自由选择，因而也存在流动性。

---

① 如果实行的是志愿兵役制，本质上这些人员也不形成劳动力。但有人认为，如果人们自愿选择参军，并能够获得一定的收入，可以把参军理解为在劳动力市场就业的替代，并可以用就业选择的理论来分析人们的自愿参军行为。

② 有打工行为的在校学生会形成一定的劳动供给。

③ 在有些国家，服刑犯人有无酬的强制劳动现象，他们的劳动行为也会对劳动力市场产生影响。

④ 资料来源：OECD in Figures，OECD 2009.

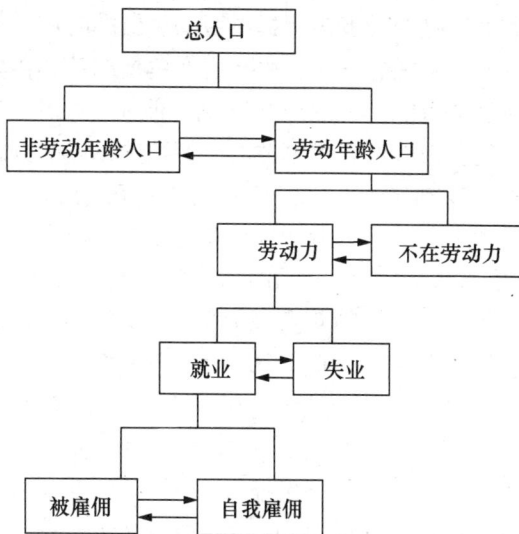

```
                    ┌─────────┐
                    │  总人口  │
                    └─────────┘
              ┌──────────┴──────────┐
      ┌──────────────┐      ┌──────────────┐
      │ 非劳动年龄人口 │ ←──→ │  劳动年龄人口  │
      └──────────────┘      └──────────────┘
                        ┌───────┴────────┐
                   ┌─────────┐    ┌──────────┐
                   │  劳动力  │ ←→ │ 不在劳动力 │
                   └─────────┘    └──────────┘
                      ┌────┴────┐
                ┌────────┐  ┌────────┐
                │  就业  │ ←→ │  失业  │
                └────────┘  └────────┘
                  ┌─────┴─────┐
            ┌────────┐   ┌────────┐
            │ 被雇佣 │ ←→ │ 自我雇佣 │
            └────────┘   └────────┘
```

图 2-1 总人口的结构划分

有时，非劳动年龄人口也会加入到劳动力市场中，例如不满 16 岁的童工在很多发展中国家都大量存在。虽然在统计上不把他们纳入劳动力，但是他们的就业行为确实对劳动力市场和经济结构产生影响，甚至影响较大，因而，研究劳动就业问题不能忽视这些非正规就业现象。

下面引入两个比率的概念：劳动力参与率（Labor Force Participation Rates，LFPR）指劳动力人口占劳动年龄人口的比例，它反映人们的就业意愿。失业率（Unemployment Rate）是指失业人口占劳动力人口的比率，它用于衡量劳动力市场上就业机会的多少和劳动者获得工作的难易情况。

衡量一国宏观经济中劳动力供给多少的一个重要指标是劳动力参与率，在人口规模和年龄结构一定的情况下，劳动力参与率越高，劳动力供给的数量就越大。不同类型劳动力的参与率会不同，并会随着时间和经济环境的变化而变化。例如，美国男性劳动力参与率从 1900 年的近 90% 下降到 2000 年的 74.7%，而女性劳动力参与率却显著上升，从 1950 年的 28.6% 上升到 2000 年的 60.2%。[①]

劳动力供给另一个指标是劳动时间，它对劳动供给和生产发挥实际作用。虽然劳动力总数量增加，但如果单位劳动者的劳动时间缩短，真实的劳动供给并不一定会增加。这是劳动力供给与劳动供给的区别。但在劳动时间不变、劳动者工作努力程度不变的情况下，劳动力供给可以是劳动供给的替代指标。

---

① 资料来源：Elliott, R. F. *Labor Economics*, McGraw - Hill, 1991. *Employment & Earnings*, December 2002.

劳动时间从表面上看是劳动者愿意提供劳动供给的时间，但劳动者一旦被雇佣，就要服从雇主对劳动时间的安排，服从雇佣单位的劳动需要，例如被迫接受加班。延长劳动时间虽然也能获得额外的报酬，但雇主从中获取的更多。① 单个工人劳动时间的延长还会影响到雇佣单位的雇佣数量，影响到社会的失业率。

从劳动时间的历史变动来看，由于劳动努力程度的提高和劳动生产率的提高，劳动者的平均劳动时间呈现不断下降的趋势②，但是目前不同国家的劳动时间依然存在较大的差异。1989 年，日本的年劳动时间为 2159 小时，劳动时间之长居发达国家首位；而联邦德国的年劳动时间为 1638 小时，法国为 1646 小时，其劳动时间远远低于日本的劳动时间。2012 年，一些国家劳动者的平均年劳动小时的数据为：韩国为 2163 小时，美国为 1789 小时，澳大利亚为 1686 小时，英国为 1654 小时，瑞典为 1618 小时，法国为 1489 小时，德国为 1393 小时。③ 近年来，日本劳动者的年劳动时间虽然缩短了（2012 年为 1745 小时），但是退休年龄在延长，即一生必须工作的总时间没有减少多少。这与其长期较低的工资政策是相关的。在分析生命周期劳动供给时，需要进一步讨论这一问题。

第二节　短期劳动力供给决策

谈到劳动力供给，首先讨论人们为什么要工作？大多数人会回答，因为要获得收入去购买商品，以满足自己和家人的生活需要。但是，已有足够财富供自己消费的人也并非不参加工作，有些人完全将工作看作是一种自我价值的实现，一种在参与中和大家分享成功的满足感。但是，这里主要分析为获得更高收入而参加工作的劳动者行为，这也是大多数劳动者的工作动机。

一、决定是否工作

假如一个劳动者只能在工作与闲暇之间进行选择，即其效用函数可表示为 $U = U(G，L)$，G 为由工作收入可带来的商品和服务数量，L 为闲暇时间。劳动者的效用函数可以简单地表示为工作收入与闲暇时间的乘积，即 $U = G \times L$。例如，一个劳动者每周获得 500 美元的劳动报酬和 100 小时的闲暇时间，则他的总效用等于 50000 个单位。如果由于某些原因，他减少工作时间、增加闲暇时间，

---

① 从政治经济学的角度考虑，这是一种绝对剩余价值的生产。
② 但劳动者的努力程度和生产率却可以是上升的。
③ 资料来源：*OECD Employment Outlook*，2014.

从而劳动报酬减少到 400 美元、闲暇时间增加到 125 小时，则他的总效用没有变化，仍等于 50000 个单位。这可以用一条无差异曲线上的两个点来表示。无差异曲线反映的是所有效用相等的工作收入和闲暇时间的组合，说明工作和闲暇之间存在着替代的关系。由微观经济学可知：较高的无差异曲线代表着较高的效用水平，无差异曲线是凸向原点的，存在着劳动或闲暇的边际效用递减规律。

假设劳动者的非工作收入（Non-labor Income）为 Y_u/P，它可能来自劳动者持有的金融资产以及政府的转移支付；工作的小时工资为 W/P，工作 H 小时的收入为 $W/P \cdot H$，则劳动者的总收入为 $I_{总} = (W \cdot H + Y_u)/P$。在 W、Y_u、P 短期不变时，要实现收入最大化，必须增加 H。假设最大工作量为 T（即全部时间用于工作，没有闲暇），$I_{\max} = \dfrac{Y_u}{P} + (W/P)T$，从而可以得出劳动者的预算线。无差异曲线和预算线是下面分析劳动供给行为的基本工具。

在图 2-2 中，可以显示劳动者是如何形成工作决定的。在横轴从左到右的箭头代表闲暇时间的增加，纵轴代表着非劳动收入和通过工作获得的收入。劳动者的无差异曲线形状如 U_0 和 U_1。如果市场工资为 W_0 时，劳动者面临的预算线为 GE，在这条预算线上，没有一个点可以使他获得高于 U_0 的效用水平。如果劳动者从初始点 E（不工作，享受闲暇，非劳动收入为 Y_u/P）移动到 GE 上的任一点（即选择工作），他会面临一条较低的无差异曲线，效用水平会下降。相反，如果工资水平较高，由 W_0 提高到 W_1，劳动者面临的预算线变成 EH，则线段上的许多点都能够给劳动者带来更高的效用。例如图中的 Y 点，外出工作能够提高劳动者的效用水平。在工资为 W_0 时，劳动者选择不工作；在工资为 W_1 时，他选择外出工作。对于工资水平 W_0，只有市场工资高于此工资水平时，劳动者才会选择外出工作，W_0 被称为保留工资（Reservation Wage）。在这样一个工资水平下，劳动者对工作与否感觉无差异。也可以理解为通常所说的就业的"工资底线"，只有市场工资高于这一工资底线，劳动者才会选择工作。

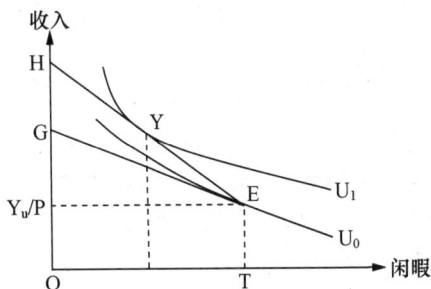

图 2-2 保留工资与工作决定

从图 2-2 可以发现,如果预算线比经过初始点的无差异曲线平缓(预算线的斜率绝对值小于在初始点的无差异曲线斜率的绝对值 W_0),劳动者不会选择工作,如果预算线比经过初始点的无差异曲线陡峭,劳动者会选择工作。进一步地,可以得出以下推论:在市场工资一定的情况下,保留工资越高,劳动者就越不可能外出工作。而保留工资又是如何决定的呢?它主要受非劳动收入的影响,非劳动收入越高,保留工资越高。在保留工资一定的情况下,市场工资越高,劳动者就越可能外出工作。

【案例】

广东又见用工短缺

春节长假刚过,大批务工人员陆续返岗。记者从广州、中山、珠海、江门等珠三角城市这几天出现的招聘情况发现,季节性缺工,正成为很多企业遭遇的共同难题。为此,企业之间相互打起"抢人战"。不少企业为招到人下足了功夫:提薪、改善环境,甚至送股份……不过不少应聘者找工作仍比较"挑"。

春节后,珠海"春风行动暨春风送岗位、就业创和谐"专场招聘会相继展开,其中金湾区设在三灶镇的专场招聘会上,就有158家企业参加招聘,提供岗位3500多个,但应聘者只有2700多人。该镇劳动就业部门相关负责人表示,目前金湾仅三灶镇就缺工近万人。为了招揽工人,企业之间打起"价格战",有企业招聘普工开出了4000元的月薪,并扬言"连临时工、小时工也来者不拒"。

珠海毗邻澳门,历来是澳门劳工输出地。新春后,大量澳门企业在珠海发布招聘信息,记者从珠海人力资源网获悉,这些招聘消息包括建筑、餐饮等多个行业。澳门某大型建筑公司招聘信息显示,地盘施工员月薪达2万元澳门币(约1.5万元人民币),要求最少有2年地盘管理工作经验,懂墨斗及测量、懂粤语及英语者优先,而土木建筑工程师月薪为1.17万~1.45万元澳门币。

在外来务工人员相对较多的中山市火炬开发区,昨日,几个较为繁华的路段,近40家企业门口设摊招人,格兰特、英特韦特、奥美森等知名企业也在招聘行列。"昨天拉了100多个人去厂区参观,但真的定下来的没几个。"一家大型电器厂人事专员告诉《新快报》记者,来招聘现场的都是看的人多,应聘的人少,连日来只有十几人最终定下来。中山市一些企业也起价招人,在火炬开发区记者看到,有企业对普工"明码标价"——底薪3000元。"不包括社保、加班费、节日奖金等,赶货时普通员工工资能拿到手的在4000~5000元,技术工会更高。"一位企业招工负责人表示。

中山市资深人力资源人士付军表示,近年来出现的用工困难主要原因有三个:一是服务人员本身紧缺;二是农村经济生活水平越来越高,劳动力对行业和岗位等条件都有了更多的选择余地；三是如今"80 后"乃至"90 后"新生代农民工对工作要求发生变化，由于观念以及生活成本等多种原因对工作很挑剔，稍不顺心即选择离职，对自己负责，但对企业很难尽责。因此，劳动力市场"用工荒"问题短期内很难解决。

网易财经 2014－02－12 来源：《新快报》（广州）

资料来源：李红云、邓毅富、占文平：《广东又见用工短缺》，《新快报》2014 年 2 月 12 日。

二、工作时间的决定

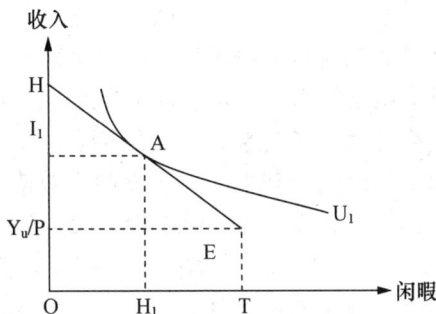

图 2－3 工作时间的决定

如果市场工资高于劳动者的保留工资，如图 2－3 所示，最优的工作与闲暇的组合应在无差异曲线 U_1 与预算线相切的一点，也即 A 点上，其对应的工作时间为 $T－H_1$，收入为 I_1。这时，无差异曲线的斜率与预算线的斜率相等，即劳动者的边际效用替代率之比等于工资率，均衡条件是 $\frac{MU_L}{MU_G} = \frac{W}{P}$，也可以把其转化为 $\frac{MU_L}{W} = \frac{MU_G}{P}$，$MU_L$ 为单位闲暇带来的边际效用，MU_G 为单位商品（用劳动收入购买）带来的边际效用。可以将工资看作是闲暇的价格，购买一小时闲暇的机会成本是丧失的一小时工资 W，而用工作收入购买商品的价格为 P，劳动者在工作和闲暇之间进行选择要保证最后一单位货币获得的边际效用相等，从而劳动者的总效用实现最大化。在这里是最后一单位工资购买的闲暇的边际效用[1]应该与最后一单位工作收入购买的商品的边际效用相等，也就意味着闲暇和劳动之间的时间

---

[1] 闲暇的机会成本或价格为工资。

分配比例是最优的。如果 $\frac{MU_L}{W} > \frac{MU_G}{P}$，说明闲暇的边际效用更大一些，劳动者会选择少工作，多享受闲暇，随着闲暇的增加，其边际效用下降，直到实现 $\frac{MU_L}{W} = \frac{MU_G}{P}$ 为止。相反，如果 $\frac{MU_L}{W} < \frac{MU_G}{P}$，劳动者会选择多工作而少享受闲暇，直到实现 $\frac{MU_L}{W} = \frac{MU_G}{P}$ 为止。

上面的分析表明，劳动供给时间取决于个人偏好（无差异曲线的形式）和市场真实的工资率（预算线的斜率）以及非劳动收入（截距项 Y_u/P）。一般来说，当市场工资水平上升时，劳动供给就会增加；工资下降时，劳动供给会下降。当非劳动收入提高时，人们一般会选择减少工作时间、增加闲暇时间。[①] 例如，有人研究彩票中奖者的就业行为时发现，一个金额为 10 万元以下的中奖一般不会改变中奖者的劳动供给行为；如果中 200 万元，甚至更高的大奖，中奖者一般会选择减少劳动供给时间，甚至退出劳动力市场。

工资上升导致劳动供给增加，其中又包含着两个效应：替代效应（Substitution Effect）和收入效应（Income Effect），可以用图 2-4 来说明。当工资从 W_1/P 提高到 W_2/P 时，预算线由 I_1 变为 I_2，均衡点就从 A 点移动到 B 点，意味着劳动者的工作时间增加。假如劳动者的效用水平不变，无差异曲线不变，仍为 U_1，工资的提高产生了劳动与闲暇的相对价格比的变化。I_2 是新的预算线，I_3 与其平行，I_3 与不变的无差异曲线相切于 C 点，它对应的闲暇时间为 H_3。这说明在工资增加时，劳动与闲暇的相对价格比上升，闲暇的机会成本上升，而在真实收入

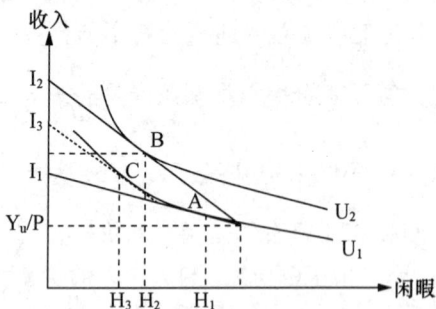

图 2-4　替代效应与收入效应

① 如果闲暇是劣质品，不能增加人们的效用时，人们反而会选择增加工作时间。

不变的情况下，劳动者会提供更多的劳动，劳动时间增加 $H_1 - H_3$。这种由相对价格变动引起劳动供给变化的效应是替代效应，它表明当工资变化而效用水平不变时劳动供给所发生的变化。

收入效应反映的是由工资变化引起收入变化，从而对劳动供给产生的影响，这时，工作与闲暇的相对价格不变。工资上升引起收入的提高，将使劳动者选择少工作而多闲暇，将闲暇也看作是一种商品，且只有在收入提高的情况下才有能力支付。这样，劳动者的效用水平得到提高，无差异曲线就从 U_1 上升到 U_2，从而形成新的均衡 B，也即增加 $H_2 - H_3$ 单位的闲暇时间。

可以发现，收入效应与替代效应对劳动供给影响的方向是相反的。在工资上升的条件下，替代效应会增加劳动供给，而收入效应会减少劳动供给。当收入效应的负面作用大大超过替代效应，完全抵消替代效应，结果使得劳动供给时间小于提高工资以前的劳动时间，从而劳动供给曲线会向后弯，这种情形往往发生在工资增加达到一定程度以后。也即在初期，增加工资会带来劳动供给的增加，工资达到一定高度 $\dfrac{W'}{P}$ 后，收入效应的作用大大加强，结果会使劳动供给反而出现净减少，可参见图 2-5。这种劳动供给行为在发达国家的高收入阶层中可以看到，从中国目前的情况来看，由于劳动者整体收入水平还较低，增加工资带来的主要是替代效应，收入效应还不明显。

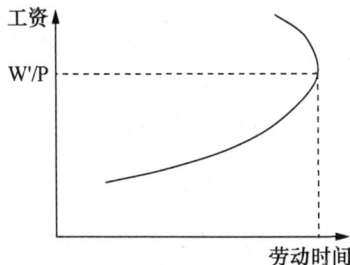

图 2-5 劳动供给曲线

劳动供给曲线向后弯曲的另一种解释[1]是随着工资的增加，劳动者承担的责任和风险增加，工作压力增大，工作努力程度会随劳动时间的延长而递增，这会迫使劳动者减少劳动供给时间，即使这时不存在所谓的收入效应。这一新的解释说明收入效应占主导地位是劳动供给曲线向后弯曲的充分条件，而非必要条件。

---

[1] 参见 Chung-cheng Lin, "A Backward-bending Labor Supply Curve without An Income Effect", *Oxford Economic Papers*, 2003, 55: 336-343.

三、其他方面的考虑

如果工作时间可以自主选择，劳动者每天的工作时间由各自的预算线和无差异曲线决定，劳动者就会有不同的工作时间长度。有人每天工作 8 小时，属于全日制工人，有人每天工作 4 小时，属于半日制工人。但工作时间并非由劳动者能单方面自主决定，一旦被企业雇用，往往要服从雇主的劳动时间安排。如果企业要求每天工作 8 小时，对于按照预算线和无差异曲线决定、只希望工作 6 小时的劳动者来说，就是过度就业（Over - employment），而对于希望每天工作 9 小时的劳动者来说，则存在着就业不足（Under - employment）。如果一个工作岗位提供的就业时间不足，劳动者就要寻找第二职业，以满足自己获得更多收入的要求。

工资影响劳动供给暗含劳动者有一个保留工资，当市场上提供的工资低于保留工资时，他就会少工作甚至不工作。只有在市场工资高于其保留工资时，他才愿意多提供劳动。而保留工资也并非固定不变，它会随劳动者偏好、市场状况、非劳动收入而变动。非工作收入是影响劳动者就业的重要因素，它的增加会使得劳动者的劳动供给时间减少。一个拥有较多储蓄、股票、债券等金融资产的人可以靠金融资产获取财产性收入，因而降低了其通过劳动获取收入的积极性。此外，家庭中其他成员的高收入对劳动者来说也属于非工作收入，一个明显的现象是丈夫的高工资往往使妻子觉得没有必要外出工作。可见，家庭成员之间的劳动供给是相互影响、相互依赖的，并且在考虑到家庭生产这一因素时，更是如此。[1]

知道了个人的劳动供给曲线，要得到整个社会的劳动总供给曲线，就需要将微观的劳动供给加总。由于劳动者是异质的，面对同一类工作提出的工资要求也不同，这时相加得出 $H = \sum_{i=1}^{n} H_i(W/P, Y_i/P, C_i)$，其中 W/P 为工资率，Y_i/P 为非劳动收入，C_i 代表每个劳动者的个人特征。当劳动者人数众多时，将会得到一条连续平滑的曲线。对单个劳动者而言，其劳动供给曲线是向上倾斜的（工资的增加带来劳动供给的增加），如果工资的微小增加导致众多的劳动者采取相同的行动：增加劳动供给，致使工资又恢复其原有水平，这时的总供给曲线就变成一条水平线。[2]

个人劳动力供给曲线会出现向后弯曲的形状，但是总劳动力供给曲线却一般不会向后弯曲，即收入效应不会完全占据主导地位。为什么呢？这里有两个原

---

① 具体分析见本章第四节。

② 发展经济学讲到发展中国家的劳动力丰富、劳动供给具有无限弹性，说的就是总的劳动供给曲线是水平的直线。

因：第一，虽然一些劳动者可能随工资的提高减少他们的工作时间，但是其他人可能正好相反。只要劳动者的偏好不同，结果就是不确定的。第二，对有些人来说，工资增加只引起替代效应。这些人不愿在较低的工资水平下工作，他们有较高的保留工资。随着市场工资的提高，他们发现寻找工作是值得的。收入效应是以原有工时的收入增加计算的，所以，对这些只有增加工资才愿意参加工作的人来说，收入效应必定是零，而只存在替代效应。工资增加将无限地增加他们的工作时间，所以总劳动供给曲线在大多数情况下是向右上方倾斜的。

另外，有人认为，影响劳动供给的不是绝对工资水平，而是相对工资，只要提供的工资大于社会平均工资，劳动者就愿意多提供劳动。即 $H_i = f\left(\dfrac{W_i}{\overline{W}}\right)$，其中 $f' > 0$，H_i 为单个人 i 的劳动供给量，$\overline{W}$ 为社会的平均工资。这反映了社会收入分配对个体从事经济活动的影响。

上面的分析假定劳动者在市场上面对统一的工资，即所有的厂商提供的工资相同。但现实情况并非如此，因此，我们放松这一假定，假如不同的厂商提供的工资有差异，其他同类厂商提供的工资就是劳动者的机会工资（Opportunity Wages）。当机会工资增加时，劳动者会减少对现有厂商的劳动供给，因为他多工作的机会成本增加。在条件允许的情况下，他会将劳动提供给愿意支付较高工资的其他厂商。

最后，工资并不是劳动者接受某项工作从而提供劳动的唯一决定因素，工作的地理位置①、工作环境、工作性质等也决定着劳动者是否工作和工作多长时间。好的工作环境、良好的人际关系、工作的较高社会地位都会使劳动者接受那些工资并不很高的工作。也即工作的负效用并非只能用工资来补偿，许多人将工作看作实现自我价值、友谊与合作的场所。即使有较高工资，若不符合他的价值观，他也会宁愿不提供劳动。这可以解释为什么有些人即使有工作机会也不工作，这也说明单纯用工资来分析就业问题的不足。

第三节 制度因素对劳动力供给的影响

政府政策、社会福利等制度因素会影响劳动者的劳动供给行为。劳动者有一部分非工作收入来自政府的转移支付，例如对贫困家庭的救济以使其维持社会最

---

① 离住所较远的工作，需要花费更多的交通费用和闲暇时间，所以会降低该工作的吸引力。

低收入水平。① 在美国等西方国家，假如劳动者没有工作，政府将支付最低收入的补贴。而一旦劳动者获得工作，政府就取消这种补贴（被称为 Take it or Leave it Grant）。所以如果救济金高于他们的工作收入，劳动者就会宁愿不工作而领取最低收入补贴，而且这种补贴可以不被征税。在这种制度下，贫困阶层的劳动供给就会减少，他们仅靠政府补贴生活，从而落入了"贫困陷阱"。甚至会影响到那些收入高于社会最低收入水平的人，如果减少工作的收益大于成本，他们也会减少劳动时间以获得政府补贴。如图 2 - 6 所示，劳动者原来的均衡点为 P 点，工作时间为 40 小时，效用水平为 U_0，有了救济金制度后，他的初始点为 G 点，即使不工作，也可以获得 500 美元的收入，获得比工作时更高的效用水平 U_1。

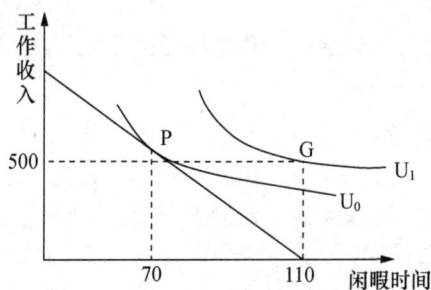

图 2 - 6　政府补贴对工作激励的影响

考虑到低收入者对工作收入的需要和社会保障的负担，20 世纪 70 年代以后美国对福利制度进行了改革。允许参与到劳动力市场的劳动者继续领取救济金，但规定劳动收入每增加一美元，其享有的救济金就会减少相应的数额。如果劳动收入增加一美元，救济金减少 0.5 美元，则相当于对劳动者的工资征收 50% 的税。它会对劳动者的劳动供给产生影响，具体作用过程见图 2 - 7。在实施旧的福利政策时，劳动者的均衡点为 G 点，获得 500 美元的救济，效用水平为 U_0。实行新的福利政策后，劳动者的预算线发生改变，为 GH，他将减少闲暇，增加外出工作时间，均衡点为 P 点，效用水平提高到 U_1。

近年来，中国也实行了最低生活保障制度，领取"低保"在一定程度上会降低低收入劳动者的工作积极性。尤其在劳动力市场就业困难、工资较低的情况下，许多人认为与外出工作相比，靠领"低保"维持生活更合算。这也给政府部门以启示，应该设计合理的"低保"救济政策，做到既能帮助真正生活困难的家庭，又要防止劳动者对社会保障形成依赖。

①　在西方国家有贫困线的标准，低于贫困线的家庭可以获得政府救济。在中国也有针对贫困群体的救济，称最低生活保障。

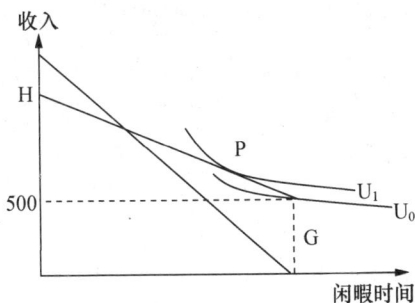

图2－7 福利政策改革对工作时间的影响

同样，失业保险也会对劳动供给，尤其是失业者的劳动供给产生影响。在西方国家，设计失业保险的目的是要让失业者在寻找工作期间能够有基本的生活保障。领取失业保险是有期限的，如果失业者长期不去寻找工作或找不到工作，失业保险也不能持久地提供。2007年，各国失业保险最长享有期限为5年，如挪威、比利时、德国、法国等；最短期限只有1年，如美国、韩国和意大利。而且，随着享有失业保险时间的推移，失业保险金额也在下降。在失业的初期可获得失业保险，许多失业者往往不急于找工作，这时的劳动供给不会增加很大。但当失业保险快要到期、闲暇的效用逐渐降低时，失业者就会开始积极地寻找工作，于是市场上的劳动供给增加。

另一个需要考虑的制度因素是所得税制度对劳动供给的影响。供给学派的经济学家尤其强调了所得税对劳动供给的刺激或抑制作用，他们认为，降低个人收入所得税税率，会使得劳动者更多地外出工作，劳动供给增加，从而推动经济繁荣。真的会产生这样的效果吗？这里需要考虑具体的税制以及收入效应和替代效应。所得税大致可分为三种：比例制、累进税制和累退税制。西方大多数国家采用累进税制，这意味着边际税率（增加最后一单位收入所适用的税率）总是高于平均税率。考虑到两种税率对劳动供给的影响时，霍夫曼认为，边际税率适用于评价替代效应，而平均税率适用于评估收入效应。多数税收变化既影响边际税率又影响平均税率，如果税收增加，替代效应减少劳动供给，而收入效应使之增加；如果税收减少，两个效应刚好相反。最终霍夫曼得出，减税对边际税率的作用比对平均税率的作用越大，越可能增加劳动供给。由于当税率增加或减少时，对于高收入者而言其边际税率的变化大于平均税率，因而有较大的替代效应和较小的收入效应，则增税时他们减少劳动供给，减税时他们增加劳动供给。对于低收入者来说，虽然其边际税率也高于平均税率，但两者相差不大，特别是收入刚达到可征税范围时。增税时，为维持基本生活，收入效应要求它们多提供劳动，其效应可能会大于替代效应，劳动供给甚至会上升。而减税时，对平均税率的影响会明显，但替代效应又要求他们增加劳动供给，所以最终结果可能是劳动供给不变或变化很小。[1] 当然，最终的准确变化结果仍取决于累进税的分布、劳动者的实际收入水平及税率变化幅度。但实际上，真正这样做的人不多，税率变化并没有对劳动者供给产生较大的影响。原因一方面在于多种税赋使得劳动者很难判断其真实的边际税率，另一方面可能因为工人希望在工作中进行人力资本投资，所以他们甚至会接受工资收入低于社会最低收入水平的工作。

其他的一些制度因素包括工会、劳动力市场的歧视、雇主的雇用习惯等。在一些国家，工会对劳动力供给有很大的控制能力。同工不同酬、性别和种族歧视都会打击一部分人参与工作的积极性。而厂商的特殊规章制度也有限制作用，尤其是工作时间。一旦被雇用，工人不能任意调整其工作时间来满足个人效用最大化，要么每周工作 35 小时，要么不工作。这对妇女劳动供给的限制尤其大。

第四节　家庭生产与劳动力供给

以上分析的一个缺陷是将劳动者不工作的时间完全归入闲暇时间，实际上，有一部分时间是用于做家务进行家庭生产或者接受教育进行人力资本投资。对家庭经济作用的认识始于加里·贝克尔。家庭不仅被看作是一个消费单位，也是一个生产单位，做家务这些既不属于闲暇又不获得工资的活动就属于家庭生产活动。[2] 有人将家庭生产活动归入非市场部门（Non - market sector）。既然家庭活动是生产活动，就需要投入要素（劳动、商品和劳务）来实现效用最大化，这就会对劳动力市场上的供给产生影响。因为如果劳动者在家庭生产中花费的时间增加，那么在劳动力市场上花费的时间就会减少。引进家庭生产函数，对应于任意时间，可以得出丈夫和妻子的家庭生产产出是多少。有了丈夫和妻子的家庭生产函数，可以得出他们的边际产量。为了简单起见，假设他们的边际产量是固定不变的，而且妻子的边际产量大于丈夫的边际产量（妻子更擅长做家务）。丈夫每小时家庭生产的产出是 10 个货币单位，妻子为 25 个货币单位。另外，丈夫外出工作可获得更高的收入，丈夫的小时工资为 20 个货币单位，妻子的小时工资为 15 个货币单位，这也符合女性劳动者的工资平均低于男性劳动者工资的事实。

---

① 萨尔·D. 霍夫曼：《劳动力市场经济学》，上海三联书店 1989 年版，第 127 ~ 131 页。
② 在国民经济统计中，有人建议将家庭生产活动计入 GDP 的核算范围内，但由于家庭生产活动的计量非常困难，这一想法还很难实现。

假设他们可用于工作或家庭生产的总时间为 10 小时，由此可以得出他们作为单身劳动者各自的预算线。

家庭的预算线如何得到呢？与他们单独的预算线相比，家庭的预算线将得到扩展。如果夫妇俩决定将所有的时间都用于家庭生产，丈夫得到 100 单位货币的家务产品（每小时 10 单位货币乘以 10 小时），妻子得到 250 单位，他们总共得到 350 单位。如图 2-8 中的 E 点所示，这类似于男耕女织的自然经济。如果家庭需要消费市场产品（自己生产不出来），因而需要外出工作获得货币收入来购买市场产品。这时先让丈夫外出工作是明智的选择，因为丈夫的小时工资高于妻子的小时工资（20 > 15）。随着家庭需要市场产品的增多，丈夫外出工作的时间也不断增加，而用于家庭生产的时间不断减少，直到丈夫把所有的 10 小时用完，完全用于外出工作，获得价值为 200 单位的市场产品，即达到图中的 F 点。可以看出 EF 这条线段是丈夫独立预算线的平移。在此之后，如果家庭还需要增加市场产品，就只能让妻子外出工作，因为妻子的市场工资低，因而在 F 点左侧的预算线会更平缓些，从而在 F 点形成一个折弯。最后，妻子和丈夫把所有的时间都用于外出工作，可以获得 350 单位的市场产品（$15 \times 10 + 20 \times 10$），在图中表示为 G 点，也可以看出，线段 GF 是妻子独立预算线的平移。这样，折线 GFE 就是家庭的预算线，它由较平缓的线段 GF 和较陡峭的线段 FE 两部分组成。

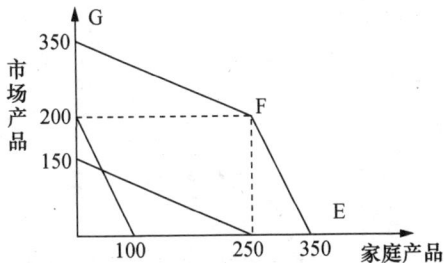

图 2-8　家庭的预算线

劳动者如何分配家庭生产和外出工作的时间比例呢？要同时考虑家庭的预算线和家庭偏好。家庭偏好反映为外出工作和家务劳动之间的替代关系，可以用无差异曲线表示。有些家庭对自己做家务有强烈的偏好，虽然他们有经济能力请保姆照看孩子，但更愿意母亲自己照看。这样家庭的无差异曲线就会更大程度地向家庭生产方向弯曲，或者更陡峭些，为了提高一单位家庭产品愿意放弃更多的市场产品。相反，有些家庭更看重外出工作，希望获得收入购买更多的市场产品，他们的无差异曲线会更大程度向市场产品方向弯曲，或者更平缓些。如图 2-9

所示，在家庭预算线相同的情况下，具有不同无差异曲线的家庭会形成不同的均衡点，也就决定了夫妻外出劳动和家务劳动组合的不同，决定了劳动供给的差异。

在图 2-9 中的 a 图，无差异曲线向家庭产品弯曲，这样的家庭更注重自己生产家庭产品，所以，形成的均衡点表示妻子完全留在家里从事家务，丈夫也将一部分时间用于家庭生产，只将剩余的时间用于外出工作（非全日制工人，打零工）。在图 2-9 中的 b 图，与图 2-9 中的 a 图相反，无差异曲线向市场产品弯曲，说明这个家庭更看重外出工作获得收入，因而均衡点在预算线的平缓部分，表明丈夫完全外出工作，妻子也将一部分时间用于外出工作，只将剩余时间用于家庭生产。在 c 图中，无差异曲线居中，家庭对家庭生产和外出工作任何一方都没有非常强烈的偏好。所以，它能够在折点上与预算线相切，这时的均衡表示丈夫完全外出工作，妻子完全做家庭主妇。

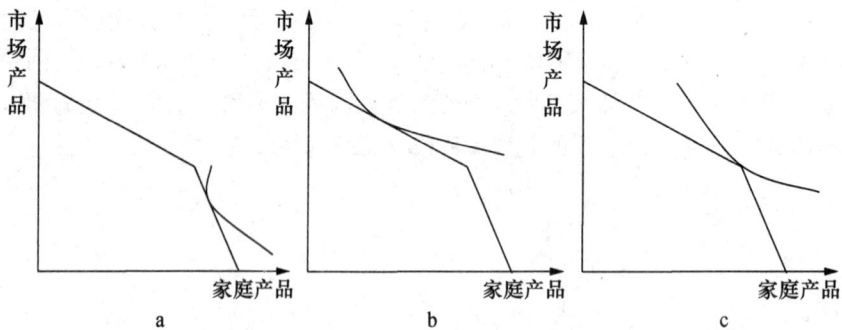

图 2-9　不同家庭的劳动分工

夫妻双方在做家务和外出工作两方面的边际生产力和比较优势决定了双方的劳动分工，也决定了男女劳动供给的差异。边际生产力的变化会影响外出工作的工资收入和家庭产品的产出，从而改变家庭的预算线，在无差异曲线一定的情况下，必然会形成新的均衡点。例如，当丈夫的市场工资上升时，说明他外出工作的边际生产力提高，这会导致家庭重新进行劳动分工，以提高家庭的总效用。如图 2-10 中的 a 图所示，原来的家庭预算线和无差异曲线相切于 P 点，这时妻子将所有时间都用于家务劳动，而丈夫的时间有一部分用于外出工作，剩下的时间也用于家务劳动。如果丈夫的市场工资提高，预算线会改变形状，新的预算线为 a 图中上方的折线，在家庭偏好不变的前提下，新的预算线与较高的无差异曲线相切于 P′点，这是新的均衡点。这时，丈夫完全外出工作，妻子完全做家庭主妇。家庭的总效用水平由 U 提高到 U′。

如果出现另一种情况，假如妻子从事家庭生产的边际生产力提高，也会改变家庭的分工模式。如图 2－10 中的 b 图所示，原来的家庭预算线和无差异曲线相切于 P 点，这时丈夫将所有时间都用于外出工作，而妻子的时间有一部分用于外出工作，剩下的用于家务劳动。如果妻子家庭生产的边际生产力提高，新的预算线为图中上方的折线，在家庭偏好不变的前提下，新的预算线与较高的无差异曲线相切于 P′点，这是新的均衡点。这时，丈夫完全外出工作，妻子完全做家庭主妇。家庭的总效用水平由 U 提高到 U′。

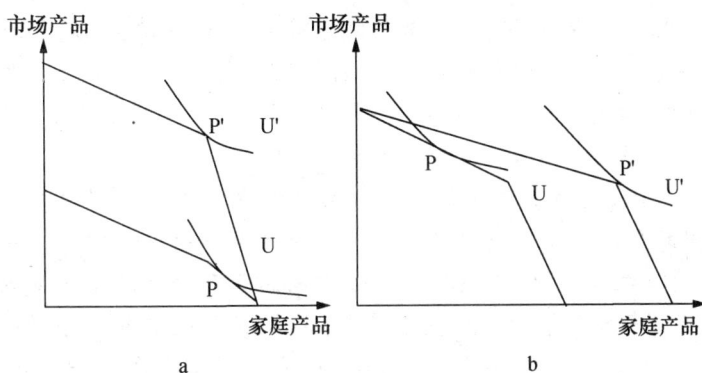

图 2－10　工资变化、家庭生产劳动生产率变化与专业化分工

现实情况一般是传统的"男主外女主内"的家庭分工模式，这种模式具有一定的经济合理性，它可以充分发挥夫妻的比较优势。一般而言，女性细心、有耐心，因而妻子更擅长料理家务，其边际生产力更高一些。另外，如果妇女在劳动力市场上获得的工资较低（由于受到歧视），她们就会减少劳动供给，花更多的时间用于家庭生产，当然这种生产属于劳动密集型（较少使用购买的商品作投入品）。如果工资降低到一定程度，劳动者感到工作的收益小于家庭生产和闲暇的收益，她就会选择不工作。这也使得妇女的失业率或退出劳动力市场的比率较高，并且这一权衡是在考虑家庭成员的总收益最大化的基础上进行的。很多种类的家庭生产是对外购买家政服务的替代，例如妇女自己照顾小孩，就节省了雇用保姆的开支。另外，获得高工资的劳动者就会选择多购买家政服务，自己少进行家庭生产（其时间的价值更大，做家务的机会成本更大），实际上，家政服务也解决了一些人的就业问题。

近年来，随着妇女工资水平的提高和家庭生产部门的技术变化（家用电器的普及）缩小了男女家庭生产边际产出的差异，丈夫在家做家务而妻子外出工作的现象也逐渐多起来，从而影响了就业的性别结构。

【案例】

加拿大人工作时间越来越长，男性多做家务活

您是否感觉到工作的时间越来越长，回家越来越晚？这绝对不是错觉。加拿大统计局最新报告显示，2005 年，加拿大人每天工作时间升至 8.8 小时，远高于 1986 年的 8.2 小时。从表面来看，20 年来，加拿大人每天不过多工作 30 分钟，但累积达 200 多小时。

研究还发现，男性将更多的时间投入在家务上，而女性将更多的时间用于办公室工作。1986 年，男性用于家务劳动的时间每天平均 2.1 小时，2005 年为 2.5 小时；同时，男性的工作时间也从 20 年前的 6.1 小时增加到 6.3 小时。就女性而言，20 年来从事家务的时间减少了半小时，由 4.8 小时降为 4.3 小时。外出工作时间由 1986 年的 3.3 小时增至 4.4 小时。

Jennifer Brassor 是少数不用外出工作的幸运主妇之一，她白天可以与两个儿子——6 岁的 Scott，5 岁的 Michael，待在家尽情享受休闲时光，把家务事推到晚上再做。她说："作为家庭主妇，必须将房子打扫干净，一切收拾得井然有序，衣服洗得干干净净，还要整理花园，等等，我通常将孩子们哄上床睡觉后，再去遛狗、做家务，一般到晚上 10：30 才能结束工作。"Brassor 表示，每周与孩子的活动日程表排得满满的，"周一打棒球，周二滑冰，周四驯狗，周五踢足球"，但是 Brassor 不打算改变当前的生活模式重返工作岗位，因为孩子们还太小。

统计局称，与世界其他国家相比，加拿大妇女外出工作的比率最高。1986 年，25～45 岁年龄段的男性外出工作比率占 94%，女性仅为 70%，二者比率相差 24%。到 2005 年，外出工作的男性比率降为 91%，女性则升至 81%，二者比率缩减为 10%。

女性从事家务的时间长短与其收入息息相关。调查发现，女性收入越高，做家务的时间越短。年收入超过 $ 100000 加元的女性与低于 $ 30000 加元的女性相比，每天平均做家务时间少 1 小时，但是外出工作时间多 1 个多小时。此外，高收入家庭夫妻双方都很少做家务，多请人帮佣。

注：上述报告是针对 25～45 岁加拿大人，在 1986～2005 年工作时间变化等情况做出的调查，受访人员达 10600 人。

资料来源：美国旅游网，USAtour. com. cn。

第五节　应用：劳动供给弹性的估计

劳动供给弹性是劳动供给（劳动时间、劳动参与率等）变化率与工资变化率之比。用公式表示为$\dfrac{dh/h}{dw/w}$，在替代效应占主导时，劳动供给与工资同方向变化，劳动供给弹性为正值；反之，在收入效应占主导时，劳动供给弹性为负值。

研究劳动供给弹性的大小具有重要意义，它可以帮助人们了解当市场工资水平变化时，劳动者的供给行为会做出怎样的反应，反应程度有多大。在工资由政府管制和调节的情况下，政府决策者也需要了解劳动供给弹性的大小，例如，提高最低工资水平或者普遍涨工资，在已知供给弹性的条件下就可以对劳动供给的变化量做出预判，从而为其他经济决策提供依据。

下面用计量模型来说明如何估计劳动供给弹性的大小。首先建立劳动供给的模型，影响劳动供给的解释变量包括工资、非劳动收入、福利状况和其他变量（包括制度和文化因素）。可以用下面的公式表示，h 表示劳动时间，w、V、B、o 分别表示工资、非劳动收入、福利状况和其他变量及误差项。

$$h = aw + bV + cB + o$$

其中，a 表示工资变化对劳动供给时间的影响系数，表示工资变化一个单位，劳动供给时间会变化多少单位。如果替代效应占主导，系数应该为正。如果收入效应占主导，系数应该为负。b 表示非劳动收入对劳动供给时间的影响系数，劳动者有较高的非劳动收入，劳动供给时间会缩短，因而 b 预期应该为负值。福利性收入越高，就会对劳动供给产生负面激励，因而 c 也为负值。通过调查获得大样本的微观数据，然后运用计量经济学软件[①]，就可以得到上面影响系数的估计值。

如果把计量模型写成对数的形式，即：

$$\ln h = \alpha \ln w + \beta \ln V + \gamma \ln B + others$$

这里，$\ln w$ 的系数即是劳动供给的工资弹性，表示工资变化1%对劳动供给时间变化率的影响。在对美国男性劳动力供给的计量分析中，一般的结论是年劳动供给的工资弹性为 -0.1，即工资增长1%，劳动供给时间减少 0.1%。可见，收入效应占主导，但优势很微弱。这可以解释美国在 1900～1950 年小时工资不断上升，而劳动时间不断减少的趋势。弹性较小，则说明男性劳动力的劳动时间变

---

① 例如 SPSS、E - views、Stata 等。

动的幅度不大，作为家庭收入的主要来源，他们的劳动时间比较稳定，每年在2100小时上下做微幅调整。

在计量分析中，考察的时间越长，劳动供给的弹性就越大。如果 h 表示周工作时间，则劳动供给的工资弹性会很小；如果 h 表示年工作时间，则其工资弹性会提高。因为时间越长，劳动者调整劳动供给的余地越大，其替代效应和收入效应也就反映得更明显。

上述研究劳动供给的一个缺陷是仅以就业者为考察对象。它不能够反映劳动年龄人口整体（包括失业者和不在劳动力人口）的就业意愿。对于失业者和不在劳动力人口来说，他们的工资率并非为零，只是市场工资低于其保留工资。计量分析要求进行人口抽样，将这部分人口排除在外不是真正的随机抽样分析。所以上面的劳动供给弹性分析存在着一定的错误，这被称为"自选择偏差"（Self - selection Bias）或"样本选择偏差"（Sample - selection Bias）。美国经济学家赫克曼在20世纪70年代中期开始解决这一问题，新的统计技术 Heckman 两步法要求解释变量还应包括估计的劳动者参与工作的概率。

前面假设非劳动收入是与劳动供给时间无关的收入流，但是现实情况是人们大部分的非劳动收入是过去储蓄和投资的收入，即最终也来自劳动收入。今天的非劳动收入来自昨天的劳动收入，如果劳动者对劳动的偏好不随时间而发生改变，则非劳动收入和劳动时间之间的关系就应该是正向的，因为有较多非劳动收入的人也正是愿意多工作的人。一些实证研究也表明了这一点，有较高非劳动收入的劳动者的工作时间更长一些。

福利政策不仅影响人们的劳动参与率，也会影响劳动时间的长短。美国政府在1968～1982年曾对此做过实验，对符合标准的家庭给予现金救济和一定的所得税税率。例如给一些家庭相当于贫困线标准95%的救济，其劳动收入的税率为50%；对另一些家庭给予相当于贫困线标准140%的救济和70%的劳动收入税率。结果发现，丈夫的就业参与率下降了3%，妻子的就业参与率下降了7%。而且男性工作者的就业时间减少了5%，女性工作者的就业时间减少了21%。[①]福利制度会降低人们的工作积极性，对女性劳动者的影响尤甚。这与预期的结果是相符的。

下面分析妇女的劳动供给模型。妇女的劳动供给有不同于男性的特征，决定妇女参与率的因素包括工资（w）、非劳动收入（V）、福利状况（B）、孩子的个数（尤其是0～3岁孩子的个数，K）、丈夫的工资收入（W_h）和其他变量（o）。

$$P_{women} = aw + bV + cB + dK + eW_h + o$$

---

① Borjas, G. J., *Labor Economics*, The Mcgraw - Hill Companies, 1996：64.

　　这里选择妇女的劳动参与率作为被解释变量，因为对于妇女来说，劳动参与率更易于变动。① 前面已经提到，第二次世界大战后各国妇女的劳动参与率不断提高，其中妇女市场工资上升的贡献不容忽视。1960～1980 年，澳大利亚妇女的实际工资年均增长 6.2%，意大利的增长率为 5.6%，英国为 4.2%，美国为 2.1%。在妇女劳动参与率的提高上，表现为澳大利亚和意大利的参与率有更大幅度的提高。例如澳大利亚妇女的劳动参与率年均提高 5%，意大利妇女的参与率从 1960 年的 25.7% 提高到 1980 年的 39.9%，年均提高 3%。美国年均提高不足 1%。据估计，1890～1980 年，妇女劳动力增长 60% 的贡献要归为妇女工资的上升。②

　　非劳动收入、福利制度对妇女劳动供给的影响与两者对男性劳动供给的影响相似。对妇女参与工作有特殊影响的是孩子的数量。家庭生育孩子数量的减少会降低妇女的保留工资，因而会提高其劳动参与率。研究表明，如果妇女有不到 6 岁的孩子，其劳动参与率会下降近 20%。③ 1950～1989 年，美国成年妇女一生生育孩子的数量从 3.3 个减少到 2 个（U. S. Bureau of the Census），这是妇女劳动参与率提高的重要原因。

　　但是，有人认为，养育孩子多少并不是决定妇女劳动供给的因素，相反，正因为市场工资上升，妇女更多地外出劳动，用于家庭生产和生育的时间减少，才导致孩子数量的减少。或者说生育和抚养孩子的机会成本上升导致生育数量的减少，虽然这不会影响妇女的劳动供给，却涉及生育率和长期劳动供给的问题，下面还要进一步分析。

　　与照顾孩子类似的其他家务活动也会影响妇女的劳动供给，例如做饭、洗衣服。随着家务生产技术的发展，家用电器不断普及，节省了大量的家务劳动时间，这也会使妇女重新参与到劳动力市场中去，即家庭不再需要一个成员专门做家务。

　　丈夫的工资会对妇女劳动供给产生影响。丈夫收入的提高会减少妇女工作的必要性，降低其工作时间。例如，一项研究表明，丈夫工资提高 10%，会使妻子的劳动参与率降低 5.3%，也使有工作的妻子的劳动时间减少 1.7%。④ 也可以将丈夫的工资看作是妇女的非劳动收入，其影响方向是一致的。相反，妻子的工资对丈夫的劳动供给却很少产生影响，究其原因，也许要从传统习俗和社会文化

　　① 可以通过 Probit 二元选择模型来做，劳动者选择是否外出工作，若"是"定义为1，若"否"定义为0。如何获得没有工作的劳动者对应的工资信息呢？可以在问卷中这样提问，"如果现在你外出工作，可能获得的工资水平为多少"，或者"你上一份放弃的工作的工资水平是多少"，在这一工资水平下，劳动者选择不外出工作。

　　② 转引自 Borjas, G. J., *Labor Economics*, The Mcgraw - Hill Companies, 1996：67.

　　③ Cogan, J., "Married Women's Labor Supply: A Comparison of Alternative Estimation Procedures," in James P. Smith, editor, *Female Labor Supply: Theory and Estimation.* Princeton University Press, 1980：113.

　　④ 转引自 Borjas, G. J., *Labor Economics*, The Mcgraw - Hill Companies, 1996：. 67 - 68.

中去寻找。其他变量包括文化传统因素，例如对妇女外出工作的歧视使有些国家（例如一些阿拉伯国家）妇女的劳动参与率较低。

与男性不同，妇女劳动时间的工资弹性为正，即替代效应占主导，大约为0.2，即工资上升1%，妇女的劳动时间会增加0.2%。劳动时间的工资弹性较小，但妇女劳动参与率的工资弹性较大。也就是说，对妇女而言，对经济因素的反应主要体现在工作与否上，而不是工作多长时间上。

【案例】

日本妇女为何很少外出工作

日本的女性劳动力很少外出工作，即使工作，也大多是非正式的短工。其劳动参与率在国际比较中处于较低的水平，1999年女性的劳动力参与率为49.6%（男性为76.9%），而美国1999年女性劳动力参与率为60%。导致日本女性劳动力参与率低的因素是多方面的。第一，风俗习惯和传统意识造成的劳动力市场上对女性的歧视至今仍普遍存在，妇女工资与男性工资之间的差距依然很大，所以，日本妇女外出工作的积极性不大。从非劳动收入和家庭生产模型来看，丈夫的较高收入降低了女性外出工作的必要性，妻子对丈夫在经济上依赖的传统意识在今天的日本仍然存在。第二，女性的家务劳动也节省了家政服务的支出，即丈夫外出工作、妻子在家做家务或者打短工对家庭总收益来说是最优的。从家庭偏好来看，日本家庭更愿意母亲自己照顾孩子，因而孩子的数量也对日本女性参与率产生影响。第三，还有税收方面的考虑。樋口和早见（1984）对日本、美国两国女性的就业率进行了计量分析，结果如下：家庭户主（丈夫）的收入增加1%，日本女性的就业概率下降0.24%，而美国的相应数字为下降0.09%，工资上升1%，日本女性的就业概率上升1.10%，而美国的相应数字为上升0.35%。[①] 所以，与美国的女性相比，日本女性的就业意识不强，受工资和家庭其他成员收入的影响较大。

第六节　生命周期中的劳动力供给

前面几节主要从个人的工作与闲暇的偏好着手，分析了短期内影响劳动力供给的因素，而在长期中，劳动者面临的机会、影响供给的因素会发生变化，劳动者的偏好也会变化，同时劳动者也要做出一些调整来适应变化的环境，这些都会

---

① 转引自中马宏之：《劳动经济学》，新世社（日本）1995年版，第28页。

使长期的劳动供给发生变化。下面分别讨论生命周期内的劳动供给、劳动供给如何随经济周期发生变动以及人口生育与长期劳动供给的关系。

首先我们观察美国劳动力参与率的长期变动趋势，然后对变动原因给出一定的解释。这些原因可能是短期供给因素发生变化，也可能是长期供给因素发生变动。

从总体参与率来看，第二次世界大战后到 2000 年，美国的劳动力参与率呈小幅上升的趋势，2000 年以后开始有所下降，相对比较稳定，但从对整个社会就业量及失业量的影响来看，微小的变化，其关系就极为重大。并且相对稳定的背后可能是不同组成部分劳动力的参与率发生了明显的变化，只是这些变化的影响相互抵消了。从表 2−1 可以看出，妇女的劳动参与率提高幅度非常大，从 1950 年的 28.6% 上升到 2000 年的 60.2%，而男性的参与率却下降了。对此有不同的解释，社会学的解释强调，妇女解放运动、生活方式改变了，而经济学更注重从收入、价格、偏好入手。第二次世界大战后工资率的提高使得闲暇和家庭生产的机会成本增加，同时家庭生产因技术发展与家政服务业的兴起而变得简单、便宜了，也促使妇女增加劳动供给。关于男性劳动参与率下降，退休年龄的提前①是一个原因。这就将我们引入了不同年龄段劳动者的参与率以及生命周期劳动供给理论（Life Cycle Labor Supply）的分析。

表 2−1　美国的劳动力参与率　　　　　　　　　单位:%

年份	妇女	男性	劳动力总体
1950	28.6	79.0	59.7
1960	34.5	77.4	60.0
1970	41.6	76.8	61.0
1980	50.5	77.9	64.1
1990	57.5	76.4	66.5
2000	60.2	74.7	67.2
2010	58.6	71.2	64.7
2012	57.7	70.2	63.7

资料来源：Elliott, R. F., 1991, *Labor Economics*, McGraw − Hill; *Employment & Earnings*, December 2002; *American Statistics Abstract* 2012; Bureau of Labor Statistics, Employment Projections 2012 − 2022, Dec 19, 2013.

---

①　因为有较多的退休金，使得他们选择提前退休。

一、生命周期的劳动供给行为

从表 2-2 可以看出，男性的劳动参与率随着年龄增加先是不断上升，到 35~44 岁这个年龄段达到最高，而后不断下降，在 55 岁以后迅速下降（进入退休），65 岁以后的参与率很低。劳动时间的分布也与此类似。之所以这样，是由于工资随生命周期而变化，从而人们选择在工资低的青年时代少工作，在工资高的中年时代多工作。女性的变动有些不同，20~24 岁时参与率相对较高，而后下降，35~44 岁时又上升，再以后不断下降。第一次下降主要是结婚后生育及家庭负担影响了妇女外出工作。这种状态在 1990 年以后也已经改变，变动方向基本与男性相同。

表 2-2　美国不同年龄段劳动力的参与率　　　　　单位:%

性别	年龄段（岁）／年份	1960	1970	1980	1990	2000	2010
男性	16~19	58.6	56.1	60.5	55.7	52.8	34.9
	20~24	88.9	83.3	85.9	84.3	82.6	74.5
	25~34	96.4	96.4	95.2	94.2	93.4	89.7
	35~44	96.4	96.9	95.5	94.4	92.7	91.5
	45~54	94.3	94.3	91.2	90.7	88.6	86.8
	55~64	85.2	83.0	72.1	67.7	67.3	70.0
	65 以上	32.2	26.8	19.0	16.4	17.7	22.1
女性	16~19	39.1	44.0	52.9	51.8	51.2	35.0
	20~24	46.1	57.7	68.9	71.6	73.1	68.3
	25~34	35.8	45.0	65.5	73.6	76.1	74.7
	35~44	43.1	51.1	65.5	76.5	77.2	75.2
	45~54	49.3	54.4	59.9	71.2	76.8	75.7
	55~64	36.7	43.0	41.3	45.3	51.9	60.2
	65 以上	10.5	9.7	8.1	8.7	9.4	13.8

资料来源：*American Statistics Abstract* 1974，1993，2012；*Employment & Earnings* January 2006.

生命周期劳动供给理论说明了人们在一生中如何分配其工作时间于不同的年龄阶段，这取决于他们预期的寿命、预期未来工作收入和非工作收入的折现值以及他们对工作和闲暇的偏好。在生命周期内分配工作时间的结果要保证其本人和家人获得长期稳定的生活收入来源。人们一般年轻的时候多工作以储蓄收入用于养老，而成立家庭以后要增加工作收入来抚养子女，预期未来收入现值的下降也会使人们在现阶段增加工作时间。同样，个人偏好也起作用，一个喜欢在年轻时闲暇娱乐的人会减少年轻时的工作时间。

假设劳动者的效用函数仍为 U = U（L，G），在劳动者跨时期提供劳动供给的行为中，必须考虑折现问题。因为劳动者做一生劳动供给规划的时点是现期，人们一般倾向于现期享受，而不愿等到将来再享受，因而明年获得的效用水平必须折现成现期（今年）的水平。用这种方法来比较两个时期获得的效用水平的差异，从而决定增加或减少两个时期的劳动供给量。通过效用函数，可以得出闲暇的边际效用。例如，第一年闲暇的边际效用为 $MU_1\left(=\dfrac{\partial U(L_1,G_1)}{\partial L_1}\right)$，第二年闲暇的边际效用为 $MU_2\left(=\dfrac{\partial U(L_2,G_2)}{\partial L_2}\right)$。

由前面的分析已经知道，最优的资源配置要求花在每一种商品的最后一单位货币能够获得相同的边际效用，或者说，边际效用之比应该等于价格之比。在第一年和第二年闲暇的时间选择上也是如此，假设第一年劳动的小时工资为 W_1，第二年为 W_2，工资成为闲暇的机会成本或者价格。所以跨时期劳动供给的均衡条件就应该为 $\dfrac{\frac{1}{1+r}MU_2}{MU_1}=\dfrac{\frac{1}{1+r}W_2}{W_1}$，或者为 $\dfrac{MU_2}{W_2}=\dfrac{MU_1}{W_1}$。例如，如果第二年的工资提高，则 $\dfrac{MU_2}{W_2}<\dfrac{MU_1}{W_1}$，这意味着花在第二年闲暇的最后一单位货币能够获得的边际效用减少。第二年应该减少闲暇，增加外出工作时间，则第二年的劳动供给时间就会提高，直到重新实现均衡为止。

人们会在工资低的时期减少劳动供给，在工资高的时期增加劳动供给，这就是生命周期的跨时期替代假说（Inter – temporal Substitution Hypothesis）。因为一般年轻劳动者的工资较低，中年劳动者的工资随人力资本的积累而得到提高，老年劳动者的工资又会轻微下降，所以劳动者的劳动供给也会出现上面看到的现象：年轻人的劳动供给较低，随着年龄增长，劳动供给逐渐增加，在老年阶段劳动供给出现下降。这种变化不仅反映在劳动参与率的差异上，而且反映在劳动时间长短的差异上。

衡量劳动力供给跨期替代大小的指标是跨期替代弹性，它等于劳动供给时间随时间的变化率除以工资随时间的变化率，即 $\gamma=\dfrac{dh/h}{dw/w}$，$h$ 和 w 分别表示劳动供给时间和工资。按照上面的分析，劳动供给的跨期替代弹性应该是正值，即随着年龄的增长，工资的增加会带来劳动供给时间的增加。但是人们通过研究发现，跨期替代弹性并不是非常大。弹性非常小，只有 0.1 左右。即工资上升 10%，劳动供给时间只增加1%。劳动供给时间也存在着一定的黏性，例如，人们发现男性劳动者在30~50岁，工资有较大变化，但劳动供给时间基本保持不变：工资上升了，劳动供给时间不增加或增加很少；工资下降了，劳动供给时间不下降或下降很少。其中的原因：处在这一年龄段的男性劳动者是家庭收入的主要来源，其劳动供给时间不论工资高低都需要维持在较高的水平（例如每周工作40小时），在这种情况下，即使工资上升，他们也无力再增加劳动时间（因为劳动时间已经足够长）。如果工资下降，为了维持家庭生计，也不可以减少劳动供给。因而表现为劳动供给存在着一定程度的黏性。

需要注意的是，生命周期的工资变动对一个人一生的总收入或者机会集没有影响，即假设劳动者一生的总收入既定不变，不存在一个意外的收入冲击，只是分布在不同年龄段的收入有区别，劳动者能够充分预见自己的工资将随着年龄增长而上升。随时间而产生的劳动供给的变化只是劳动者对闲暇价格变化的反应，而不是生命周期机会集的扩展。换言之，因为生命周期的工资变动没有使劳动者一生收入的现值发生变动，因此，随着年龄的增长而变化的劳动供给不存在所谓的收入效应。

相反，如果比较两个不同的劳动者，他们有不同的生命周期工资变动曲线，在这两个劳动者之间的劳动时间差异就可能受收入效应和替代效应的影响。如图2-11所示，如果甲在每个年龄段的工资都高于乙的工资水平，他们的生命周期劳动供给会如何呢？我们不清楚谁的劳动时间会更长一些。如果替代效应占主导地位，甲在每一个年龄段的劳动供给都会高于乙的，甲的生命周期劳动供给如图2-11中的b图上方的曲线所示，甲的较高工资会吸引他更多地工作，即闲暇的机会成本较高。如果收入效应占主导地位，甲在每一个年龄段的劳动供给都会低于乙的，甲的生命周期劳动供给如图2-11中的b图下方的曲线所示，因为甲可以获得的高工资使得他有能力享受闲暇，即使工作较短的时间也能获得有保证的收入。

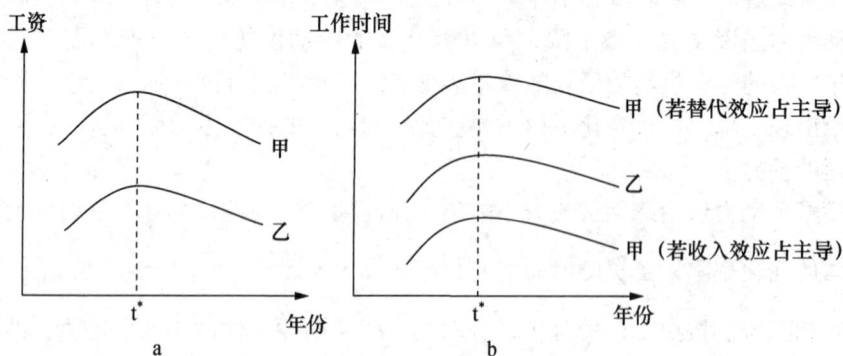

图2-11 工资不同的两个劳动者的生命周期劳动供给

二、退休行为

但是，我们发现劳动者在 50 岁以后参与率或劳动时间的骤然下降却不能完全用工资的下降来解释，因为老年劳动者的工资只是微幅的下降，不足以导致劳动供给的急剧下降，需要考虑各种福利制度对劳动者退休的影响。从时间序列来看，20 世纪 90 年代以后，男性参与率在各个年龄段都不同程度地下降了，最明显的是 55 岁以后的参与率，这影响到了男性整体参与率的下降。1960 年，55 ~ 64 岁的美国男性劳动者劳动参与率是 85.2%，到 1992 年下降为 66.9%。这说明男性劳动者退休年龄的提前，主要归因于政府社会养老保险制度的发展以及商业保险、企业年金、个人储蓄的增加。

老年劳动者在选择退休还是继续工作时，同样要考虑工作收入和闲暇之间的替代问题。继续工作会获得更高的收入，因为一般来说，在职工资水平高于退休后的养老金水平。但是，退休可以享受更多的闲暇，因而必须考虑两者之间的替代。需要注意的是，这里的收入是继续工作能够获得的收入的折现值。例如，有一个 60 岁的劳动者，如果他的预期寿命是 80 岁，在 60 岁以后继续工作，每年的工资收入为 W_{60}，W_{61}，…，W_{79}，如果选择退休，每年可以获得的年金收入为 B_{60}，B_{61}，…，B_{79}。

则他继续工作获得收入的折现值为 $PV_{80} = W_{60} + \dfrac{W_{61}}{1+r} + \dfrac{W_{62}}{(1+r)^2} + \cdots + \dfrac{W_{79}}{(1+r)^{19}}$，

退休获得年金收入的折现值为 $PV_{60} = B_{60} + \dfrac{B_{61}}{1+r} + \dfrac{B_{62}}{(1+r)^2} + \cdots + \dfrac{B_{79}}{(1+r)^{19}}$。

由于工资收入一般高于年金收入，所以前一个折现值会大于后一个折现值，其差额也就等于继续工作而不退休能够获得的净收益。在图 2 - 12 中，在纵坐标上表示这个净收益，原点为 60 岁退休获得的收益，最高点为继续工作 20 年获得的净收益。横坐标表示退休的时间长度，它可以给劳动者带来闲暇，假设最长可以达到 20 年。这样，在纵坐标的最高点和横坐标的最高点之间连接的直线就是这个人的预算线。无差异曲线表明了退休时间和工作净收益之间的替代关系，即闲暇和工作之间的替代，它反映了劳动者的偏好。当预算线与某一条无差异曲线相切时，劳动者就达到了最大的效用水平，也是他的均衡点。例如图中均衡点对应的退休时间为 15 年，则这个劳动者会选择在 75 岁退休。

下面分析影响劳动者退休选择的因素。如果工作的工资提高，劳动者会如何反应呢？工资提高会引起预算线的变化，从而形成新的均衡点。这里也存在两种效应——替代效应和收入效应。工资上升意味着退休的机会成本增加，在替代效应的作用下，劳动者会选择增加劳动时间，推迟退休。另外，工资上升引起收入的提高也使得劳动者更有经济能力去享受闲暇，从而在收入效应的作用下，劳动

工作收益

PV₈₀

PV₆₀

P

U₁

U₀

15 20 退休的时间

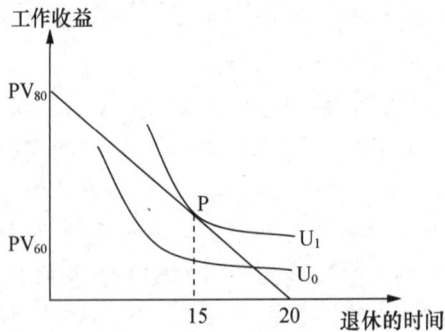

图 2 - 12 劳动者的退休决策

者会选择提前退休，减少劳动供给时间。至于最终劳动者退休时间提前还是推迟要取决于哪一种效应占主导。当收入效应占主导时，劳动者会选择提前退休；而当替代效应占主导时，劳动者会选择推迟退休。

另一个影响因素是养老金的数量。当年金增加时，会引起预算线的变化。退休可以获得比原来更多的收入，增加了退休与工作相比的吸引力，也相当于减少了闲暇的机会成本，因而替代效应要求其提前退休。而年金的增加也意味着劳动者机会集的扩展，他更有经济实力去享受闲暇，因此，收入效应也要求其提前退休。收入效应和替代效应作用的方向是一致的，无论是收入效应还是替代效应都要求人们提前退休。

许多实证研究也表明，人们的退休年龄会对经济环境做出反应。工作收入现值增加10%，65岁劳动者退休的可能性就会减少约6%，这说明替代效应占主导地位。而年金提高10%，会使退休年龄提前一个月。[①]

以上论述的退休收入主要指社会养老保险，商业养老保险同样会对劳动供给产生影响。在美国，随着商业养老保险覆盖面的增加，它对老年劳动者劳动参与率的影响越来越大。最近的研究表明，社会养老保险金额增加只能够解释老年劳动者参与率下降的15%[②]，这说明商业养老保险的解释力量更大。

上面分析的假设是劳动者可以自由选择退休年龄。但现实情况是许多国家规定了法定退休年龄：超过法定退休年龄一般不允许再继续工作，尤其是在正规部门。例如，美国在1978年之前，雇主可以要求员工达到65岁时必须退休。1978年将退休年龄延迟到70岁，而1986年进一步修改法令，取消了对退休年龄的规定（除了个别特殊的行业）。其目的在于消除就业过程中的年龄歧视，也是适应

① 转引自 Borjas, G. J., *Labor Economics*. The Mcgraw - Hill Companies, 1996, pp. 86 - 87.

② 转引自 Borjas, G. J., *Labor Economics*. The Mcgraw - Hill Companies, 1996, pp. 89.

人口老龄化经济社会的需要。我国国家法定的企业职工退休年龄是男年满 60 周岁，女工人年满 50 周岁，女干部年满 55 周岁。从事井下、高温、高空、特别繁重体力劳动或其他有害于身体健康的工作的，退休年龄男年满 55 周岁，女年满 45 周岁，因病或非因工致残，由医院证明并经劳动鉴定委员会确认完全丧失劳动能力的，退休年龄为男年满 50 周岁，女年满 45 周岁。简单地与西方国家做比较，不仅退休年龄较早，存在着年龄歧视；而且男女退休年龄不同，存在着性别歧视。但这一规定也在一定程度上考虑了我国的具体情况。① 在法定退休年龄的规定下，劳动者自由调整退休时间、自由调整生命周期劳动供给就存在着一定的困难。

【案例】

德国为减少养老金支出法定退休年龄拟提高到 67 岁

［新华社专电］为减少持续上涨的养老金支出，德国政府 11 月 29 日宣布，将法定退休年龄从目前的 65 岁提高至 67 岁，并将采取措施鼓励 55 岁以上的赋闲人员重返工作岗位。

德国是欧洲出生率最低的国家之一，且人均寿命正在逐步延长，导致老龄化问题日益严重。不少人担心，如果国家养老金体系不进行彻底改革，有朝一日将会崩溃。

资料来源：http：//www. sina. com. cn，2006 年 12 月 2 日。

【小资料】

我国推迟退休年龄的争论

延迟退休年龄，指国家结合国外有些国家在讨论或者已经决定要提高退休的年龄来综合考虑中国人口结构变化的情况、就业的情况而逐步提高退休年龄或延迟退休的制度。2013 年 6 月，由于就业压力等多重原因，人社部已经搁置延迟退休的思路，仅仅从研究着手，进行学术探讨。到 2013 年 11 月 12 日，中国共产党第十八届中央委员会第三次全体会议通过《中共中央关于全面深化改革若干重大问题的决定》指出：研究制定渐进式延迟退休年龄政策。明确了顶层设计中，延迟退休政策渐进渐行。2014 年 3 月 9 日上午，人力资源和社会保障部部长尹蔚民表示，人社部会在 2020 年前，将延长退休年龄的方案推出来，此方案是渐进式的退休年龄办法。

---

① 由于近年我国就业压力较大，很多人不到法定退休年龄就提前退休。

人社部有关负责人表示，设计退休年龄必须统筹考虑社会保险与就业。记者采访发现，临近退休年龄的干部，不论男女，有相当一部分认为可以适当考虑延长退休年龄。据分析，这主要是因为此类人群工作强度不是很大。随着近年来我国居民健康状况明显提升，很多人虽然已到退休年龄，仍可胜任工作。一些特定行业，如医生、教师，往往是"越老越吃香"。退休在某种程度上的确是一种人才资源的浪费。

一线工人则多数认同目前的退休年龄规定，有的人甚至希望早点退休。这是因为，一线工人大多体力消耗大，在职时收入水平偏低，且不是很稳定，退休后则可以获得稳定的养老金收入。近几年，国家一直在提高企业职工养老金水平，对一些已经内退或下岗的职工而言，都希望早点正式退休，收入还能高一些。

与此同时，许多年轻人表示，现在工作已经很难找了，如果再延迟退休年龄会使就业变得更难。部分企业经营者认为，《劳动合同法》实施后，企业中无固定期限劳动合同的员工比例明显增加，倘若进一步延迟退休年龄，会使企业人员的流动性减弱，影响企业活力。

有关专家表示，退休年龄不应经常调整，其确定需要统筹考虑经济社会发展大局，并充分考虑不同群体间的公平公正。之前有人提议，我国可以采取"弹性退休"制度。例如在美国，有一个可以领取养老金的年龄，但实际退休年龄，员工可以根据自身状况跟用人单位协商决定。不过，专家认为，这种方式不适合我国目前的社保制度以及财政制度，并且操作中会产生很多新的问题，短期内可行性不大。

资料来源：百度百科，2014年5月23日；白天亮：《人社部：我国暂时不会调整退休年龄》，人民网、《人民日报》2010年9月16日。

另外，退休后并不意味着劳动供给为零，退休后再就业的现象依然比较普遍，他们一般从事非正规部门的工作。即使在美国，也有约20%的退休者仍坚持工作。[①] 退休人员的重新就业又会对整个社会的劳动供给产生影响，对这一行为政府是应该鼓励还是限制呢？如果限制，又应该采取怎样的政策手段呢？

一般来说，退休人员的重新就业很可能是其年金收入不足以维持生计（当然也有个别人不存在收入不足问题，只是为了实现自我价值、更好地利用晚年时间而选择再就业）。因此，在美国主要是通过变相征税的手段在一定程度上限制老年就业，以避免他们挤占有限的就业岗位。美国的社会保障制度有一项条款规

① Burtless Gary and Robert A. Moffitt, "The Joint Choice of Retirement Age and Postretirement Hours of Work", *Journal of Labor Economics*, 1985, 3: 209-236.

定，年龄在 65~70 岁有养老保障的劳动者如果再就业，每年获得的工资收入在 11160 美元以下不会影响其养老金的发放，如果超过 11160 美元，就会减少其养老金。例如，工作收入每超过 1 美元，养老金就减少 0.33 美元，这相当于征收 33% 的收入税。这一政策的合理性在于一方面保证了一些需要通过再就业增加收入的退休者的利益（在工资收入没达到 11160 美元时，不减少养老金），另一方面也对增加劳动时间过多的退休者给予限制（通过减少其养老金发放来变相对工资收入征税），以避免退休者挤占过多的就业岗位，影响劳动年龄人口的正常就业。

但是，也有人对此提出反对，认为这种规定打击了退休者的就业积极性，应该予以取消。这一说法是不充分的，因为只有那些大量增加劳动时间的退休者才受到税率的影响。如果取消这一规定，也未必会使得退休者的劳动供给增加。为什么呢？因为取消规定后会相对提高劳动收入，在收入效应的作用下，退休者会减少劳动供给。而且从数量上来看，只有 20% 的退休者再就业，其中又只有 60% 的再就业者劳动时间足够长，以致会受到税率规定的影响。所以取消这一规定不会给退休者的劳动供给产生较大影响。

第七节　经济周期中的劳动力供给

长期的劳动供给还表现为闲暇的跨经济周期替代，即劳动供给随经济周期变化而变化。其一般规律：经济繁荣时，工资上升，劳动供给上升；经济衰退时，工资下降，劳动供给下降。当经济进入繁荣时期，劳动力市场上的工资水平上升，在替代效应的作用下，劳动者愿意工作更长时间，如果劳动供给对工资暂时变化的反应具有较高的弹性，就在一定程度上弥补了衰退时期劳动供给减少和收入减少的损失。所以在经济衰退期，劳动者会选择享受更多的闲暇（其机会成本下降），等到经济繁荣时再去获得更多的劳动收入，因为在经济繁荣期获得较高收入相对更容易些。从长期来看，这种跨经济周期的劳动供给替代可以保证劳动者获得最大的效用满足。闲暇的跨时期替代被视为实际商业周期理论最紧密的传播机制，它说明劳动力供给会对工资的轻微变化做出巨大的反应。[1]

但是，在经济衰退时，由于作为家庭主要收入来源的丈夫工资下降，导致原

---

[1] 参见鲁迪·多恩布什、斯坦利·费希尔：《宏观经济学》，中国人民大学出版社1997年版，第211~213页。

来不工作的妻子参加工作或增加劳动时间以弥补家庭收入的损失，以使家庭的消费水平保持不变。因为家庭的消费具有一定的惯性，不会因经济周期而大幅度波动。妇女主要在非正规就业部门工作，从而越是经济衰退，在次等劳动力市场（Secondary Labor Market）工作的劳动者参与率越高。这与一般男性的劳动供给变化正好相反，它被称为"补充劳动者效应"（Added Worker Effect）。除了家庭妇女以外，家庭中的年轻子女也会成为补充劳动力，在经济衰退期他们的劳动供给会增加。

还有一种效应叫"失望工人效应"（Discouraged Worker Effect），这是指在经济衰退时期，失业的劳动者丧失了找到工作的信心，决定退出劳动力市场。当经济好转时，这些不在劳动力者又重新进入劳动力市场，因而表现为整个社会的劳动供给随着经济周期而发生同方向变化：经济繁荣时，劳动供给增加；经济衰退时，劳动供给减少。

"补充劳动者效应"和"失望工人效应"对劳动供给的影响方向是相反的。当然，这两种效应会同时存在，关键看哪一种效应占主导。如果建立一个回归方程，被解释变量为某一时期社会全部劳动者或者某一群体劳动者的劳动参与率，解释变量为当时的社会失业率，这是反映经济周期的指标。如果补充就业者效应占主导，则失业率对劳动力参与率的影响系数为正；如果失望工人效应占主导，影响系数就为负。这样，通过对宏观数据的计量分析，能够发现影响劳动供给的微观机理。有许多实证分析表明，失业率的系数为负，即失望工人效应占主导。例如，失业率每增加1%，16~19岁的白人年轻人的劳动参与率就下降2%，黑人年轻人的劳动参与率下降5%。对年纪更大的劳动者来说，影响系数相对较小，但仍为负。"补充就业者效应"并非完全不存在，只是其影响力小于失望工人效应的影响力。例如，一项研究表明，在每100个失业的白人男子中，只有3个妻子会因此而参加到劳动力市场中。①

有人认为，失望工人之所以退出劳动力市场是由于经济环境所迫而不得不采取的行动，因而不属于自愿失业。而在一般的失业率统计中却没有将其包含在内，因而，官方的失业率统计低估了真实的失业状况。但是从另一个角度来说，前面说明了在经济衰退时人们选择失业甚至暂时退出劳动力市场，是劳动者在利用有利的时间享受闲暇、追求自身效用最大化的表现。跨经济周期调整劳动力供给是人们的自愿选择，所以，又没有太大必要考虑这部分劳动供给的减少，也不需要调高失业率。至于这两种类型劳动者各占多大比例，需要做进一步的实证分析。

---

① 转引自 Borjas, G. J., *Labor Economics*, The Mcgraw-Hill Companies, 1996, p.82.

第八节　生育与劳动力供给

　　上面的劳动供给分析中仅涉及劳动参与率，实际上，影响劳动供给的主要变量是总劳动力数量，它等于劳动参与率乘以劳动年龄人口，而劳动年龄人口又受总人口变化的影响。在劳动参与率一定的情况下，主要是总人口这一变量影响就业人口的变化，因而，研究长期劳动供给不能忽视总人口的变化。总人口的变化主要受人口出生率、死亡率以及移民等因素的影响。出生率的增加会使未来的劳动力供给增加，并影响供给的年龄分布，也会对妇女一定时期的劳动供给产生影响；移民大多伴随着外来劳工的流入，因而会对本国的劳动力供给带来影响。正常的死亡主要涉及退休以后的人口，因而对就业的影响并不显著。下面仅分析生育问题，移民问题在第八章劳动力流动中专门分析。

【小资料】

我国生育率的变化及对刘易斯转折点的影响

　　目前对我国劳动力短缺和刘易斯转折点即将到来的讨论很多，其中一条依据就是生育率的下降。尤其是实行计划生育政策后，导致人口出生率下降，人口老龄化问题突出。

　　Cai 和 Du（2011）指出，普通劳动者工资不断上涨，非技能劳动力和技能劳动力的工资逐渐趋同，农村人口结构发生变化，可以转移的劳动力减少，因而刘易斯转折点已经来临。Zhang 等（2011）认为，自 2003 年起，农村地区实际工资上升，已经面临刘易斯转折点。南亮进和马欣欣（2010）认为，城镇失业率没有出现下降趋势，农工间的工资差距在 21 世纪初期甚至有所扩大，农业中依然存在大量剩余劳动力，但农业的边际生产率在逐渐上升，因而中国经济在向刘易斯转折点接近。许召元和胡翠（2010）用可计算的一般均衡模型对 2010~2030 年中国经济增长和劳动力转移前景进行模拟分析，发现尽管从短期来看中国农村剩余劳动力已经较少，但在今后 20 年内，仍将有 1.0 亿~1.3 亿名劳动力持续从农业向非农产业转移。Knight 等（2011）运用 2002 年和 2007 年的住户调查，解释了当前农民工短缺和过剩同时存在之谜。他们认为，由于劳动力市场分割限制了农民外出就业，虽然农民工的工资在上涨，并不意味着劳动力绝对短缺和刘易斯转折点已经到来。Golley 和 Meng（2011）指出，控制其他因素，2000~2009 年，农民工的实际工资基本没有增长，农村仍存在大量待转移的劳动力，要谨防由市场分割和制度阻碍导致的工资上涨和资本深化。

资料来源：宁光杰：《自选择与农村剩余劳动力非农就业的地区收入差异：兼论刘易斯转折点是否到来》，《经济研究》2012 年增 2 期（青年学者论坛专辑），第 42~55 页。

【小资料】

我国劳动人口的变化趋势

国家信息中心、中国社科院社科文献出版社共同发布的《经济信息绿皮书·中国与世界经济发展报告（2013）》（以下简称《报告》）显示，2013 年，中国的总劳动人口数量将达到顶峰，首次超过 10 亿人。之后，总劳动人口数量将逐步下降，就业压力将会慢慢得到缓解。2013 年，发生的总劳动人口数量上的转折，将对今后我国发展产生长远的影响。

《报告》指出，尽管 36 岁以上的劳动人口仍在增加，但 20 岁的新增劳动人口数量，自 2010 年以来已经连续两年下降。研究人员对未来青壮年劳动力的变动进行了模拟计算，预测 2013 年新增 20 岁劳动人口数量只有 2077 万人。16~35 岁的青壮年劳动人口，也将从 2012 年的 2.203 亿人降至 2013 年的 2.17 亿人，"丰富的人力资源"会成为越来越宝贵的资源。与此同时，农村可供转移的剩余劳动力也将持续减少。统计数据显示，2011 年，全国流动人口 2.3 亿人，其中农村户籍人口占 80%，"80 后"新生代农民工已占劳动年龄流动人口的一半。今后，农村可供转移的劳动力主要是学校毕业生，以及技术进步后剩余的农村劳动力，潜力都不是很大。

资料来源：童曙泉：《我国总劳动人口 2013 年将达到顶峰》，《北京日报》2012 年 12 月 23 日。

下面我们研究影响生育率的因素。随着人们经济收入的提高，生育率会逐渐上升，这是马尔萨斯的观点。而人口的上升会导致资源的不足，从而人类发展会陷入困境。经济收入会随之出现下降，这会进一步影响人们的生育行为。当人们没有经济能力抚养更多孩子时，就会减少生育。在马尔萨斯看来，经济发展水平对人口生育始终起决定作用，并且其影响是同方向的：经济增长率高，人口增加；经济增长率低，人口减少。

但是在距离马尔萨斯时代 200 年之后的现代经济社会中，我们却看到了不同的景象：许多国家的人均收入提高后，生育率却出现下降。尤其在一些发达国家，生育率一直与经济增长逆行。对此，贝克尔的解释是生育率不仅受收入的影响，还受价格变化，即抚养孩子成本的影响。此外，还需要考虑其他非经济因素，如社会观念的改变影响人们对抚养孩子的偏好。

下面分析一下家庭的生育决策。假设家庭的效用函数包括抚养孩子的数量和丈夫与妻子消费的商品，孩子和夫妇的个人消费都是作为经济人的丈夫和妻子追求的目标。在资源一定的情况下，家庭抚养孩子的数量和消费商品的数量存在着一定的替代关系，抚养的孩子数量增加，就会影响父母的消费水平，即存在着一般意义的无差异曲线。当然，更高的无差异曲线需要有更多的经济资源来支持，使家庭能够抚养更多的孩子、能够消费更多的商品。同时，预算线也可以形成，如图2－13所示。横坐标上的截距是所有资源都用于抚养孩子所能达到的最大生育数量，它等于家庭总收入 I 除以抚养孩子的单位成本 P_N。纵坐标上的截距表示所有资源都用于夫妇商品消费所能达到的最大消费数量，它等于家庭总收入除以商品的价格 P_X。家庭的均衡点为预算线与无差异曲线相切之点，这一无差异曲线是家庭所能达到的最高的无差异曲线，代表着家庭能够达到的最大效用水平。

用图2－13来分析家庭的生育决策难免被人指责为过于机械，虽然现实生活中人们不会通过画图的方式来选择生育孩子的数量，但每个家庭在做生育决策时，考虑的经济因素的确是图2－13中显示的这些因素，抽象形成的图形可以帮助我们更集中、更好地理解经济问题。

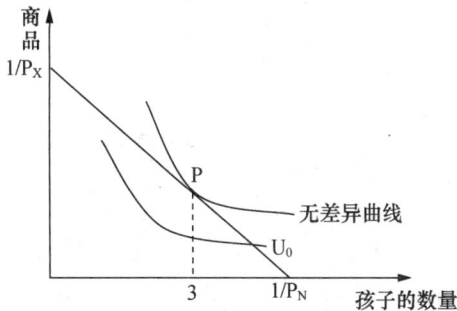

图2－13　家庭的生育决策

当然，无差异曲线本身的形状受到家庭偏好的影响。更加喜欢孩子的家庭和更加喜欢个人物质消费的家庭会有不同形状的无差异曲线，因而会有不同的均衡的生育孩子数量。

当经济环境发生变化时，生育孩子的数量也会发生变化。这里考虑收入的提高和抚养孩子成本的提高对均衡生育水平的影响。家庭收入提高之后，家庭的预算线会向上平移，与更高的无差异曲线相切，均衡的生育水平会提高，即家庭会生育更多的孩子。这与马尔萨斯的分析是一致的，孩子也是一个普通产品，随着收入的提高，人们愿意更多地生育孩子。

当抚养孩子的成本提高后，家庭的预算线也会发生变化。其中有两种效用在起作用：收入效应和替代效应。抚养孩子成本的增加会使得家庭在抚养孩子和个人商品消费之间产生替代——商品消费比抚养孩子更有吸引力，因而在替代效应的作用下，家庭会减少生育孩子的数量。而抚养孩子成本的增加也意味着家庭收入相对减少，收入效应也要求家庭减少生育孩子的数量。因而两种效应的作用方向是相同的，都要求减少生育孩子的数量。

那么，为什么抚养孩子的成本会提高呢？一般来说，收入越高，抚养孩子的成本越高。因为随着经济的发展，对劳动者的素质要求越来越高。高收入家庭尤其希望能够将自己的孩子培养成受过良好教育的高素质人才，因而对孩子进行人力资本投资的花费就会增大。这样，抚养成本的提高使得高收入家庭反而较少生育孩子。一个普遍的现象是农村家庭的孩子数量往往多于城市家庭，无论在美国还是在发展中国家，都是如此，虽然农村的收入水平低于城市。除了与传统习俗有关外，一个主要原因是农村抚养一个孩子的成本较低，不仅生活费用便宜，而且教育费用也较低；而在城市，从孩子入幼儿园开始，就要支付较高的生活费和学费。此外，农村孩子不仅抚养成本低，还会为家庭带来收益。他们从幼年开始就能参与农业生产劳动，为家庭收入做贡献。

【小资料】

在中国抚养一个孩子需要花费多少？

中国社科院社会学研究所的研究表明，在中国抚养一个孩子人均花费 49 万元。0~16 岁的直接经济成本为 25 万元，孩子上高等院校的家庭支出平均为 48 万元，30 岁前未婚不在读子女的成本为 49 万元。间接经济成本包括社会赠送、学校免费、压岁钱（5 万~6 万元）、孕产期支出、因孩子而误工、减少流动与升迁等造成的损失。

资料来源：徐安琪：《孩子的经济成本：转型期的结构变化和优化》，《青年研究》2005 年第 1 期。

下面对家庭生育孩子的行为进行计量分析，被解释变量为家庭中孩子的数量 Nchild，解释变量包括抚养孩子的成本 Pchild 和家庭收入 I。回归模型如下：

Nchild = αPchild + βI + other variables

抚养孩子的成本不仅包括直接成本，还包括母亲为抚养孩子而放弃的工作收入，即机会成本。事实上，由于直接成本很难衡量，大多数研究都用母亲的工资作为衡量抚养孩子成本的指标。分析表明，这一成本对生育孩子数量的影响弹性系数为 -0.3，即抚养孩子的成本每上升 1%，孩子的数量会减少0.3%。而家庭收入对生育孩子的影响仍是正的，但影响弹性系数非常小，小于 0.4%。[①] 也就是说，随着收入的提高，家庭生育孩子的数量只有微弱的增长。

政府在了解了家庭的生育决策之后，可以采取一些经济措施鼓励或限制人们的生育行为，以达到社会公共目标。例如在中国，为了控制人口过度膨胀，从19 世纪 70 年代后期，开始实行计划生育政策，城市家庭只允许生一个孩子。通过各种宣传改变人们"多子多福"的传统观念，从而改变家庭的无差异曲线。同时，超生者要给予经济处罚，这实际上增加了生育第二个孩子的成本，所以在政策实行的初期，很少有家庭违规生育二胎。随着经济收入的普遍提高，经济处罚的金额是很多家庭都能够承受的，因而违规行为逐渐增多。但是随着人们观念的改变以及抚养孩子成本的扩大，许多年轻夫妇都选择推迟生育甚至不生育，这一新现象的出现将使未来中国人口老龄化的问题日益严峻。为解决生育率下降的问题，一些地区采取各种措施减少抚养孩子的成本（例如解决"入托难"的问题），符合条件的家庭（例如夫妻都为独生子女和一方为独生子女）可以生育两个孩子。政策的目的在于改变家庭面临的预算线和无差异曲线，通过家庭的自主选择来保持社会稳定的生育率。

【小资料】

中国人口老龄化与二胎政策

在国家卫生计生委主任李斌的眼中，逐步调整完善计划生育政策，关系经济社会发展全局。《每日经济新闻》记者注意到，在日前出版的《中共中央关于全面深化改革若干重大问题的决定》（以下简称《深化改革决定》）辅导读本中提到，实践证明实行计划生育政策符合国家长远发展，符合群众根本利益，是完全正确的，必须长期坚持。而单独两孩政策有利于延缓人口老龄化速度。

21 世纪以来，我国人口形势发生了重大变化。人口众多仍然是我国基本国情，人口结构性问题正在成为影响经济社会发展的重要因素。因此，"逐步调整完善生育政策意义重大"。

当前，我国人口抚养成本比较低、劳动力资源比较充足，在这个时期调整完善生育政策，启动实施一方是独生子女的夫妇可以生育两个孩子的政策（以下简

---

① 转引自 Borjas, G. J., *Labor Economics.* The Mcgraw－Hill Companies, 1996, p. 97.

称单独两孩政策），有利于保持合理的劳动力规模，延缓人口老龄化速度；有利于改善人口性别比结构和家庭结构，促使我国由人口大国向人力资本强国转变。同时，还有利于进一步缩小国家政策与群众意愿的差距，促进家庭幸福、代际和谐和社会稳定；有利于稳定低生育水平，促进人口与经济、社会、资源、环境的协调和可持续发展。

目前，随着第一代独生子女普遍进入婚育期，城市"421"式简单的家庭数量显著增加。这样的家庭抵御风险能力较弱，并因此导致空巢家庭、失独家庭大量存在。有观点认为，单独两孩政策实施后，可以在政策上终止"421"式的家庭结构，取而代之的是"422"，可明显增加家庭人力资源，提高家庭抗风险和未来照顾老人的能力；同时，有利于家庭自身发展。

目前启动实施单独两孩政策，近中期不会影响老年人口总量，但会微弱地降低老龄化水平。据测算，单独两孩政策与现行生育政策相比，2030年老龄化水平将从24.1%降到23.8%；2050年从34.1%降到32.8%。

"实施单独两孩政策保持了政策的稳定性和连续性，易为社会接受。"辽宁、吉林、天津等7省市农村已实施单独两孩政策，具有实践基础。

据相关统计数据显示，在2013年之前的4年内，全国人口只增加了2902万，"超额"减少1711万人口的出生。实践证明，实行计划生育政策，符合国家长远发展，符合群众根本利益，是完全正确的，必须长期坚持。在政策的实际操作中，亦表明"长期坚持不动摇"的基本思路不会改变，从单独两孩政策出台后，包括北京等地在内，在生育间隔以及女方生育年龄的限制上并未完全放开，且二胎政策也不是"普遍"放开。

"研究表明，目前就普遍实施两孩政策存在着很大风险。一是会导致出生人口大幅波动，给各项基本公共服务带来很大的压力；二是给教育、卫生等公共资源配置以及经济社会发展带来不利影响（《每日经济新闻》）。"

资料来源：王雅法：《卫计委：单独二胎政策有利于延缓人口老龄化》，《每日经济新闻》2013年11月21日。

在考虑生育问题时，不仅要考虑抚养孩子的成本，还要考虑孩子将来给家庭带来的收益。即使是一个利他主义的父母，也希望孩子将来能够给自己带来精神上的快乐，照顾自己的晚年生活。而且，从抚养孩子的数量来看，存在着收益递增和成本递减。收益递增在于父母抚养孩子的经验会不断增加，花同样的成本抚养后出生孩子的质量会更高；后出生的孩子可以从哥哥姐姐身上学到许多有益的经验，因而更有利于自身的成长。成本递减在于多个孩子可以分享相同的资源，例如，哥哥姐姐的玩具、衣物可以传给弟弟妹妹。这时，家庭合理的生育规模就要由边际成本与边际收益相等这一原则来决定。

下面对劳动供给的结构问题做一简要说明。首先考虑某一时点劳动供给的年龄结构，如果劳动供给中年轻人占的比例过大，则会使劳动力的技能不足以及摩擦性失业等问题突出，因为年轻人一般缺乏必要的职业技能和经验，而又倾向于经常转换工作。

与年龄结构相关的是劳动力供给的技能结构。在上面的分析中，年轻人（16~24 岁）的劳动参与率较低，随时间变化也较为复杂，这涉及人力资本投资问题。前面假设劳动力的技能是既定的，且同质。实际上，劳动技能要通过教育、培训后天获得，不同的劳动者为此投入的时间不同，获得的技能水平也不同，这影响了劳动力市场上劳动供给的数量和质量。影响数量是因为某些类型的人力资本投资（接受正规教育）使劳动力无法参加工作。人力资本投资要花费一定的时间，因而这种质量改善只能在长期内形成。

以正规教育形式接受人力资本投资主要发生在青少年阶段，因而，这一时期的参与率较低。而决定是否进行以及何时进行人力资本投资还要对其进行成本—收益分析。在美国，并不是每个年轻人都去接受高等教育，提早参加工作者可能认为教育投资的收益小于成本。1980 年美国仅有不到一半的 16~24 岁青年在校读书，20 世纪 90 年代以后，入学率上升，更多的人感到教育投资的未来收益，相应地，劳动参与率下降。而一个缺少知识技能的劳动参与者很容易受到失业的威胁，例如，1992 年，美国高中以下学历的劳动者失业率为 11.4%，高中毕业者为 6.8%，大学本科以下者为 5.6%，本科为 3.2%。2012 年，美国高中以下学历的劳动者失业率为 14.3%，高中毕业者为 9.1%，大学学历者为 4.6%。在其他年份，这种差别也非常明显。[①]

另一种形式的人力资本投资则来自于在职培训或阿罗所说的"在干中学"（Learning By Doing）。这样的投资既不影响劳动供给的数量，又能够提高供给的质量。在职培训的一个问题是有的技能仅适用于特定的生产过程和生产环境，离开了目前所在的企业，这种特殊技能的价值就大大降低。这样，工人一旦从这个企业失业，向其他企业转移又会发生困难。

投资人力资本是个人选择问题，在制度约束和信息不充分条件下，人力资本投资往往不能适合社会经济需求，这也会引起供给的低效率。所以，分析某一时点劳动供给的学历结构、技能结构也是劳动供给问题研究的重要方面。关于人力资本投资问题，第五章中将进行具体分析。

---

① *American Statistics Abstract* 1993；*OECD Employment Outlook*，2014.

本章小结

● 如果市场工资高于保留工资，劳动者会进入劳动力市场。非劳动收入的提高会提高保留工资、降低劳动参与的可能性；市场工资的上升会增加劳动参与的可能性。

● 追求效用最大化的劳动者会合理配置时间，使得花在购买闲暇的最后一单位货币与花在购买商品的最后一单位货币获得相同的效用。

● 工资的提高会产生替代效应和收入效应。替代效应增加工作时间，而收入效应减少工作时间。因而，如果替代效应占主导，劳动供给曲线是向右上方倾斜的；如果收入效应占主导，劳动供给曲线会出现向后弯曲。

● 各种社会救济等福利制度会造成工作的负激励，因为它提高了接受救济者的非劳动收入。

● 家庭成员在做家务和外出工作方面的比较优势，决定了他们不同的分工组合。参与劳动力市场者往往不擅长家庭生产，但能够获得较高的货币工资。

● 男性劳动者劳动供给的工资弹性一般为负，而女性劳动者的劳动供给弹性一般为正，但弹性都不大。

● 在生命周期的高工资阶段，劳动者会更愿意参与到劳动力市场上，并工作更长的时间。

● 男性劳动者的跨时期劳动供给替代弹性非常小，只有0.1左右。

● 高工资的劳动者会选择推迟退休，而有丰厚年金的劳动者会选择提前退休。

● 补充劳动者效应说明，如果经济不景气，一些劳动者（Secondary Workers）会选择进入劳动力市场。而失望工人效应则说明，如果经济不景气，劳动者会退出劳动力市场。如果失业率和某一类型劳动者的劳动参与率之间存在着负相关，说明失望工人效应占主导。

● 抚养孩子成本与家庭生育率之间存在着负相关，家庭收入和生育率之间存在着正相关，但相关系数非常小。

本章主要概念

劳动力（Labor Force）

劳动参与率（Labor Force Participation Rate）

预算线（Budget Line）

无差异曲线（Indifference Curve）

保留工资（Reservation Wage）

边际效用（Marginal Utility）

劳动供给曲线（Labor Supply Curve）

替代效应（Substitution Effect）

收入效应（Income Effect）

家庭生产（Household Production）

劳动供给的跨期替代（Labor Supply's Intertemporal Substitution）

补充劳动者效应（Added Worker Effect）

失望工人效应（Discouraged Worker Effect）

马尔萨斯的生育模型（Malthusian Model of Fertility）

折现（Discount）

思考题

1. 假设劳动供给时间的函数是 $h = (120 - w)^2$，h 表示工作时间，w 表示工资。计算在工资为 20 个货币单位时的劳动供给弹性。这时哪种效应（收入效应还是替代效应）占主导？

2. 里根总统任职期间（1981~1988）的供给学派经济学家认为，削减收入税会提高工作的激励，从而促进经济增长，用工作和闲暇的替代图形证明这一结果，这一结果如何假定收入效应和替代效应的相对大小。解释这一说法："收入税对工作激励的作用在女性身上比在男性身上反映得更明显。"

3. 近年中国提高个人收入所得税的起征点，从 2000 元提高到 3500 元，这会对劳动力供给产生怎样的影响？

4. 帮助低收入家庭的一个方法是提高最低工资，另一个方法是提供直接的补贴。从对工作的激励和社会成本等方面比较这两个方法的优劣。

5. 由丈夫杰克和妻子玛丽组成的两人家庭，他们每天都有 10 小时可以支配，用于外出工作或做家务。假设杰克的劳动力市场小时工资为 20 美元，他的家庭生产平均产出为每小时 10 美元。假设玛丽的小时工资为 30 美元，她的家庭生产平均产出为每小时 15 美元。如果杰克和玛丽决定完全进行专业化分工，谁将专门从事家务劳动，谁将专门外出工作？为什么？如果玛丽家庭生产的平均产出提高到 25 美元，分工模式又会发生怎样的变化（家庭的偏好不变，无差异曲线的形状不变）？试用图形加以说明。

6. 为什么中国妇女的劳动参与率比其他国家妇女的参与率高？列举影响中国妇女参与劳动力市场的因素。近年妇女劳动参与率是否也发生了变化，原因是什么？

7. 有人认为中国农民工的劳动供给曲线是向右下方倾斜的，即工资下降，劳动供给反而上升，如何解释这一现象？

8. 现行美国法律规定，大多数领取社会保险者不需要缴纳收入税。假如政府开始对社会保险收入征税，这会如何影响人们的最佳退休年龄，用图形加以说明。

9. 中国目前的法定退休年龄：男职工 60 岁，女干部 55 岁，女工人 50 岁，对于很多劳动者来说，都希望推迟退休年龄，为什么？从在职收入、退休金以及对闲暇的偏好等方面来分析。

10. 美国的实证资料表明，劳动力参与率随失业率的变化而变化，为什么？用失望工人效应和补充劳动者效应来解释。在中国，这两种效应是否存在？"补充劳动者效应可以用收入效应来解释，而失望工人效应建立在替代效应的基础上"，你是否同意这一说法？

11. 哪些因素导致中国城市和农村生育率的差异？它们会如何影响长期的劳动力供给？

12. 收集数据，说明我国人口出生率的变化与劳动力短缺以及刘易斯转折点之间的关系。

13. 了解现实中劳动者的就业时间是否受到约束，不能自由选择。这会如何影响到劳动力供给？

14. 分析我国"单独二胎"政策的放开可能对劳动力供给带来怎样的影响。

课外阅读文献

1. Pencavel, J. , "Labor Supply of Men: A Survey", in Ashenfelter O. and Layard R. （ed. ） *Handbook of Labor Economics*, North – holland, 1986.

2. Killingsworth, M. R. and J. J. , Heckman. , "Female Labor Supply: A Survey" in Ashenfelter O. and Layard R. （ed. ） *Handbook of Labor Economics*, North – holland, 1986.

3. Angrist, J. and W. Evans, "Children and their Parents' Labor Supply: Evidence from Exogenous Variation in Family Size," *American Economic Review*, 1998, 88 （3）: 450 – 477.

4. Angrist, J. , "How Do Sex Ratios Affect Marriage and Labor Markets? Evidence from America's Second Generation", *Quarterly Journal of Economics*, 2002, 117 （3）: 997 – 1038.

5. Farber, H. , "Reference – Dependent Preferences and Labor Supply: The Case of New York City Taxi Drivers", *The American Economic Review*, 2008, 98: 1069 – 1082.

6. Heckman, James J. , "Shadow Prices, Market Wages and Labor Supply" . *Econometrica*, 1974, 42 （4）: 679 – 694.

7. 姚先国、谭岚:《家庭收入与中国城镇已婚妇女劳动参与决策分析》,《经济研究》2005 年第 7 期。

8. 郭继强:《中国城市次级劳动力市场中民工劳动供给分析——兼论向右下方倾斜的劳动供给曲线》,《中国社会科学》2005 年第 5 期。

第三章　劳动力需求

　　劳动力需求的数据在官方统计中很难获得，更容易得到的数据是就业数量，就业数量只是一部分实现的劳动力需求，还有一部分劳动力需求由于没有得到满足，并没有形成就业的增加。例如，某个企业需要 100 个劳动力，虽然前来应聘的劳动者（劳动力供给）为 200 人，但企业最终只雇用了 50 名合格者，这里实现的就业量为 50 人，还有 50 人的劳动力需求没有得到满足。所以对劳动力需求的数据考察应该从企业发出的招聘信息中获取。

　　考察劳动力的需求应从企业内部的生产技术、产品需求、企业制度创新、产业结构调整等多方面入手，短期劳动需求与长期劳动需求也有所不同。此外，由于资本、劳动等生产要素之间存在着替代或互补的关系，对劳动力的需求与对其他要素的需求之间存在着紧密的联系。最后，企业雇用和解雇劳动力存在成本，这一成本影响着企业的就业调整行为，也影响其对劳动力的需求。

第一节　短期的劳动力需求

　　首先这里对"短期"的界定是，在这一期间内，资本的数量固定不变，企业唯一可以改变的是劳动力数量，即技术变化在短期内是不可行的。即使这种技术不需要扩大资本投资规模，但因为技术变化要求投入要素比例做出调整，这在短期内是不可能完成的。相应地，在"长期"内，资本的数量可以改变。

　　按照新古典经济学的分析，企业的投入要素包括劳动和资本，假设生产函数为 $Q = f(K, L)$，Q 代表产出，K 与 L 分别是资本和劳动的数量。从生产函数中，可以得到劳动力的边际产量 MP_L 和平均产量 AP_L，以及资本的边际产量 MP_K 和平均产量 AP_K。假设劳动力的边际产量存在着递减规律。资本和劳动的价格分别是 r 和 w，产品的边际收益为 MR（在完全竞争的条件下，边际收益等于产品的价格 P，即 MR = P）。

于是，企业的利润可以表示为 $\varPi = MR \times f(K,L) - wL - rK$，企业要实现利润最大化，要求满足 $\frac{\partial \varPi}{\partial L} = 0, \frac{\partial \varPi}{\partial K} = 0$，分别将上式对 L 和 K 求导数，得到以下结果 $w = MP_L \times MR$，$r = MP_K \times MR$。这就形成了企业对劳动力和资本两种要素的需求。

另外，从雇用工人的角度来看，追求利润最大化的厂商的雇用行为要求实现边际收益等于边际成本。雇用一个工人的边际成本 MC_L 等于雇佣工人的单位工资 w，雇用一个工人的边际收益 $MR_L = MRP_L$，MRP_L 为边际收益产品，它等于劳动的边际产出 MP_L 与产品边际收益 MR 的乘积，即 $MRP_L = MP_L \times MR$。根据边际收益等于边际成本的原则，有 $w = MRP_L = MP_L \times MR$。在市场给定工资的情况下，厂商按照以上原则确定劳动力需求的数量。

最后，从企业生产产品的角度也可以得到上面的结论。利润最大化的厂商要保证生产产品的边际收益等于边际成本。增加生产一单位产品的边际成本为 $MC_G = w/MP_L$，它等于雇佣劳动者的工资除以其边际产量，增加生产一单位产品的边际收益为 MR，边际成本等于边际收益要求 $MC_G = w/MP_L = MR$，即 $w = MP_L \times MR = MRP_L$。

不同的工资与劳动需求组合，会形成单个厂商的劳动需求曲线。因为在完全竞争的条件下，产品的边际收益等于产品价格，这时 $MRP_L = MP_L \times P$，也即等于其边际产品价值（VMP），厂商对劳动力的需求就根据劳动的边际产品价值 VMP 与既定的劳动价格 W 相等来调整。而垄断厂商产品的边际收益不等于产品价格，他要多卖一单位产品，必须降低价格。厂商对劳动力需求曲线不再是 VMP_L 曲线，而是劳动的边际收益产品曲线——MRP_L 曲线。这时 MRP_L 在所有产量上都小于 VMP_L。

在短期内，假设资本是固定不变的，企业只能通过增减雇佣工人的数量来选择生产水平。如图 3 - 1 所示，K^* 是固定的资本存量，为了使产量从 Q_0 增加到 Q_1，需要增加雇用 $OL_1 - OL_0$ 个工人。而产量从 Q_1 增加到 Q_2 要增加 $OL_2 - OL_1$ 个工人，从 Q_2 增加到 Q_3 要增加 $OL_3 - OL_2$ 个工人。这里每次增加的产量相同（$Q_1 - Q_0 = Q_2 - Q_1 = Q_3 - Q_2$），但是增加雇佣工人的数量却呈增加的趋势，$OL_1 - OL_0 < OL_2 - OL_1 < OL_3 - OL_2$，这是因为劳动的边际产量发生递减。究其原因，在于不变的资本存量被越来越多的工人使用，这里的 MP_L 是雇佣工人总数量的函数。由此也可以看出，在短期内，由于资本数量不变，企业增加雇佣劳动力的能力是有限的，它受到劳动边际产量递减规律的影响，如果出现 $w > MP_L \times P$，厂商就会停止雇用工人，即使工资水平不变。所以说，在短期内，边际产量递减决定了企业的规模，准确地说，决定了企业的雇佣规模。

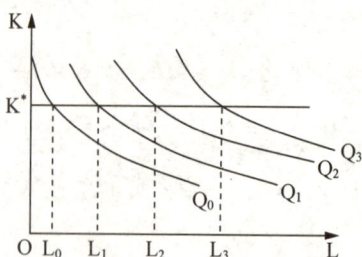

图 3-1　短期内劳动需求随产量的变化

一般来说，短期的劳动需求曲线就是劳动的边际收益产品曲线，它受到劳动的边际产量和产品价格的影响，在充分竞争时也是劳动的边际产品价值曲线。但并非边际产品价值曲线的所有部分都形成真实的劳动力需求。如图 3-2 所示，给定市场的工资水平为 W，也即企业面临的劳动力供给曲线为一条水平直线（劳动力市场为充分竞争的），当市场工资为 W_1 时，一般来说，企业不会产生劳动力需求，因为这时企业给劳动者支付的工资高于平均产品价值，企业会出现亏损。只有当工资低于 VAP 时（如图中的 W_2），才可以盈利。我们知道，VMP 与 VAP 相交，交点是 VAP 的最高点。所以真实的劳动力需求曲线为 VMP 与 VAP 相交的交点以下的部分。也就是我们通常理解的一条向右下方倾斜的直线。

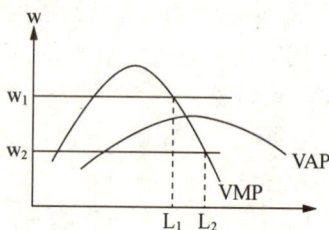

图 3-2　劳动力需求曲线的得出

劳动力的需求数量会随着劳动者的边际收益产品和市场工资水平变化而变化。如图 3-3 所示，假如劳动的边际产量不变，当产品价格上升时，边际收益产品曲线会发生右移，由 MRP 变为 MRP′，从而对劳动力的需求会增加，由 L_1 增加到 L_3。当市场工资水平下降时，边际收益产品曲线与发生下行的工资 w′ 相交，劳动力的需求量也会上升，由 L_1 增加到 L_2。所以短期的劳动需求函数可以表示成 $D_{SL} = f(w, p, K_0)$。因为资本固定不变，劳动力的边际产量也不会发生变化，主要的影响因素是工资 w 和产品的价格 p。

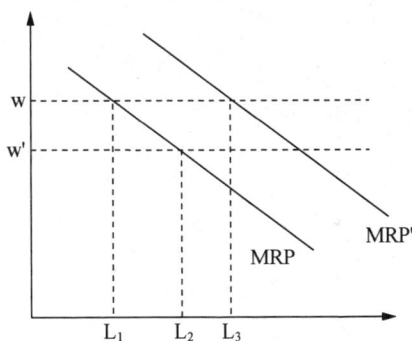

图 3-3 短期的劳动力需求曲线

劳动的需求弹性表示劳动力需求对工资变化的反应程度，一般定义为劳动力需求的变化率除以工资的变化率。工资上升，企业的劳动力需求会下降。因而劳动的需求弹性一般为负值。用公式表示短期劳动需求的工资弹性为：

$$\delta_{SL} = \frac{dD_{SL}/D_{SL}}{dw/w}$$

研究劳动力需求弹性对于研究劳动力市场具有重要意义，当市场工资发生变化时（尤其是政府指导的工资水平发生变化时），企业的劳动力需求变化的幅度大小，这对于解决就业问题至关重要。例如，如果工资上升导致企业劳动力需求变化幅度较大，则说明工资上升会导致大量的就业减少。而要获得劳动力需求弹性的数据，也需要对大样本企业的调查数据进行计量分析。

第二节　长期的劳动力需求

在长期中，厂商的资本和劳动力数量都是可变的，企业也可以重新选择生产技术。可以用等产量线来表示这一关系：等产量线上是对应同一产量的各种数量的劳动力和资本的所有组合，而每一种生产技术表现为等产量线上的某一点，不同的点代表着不同的技术类型。

如图 3-4 所示，A 点表示较多数量的资本与较少数量的劳动组合的技术（资本密集型技术），B 点为较少的资本与较多的劳动组合的技术（劳动密集型技术），A、B 两种技术可生产同的产出。单从技术的角度考虑，等产量线上没有哪一点比其余各点更优越。哪种生产技术最好取决于经济的考虑：既要保证追求利润最大化的企业成本最小，也要保证在市场上获得最高的销售收入。

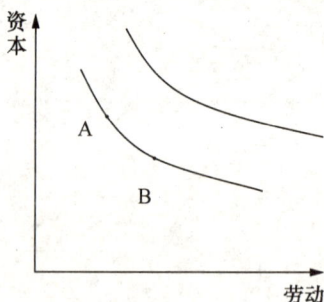

图 3 - 4　资本与劳动的不同组合：不同的技术

　　于是引出企业的等成本线（或预算线）。企业所有的预付支出要用来购买劳动力和资本，因而成本约束可以写成 $C = wL + rK$，进一步可以改写成 $K = C/r - \frac{w}{r}L$。企业的最佳产量应该是既定的等成本线与等产量曲线相切之点所对应的产量。这是在成本一定的情况下能够生产出的最大产量，也是生产这一产量所需要的最低成本。均衡的条件为等成本线的斜率与等产量线的斜率相等。等成本线的斜率为 $\frac{w}{r}$，而等产量线的斜率为 $\frac{MP_L}{MP_K}$，所以均衡条件为 $\frac{MP_L}{MP_K} = \frac{w}{r}$，或者写成 $\frac{MP_L}{w} = \frac{MP_K}{r}$。如果 $\frac{MP_L}{w} > \frac{MP_K}{r}$，说明花在劳动上的最后一单位货币创造的产出大于花在资本上的最后一单位货币创造的产出。于是要素组合需要做出调整，应该增加劳动力的使用量，减少资本的使用量。随着劳动力使用数量的增加及其边际产量的递减，以及资本使用数量的减少及其边际产量的增加，最后会重新实现均衡，达到 $\frac{MP_L}{w} = \frac{MP_K}{r}$。

　　企业达到均衡、实现要素边际产量之比等于要素价格之比，只说明企业实现了成本最小化，并不意味着企业能够获得最大利润。企业的生产规模也不一定是达到利润最大化时的最佳生产规模。因为，这里没有考虑到产品市场的价格因素，总收益减去总成本才能得到总利润。只有在完全竞争的条件下，产品的需求价格不随企业产量变化而变化，这时成本最小化才与利润最大化相一致。

　　生产成本高低主要受要素价格的影响，当工资率较高时，运用资本更为密集的技术会使成本降低，从而使劳动力需求量减少。这种由于要素价格变动而使要素比例发生变化，从而导致劳动使用量变化的效应称为替代效应。另外，要素价格变动又会影响企业的产量。为了实现利润最大化，企业应该把生产一直扩大到最后一个生产单位的边际收益恰好等于生产它的边际成本的那一点上。当工资高时，企业的边际成本也高，这样边际收益等于边际成本的那一点在相当小的产出水平就会达到。即高工资使企业的预算线发生变化，它感到收入相对减少，只能应付较小的产出。这种效应也会影响劳动力需求，被称为规模效应（Scale Effect）。

如图 3-5 所示，当工资上升时，企业的预算线由 MM$_1$ 变为 MN。相应地，在有可行技术的条件下，企业将更多地使用资本而减少劳动的使用，均衡点会由 A 点变为 C 点。其中的替代效应在图中就表现为从 A 到 B 的过程，B 为 O$_1$O$_2$ 与等产量线 Q$_1$ 相切的点，O$_1$O$_2$ 平行于 MN，这时的劳动需求为 OL$_2$，而规模效应表现为从 B 到 C 的过程，这时产量由 Q$_1$ 降为 Q$_0$，劳动的使用量进一步降为 OL$_3$。

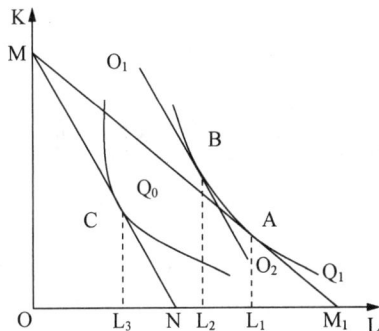

图 3-5 要素价格变化下的企业技术选择：替代效应与规模效应

在上面的分析中，要素价格发生变化之后，企业的总成本支出保持不变。但是在现实中，并不必然如此。企业为了实现利润最大化的需要，往往会调整成本支出，以应对变化了的要素价格。所以，预算线对应的货币金额规模会发生变化。例如，当工资下降时，企业的生产边际成本下降，这会鼓励企业扩大生产规模，成本支出也会扩张。工资下降后，企业的劳动力需求会增加，而对资本的需求可能增加，也可能不变或减少。这取决于企业规模扩张的大小和劳动与资本之间的替代程度。关于要素的替代和互补问题，下一节中做专门的分析。

长期的劳动需求曲线给出了工资变化时，企业对应的各种劳动需求量。长期劳动需求的函数为 D$_{LL}$ = f（w，p，K），w、p、K 分别表示工资、产品价格和资本数量。长期中，资本的数量可以变化，资本品的价格也会对劳动需求产生影响。由于长期中企业有很大的调整要素组合的空间，也有相应的技术可以采用。所以，长期劳动需求曲线的弹性要大于短期劳动需求曲线的弹性。用公式表示长期劳动需求的工资弹性为 $\delta_{LL} = \dfrac{dD_{LL}/D_{LL}}{dw/w}$。

【小资料】

美国 2012～2022 年各行业就业年增长预测

增长较快的行业：医疗看护和社会救助（2.6%）、建筑业（2.6%）、教育服务（1.9%）、专业服务和商业服务（1.8%）、采矿业（1.4%）、其他服务业（1.0%）。

负增长的行业：农业自我雇佣和家庭帮工（-2.8%）、联邦政府雇员（-1.6%）、公用事业雇员（-1.1%）、制造业（-0.5%）、农业雇佣工人（-0.2%）、信息业（-0.2%）。

资料来源：Employment Projections 2012 - 2022，Bureau of Labor Statitistics，Dec 19，2013.

第三节　要素的替代与互补

要素价格变化之后，企业对要素组合进行调整的基础在于要素之间存在着一定的替代性。要素替代性的大小会影响到企业对要素的需求，因而要素的替代或互补是分析劳动力需求时需要关注的问题。

要素之间的替代程度大小反映为等产量线的形状。如果等产量线是一条直线，则说明资本和劳动之间是完全可以替代的，它们之间的替代比率保持不变。相反，如果等产量线是呈直角的形状，则说明资本和劳动之间是不可替代的，它们是完全互补的。如图 3-6 所示，左图表示资本和劳动是充分替代的，右图表示资本和劳动是充分互补的。右图说明资本和劳动之间必须保持一定的比例，即 1

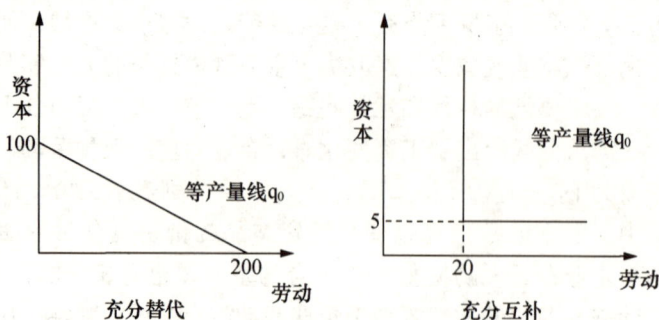

图 3-6　要素的充分替代与充分互补

单位资本对应 4 单位劳动。在资本不增加的情况下，单纯增加劳动不会带来产量的提高。即资本是不可能被劳动所替代的，只有增加了资本，才会使劳动的需求得到增加。反过来也是如此，劳动也是不可被资本所替代的。这样，两种要素之间就存在着互补的关系。

替代弹性表示当要素的相对价格发生变化之后，要素的使用数量发生怎样的变化，例如一种要素价格上升，是否会导致更多地使用另一种要素，要素之间的替代程度有多大。用公式表示为 $\delta = \dfrac{\dfrac{d(K/L)}{K/L}}{\dfrac{d(w/r)}{w/r}}$，$K$ 和 L 是资本和劳动的数量，w 和 r 表示两种要素的价格：工资和利息率。这一弹性越大，说明替代能力越强。例如，当工资上升时，如果资本对劳动的替代弹性很大，则会导致劳动力需求的大幅度下降，因而替代弹性的大小对劳动力的需求弹性产生影响。

马歇尔对劳动力的需求弹性做了深入的研究，认为企业对劳动力的需求是一种引致需求（Derived Demand），它与要素替代弹性、要素供给弹性、产品需求弹性等因素有关。具体地说，关系是这样的：第一，要素替代弹性越大，对劳动力的需求就越有弹性。因为替代弹性大，资本就越容易替代劳动力，或者反之，所以当劳动力价格出现变动时，劳动力需求的数量就会有大幅度的波动。第二，消费者对产品的需求弹性越大，对劳动力的需求弹性也就越大。例如产品价格上升，由于有较大的产品需求弹性，产品需求将大幅度下降，进一步会导致企业减少雇用劳动力，因而对劳动力的需求也会大幅度减少。第三，劳动力成本在总成本中所占的比例越大，劳动力需求就越有弹性。因为劳动力成本对企业的经营举足轻重，所以劳动力价格上升或下降会促使企业大幅度削减或增加劳动力，以尽可能地使总成本降低。因而，劳动力需求会非常有弹性。第四，其他要素的供给弹性越大，劳动力的需求弹性也就越大。例如，如果劳动力价格上升，需要企业用资本来替代劳动力，而资本的供给非常有弹性，能迅速满足企业对资本增加的需求，企业就会加快采用资本替代劳动的行为，从而使得对劳动力的需求大幅减少，劳动力的需求因而保持较大的弹性。

下面进一步分析当一种要素的价格发生变化之后，另一种要素的需求会产生怎样的变化。例如，当资本的价格上升时，对劳动力的需求会增加还是减少。根据上面要素替代和互补的定义，可以得出答案。即如果资本和劳动是可以相互替代的，资本价格的上升会导致对劳动力需求的增加，人们会选择用劳动替代资本。替代弹性的大小决定了对劳动力需求增加幅度的大小。相反，如果资本和劳动之间是互补的，则资本价格的上升会导致减少使用资本的数量，同时，也会减少使用劳动力的数量。

可以用要素需求的交叉价格弹性来表述这个问题。$\delta_{ij} = \dfrac{dx_i/x_i}{dP_j/P_j}$，它表示当 j 要素的价格变化时，对 i 要素的需求会发生怎样的变化。根据上面的分析可以得出：一般来说，如果要素之间存在着替代性，要素需求的交叉价格弹性就大于零；如果要素之间存在着互补性，要素需求的交叉价格弹性就小于零。

对于不同类型的劳动力，其与资本之间的替代或互补关系也会不同。例如，许多研究表明，低技能的劳动力是资本的替代品，而高技能的劳动力是资本的互补品。换言之，当机器的价格上升时，企业会用低技能的劳动力来替代机器，而由于机器的使用数量减少，对高技能劳动者的需求也会减少。据估计，当资本的价格提高10%时，低技能劳动者的雇用数量增加5%，而高技能劳动者的雇用数量减少5%。[①]

由此也可以得出，低技能劳动者和高技能劳动者之间存在着替代性的推论。但是在实际中，需求的交叉价格弹性的正负却是不定的，它取决于替代效应和规模效应的大小。例如，如果由于实行最低工资使得低技能劳动者的雇用成本提高，企业会选择增加雇用高技能劳动者，这里反映的是替代效应。但是如果由于面临较高的成本，企业减少了成本预算和生产规模，对高技能劳动者的需求也可能减少。因而，如果规模效应占主导，高技能劳动者需求的交叉价格弹性就会为负值。但这并不意味着高技能劳动者和低技能劳动者之间是互补关系。

第四节　技术进步、劳动力需求及其补偿

从企业采用的技术类型来看，大致可以划分为劳动密集型技术和资本密集型技术两种。不同的技术类型对劳动力的需求会产生不同的影响。劳动密集型技术对劳动力的需求量相对较大，资本密集型技术对劳动力的需求量相对较小。但是资本密集型技术是技术发展的一般方向。也有人认为，即使是采用资本密集型技术，在长期内也会实现就业的补偿，因而对劳动力的需求不会降低。下面就探讨企业技术的起源和补偿问题的充分与否。

无论采用何种类型的技术都需要资本的投入，这就涉及资本的来源、企业的资本结构问题。不同资本结构的融资成本会不同；另外，不同的资本结构又会决定着企业的治理结构，决定着诸如企业技术选择等重大决策。例如，资本结构以

---

① Kim Clark and Richard B. Freeman，"How Elastic is the Demand for Labor?"，*Review of Economics and Statistic*，1980，62：509 – 520.

债权为主的企业，债权人将可能会限制企业采取资本密集型技术，因为这种技术投入资金大、风险高，债权人难以保证其贷款的安全性。

如果劳动力价格便宜，企业会倾向于采用劳动密集型的技术，反之，如果劳动力价格昂贵，企业就会选择资本密集型技术。以上谈到的技术更新都发生在要素价格发生变化的情况下。如果要素价格不变，厂商是否有动力采取新的技术呢？回答是肯定的，尤其是从长期来看。马克思在《资本论》中将资本有机构成的提高看作是资本积累过程的一般趋势，也即资本主义社会中技术进步的常态是节约劳动型的。这是因为：

首先，在一个动态的以时间为基础的非稳定状态增长模型中可以说明，只要存在着资本积累，必然会出现技术变动。因为资本品不是从天上掉下来的，生产它也需要成本。假设资本品的生产成本也是由资本与劳动构成的，根据其边际生产力将有一种最初的收入分配，即工资率与利率，这种收入分配可以认为是反映了要素的稀缺性和边际生产率。资本品的生产是为了提高劳动生产率或替代劳动，也为了实现厂商利润最大化，那就必须考虑生产资本品的成本和随着技术进步和劳动生产率的提高资本品生产成本的变动。只有包含时间的投入产出系数的变动能够使资本替代更多的劳动或提高劳动生产率时，资本品才能被生产出来。而更多的资本品产出对厂商来说意味着更多的财富。从另一个角度来看，当资本积累增加时，供给超过需求，资本的边际生产率下降，从而使利率下降和工资率相对上升，厂商就会更多地用资本代替劳动，由此积累的过程会发生技术进步，这是比较静态的结论。

其次，从技术进步的产生来看，技术进步是内生的，在一个竞争的市场环境下，厂商的技术越先进，其生产率越高，厂商的产品在市场上就越有竞争力。因此，企业主总是有动力去开发、运用新技术，这是由资本追逐利润的本质决定的。

最后，从现象上来看，资本积累的增加就意味着技术的变动似乎很难理解。这里是从纯粹技术关系角度来看的，或者说将资本视为一种技术。在现实中，技术完全不变的扩大再生产是不常见的，企业的技术进步往往是在不间断地进行，只是技术变动的幅度随时间变化有所不同。幅度较小时其对劳动需求影响很小，甚至被忽略，而实际上技术进步是在累积进行的。当受到重大的冲击（整个社会的技术调整、要素价格发生变化）时，企业就会加快技术改进的步伐，从而对劳动需求产生深远影响。

马克思认为，在资本主义条件下，技术进步的一般倾向是用物化劳动代替活劳动，即扩大生产资料，相对或绝对减少劳动力。因为节约活劳动的技术不但会降低成本，还能提高劳动生产率，使单位时间内生产的产品数量增加，这会比节约资本的技术革新为厂商带来更大的经济利益。此外，节约劳动的革新会在生产过程内部和生产过程之间引起革新的连锁反应，使得技术革新扩展到整个企业、部门乃至社会。最后，劳动力这种生产要素不同于普通商品，它的供给受到人口自然增长的一定限制，它的价值决定又会随着再生产劳动力所必需的生活资料的扩大而增加，它的价格即使因供过于求而下跌时也会受到工人的反抗，这使得劳动力价格具有一定的刚性，从而劳动节约型的技术革新成为一般趋势。

劳动节约型的技术是否一定会减少劳动力的需求呢？霍华德和金（1985）认为，资本有机构成的提高对劳动力的排挤会由于剩余价值率的提高以及资本积累的加速而得到补偿①，这里，增加投资带来劳动需求的扩张类似于前面提到的规模效应。下面用图 3 - 7 分析，A 点为发生技术变动前的等产量线与预算线的相切点，发生技术变动后，技术组合由 A 移到 B，产量仍为 Q_0（这里没有要素价格的变动，是常态下技术变动规律，因而不涉及替代效应的分析），这种技术是节约劳动型的，会带来劳动需求的减少，使劳动需求由 OL_1 降为 OL_2。但同时，采用新技术的厂商由于预期到会有更高的利润率，与其他厂商相比更"富有"，因而愿意比原来多生产产品，产出的扩大也增加了劳动力需求。首先移动的是预算线，它与原有的预算线平行。假设等产量线从 Q_0 移到 Q_1，这时的最优选择是 C 点②，此时劳动需求增加，不仅补偿了 $L_1 - L_2$，而且超过原有的 OL_1 水平，达到 OL_3。通过图 3 - 7 可以看出，技术进步是否最终减少就业量的关键在于产出增加的规模，只有产出增加足够大，能够补偿所减少的劳动需求，技术进步才不会带来负面影响。

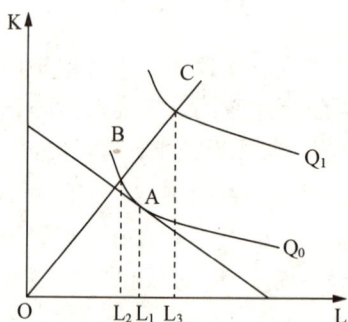

图 3 - 7 节约劳动的技术与投资扩大：对劳动力需求的最终影响

这里分析的前提是节约劳动技术的采用与扩大产出是同时进行的，不存在时

---

① 参见 M. C. 霍华德、J. E. 金：《马克思的政治经济学》（英文版），朗曼公司 1985 年版，第 197 ~ 198 页。

② 假设均衡点 B 点和 C 点是利润最大化的点，虽然它们不是预算线和等产量线的相切点，不能保证成本最小化。这里主要考虑技术进步的就业效果，做这样的假设是合理的。

间的滞后。但在霍华德和金的分析中，要等到产生超额剩余价值以后，再用剩余价值的一部分进行再投资以增加劳动需求。现实中，可能更像霍华德等分析的那样，产出在采取技术的同时并不增加。因为在技术带来的收益存在着不确定性时，厂商不敢盲目扩大生产。此外投资的扩大也要受产品需求的制约。如果是这样，技术的采用首先就会降低劳动需求，造成一部分人失业。

技术进步对劳动力需求及总体就业量的影响是一个相当复杂的问题。Vivarelli（1995）将技术进步影响失业的补偿机制归纳为八种：①通过降低价格从而增加需求；②通过增加新的投资；③通过降低工资，工资下降会促使企业用劳动替代资本或延缓节约劳动的技术创新过程；④通过新机器生产，带动产业间联系，进行补偿；⑤通过新产品创新；⑥通过技术进步增加收入，进而转化为消费和投资；⑦通过"熊彼特效应"，以创新增加投资；⑧通过"庇古效应"，用价格下降来带动投资增加。[①]

但是在资本主义经济中，各种补偿机制都是不充分的，且存在着内部矛盾。首先来分析第一种机制，技术进步提高生产者的劳动生产率，从而会引起产品价格下降，这一规律可以在电视机、计算机等产品上得到反映。价格与技术进步的关系可以表示为：

$$P = a + bAP \tag{3-1}$$

其中，P为价格，AP为平均劳动生产率，$b < 0$。

进一步地，价格的降低有利于消费的扩大，因为消费的方程为：

$$C = c + d(WN/P) + e\pi \tag{3-2}$$

其中，W为工资，N为就业人数，π为利润。d和e分别反映工人和资本家的消费倾向，$0 < d < 1$，$0 < e < 1$。

实际上，这种补偿机制的实现存在一定困难。价格能否实现下降是一个问题，商品价格的影响往往受技术变动的干扰，从而使最终结果更加复杂。正如Hansen（1931）所说："技术变动干扰了相对生产率，从而扰乱了正确的要素定价。"结果，应该变化的价格没有变化或者推迟变化，从而形成价格刚性。Lonigan（1939）认为，"如果技术进步没有伴随着就业的上升，那它一定是价格体系、债务、资本、投资失灵的结果，而不是创新的结果。""必须让价格变动充分反映技术性的收益。"Haberler则强调了货币信用体系在技术变动发生时对保持购买力、防止技术性失业的作用。因此"价格的灵活性和适宜的货币信用体系是重新吸收就业过程的关键。"[②] 可以发现，要素市场、产品市场的充分竞争是

---

① 参见 Vivarelli Marco, *The Economics of Technology and Employment*. Edward Elgar, 1995.

② 本节未注明的文献均引自 Woirol, G. R., *The Technological Unemployment and Structural Unemployment Debates*, Greenwood Press, 1996.

保证价格体系灵活性的重要条件。所以 Mills（1932）认为，20 世纪 20 年代的失业在很大程度上是由于经济体系刚性的增加导致对快速变化的技术缺乏调整。

新凯恩斯经济学则认为，价格出现刚性是厂商理性选择的结果，例如菜单成本理论。这里提出了一个引申的问题，价格不变很可能是生产商独自获得技术进步的好处，而整个社会却出现了就业数量下降的局面。

退一步说，即使价格下降，需求也未必会增加。价格下降会使工资的实际购买力提高，从而增加对消费品的需求，增加多少，取决于消费倾向。但一般认为，工人的消费倾向大于资本家的消费倾向，即 d > e。这就涉及工人与企业对收益的分割问题，尤其是由于生产率提高而增加的收益在两者之间的分割，只有收益更多地倾向于工人，才对消费需求的增加产生更积极的影响。利润、工资与生产率的关系可以分别表示为：

$$\pi = f + gAP \tag{3-3}$$
$$W = h + iAP + jU \tag{3-4}$$

其中，U 为失业率，$0 < g < 1$，$0 < i < 1$，$g + i = 1$。

式（3-4）反映了对生产率提高带来的收益的分割，现实情况是更多的收益被资本家所得，因此消费需求的充分增加变得困难。

下面分析投资的补偿机制。投资方程为：

$$NI = k + l\pi + m(INNO) \tag{3-5}$$

其中，INNO 为通过投入新机器和熊彼特创新效应而增加的投资。投资补偿有赖于利用获得的利润迅速进行大规模的再投入。投资要足够的大，这又涉及技术进步收益在工人和资本家之间的分割问题，从而与上面的分析形成矛盾：消费需求增加要求收益更多地向工人倾斜，而投资需求增加又要求利益更多地向资本家倾斜。看来，两种补偿机制不可能同时充分实现。而且投资的补偿还要求投资不存在时间的滞后，但这一条件基本上是不现实的。由于对未来的预期不稳定，资本家很难迅速增加投资。另外，如果投资的过程伴随着技术变动，形成的是资本密集型项目，则就业补偿的能力更加微弱。马克思认为资本积累的常态是资本有机构成的提高，即资本密集程度不断扩大。

由于技术性失业人口的存在，一方面，会使实际工资下降，从而降低企业的劳动成本，如式（3-4）所示。另一方面，工资的降低可以延缓资本密集型技术的发生，促使劳动密集型技术的形成，以实现对技术性失业人口的补偿。用方程表示为：

$$AP = n + o(INNO) + p(W/P) \tag{3-6}$$

式（3-6）中 $p > 0$，说明高工资导致对资本密集型技术的需求增加。

但是如果工资存在黏性，下降就比较困难。其次，劳动生产率提高的原因是什么？有的提高是因为工资过高，或劳动力缺乏效率，因此，企业要用资本代替劳动。对这一解释的反驳是，有些产业劳动者的工资较低，但是资本密集程度仍然较高。对德国的实证研究表明，制造业的技术进步确实有节约劳动的倾向，但其产生的原因是否与要素价格有关并不清楚。

工资与消费需求有着密切的关系，工资不充分增长和下降会抑制消费需求，从而降低补偿的作用。按照新古典的分配理论，工资应等于劳动的边际产品与产品价格的乘积，即 MP×P，边际产品即为劳动生产率，所以工资的增长率应为后两者增长率之和。但如上所述，劳动生产率提高的收益往往没有被劳动者充分享有，而是要与资本家共同分享。因此，可以看到工资的增长率低于劳动生产率和通货膨胀的增长率之和，甚至低于劳动生产率增长率本身，因而消费需求的增长是不充分的。另外，如果工资增长跟不上通货膨胀的增长，就会造成实际工资的下降，损害消费需求的稳定。虽然被企业获得的劳动生产率收益，会通过企业主的高消费或者再投资来影响社会总需求，但这种影响效应对劳动力的补偿能力是有限的。

在有些情况下，实际工资的下降，也许会带来就业的扩大。即失业率的下降是以实际工资的下降或较低幅度的增长为代价的。荷兰的情况就是这样，由于存在着工会管制，1980～1999 年，荷兰制造业的实际工资只上涨了 7.5%，远远低于生产率的增长率。这使得荷兰在 20 世纪 90 年代保持了 5.4% 的较低的失业率。美国的情况也是一样，美国 1973～1996 年的小时劳动生产率提高了 26.4%，而实际小时工资仅提高了 1.8%，在 20 世纪 80～90 年代实际工资都出现了下降。[①] 实际工资的下降会影响本国第三产业的发展，但美国经济是依靠消费信贷来维持的，在荷兰则依靠出口的增加。

新机器的生产只能带动一小部分就业，如果是用节约劳动的新机器代替旧机器，则不会充分补偿。新产品创新的补偿作用体现在新产品的出现可以刺激人们的消费，并通过产品之间的竞争，使市场价格降低，从而完成补偿。则有公式：

$$C = c + d(WN/P) + e\pi + q(PROD) \tag{3-7}$$

$$P = a + bAP + r(PROD) \tag{3-8}$$

其中，PROD 表示产品创新指标。产品创新的补偿不仅限于同一产业内部，还会波及其他产业。产品创新往往能够创造出新的产业部门，通过社会各行业间的产业联系，补偿的效果更大。在 20 世纪 20 年代，人们发现农业、制造业、采矿业、铁路运输业的就业人数在下降，但也有人认为，减少的劳动力被建筑业、铁路以外的运输业、零售业所吸收，在这些部门的就业数量是上升的，即存在着

---

① R. D. 伍尔夫：《2000 年的美国经济：一个马克思主义的分析》，《当代经济研究》2001 年第 1 期。

就业结构的变化。他们相信从长期来看，技术进步的就业效果是正面的。

通过对各种补偿机制的分析，可以看出，各种补偿机制存在着矛盾，就业补偿是不充分的。而且即使宏观层面的雇佣量增加，宏观分析考察的是长期的效果，往往会忽视短期与微观的效果。

此外，不同的技术类型对就业的影响也存在差异。一般来说，产品创新（Product Innovation）有利于宏观层面的雇佣量增加，而过程创新（Process Innovation）势必会造成负面影响。①

第五节　雇佣调整成本与劳动力需求

企业在市场环境发生变化时，对劳动力的需求量也会做出调整，但无论是增加还是减少雇佣劳动力，企业都要承担一定的成本。调整成本的存在会使企业的劳动需求发生新的变化。本节主要考察在经济不景气、需求下降时企业的调整策略。

一、内部劳动力市场、工时调整及其困难

第二次世界大战后内部劳动力市场在发达国家得到应用，到20世纪70年代达到高潮，主要是为适应垂直化大企业扩张的需要。内部劳动力市场包括劳动力的垂直流动和水平流动两种形式。垂直流动指劳动力在不同级别工作岗位之间的流动，主要是适应需求的持续扩张、技术的标准化和大规模生产的需要，而水平流动指劳动力在同一级别工作岗位之间的流动，则要求能够适应需求的经常性、突然或者未预期的波动。这与需求波动的分析是类似的。这时就需要劳动者有多样的技能，能够在不同的岗位工作，也需要企业有非常灵活的组织调整系统。

企业在需求下降时，首先可能选择形成内部劳动力市场，增加劳动力储备。内部劳动力市场包括工时调整、工资调整、内部流动与培训等。其中，缩短工时又成为经常采用的选择。但有时过多的劳动力会带来低效率，企业会要求一部分人"内退"，给予其基本工资，但工资低于在岗者。在中国国有企业改革过程中这一方式得到了广泛的运用。

在需求下降时，企业可以采取调整工时的方式，每个工人的劳动时间缩短，大家共同分享工作。但是，一方面，调整工时存在着组织和技术上的困难；另一方面，企业的劳动成本会相对上升。虽然企业缩短工时可以少支付与计时或计件

① 过程创新主要是通过技术应用来提高生产过程中的劳动生产率，以降低生产成本和产品价格；产品创新是通过开发高技术含量的新产品或更新产品花色品种来获得高额利润。

工资相挂钩的工资，但工人的固定劳动成本，比如福利支出却不能相应减少。这样一来，在经营不景气的条件下，企业实际的劳动成本负担反而上升了。

考虑到劳动保护法规的影响，有的国家对工时向下调整有法规上的限制。主要是来自内部职工的抵制力量，他们不希望自己的劳动时间缩短从而影响收入。在这样的背景下，企业会解雇一部分工人，而让在职者满负荷工作，甚至加班加点。虽然企业需求下降，但现有的职工得到了充分利用，既能使企业保持较低的工资成本，又满足了现职工人的收入需求。虽然对加班行为也有法律上的限制，并要求支付加班费。但这一限制并没有阻止企业普遍采用加班这种调整方式，甚至需求下降也不会对其有多大的抑制作用。它成为企业长期采用的调整方式。从美国的情况来看，虽然实行加班管制的企业比例从1970年的66%上升到1989年的84%，但有加班行为的企业数由1970年的23%上升到1989年的24%，即管制对企业加班行为没有抑制作用，原因可能是正常工作时间的工资灵活性加强，加班时间虽然支付较高的加班费，企业运用这样的调整方式带来的总成本并不高。1989年，加班时间平均到每个工人身上为每周2.9小时（1970年为每周2.8小时）[①]，这必然会影响到雇佣数量。在一些行业，如制造业、交通与公共服务业、批发业，加班时间还有较大幅度的上涨。与这些行业的特性相结合，可以说明其较高的解雇数量、失业率。

可以进一步用图形来说明工时降低与否的雇佣效果。如图3-8所示，企业雇佣工人数量和单位工人的工时进行组合，决定等产量线上的不同点。企业初始的均衡点A是等产量线q_0与等成本线C_0相切之点。当产量由q_0降为q_1时，如果等成本线C_0向左平移，即产量的减少不会影响工时与工人数的相对成本，则

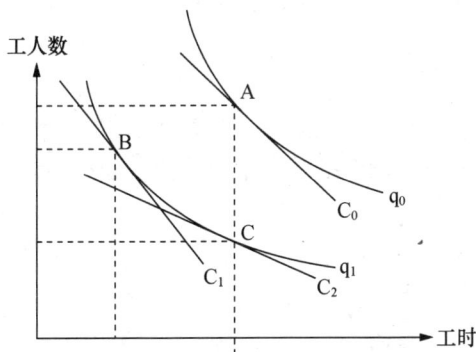

图3-8　工时调整与雇佣数量

---

① 转引自Trejo, Stephen J., "Does the Statutory Overtime Premium Discourage Long Workweeks", *Industrial & Labor Relations Review*, 2003, 56 (3).

C_1 与 q_1 相切于 B 点，工人数下降幅度较小，而工时大幅度缩短，就业保持相对稳定状态。如果缩短工时导致固定工资成本相对上升，雇用过多的工人对于企业不合算，则等成本线 C_2 是现行的等成本线，它与 q_1 切于 C 点，这时工时与初始点相比只有微小下降或基本不降，而雇佣数量却大幅度下降。

对需求下降时缩减工时做法不可行的反驳是，劳动专业化分工要求每个职工各司其职，在产量减少的情况下，也需要劳动者全员参与，职工之间不能相互替代。这样只能靠缩短工时而不是解雇工人来调节。大企业一般劳动分工细化，从而会采用缩短工时的做法。对于小企业来说，往往对节省劳动成本更敏感，所以即使需求下降，它们一般也不缩短工时，而是解雇工人。而且劳动者之间可以相互替代，加班费较低，使企业更愿意采用充分利用有限劳动力的做法。对于工人而言，小企业工人正常劳动时间的收入通常较低，他们也希望通过加班获得较高的收入，即使加班费并不高，甚至与正常工作时间的工资相同。

此外，缩短工时、工作分享的做法，往往会在股权分散的企业中看到。比如有大量职工持股的企业在经营不景气时，大家往往愿意共渡难关，实行缩短工时，而不愿意让任何一个职工失业，甚至自愿降低工资。这样一来，工作分享就有了进一步发挥的空间。

同样，在产品需求增加时，对劳动的需求会相应增加；而对劳动力的需求增加与否取决于企业是否增加工时，如果增加雇用劳动力对企业来说不经济（存在着较大的雇用成本），企业会用增加工时的方法（即使要支付较高的加班费）来满足产品需求的增加，则对劳动力的需求不一定增加。可见，对劳动的需求与劳动力的需求在量上不同的一个重要原因是工时的变化，如果工时没有发生变化，对劳动的需求增加也就意味着对劳动力的需求增加。

二、解雇成本与解雇方式

如上所述，在调整工时存在困难时，解雇工人就成为必然的选择。[①] 企业面对的冲击类型不同，做出的调整措施也不尽相同。如果是宏观经济不景气，企业倾向于减产并调整工时，以期待经济好转的到来。企业一般不会大规模解雇工人，即使解雇，也会采取临时解雇的方式，等经济好转时再重新招回。如果是行业冲击，处于衰退行业的企业往往认为重新振兴无望，会加大解雇手段的运用。由于企业自身原因造成经营的不景气，企业采取的调整措施往往是模糊不定的。如果认为企业的困难是暂时的，也不会过多地解雇工人，否则，会加快裁员以减轻负担，对就业的影响介于上述两种情况之间。由于解雇工人给外界传递了一个

---

① 如果工资可以向下调整，也可以缓解解雇的压力。但大多数情况下，工资存在黏性，具体原因见第六章和第十章关于工资黏性的分析。

不好的信号——企业本身出现了问题，所以，即使行业不景气或企业经营不善导致发展困难，企业一般也不会经常动用雇佣调整，而是等到宏观经济不景气时，一次性释放长期累积的过剩雇员。表面上周期性失业的规模增大了，实则是由产业或企业（尤其是企业）个别原因转嫁的结果。

中国国有企业在很长一段时间由于存在劳动保护，不能动用解雇手段。因此积压了大量过剩的劳动力。西方国家，虽然禁止解雇的保护逐渐减少，但通过提高解雇成本（增加对被解雇者的补偿支付）来抑制企业解雇的做法也普遍存在。

解雇是有成本的，有可变成本、固定成本和声誉成本。例如，由于法律规定要对失业者一次性支付3个月工资，这属于变动成本。固定成本包括解雇工人的组织以及解雇给企业带来的震荡（对士气的影响），这是无论解雇几个工人还是解雇几百个工人都要承担的费用。这种平均固定费用随着解雇数量的增加而减少。而声誉成本是解雇给企业名誉带来的损害，也包含在员工心目中的声誉，它的成本随解雇规模的增加而递增，属于变动成本范畴。

如果固定成本在总成本中所占的比重较大，企业倾向于一次性解雇。如果声誉成本在总成本中所占的比重较大，由于解雇成本随解雇人数而递增，企业会不断地进行小规模解雇，以降低解雇成本。

另外，声誉成本也是冲击类型的函数，如果是总冲击，声誉成本较小，因为解雇的合理理由是宏观经济不景气。相对而言，如果是企业自身的冲击，则声誉成本就较大，解雇的直接原因是企业经营不善，大规模解雇会给外界传递不好的信号，从而影响企业长远发展。从声誉成本的角度来看，上述将企业长期经营中积累的过剩职工在宏观不景气时释放就更有经济上的合理性。声誉成本还应考虑到企业再雇用困难这一因素。一次解雇很多工人会给劳动力市场传递不好的信号，让求职者对这一企业敬而远之。一旦企业再次招聘时，会发生难以吸引合适人才的问题。

解雇时也要考虑再雇用成本，如果是企业长期发展需要的劳动者，在经济不景气时企业也不会解雇，而是做人才储备，只要这样做的成本小于再雇用的成本。总需求的冲击一般只会让企业暂时解雇工人，待经济好转时再招回，这对于企业特殊人力资本的保有是有利的。但如果企业此时不是临时解雇，而是永久性解雇，就可能说明这类冗员不是宏观不景气带来的，而是企业累积的隐性失业，是企业真正不需要的人员，因而借宏观不景气来一次释放。

实践中，规模大的企业、一些著名的跨国公司在经济不景气时都会大幅度裁员。从成本的角度来看，解雇的固定成本比例较高是促使其短期内迅速裁员的原因之一；而从声誉成本来看，大的跨国公司已经树立起良好的形象，不会担心因宏观不景气裁员而影响其形象或将来继续雇佣，所以也助长了大公司的迅速裁员行动。因为大公司轻易不动用解雇，所以其不景气期的一次性释放功能运用得也就越明显，即使是永久性解雇也不会影响企业将来的招聘。与之相对应，小企业的裁员往往更谨慎一些，也是从固定成本与声誉成本两个角度考虑；另外，小企业由于受法规限制较轻，解雇的平均单位成本较低，且没有长期发展规划，又会助长其对解雇这一方式的运用，且经常是永久性解雇。

在产品需求增加时，企业一般需要增加雇用工人。雇用成本与解雇成本一样，也包括变动成本和固定成本。单纯从变动成本来看，无论是解雇成本还是雇用成本，都存在着边际成本上升的特征，即随着雇用或解雇数量的增加，边际成本是上升的。雇用或解雇第 20 个工人的成本会大于雇用或解雇第 10 个工人的成本。之所以会如此，从雇用方面来看，在劳动力市场上供给一定的情况下，雇用更多的工人必须要支付更多的工资。从解雇方面来看，解雇更多的工人也会给企业带来非常大的声誉成本。但是雇用和解雇边际成本的上升不是同步的，解雇边际成本上升得更快些。主要是由于存在着法律上对解雇行为的限制，解雇与雇用相比，更困难一些，解雇成本也会更大一些。于是，出现了如图 3 - 9 所示的调整变动成本非对称的现象。虽然增加劳动力和减少劳动力的调整边际成本都呈现递增的趋势，但是减少劳动力（解雇）的成本上升得更快些，如图所示，增加第 50 个劳动力的调整成本和减少第 25 个劳动力的调整成本是相等的。

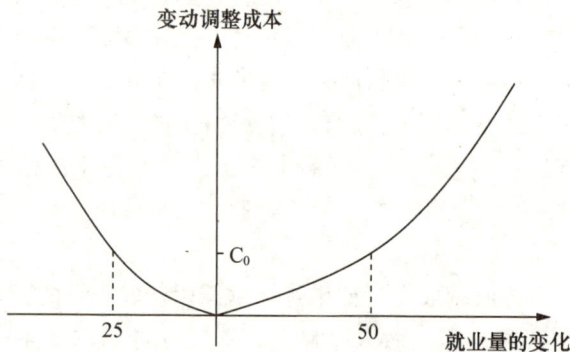

图 3 - 9   不对称的变动调整成本

调整边际成本上升给企业的一个启示是，在劳动力调整策略上会采用分期分批、缓慢的调整方式，而不是一次做大规模的雇佣和解雇调整。第一次只增加或减少几个工人，第二次再增加或减少几个工人，这样每次调整的边际成本就不会大幅度上升。从时间上看，调整需要在较长时间内完成。另外，由于解雇边际成本上升得更快些，因此为了减少成本，调整需要花费的时间更长一些。也就是如

图 3-10 所示，横坐标表示调整时间，纵坐标表示增加或减少的工人，当工人从 100 人增加到 150 人时，需要花费的时间是 t_1。而如果要将工人从 100 人减少到 50 人时，需要花费的时间是 t_2，t_2 大于 t_1。

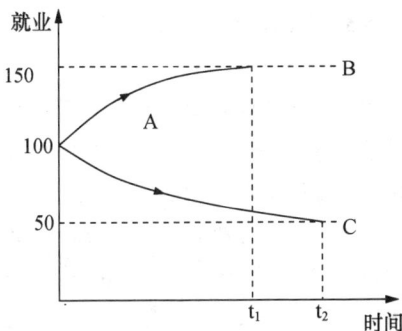

图 3-10　企业面临变动调整成本时向新均衡的缓慢调整

【案例】

雇佣法令变革与法国暴乱

最近，法国发生了有史以来最大规模的示威游行，抗议新的《首次雇佣合同法》。该合同法规定，法国 20 人以上的企业在雇用年龄不满 26 岁的年轻雇员时，可以在头两年内自由终止合同而无须说明理由。

这样的法案在出台之前就可以预料到，会引发青年民众的不满，甚至引发政治风波。可是，政府坚持推出该法案，在百万人抗议的情况下，法国总理德维尔潘仍然不让步。这究竟是为什么？实际上，这是每个国家都在面对的问题——企业活力和劳工权益之间的平衡。

法国和欧洲一些国家，在福利方面和美国有较大的不同。一些欧洲国家常常被叫作福利国家，被看作是有着很大比例的社会主义成分。而美国通常被看作是更无情的资本主义，也就是劳工福利要少得多。这里当然有观念问题，可是归根结底还是实践中能否有效走通的问题。

假如对偏向劳工工作权益采取走极端的态度，就会产生适得其反的后果。以前我国的企业是不能解雇工人的，哪怕工人天天磨洋工，工厂也奈何不得，只能做思想工作，养着工人。工人干好干坏都一样，这也是企业失去活力、拖累整个经济的重要原因之一。

法国面临的是类似问题。雇主雇了一个员工，要解雇非常困难。结果雇主不敢雇用他们认为不稳定的群体，主要是年轻人。也就是说，在实践过程中，可能会出现和法律的字面解释相反的情况。法律看上去是偏重年轻人的工作权益，可最后的结果却是雇主不敢雇用年轻人，反而造成年轻人就业率低的问题。

现在，法国政府亡羊补牢，想纠正原来的偏向，希望通过新的立法，鼓励企业主大胆雇用年轻人。可从表面上来看，却似乎是降低了年轻雇员的权益。这样的立法能否在事实上整体达到正面效果，政府和民众的预期不同，这就是冲突的来源。

劳工权益是文明社会的一个起码标准。美国不是福利国家，可并不是不顾劳工权益，而是在谨慎地探索劳资的平衡。美国雇主兴许比法国雇主有更大的解雇工人的权力，可是，美国雇主雇用工人时，他为劳工支付的其实大于工人的工资。多出来的那部分就作为预付的失业福利存在政府劳工部门，在雇员被解雇时，由独立的劳工部门仲裁。在一般情况下，仲裁总是偏向失业雇员，失业雇员就可以领取雇主事先缴纳的失业保险，保险金额和原先的工资高低、工作时间的长短有关。和欧洲福利国家相比，美国的失业福利要低得多，它通常只是你寻找下一个工作的过渡。即使是这样的处理，也有很大讲究，因为缴纳失业福利，其实也在加重雇主的成本，具体数额仍然很费斟酌。

资料来源：林达：《法国暴乱与劳资利益平衡》，《南方都市报》，2006 年 3 月 28 日。

中国的国有企业也是如此，裁员不仅花费成本，而且也耗费时间。与增加雇佣相比，解雇的成本更大一些。用俗话说就是"请神容易送神难"。

三、其他选择

如果解雇存在法律上的限制，人为增加了解雇成本，企业只能在解雇对象上做出一些调整（解雇临时雇佣者）或不采用解雇方式（内部劳动力市场、关系企业）。

因为对解雇正式职工存在法律上的限制，而解雇临时雇佣者就会成为企业经常采用的选择——其解雇成本较低。一个合乎逻辑的推理是临时雇佣者成为企业"喜欢"雇用的劳动者，它在整个就业人口中的比例也不断上升。例如，日本的非正规雇佣比例从 1985 年的 16.4%上升到 1996 年的 21.5%。[1] 增加非正规雇佣和提高雇佣的灵活性虽然有利于就业创造，但这种就业创造往往被不景气时的大规模解雇所抵消。因此，这一类型的劳动者就业波动很大。

除了劳动力的外向使用，许多企业，尤其是大企业也将产品生产分包给小企

---

[1] 转引自伍贺一道：《规制缓和与雇佣、失业问题》，载户木田嘉久等编《规制缓和与劳动、生活》，法律文化社 1997 年版。

业，因为小企业在解雇等方面承担的法律义务很少，雇佣调整成本较小。这会使大企业的雇佣规模缩小。这样，大企业既能够实现较高的利润，又减轻了雇佣方面的压力。

20世纪70年代以后，内部劳动力市场与企业的灵活性要求产生了矛盾，劳动调整的成本增加，因而一种新型的灵活组织得到发展，主要是面向企业外部，即基于企业网络而产生的企业之间的合作。所以，在需求下降时，除了企业内部劳动力市场外，企业集团、企业系列、关系企业等企业网络内劳动力市场也可以运用。即使都受到总需求的冲击，但不同企业受影响的程度不同。如果人员过剩的企业能够将一部分劳动力派遣到恰好人手不足的关系企业中，就既解决了对方人手紧缺的状况，同时也使前一企业避免了解雇或冗员自我积压。这一调整方式在日本的企业集团中广泛被采用，在20世纪70年代以后的每一次总冲击中，15%~20%的企业会采取这一方式来转移、重新配置过剩劳动力（《平成12年劳动白书》）。本质上，劳动力派遣与请负也属于非正规雇佣之列。这一做法往往被冠以劳动力资源共享而被广泛宣传，在资源外取的时代似乎是一种较优的选择。合理运用劳动力的确有利于减少就业波动，尤其是在大企业集团内部。[①] 但应该注意到，它产生的一个背景是企业因终身雇佣制而很难对正式员工进行解雇，因而是一种次优选择。派遣者和请负者的工资和技能都会出现不稳定的状况。

近年来，中国的劳务派遣也较盛行。劳务派遣又称人才派遣、人才租赁、劳动派遣、劳动力租赁，是指由劳务派遣机构与派遣劳工订立劳动合同，由要派企业（实际用工单位）向派遣劳工给付劳务报酬，劳动合同关系存在于劳务派遣机构与派遣劳工之间，但劳动力给付的事实则发生于派遣劳工与要派企业（实际用工单位）之间。很多企业不愿意雇用正式员工，而倾向于向劳务派遣公司要求派遣人员，因为这样可以简化管理程序，减少劳动争议，分担风险和责任，降低成本费用，自主灵活用工。这使得劳务派遣人员在我国就业人口中的比例不断增加，它降低了企业的雇佣成本，但增加了劳动者的就业不稳定性。《劳动合同法》规定使用劳务派遣是有条件限制的。《劳动合同法》第66条规定："劳务派遣一般在临时性、辅助性或者替代性的工作岗位上实施。"全国人大法工委向人力资源和社会保障部给出答复，确定了劳务派遣用工形式的三个原则：临时性、辅助性和替代性。①临时性，即劳务派遣期不得超过6个月，

---

① Sengenberger 等（1990）认为小企业之间也可以实现劳动力的互相派遣、利用，例如在意大利的小企业工业区。但这一方式并不普遍，影响意义也不大。参见 Sengenberger, W., G. Loveman and M. J. Piore（ed.），*The Re-emergence of small enterprises: industrial restructuring in industrialised countries*, Geneva, Switzerland: International Institute for Labour Studies, 1990.

但是也没有详细的法律规定；②辅助性，即可使用劳务派遣工的岗位须为企业非主营业务岗位；③替代性，指正式员工临时离开无法工作时，才可由劳务派遣公司派遣一人临时替代。

四、实证资料

在比较德国和美国汽车业的劳动调整时，人们发现，美国汽车企业在需求下降时会采用解雇方式调整，而德国却更多地依靠工时调整等企业内部调整。这是因为德国存在着较高的解雇成本。由于调整方式不同，会产生不同的就业波动。例如，用就业劳动力对 1969～1983 年经济周期的波动指标来考察，美国的数字为 5.0，加拿大为 4.4，英国和德国均为 3.2，意大利为 3.0，法国和日本为 1.9（Sengenberger 等，1990）。由于习惯于内部调整和关系企业之间派遣，日本的就业波动最低。Haskel 等（1997）分析英国的企业调整时发现，有临时雇佣员工的企业更易于运用解雇的调整方式，原因也在于解雇临时雇佣者成本较低。而有工会的企业选择工时调整的比例高于没有工会的企业，选择解雇的比例又较低，这说明了工会能增加企业的解雇成本，制度变量会影响雇佣调整。①

我国的情况如表 3-1 所示。选择 1995 年经济高涨期和 1998 年走向通货紧缩时期做比较，来考察不同所有制企业的雇佣减少决策。国有单位和集体单位中有许多大规模的企业，相比之下，其他经济单位中包含许多民营的小企业，这也可以粗略反映不同规模企业的雇佣调整方式。在需求下降的 1998 年，国有单位劳动减少的规模很大，但占总量的比例却有所下降。从减少的方式来看，以下岗（不在岗）为主，离退休方式与 1995 年相比有所减少，这说明企业解雇成本相对降低。企业可以少用退休或提前退休的方式，而多用下岗或直接解雇的方式来解决劳动力过剩的问题。另外，终止、解除劳动合同的方式也有很大增加，这可以说是国有企业借宏观经济不景气时来释放长期积压的过剩劳动力。集体单位的规模小于国有单位，在宏观经济不景气也产生了大量雇佣减少。原来企业以开除方式解雇的很大一部分转向终止、解除合同，可能后一种方式给企业带来的解雇成本低，尤其是声誉成本。对于其他经济单位而言，劳动减少的数量在 1998 年大幅度上升，无论是开除、终止、解除合同还是下岗的人数增长得都很多，这说明以小企业为主体的其他经济单位在总需求下降时会产生更多的失业人口。这与我们前面的分析是基本一致的，主要原因可能是因为劳动分工并没有细化，小企业很少采用缩短工时的做法，以及由于小企业劳动者尤其是私营企业劳动者缺乏法律上的保护，解雇成本低一些。

---

① 参见 Haskel, J., B., Kersley and C., Martin, "Labor Market Flexibility and Employment Adjustment: micro evidence from UK establishments", *Oxford Economics Papers*, 1997, 49: 362-397.

表 3 – 1　1995 年、1998 年中国职工减少数（人）及其主要类型

	合计	离退休	开除	终止、解除合同	不在岗
1995 年总计	9987530	2269559	1327034	1345111	—
国有单位	6488856	1800422	657727	688032	—
集体单位	2507227	361503	469749	367315	—
其他经济单位	991447	107634	199558	289764	—
1998 年总计	20014382	2888350	1203036	2839515	8282084
国有单位	11006683	1565545	517703	1336026	5186461
集体单位	4194916	346605	286898	681617	2009194
其他经济单位	2759090	280069	306281	712851	837153

注：职工减少的类型还包括调出、其他，因与这里分析的问题关系不大，做了省略，所以表中每行的合计数与后几项的加总数不一致。

资料来源：张为民：《中国劳动统计年鉴》（1996，1999），中国统计出版社 1996 年版和 1999 年版。

综上所述，不同的调整措施、不同的调整力度，对劳动力需求和就业波动会产生不同的影响。在需求下降的条件下，调整成本的非线性放大了总冲击的影响，企业的调整方式构成了周期性失业波动的微观基础。由于对增加工时的过度使用，小企业产生的失业可能更多。在解雇成本方面，小企业解雇成本较低（受法律限制较少，能逃脱法律规制的视线），也促使其产生一定量的失业，但这种失业不是一次完成的，而是连续的，且不易被发现（因为它有固定成本和声誉成本）。大量非正规雇佣主要在小企业范围内采用，企业网络内关系企业间彼此的雇佣调剂很少在小企业中被采用。这样做虽然提高了企业多雇用的意愿，但也加大了解雇的可能性。所以，仅从就业丧失的角度来看，小企业似乎应对经济不景气时的失业率上升负更大的责任。当然，这还有待于我们进一步的实证分析。

【案例】

破解跨国公司裁员密码

再也没有比"下岗"更令人沮丧的了，最近一个时期，这种滋味也让跨国集团的员工们饱尝了。随着全球经济的放缓，一场世界性的裁员风暴已经来临。自从美国经济增长出现减速迹象以来，工业减产、股价连跌，宣布盈利下降的世界顶级公司不胜枚举，裁员风潮此起彼伏。从 2000 年 12 月到 2001 年 1 月，美国"下岗"人数再创新高。据统计，2001 年头一个月，120 家".com"公司的 15448 人失去了工作，这是互联网公司裁员最多的一个月。遭此厄运的不仅是互联网经济，一些主要支柱行业也未能幸免，最近美国劳工部公布的一项统计数字

表明，2000 年的最后一个月，共有 32.7 万人丢掉了饭碗，这是自 1995 年以来"下岗"人数最多的一个月。从 2001 年 10 月开始，美国裁员人数以每月 10 多万人的速度攀升。全球著名的电信巨人朗讯公司在全球裁减 1.6 万名员工；通用电气在未来两年内可能裁掉 7.5 万名员工；戴姆勒·克莱斯勒汽车公司 3 年内将在全球裁员 2.6 万人，世界第二大移动电话生产商摩托罗拉公司已经裁减 1.2 万名员工；美国著名的办公用品生产商施乐公司将在全球裁员 5200 名；全球芯片业巨头英特尔公司将于近期内裁员 5000 名；全球领先的网络设备供应商思科系统公司将裁减 5500~8000 名员工；全球最大的家用消费品制造商宝洁公司也不堪重负地宣布，将从其 11 万名员工中裁减 9600 人。

据报道，全球第五大汽车制造商戴姆勒·克莱斯勒公司宣布，为了使得公司重返盈利，公司将裁减困难重重的美国分部戴姆勒·克莱斯勒雇员 20%。戴姆勒·克莱斯勒公司宣布，公司将按照戴姆勒·克莱斯勒公司董事会的计划裁减美国和加拿大大约 2.6 万名员工，并接受公司雇员的提前退休申请。该公司还声称将关闭 6 家工厂、减少轮班以及降低生产线生产速度。

戴姆勒·克莱斯勒公司还称，"此次裁员的数量对公司近期达到裁员的目标是必需的，这还将取决于公司提前退休计划的参与程度。"戴姆勒·克莱斯勒公司希望在 2001 年年底之前完成此次裁员计划的 75%。在戴姆勒·克莱斯勒公司公布，由于产品开发和产品推广成本居高不下，该公司出现近十年以来首次亏损之后，戴姆勒·克莱斯勒公司正致力于公司的扭亏为赢。但一般人都认为，戴姆勒·克莱斯勒公司在 2002 年之前很难扭亏为赢。

戴姆勒·克莱斯勒集团公布的裁员待遇标准称，凡符合退休条件的雇员——年龄在 62 岁以上，在公司服务年限超过 10 年，均可得到一笔基于年龄和服务年限的退休金，此外还有一张租赁或购买新车的票券；年龄在 55 岁以上，任职满 10 年的雇员可以按 62 岁的标准退休；年满 53 岁，2000 年收入少于 8.5 万美元，供职在 10 年以上的雇员也可获退休资格。而通常一个 53 岁就退休的人只能拿到 48% 的退休金。

西铁城公司指出，尽管日本企业近年来致力于缩短工时、尽量避免让员工加班，但调查结果却显示，上班族的平均工时仍较过去大幅提增。其主要原因应是"受到裁员、员工总人数减少的影响，导致平均每人所分配到的工作量因而增加所致"。调查结果显示，相比于泡沫经济时期的 20 世纪 90 年代，日本男性上班族平均睡眠时间缩短了 18 分钟，而工作时间则增加了 17 分钟。

那些忽略了裁员对员工感情伤害的经理们很可能会在他们正需要更多团队合作的时候，却发现周围是一群愤怒而焦虑的下属。他们面临的挑战是如何维持留下来的员工的积极性，并防止人才的大批流失，而这仅靠提高工资和股票期权显然是不够的。最行之有效的方法通常属于"务虚"的工作，比如表扬工作出色的员工和让雇员参与公司决策，等等。

洛杉矶的体育业余爱好者网站总裁和创建者布赖恩·约翰逊说，不管是从个人角度还是从公司角度来看，最近不得不裁减其年轻员工中的大部分人，比预想的要困难得多。一开始，他先裁掉了 14 个人，约为公司总人数的 1/3。这一举动在那些未被裁掉的人员中引起了一阵骚动，但约翰逊并没有让他们感到自己的职位已经安稳，此后的几个星期内，他又裁掉了 14 个人，紧接着再裁掉 3 个职员，最后只剩下了 14 名员工。他觉得，一轮又一轮的裁员，反而加剧了员工们的愤怒情绪。他得到的教训是，"你只能裁一次。开始我的做法太温和了，我本应一刀裁下去解决问题，而不是让所有人每天都如坐针毡。"

最后，经理们还得为如何留住最优秀的雇员而操心。对于裁员对吸引和留住最优秀雇员所造成的负面影响，各公司估计不足。一位网络公司经理说，他最近花了很多时间劝说一位提升得很快的员工，告诉她，尽管许多员工丢了饭碗，但她的职位是有保障的。经理许诺对她委以重任，还要发给她丰厚的年终奖。但她还是跳到了另一家公司，而且是甘愿担任级别更低的职务。"她不能忍受这里朝不保夕的气氛——在看到那么多同事被扫地出门后，她再也不信任我们了。"

资料来源：刘波：《破解跨国公司裁员密码》，《北京青年报》2001 年 4 月 2 日。

在长期，企业对劳动力的需求还受到经济周期和企业产品需求变动的影响。所以，分析企业的投资需求等需求构成要素、分析市场协调和市场结构就成为劳动经济学不可缺少的部分。

上面分析长期劳动需求的另一个假设前提是劳动是同质的，放弃这一前提，对于不同技术类型的劳动者，企业的需求弹性会有差异，对高技能劳动者的需求弹性一般低于对低技能劳动者的需求弹性。并且人力资本理论与新经济增长理论都将人力资本作为技术进步的载体，这种高技能的劳动者体现着一定的技术，企业的投资、技术创新不再表现为过多追加实物资本，而是对人力资本进行投资，这种做法的含义是特殊的人力资本是企业所需要的，因而他们受失业的威胁较小。并且企业，尤其是大规模企业中劳动分工细化，每个人都不能代替他人的工作，这也使厂商不能轻易解雇某个人。而从企业之间的分工来看，分工的深化有助于扩大整个社会的劳动需求。

从长期来看，经济发展和产业结构的变迁也改变了劳动力的需求结构，这体现在各产业对各种类型劳动力的需求构成比例的变化。劳动力的供给结构如果不能很好地与之匹配，就会出现失业和空位同时并存的现象。

本章小结

● 在短期，追求利润最大化的企业雇佣工人直到工资等于劳动的边际收益产品为止。

● 在长期，追求利润最大化的企业使用每一种投入要素直至要素价格等于要素的边际收益产品。均衡的条件是劳动和资本的边际产出之比等于它们的价格之比。

● 在长期，工资的降低会产生替代效应和规模效应，这两种效应都促使企业雇佣更多的工人。

● 短期劳动需求曲线和长期劳动需求曲线都是向下倾斜的。长期劳动需求曲线比短期劳动需求曲线更有弹性。

● 短期劳动需求曲线的弹性在 $-0.4 \sim -0.5$，长期劳动需求曲线的弹性约为 -1。

● 资本和高技能劳动者是互补关系，资本价格的上升会减少对高技能劳动者的需求。资本和低技能劳动者是替代关系，资本价格的上升会增加对低技能劳动者的需求。

● 资本密集型技术进步在短期内会减少劳动力的需求，在长期，技术进步能否增加就业取决于就业的补偿机制是否完善。

● 在需求下降时，企业会采用多种调整方式来应对，如缩短工时、降低工资、向关系企业派遣工人、解雇工人等。

● 雇佣调整变动成本的存在说明企业在需求变化时会缓慢地调整就业量。如果调整的固定成本在总成本中占的比例很大，企业内就业量的变动就是突然而剧烈的。

本章主要概念

替代效应（Substitution Effect）

规模效应（Scale Effect）

充分替代（Perfect Substitution）

充分互补（Perfect Complement）

马歇尔的引致需求规则（Marshall's Rules of Derived Demand）

劳动力的需求弹性（Elasticity of Labor Demand）

替代弹性（Elasticity of Substitution）

要素需求的交叉弹性（Cross-elasticity of Factor Demand）

就业的补偿机制（Employment Compensation Mechanism）

雇佣调整成本（ Employment Adjustment Cost）

思考题

1. 如果资本品的价格上升，对劳动力的长期需求会怎样变化？图示将需求变化分解为规模效应和替代效应。我们能够断然地说企业会使用更多或更少的劳动力吗？

2. 假设低技能劳动者和资本之间是替代的，而高技能劳动者和资本之间是互补的。现在中国许多地方政府规定企业必须支付最低工资，这会提高低技能劳动者的价格，对高技能劳动者的需求会产生怎样的影响？为什么劳动力的需求弹性对于讨论最低工资的效果是重要的？

3. 第二次世界大战后农业劳动力的生产率得到很大的提高，这与大量劳动力从农业向非农职业转移的事实如何呼应？如何估算目前我国农业的劳动力需求量？

4. 计算机在各行各业的广泛应用对劳动力需求会产生怎样的影响？是替代了劳动，还是增加了就业量？应如何考察这一问题？

5. 登陆劳动统计局网站 http：//www.bls.gov，选择"National Employment"和"Most Requested Statistics"，寻找各行业的就业信息。点击"reformat"改变数据的年份。在1980年1月制造业和服务业的就业数量为多少，最近一个月的数量为多少？在这期间，哪些行业就业增长，哪些行业下降？并说明可能的原因。

6. 在中国，如果经济环境要求企业裁减工人，企业能够迅速地调整雇佣数量吗？不同类型的企业是否存在差异？调整成本是由什么组成的？如果存在雇佣工人数量和工时之间的替代，就业调整会有所不同吗？

7. 了解中国企业的雇佣成本结构及大小，它如何影响到企业的劳动力需求？

课外阅读文献

1. Hamermesh, D. S., "The Demand for Labor in the Long Run", in Ashenfelter O. and Layard R. (ed.) *Handbook of Labor Economics*, North – holland, 1986.

2. Thomas K. Bauer and Stefan Bender, "Technological change, organizational change, and job turnover", *Labor Economics*, 2004, 11: 265 – 291.

3. Bresnahan, T., E. Brynjolfsson and L. Hitt, "Information Technology, Workplace Organization and the Demand for Skilled Labor: Firm Level Evidence", *QJE*, 2002, 117 (February).

4. Haskel, J., B., Kersley and C., Martin, "Labor Market Flexibility and Employment Adjustment: micro evidence from UK establishments", *Oxford Economics Papers*, 1997, 49: 362 – 397.

5. Hamermesh, D. and S. Trejo. "The Demand for Hours: Direct Evidence from California," *Review of Economics and Statistics*, 2000, 82 (February): 38 – 47.

6. Hamermesh, D., "Labor Demand and the Structure of Adjustment Costs", *AER*, 1989, 79: 674 – 689.

7. 宁光杰:《中国转型期技术应用对就业的影响研究——来自工业行业的考察》,《中国人口科学》2008 年第 6 期, 第 40 ~ 47 页。

8. 宁光杰:《需求下降、企业调整成本与雇佣波动》,《中南财经政法大学学报》2008 年第 4 期, 第 127 ~ 131、140 页。

第四章　劳动力市场的均衡

同任何商品的市场均衡一样，只有当劳动力供给与劳动力需求相等时，劳动力市场才能够实现均衡，劳动力资源才能获得有效的配置。同样，劳动力的供求相等也不是随时都可以达到的，均衡的调整需要一个过程。由于劳动力商品的特殊性，实现劳动力市场的均衡尤其困难。不同的劳动力市场结构（垄断或竞争）也会出现不同的均衡工资和均衡就业量。本章主要学习劳动力市场的均衡问题，在静态研究竞争性劳动力市场均衡之后，进一步从动态的角度分析从不均衡到均衡的调整过程。然后，分析非竞争市场结构条件下（买方垄断和卖方垄断）劳动力市场的均衡问题，并比较各自不同的均衡工资和均衡就业量。最后对特殊的非市场化部门——公共部门的劳动力供求及工资情况做简要分析。

第一节　充分竞争劳动力市场的均衡

按照新古典理论，在充分竞争的劳动力市场上，劳动力的供给和需求会自动进行调整，实现均衡。这里充分竞争的前提条件是：从供给方来看，劳动者可以自由地在劳动力市场上流动，自由地出卖自己的劳动力；从需求方来看，企业能够自由地雇用需要的各种类型劳动力。这是一个理想状态。但是在现实经济中，无论是供给方还是需求方，都会受到各种政策和法律的限制。

在充分竞争的假设前提下，如果实现劳动力市场的均衡，对于同一类型的劳动力而言，就应该获得相同的工资，即同工同酬。如果不是这样，则说明劳动力市场是非充分竞争的。在劳动力市场是全国统一市场的情况下，同一类型劳动力在不同地区获得的工资也应该相等。

如图 4-1 所示，S_n 和 D_n 分别代表北方地区的劳动力供给和劳动力需求，而 S_s 和 D_s 分别代表南方地区的劳动力供给和需求。假如北方地区的工资高，在市场的自发调节作用下，南方地区追求自身利益最大化的劳动者就会向高工资的北方地区流动，从而增加了北方地区的劳动力供给数量，在北方劳动力需求不变的情况下，劳动力供给的增加会使得北方的工资水平下降。同时，流出劳动力的南方地区会出现劳动力供给的减少，如果劳动力的需求保持不变，这样，南方地区的工资会上升，从而促使南方地区和北方地区同一类型劳动者的工资水平趋同。当工资完全相同时，劳动力资源就得到有效的配置，也不再有劳动力流动。劳动力的供求相等也意味着劳动者的工资与其边际产品价值相等，劳动者和企业都实现利益最大化。从宏观角度来看，也意味着一国的国民收入能够实现最大化。

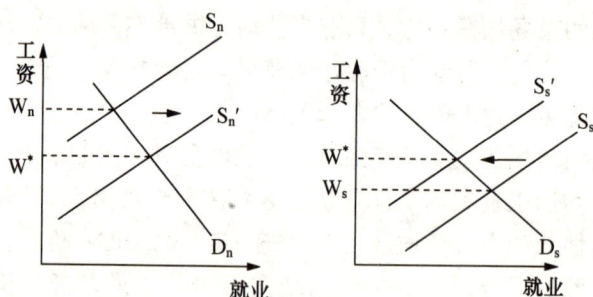

图4－1　由劳动力流动联系的两个劳动力分市场的竞争均衡

从美国的情况来看，不同地区的制造业工资的确存在趋同（Convergence）现象。1950～1990年，20世纪50年代工资较高的地区后来的工资增长率较低，而20世纪50年代工资较低的地区后来工资却得到较快的增长，即最初工资水平与工资增长率存在着反向关系。据估计，有大约一半的地区间工资差异在30年间消失了。但最近的研究表明趋同的速度在放缓，主要原因在于房地产市场的管制导致房价上升，从而流动的收益下降，尤其不利于低技能劳动力的流动。[①]

改革开放以来，中国的劳动力市场逐渐建立，大量中西部地区的农村剩余劳动力不断涌向经济发达的东部地区寻找就业机会，不同地区不同劳动力分市场的工资差距也应缩小。事实是否如此呢？蔡昉等（2005）对中国不同地区制造业的工资水平进行分析，发现自20世纪90年代中期以来地区工资存在趋同的趋势[②]，这是市场供求机制作用的结果，也是劳动力市场发育程度提高的表现。近年，也有人强调地区收入差距在扩大，但这里研究的是劳动收入——工资。目前的地区

①　Ganong, P. and D. Shoag, "Why Has Regional Income Convergence in the U. S. Declined?", Electronic copy available at: http://ssrn.com/abstract=2081216.

②　蔡昉、都阳、王美艳：《中国劳动力市场转型与发育》，商务印书馆2005年版，第172～174页。

间工资差距依然存在,说明劳动力的流动还是不充分的,还存在着户籍等制度限制。如果没有劳动力的跨地区流动,地区间的劳动收入差距会比现实的更大一些。

在劳动力可以自由地跨国界流动的情况下,不同国家同一类型劳动力之间的工资差异也应该出现缩小的趋势,即趋同。但是,并没有看到世界范围内的工资差距缩小,虽然在部分发达国家之间有缩小的趋势,但发达国家和发展中国家的工资差距反而扩大,主要原因是劳动力的跨国界流动还存在着限制以及影响工资的政治经济原因。本书第八章劳动力流动中还会对移民和工资问题做专门的讨论。

如果劳动力流动受到限制,也可以通过其他方式——资本流动来推动劳动力市场实现均衡。如果企业可以自由地进入和退出市场,在成本的权衡下,它会选择到工资低的地区进行投资,从而带动当地的劳动力需求,进而促使工资提高。而原来所在地区的劳动力需求会因一部分企业退出而下降,工资水平也相应下降。这样,通过企业的流动也能促使地区间工资水平趋同。中国东部地区的企业在向中西部地区投资,从而带动了当地的劳动力需求增加,导致中西部地区的农民工出现返乡现象。但是由于中西部地区的基础设施、制度环境不完善,企业向中西部地区流动是不充分的,因而工资的地区间趋同还比较缓慢。

在充分竞争的劳动力市场上,工资是由市场决定的,任何单个企业都没有能力影响工资。企业面对的劳动供给曲线是一条水平的直线,在市场给定工资的条件下,企业可以雇佣到任意数量的劳动力。企业的规模较小,面临着无限的劳动力供给。企业对劳动力的需求曲线是劳动者的边际收益产品曲线,因而单个企业的均衡雇佣数量是由劳动力的供给曲线与需求曲线共同决定的。具体如图4-2所示。

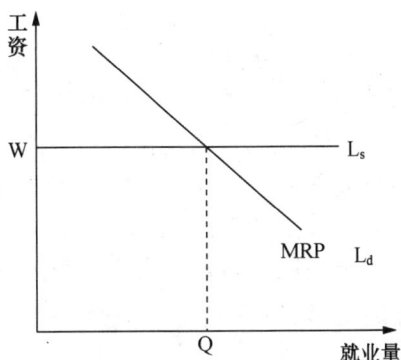

图4-2　完全竞争劳动力市场上企业的雇佣均衡

第二节 劳动力市场均衡的调整：蛛网模型

劳动力市场由不均衡到均衡需要有一个调整过程。这是由于劳动力供给的增加是逐步完成的，形成具有一定技能的劳动力需要一个学习和培训过程。相对而言，劳动力的需求则可以在短期内迅速发生变化。而且，劳动力的供给方和需求方有不同的工资和就业量组合，对于相同的价格变化有不同程度的反应，即有不同斜率的供给曲线和需求曲线。在供求不等时，需要依靠价格信号逐步调整供求数量，最终达到均衡，从而形成动态的调整过程。

如图 4-3 所示，以计算机软件开发人才为例，分析供求均衡是如何实现的。假设 2015 年初软件开发人才的均衡工资为 W_0，在 2015 年期间软件开发人才的需求增加，表现为需求曲线的右移，从 D 移动到 D′。如果供给能够在短期内迅速增加，会很快形成新的均衡工资 W^*。但是，劳动力市场上没有储备多余的软件开发人才，人才的培养需要很长一段时间（假设需要两年时间，而这两年期间对软件人才的需求基本不变[①]），因而重新走向均衡的调整就非常缓慢。在 2015 年，由于供给不能有效地增加，还是 L_0，只能通过提高现有人才的工资（让他们更努力工作）来满足需求的增长，或者说，企业只有增加工资才能招聘到所需人才。这时的工资上升为 W_1（L_0 对应的新需求曲线 D′上的工资水平）。这一高工资给劳动力市场传递了信号——软件开发人才的收入可观，这会吸引更多的人加入软件开发学习。到了 2017 年，在 2015 年开始学习软件开发的劳动者学成技能，劳动力供给增加到 L_1（在工资为 W_1 时，愿意提供的劳动力供给数量为 L_1）。与劳动力需求相比，此时的劳动力供给又出现了过剩。要保证这么多软件开发人才都实现就业，只能降低工资，从而工资从 W_1 降为 W_2。工资的下降又会给劳动力提供新的信息，有一部分劳动者不愿意接受较低的 W_2 工资，会退出软件人才市场转而从事其他职业，从而劳动力供给减少到 L_2。这种调整一直会持续下去，直到达到新的均衡点为止，这时均衡的就业量和工资为 L^* 和 W^*。从调整路线的形状上看，会形成蛛网似的形状，所以又叫蛛网模型。

在上述调整过程中，为什么会出现供给的过度反应（过度增加或过度减少）呢？因为供给的调整需要很长一段时间，它往往以前一期的工资价格作为参考，而前一期工资是在供给暂时不变时为解决供求不平衡而产生的，它的作用主要是

[①] 做这一假设是为了单独分析供给的调整过程，以使问题的分析更清楚。如果需求也发生变化，则需要更加复杂的调整过程。

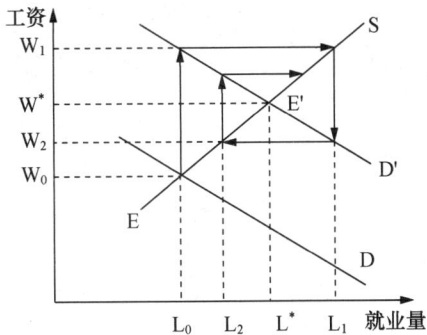

图 4 – 3　软件人才市场的蛛网模型

预示工资发展的方向，而不是未来确切的标准。因此，依此价格行动的供给方往往会反应过度。为什么不能一步到位，提供一个最后的均衡工资供参考，使劳动力供给沿供给曲线移动（从 E 直接上升到 E′），数量直接由 L_0 上升到 L^* 呢？这是由于作为微观主体的劳动者经常是短视的，他们不清楚未来的均衡工资和均衡就业量，因而只会根据现期的工资做出反应。他们缺乏对社会整体劳动供给变化的了解（不清楚有多少劳动力会对提高的工资做出反应），缺乏关于未来工资的足够信息，也不会从工资的历史变动中判断其未来走势。如果他们对未来的工资没有合理的预期，就会出现根据现期工资做出反应的行为。实际上，具有合理预期和充分理性的劳动者不会选择进入现期工资高的行业，相反，会选择进入现期工资低的行业。因为虽然现期工资低，但在充分竞争的市场供求机制作用下，劳动力供给减少，其未来的工资会得到提高。但是由于信息的不完全和人们普遍存在的短视心理，依据现期工资行动是大多数人的选择，因而调整也就需要花费更多的时间。这是人们不断试错、不断调整的过程。

　　有时，调整会偏离最终均衡越来越远。调整路线的形状和能否达到最终均衡取决于供给曲线的斜率和需求曲线的斜率。如果供给曲线的斜率比需求曲线的斜率绝对值大，也就是说供给曲线比需求曲线更陡峭，则会形成一个收敛的蛛网模型，调整会最终达到新的均衡点。图 4 – 3 说的就是这种情况。

　　如果供给曲线的斜率比需求曲线的斜率绝对值小，即供给曲线比需求曲线更平缓，则会形成一个发散的蛛网模型，调整会越来越远离均衡点。在这种情况下，供给对价格的变化更敏感，表现为：只要工资稍微增加或者减少，就会出现供给的大幅度调整。这也可以理解为劳动者的从众心理、跟风心理严重。例如中国前几年"国际贸易热"、"外语热"，使得许多学生选择学习这些所谓的热门专业，而后造成劳动力供给的过剩，导致大量学此专业的劳动力就业困难。与需求反应相比，供给反应过度，会形成劳动力资源的浪费。

如果供给曲线的斜率与需求曲线的斜率的绝对值相等，则会形成一个封闭的蛛网模型，调整会始终沿着原来的路线进行，也不能达到均衡点。

【案例】
三年一过，部分冷热专业调了个

采访中，记者发现，弹指一挥间，部分冷热专业就调了个：3 年前考大学时的冷门专业就业时成了热门，而热门专业则变成了冷门。

（一）当年报考热门：国际经济贸易

专业现状：难进外贸公司

重庆大学国际经济贸易专业的吴同学近日来到南京某外贸公司，她应聘的职位是该公司的前台小姐。"工作实在难找，只要能进外贸公司，干什么都可以。"吴同学说。

南京理工大学就业指导中心负责人董春秋说，3 年前国际经济贸易专业绝对是报考的热门。比如南京理工大学，该专业的录取分数线也要比省控线高出 40 多分，接近 600 分。当时大家都认为，"入世"后外贸企业增多，学习国际经济贸易，毕业后进入外贸企业和老外做生意，十分容易。但从目前的情况来看，社会需要的外贸类人才，与家长和学生理解的内涵有所不同。虽然外贸类企业的确需要人才，但它们要的是有工作经验、能拉来大单子的成熟型人才，对应届生往往不屑一顾。

（二）当年报考热门：计算机专业

专业现状：不少人都去卖电脑

计算机应用技术、电子商务……这些新兴专业曾是高考录取时分数线较高的专业。而今日，虽然这些专业的高考录取分数线仍然居高不下，但该专业的大学毕业生，已感到所学专业与市场需求有些"脱钩"。几位计算机应用专业的毕业生告诉记者，企业要求熟练掌握的一些软件，他连名字都没听说过，而自己在学校学习的软件知识早已过时，所以，他们只能去一些电脑公司卖电脑。

南京航空航天大学就业指导中心负责人称，虽然现在计算机类人才还比较短缺，但企业真正需要的是计算机类高层人才和有专业背景的计算机人才，比如有计算机知识加上财会或经管等专业背景。相反，从学校出来的本科生，顶多是个计算机劳动力。在这种情况下，计算机专业毕业生工作难找也就不足为奇了。

（三）当年报考冷门：学前教育

专业现状：一个学生三四个单位抢

12 日，在南京晓庄学院举办的校园招聘会上，学前教育专业毕业生被"抢购一空"，该专业每位毕业生的手上几乎都拿着三四家单位要求签约的合同书。

"今年我们共有76名学前教育专业毕业生，大专和本科各占一半。其实在招聘会前，就已经有很多单位来要人了。"晓庄学院教育科学学院副院长龚瑾告诉记者，仅南京来要人的幼儿园、幼教集团就有10多家，外地来的也都是大公司，有的公司一开口就要20多人。而据他回忆，3年前，该专业在招生时的录取线是学校所有专业中最低的，同时由于报考的人不多，还"吃"了不少"服从"。据他分析，学前专业就业火爆和这两年社会发展有密切关系。以前的幼儿园对老师的素质要求不高，会跳会唱就已经不错了。而这两年，老师的道德素养、教育能力、有没有经过正规培训则是用人单位招聘更关键的因素。因此，他们这些"科班"出身的毕业生自然供不应求。

（四）当年报考冷门：造纸

专业现状：基本都签约

南京林业轻化工程专业（制浆造纸工艺）、轻化工程专业（制浆造纸装备与控制），俗称造纸专业。今年该校共有150名造纸专业毕业生。昨天记者从该校了解到，除了部分女生，该专业的学生基本上都已经签约。签得早的，暑假就定好了。

"这个专业的学生根本不愁分配，供需比是1:15。"该专业所属南京林业大学化学工程学院院长洪建国介绍说，每年纸业生产厂家都早早地和他们联系，希望招到更多的学生。大型的造纸企业在国内还是个新兴的行业，需要大量的专业人才，而国内有造纸专业的高校仅有10家左右，其中该专业具有悠久历史的高校则更少，只有4家，每年提供的造纸方面专业人才不足千人。造纸专业需要学习林业方面的知识，而南京林业大学又是其中仅有的一家具有林业背景的高校，尤其受到造纸企业的青睐。据了解，3年前，进入该专业学习的学生也多是"服从"去的。

（五）专家：专业设置须对应市场需求

对于目前高校中部分冷热专业调个的现象，南京市毕业生就业指导中心负责人分析认为，"就业难"并不是简单的供给大于需求，而是就业结构性矛盾突出造成的一种阶段性社会现象，这主要表现在高校专业设置与快速变化的市场需求错位。

四年前还是社会需求的热门职业，四年后变成了滞销专业，供给与需求错位在一定程度上是造成大学生就业难的主要原因之一。如计算机专业，2000年供需比为2:1，2005年则变为20:1，由热变冷；而机械制造则由2000年供大于求的3.5:1，变为如今求大于供的1:1.5。在这种情况下，高校必须及时捕捉市场信息，根据需求及时调整专业设置。以就业率一直较高的南京信息职业技术学校来说，该校在设置专业时必须去相关企业调研，之后再根据市场需求增减专业设置。前几年，该校将电子信息专业分设为微电子、电子信息检测与应用方向及电子声像技术专业。后来事实也证明，分设专业后的毕业生受到企业欢迎。

资料来源：李映晖、谈洁、李海燕：《三年一过，部分冷热专业调了个》，《南京日报》2006 年 12 月 18 日。

第三节　政策应用：政府政策与劳动力市场均衡

本节介绍政府的各种政策如何影响劳动力的供给与需求以及劳动力市场均衡的变化，这些政策包括工资税、就业补贴以及最低工资法等。

政府会通过各种手段来影响劳动力的供给，从而影响劳动力市场的运转和均衡。例如，对个人收入所得税的调整会使得人们调整劳动力供给，从而引起劳动力市场的供求变化，最终形成新的均衡。较高的个人收入所得税会抑制人们从事劳动的积极性，导致劳动供给减少。美国供给学派的一项主张就是通过减税来刺激人们增加劳动供给，恢复经济繁荣。又如，政府还通过严格的资格考试来发放某一职业的从业执照，从而限制该职业的劳动力供给和市场均衡工资。例如医生执业资格，表面上看是为了提高该职业从业人员的素质，以保护社会公共利益。但有的资格考试并没有太大的必要，而更多的是人为设置租金。它往往是已经取得资格的从业人员为了避免更多的人进入到该行业与自己竞争，通过游说政府来采取政策，限制该行业的劳动力供给，以保证自己的既得利益。因此，有资格限制的行业的工资很高，而这一高工资常被解释为高技能的应有回报，其实不容忽视的原因是政府对劳动力供给的过多限制。

政府的政策还会影响到劳动力的需求。政府要求企业交工资税（Payroll Tax）以充实社会保障计划，这会影响企业对劳动力的需求。在美国，企业要按工人年收入的 7.65% 交工资税，在其他国家工资税率更高，德国为 18.7%，瑞典为 34.1%，意大利为 45.2%。[①] 在中国，近年政府要求企业给所有就业者（包括农民工）交纳养老保险和医疗保险，这也会对企业的劳动力需求产生影响。目前我国五险的缴纳比例（占工资比例）规定：养老保险单位缴 20%，个人缴 8%；医疗保险单位缴 8%，个人缴 2%；失业保险单位缴 2%，个人缴 1%。而工伤和生育保险各在 1% 左右，完全由企业承担。社保费率达到 43% 左右。[②] 工资税增加

---

① *Statistics Abstract of the United States*，1992.

② 除了社保费用，还要缴纳住房公积金，住房公积金的缴纳比例是单位和个人各缴纳工资的 12%。

了企业的雇佣成本，会使企业的劳动需求曲线左移，从而导致均衡工资和均衡雇佣数量下降。

工资税表面上是企业缴纳的，但由于企业的雇佣数量和工资下降，实际上，劳动者和企业共同承担了工资税。劳动力供给曲线越缺乏弹性，工资税由劳动者承担的份额就越大。在极端的情况下，如果劳动力的供给曲线是完全缺乏弹性的，表现为一条垂直的劳动力供给曲线，则所有的税收负担都将由劳动者承担，劳动者工资减少的部分也就等于企业缴纳的工资税。男性劳动者的供给弹性很小，说明企业缴纳的工资税有很大一部分可以转嫁到劳动者身上。例如，一些研究表明，企业支付的工资税中大约有90%实际上是劳动者支付的，主要通过降低的竞争性工资的方式。[1]

雇佣补贴是政府影响劳动力供求的另一项政策。如果政府增加雇佣补贴，就会使企业愿意多雇佣劳动者，劳动力的需求曲线就会向右移动，从而带来就业的扩大和工资的提高。美国在20世纪70年代实行了鼓励中小企业雇佣低工资劳动者的政策，主要做法是对企业支付给工人的第一个4200美元[2]以50%的税收减免（Tax Credit），只要企业的工资总额比上一年增长超过2%。每个企业每年的税收优惠额度不能超过10万美元。这一政策使得企业雇佣劳动者的数量增加，当然这样做的代价是花费了税收收入。但是，这一政策的效果也受到怀疑，因为考虑利用这一政策的中小企业比例并不高，而且只有那些本来已经准备进行就业扩张的中小企业才最有动力去利用这一政策。即没有这一政策，他们的雇佣劳动数量也会增加，所以现实中雇佣数量增加不一定是雇佣补贴政策带来的结果。

以上的政策措施只是影响劳动力的供求，并没有真正妨碍劳动力市场机制的运行，没有对市场运行的结果施加影响。有的政策会直接改变市场的运行结果，例如最低工资法令。如果政府要求企业必须支付最低的工资标准，而这一最低工资水平又高于市场原来的均衡工资水平，就会导致出现最低限价，如图4-4所示。在图4-4中，政府规定的最低工资标准 $\underline{W}$ 高于市场均衡工资水平 W^*，会导致企业对劳动力的需求下降到 $\underline{L}$，同时劳动力的供给增加到 L_s，从而会扩大劳动力供求之间的缺口，供给大于需求，由于不存在市场价格机制的自发调节，能实现的雇佣量就由需求这条短边 $\underline{L}$ 决定。因而造成的结果是工资上升了，但雇佣数量下降了。也就是说，只有少数得到工作的幸运者享受到政府最低工资保障的好处。

---

① 转引自 Borjas, G. J., *Labor Economics*, The Mcgraw - Hill Companies, 1996, p. 160.
② 因为只有前4200美元的工资收入可以享受税收优惠，这会鼓励企业雇佣低工资的劳动者。

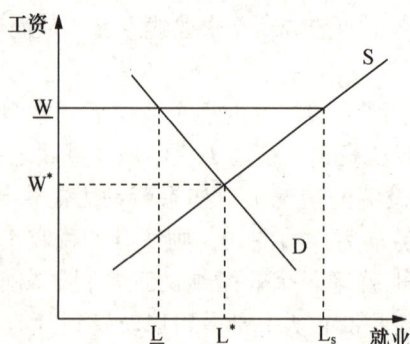

图 4 - 4　最低工资对就业的影响

　　最低工资的实行也有一个范围，它在逐步推广中，首先在某一地区或行业实行，在其他地区或行业不实行。例如，在美国最初实行最低工资时，只有 43% 的部门被涵盖，到 1990 年涵盖率达到了 88%。不同部门实行不同工资政策的后果会怎样？下面通过图 4 - 5 来分析。如果最低工资只适用于涵盖部门（Covered Sector），如上面分析，在最低工资高于市场均衡工资的情况下，涵盖部门与原来相比，就业数量减少，从涵盖部门中被解雇的劳动者会转移到非涵盖部门（Uncovered Sector），从而导致非涵盖部门的劳动力供给上升。

　　如果获得有最低工资保障的工作没有人为的进入限制，涵盖部门相对较高的工资也会吸引非涵盖部门的劳动者进行就业转移，他们转移到涵盖部门以期待较高工资的工作，这会使非涵盖部门的劳动力供给减少，从而工资得到提高。而涵盖部门由于过多的劳动力进入，能够获得最低工资工作的可能性下降了。

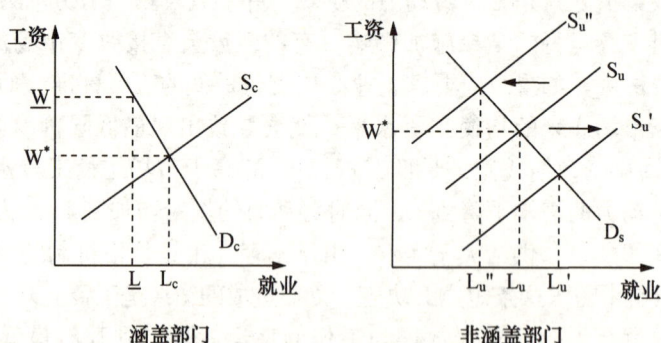

涵盖部门　　　　　　　　　　　非涵盖部门

图 4 - 5　最低工资对涵盖部门和非涵盖部门的影响

　　这一运动过程说明，虽然存在着政府对工资的干预，但是只要劳动者能够自由地进入和退出劳动力市场，劳动力市场同样也会实现均衡。只是这时的均衡条件是涵盖部门工资（最低工资）×获得最低工资工作的概率 = 非涵盖部门的工资。这里假设非涵盖部门没有失业，工资是达到充分就业水平下的工资。如果获得有最低工资保障的工作难度非常大，则劳动者宁愿在非涵盖部门就业，获得较低的但有保证的工资。这一分析框架也适用于具有不同最低工资标准的不同部门或地区的劳动力市场均衡问题。

此外，由于对不执行最低工资法的惩罚力度较小，很多企业会不遵守最低工资法。据估计，在美国大约有 40% 符合最低工资条件的劳动者实际得到的工资少于最低工资。

由于存在以上原因，最低工资法的实行并没有造成像人们想象的那种结果——就业数量大量减少，失业率迅速上升。① 一般认为，最低工资法的实行主要会使得一些低工资、低技能的劳动者就业困难。1987 年，大约有 1/3 的 16 ~ 19 岁劳动者获得最低工资，而 25 岁以上的劳动者中只有 5% 的人获得最低工资②，也就是说，年轻人是最低工资的主要影响群体。而实证分析的结果表明，最低工资对年轻人就业的影响系数是 -0.3 ~ -0.1。换言之，最低工资每上升 10%，年轻人的就业率会下降 1% ~ 3%。这一影响系数虽然不大，但它产生的就业减少绝对数量却可能很大。例如，美国的最低工资从 1990 年的 3.35 美元上升到 1996 年的 4.25 美元，上涨了 27%，如果取影响系数的平均值为 -0.15，则最低工资会使年轻人就业数量减少 4%，这意味着 24 万人会失业。

但是对于最低工资对就业有负面效果的论点有了更多的反驳，实证分析表明，年轻人并没有因最低工资的实行而大量失业。这可能与多种因素有关，例如，劳动分工的需要使得劳动力保持固定的数量，企业劳动力调整的缓慢进行③等。

更进一步地讨论最低工资问题，还需要考虑以下几个问题：最低工资是否也是企业能够支付得起的？支付了最低工资不会给企业增加大量劳动成本，反而有利于生产效率的提高，在这种情况下，企业的劳动力需求数量就不会减少。最低工资标准制定的依据是什么？④ 它是生存工资水平或者马克思经济学意义上的劳动力价值吗？如果市场形成的工资不能够满足劳动者的基本生存（这种情况是可能出现的，尤其当企业是买方垄断时，劳动力缺乏谈判能力，为了生存不得不接

---

① 事实上，如果现实中执行比例较低，研究最低工资的就业效果就意义不大，因为最低工资没被执行，就不会对经济活动产生影响。

② Earl Mellor, "Workers at the Minimum Wage or Less," *Monthly Labor Review*, 1987, 110: 34 - 38. 2000 年美国获得的工资等于或低于现行联邦最低工资标准的劳动者只占总就业人口的 3.1% (*Employment & Earnings*, Jan 2002)，2005 年这一比例进一步降为 2.5% (*Employment & Earnings*, Jan 2006)，所以最低工资的影响范围较小。

③ 参见本书第三章第五节的有关内容。

④ 如果制定标准过高，也会导致执行比例低。所以，研究最低工资标准本身是否合理具有重要意义。可参见宁光杰：《我国最低工资标准制定和调整依据的实证分析》，《中国人口科学》2011 年第 1 期，第 26 ~ 34 页。

受低工资就业），政府出面干预，要求企业提高工资，按照最低工资水平支付（而且企业也有能力支付），则对劳动者、对企业、对宏观经济都是有利的。如果不是这样——最低工资高于生存工资标准，高于市场均衡工资水平，政府的行为就会扰乱劳动力市场机制的发挥，其结果是事与愿违：在较高的最低工资水平下，与原来相比，企业的需求量减少，实际就业的数量减少，失业者增多，只有就业者能够获得较高的最低工资。

但是，在劳动力市场分割的条件下，最低工资标准都在市场应有的均衡水平之下，这时政府的干预就有积极意义。它能够保护工人的基本权益，减轻受剥削程度。

第四节　非充分竞争的劳动力市场：买方垄断与卖方垄断

在劳动力市场是非竞争的情况下，形成的均衡工资和均衡就业量会不同于完全竞争条件下的情况。劳动力市场非充分竞争又分为两种情形：买方垄断与卖方垄断。

一、劳动力市场的买方垄断

买方垄断是指企业是劳动力的唯一买方，在现实经济中这种情况主要表现在分割的劳动力市场或者特殊劳动力市场中，由于市场分割，出现了许多个不同的彼此不联系的劳动力市场。例如，某一边远山区只有一家煤矿企业，而劳动力市场存在着地区分割，劳动力跨地区流动非常困难，当地劳动者只能在此企业就业，这个企业就具有买方垄断的地位。或者对于特殊类型的劳动力，只有一家企业对此劳动力有需求，劳动者也只能到此企业就业，例如护士学校毕业的护士只能到当地唯一一家医院就业。买方垄断的企业对工资有决定权。买方垄断的企业规模一般比较大（经常在产品市场上处于卖方垄断的地位），雇佣的劳动力数量也比较多，由于没有其他企业与它竞争，因而它面对的劳动力供给曲线也就是整个劳动力市场的供给曲线，即劳动力供给曲线是向右上方倾斜的。企业要想多雇佣一单位劳动力，必须提供给劳动者更高的工资。

而在劳动力市场为充分竞争的条件下，企业面对的劳动力供给曲线是一条水平线，每个企业的规模都比较小，在现行的市场工资水平下，企业可以雇佣到所需要的任意数量的劳动者。企业对工资没有决定权，只是被动地按照自己的边际收益产品等于市场工资的原则来决定需要雇佣的劳动力数量。

买方垄断又分为完美歧视的买方垄断者（Perfectly Discriminating Monopsonist）和非歧视的买方垄断者（Nondiscrimination Monopsonist）。对于前者而言，企业可以对不同的劳动者支付不同的工资水平，即开始雇佣时劳动者的工资水平较低，随着劳动力需求的增加和劳动力供给量的不足，企业必须支付较高的工资来吸引新的劳动者，但企业原有劳动者的工资可以不变，仍维持在较低的水平上，即对不同的劳动者存在工资支付的歧视。很容易理解，这时的劳动力供给曲线也就是企业雇佣劳动力的边际成本线。

如图4-6所示，追求利润最大化的企业的雇佣决策要保证雇佣一单位劳动者的边际成本等于边际收益。雇佣劳动者的边际收益曲线用企业的边际收益产品曲线来表示，如果企业在产品市场上是充分竞争的厂商，则边际收益产品又等于边际产品价值。雇佣劳动者的边际成本曲线为劳动力的供给曲线，则边际收益与边际成本相交之点为保证企业利润最大化的均衡雇佣点，这时企业雇佣劳动者的数量为 L^*，均衡工资是 W^*，但这只说明雇佣最后一个劳动者——第 L^* 个劳动者支付 W^* 的工资，对于此前雇佣的劳动者，拿到的工资都低于 W^*。

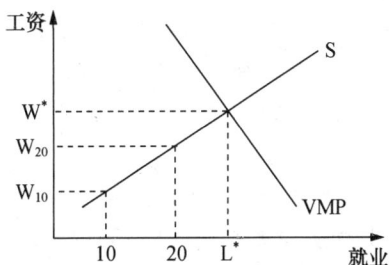

图4-6 完美歧视买方垄断企业的雇佣决策

与完全竞争劳动力市场情况（均衡由劳动力供给曲线和劳动力需求曲线决定）相比，在完美歧视的买方垄断情况下，雇佣劳动力的数量是相同的，但支付的工资不同。在完全竞争劳动力市场上，所有的劳动者都能够获得 W^* 的工资；而在完美歧视的买方垄断情况下，只有最后一个单位劳动者能够获得 W^* 的工资，此前的劳动者工资水平低于 W^*，即按照他们的保留工资进行支付。

对于非歧视的买方垄断者来说，所有劳动者的工资必须相等，无论他们进入企业的时间早晚。因为他们的技能相同，如果工资支付不等，会影响其劳动积极性的发挥。这时企业雇佣劳动者的边际成本就会发生变化，它不再与劳动力供给曲线相等，而是会位于劳动力供给曲线之上。如图4-7所示，企业雇佣劳动者的边际成本曲线为 MC，劳动力供给曲线和雇佣劳动者的边际收益曲线与图 4 - 6 相同，这时，均衡雇佣点是 MC 与 VMP 相交之点。均衡的雇佣数量为 L_m，均衡工资为劳动力供给曲线上对应的工资 W_m（因为是买方垄断），所有的雇佣劳动者都获得这一工资水平。

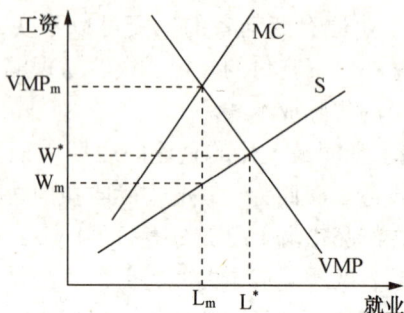

图 4 - 7　非歧视买方垄断厂商的雇佣决策

　　与图 4 - 6 相比，可以看出，非歧视的买方垄断的雇佣数量减少了（因为其雇佣成本增加），支付的工资得到统一，但仍低于完全竞争情况下的均衡工资，低于劳动者的边际收益产品。劳动者仍然受到剥削（新古典意义的剥削[①]），所以工资仍有必要提高。由于存在买方垄断，市场机制不能发挥作用，必须依靠政府的力量来完成，例如实行最低工资标准。

　　在买方垄断的情况下，最低工资的有效实行可以提高工资并增加就业量。如图 4 - 8 所示，如果存在非歧视的买方垄断厂商，在没有政府干预的情况下，企业雇佣的劳动者数量为 L_0，支付的工资为 W_0，低于完全竞争市场条件下的均衡工资水平。现在，政府为了保护劳动者的利益，规定了最低工资标准$\underline{W}$，则企业可以雇佣 L_1 数量的劳动者，因为劳动力供给曲线表明在这一工资水平下的供给数量为 L_1。而企业的边际成本线也相应地发生变化，在达到 L_1 之前，边际成本是固定的，都等于最低工资水平，在 L_1 之后，边际成本会上升，回到原来的边际成本曲线上（要雇佣到更多的劳动力，企业必须提高工资）。所以，边际成本线分为两部分，一部分是水平的，另一部分是上升的。按照边际成本等于边际收益的原则，企业的均衡点会发生变化，均衡的雇佣数量达到 L_1，均衡的工资等于最低工资，这一数量大于没有实行最低工资法时的雇佣数量 L_0。

　　① 在新古典经济学看来，如果工资低于劳动力的边际收益产品，则存在着剥削。工资与劳动力的边际收益产品相等，则不存在剥削。马克思经济学认为，工资是劳动力的价值，而非劳动的价值，只要存在劳动者创造的剩余价值，剥削总是存在的。

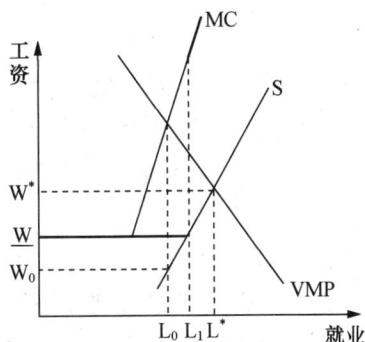

图 4-8　最低工资对非歧视买方垄断厂商雇佣的影响

最低工资法实行之后，既使劳动者增加了工资，又使就业数量得到了增加。之所以会出现这样的结果，是由于买方垄断企业要适应新的经济环境，要实现利润最大化，就需要多雇佣劳动者，这是它的唯一选择。企业雇佣 L_1 数量的劳动力比雇佣 L_0 数量的劳动力能获得更高的利润。至于这时的利润与原来相比是增加还是减少，则取决于边际成本曲线的形状。[①] 减少的利润是企业丧失垄断地位的后果，它只能接受这个事实。或者说，原来多得的利润是本应该支付给劳动者的工资。这也说明了上面的现象：为什么实行最低工资标准后，年轻人的就业数量没有下降。因为许多企业中存在着买方垄断。最好的结果是制定的最低工资标准等于完全竞争下的均衡工资水平，这时的工资和就业量与完全竞争市场环境下的工资与就业量完全一致，即依靠政府的干预消除了劳动力市场上的垄断。

对于完美歧视的买方垄断，工资与就业量的结果会有所不同吗？雇佣的边际成本线同样发生变化，分为两部分，第一部分是水平的最低工资，第二部分是重新回到劳动力供给曲线。均衡点仍为原来的均衡点，雇佣数量不变，变化的只是工资支付。在 L_1 之前，雇佣的劳动者统一得到最低工资，在此之后，雇佣劳动者的工资不断提高，按照劳动力供给曲线进行支付。最好的结果是制定的最低工资标准等于均衡工资水平，这时的工资和就业量与完全竞争市场环境下的工资与就业量完全一致，但是企业的利润会减少，买方垄断的地位完全丧失。企业为了生存，依然按原来数量雇佣劳动者。

---

① 其实，和原来相比没有意义，因为这时的约束条件发生改变（必须要执行最低工资）。

【案例】

最低工资调整

人社部第一季度发布会显示，截至目前，9 个地区已经调整了最低工资标准。其中，上海市最低工资由 1620 元调整到 1820 元，调整后为全国最高。

"最低工资要保障的是低收入人群，保障劳动者及其家庭的基本生活。也就是说，不仅要保障劳动者自己，还要考虑养家糊口。"上海市人力资源和社会保障局综合计划处处长介绍。据此原则，最低工资标准主要围绕生活成本考虑，"如物价，侧重考虑食品类物价。"每年，上海统计局调查总队都会按季度公布居民人均消费支出水平。"这里面主要考虑低收入户的消费支出，这能更多地反映出基本生活所必需的支出数字。"还需参考上海全市职工平均工资水平。2013 年国务院批转的《关于深化收入分配制度改革的若干意见》中提出，到 2015 年，绝大多数地区的最低工资要不低于 2014 年平均工资的 40%。这意味着，平均工资与最低工资之间，将呈现出"水涨船高"状态。要考虑就业状况。按规定程序，上海市最低工资标准的调整由上海市人力资源和社会保障局会同上海市总工会、上海市企业联合会、上海市工商业联合会共同研究提出方案，并在拟订过程中充分听取方方面面的意见。

从客观来看，标准制定部门需要秉承的原则：既关注保护劳动者合法权益，也考虑企业的经营状况和承受能力，力求最低工资标准调整科学、合理。用通俗的话来形容，就是"两头兼顾、求平衡"。制定最低工资标准，是个科学的过程，有客观模型与公式可循。"两种计算方法，比重法和恩格尔系数法。现在一般用比重法，数据获得性较好些，根据上述统计数据测算出参考数据，再经多方讨论审核后最后确定。"

政府也担心最低工资上涨造成企业裁员。但上海有关就业数据显示，这几年来，上海登记失业率稳定在 4.2% 左右，每年新增就业岗位稳定在 60 多万个。"都比较稳定，说明最低工资标准调整得还比较合理，没有对就业产生直接的、比较大的影响。"

关于最低工资还有多少增长空间，"不能说这几年涨得快就一直涨下去。这几年上海虽然最低工资的绝对额最高，但增幅不是最高的。最低工资调整是要综合考虑经济发展、物价水平、企业成本、就业状况等因素的。"至于最低工资会不会加剧上海实体经济的成本压力？"现在的最低工资标准应该是符合上海实际需要的。上海有个产业结构升级、转型发展的问题，沿海地区都遇到这个问题，企业竞争力不能只靠低成本了，要靠技术和管理，靠提高劳动生产率，靠自主知识产权。""沿海地区用工成本适当高点儿是需要的，就是要对人力资本方面多投入一点儿，激发劳动者特别是技术人员的积极性。"

资料来源：葛玲娟：《最低工资不能说这几年涨得快就一直涨》，《人民日报》2014年4月30日。

【案例】

运动员市场上的买方垄断

在职业运动员市场上，许多俱乐部要求运动员必须为其服务若干年，在服务期间不允许转会。长期劳动合约的存在，限制了劳动力流动，对于劳动者来说，相当于面对唯一的劳动力买方，类似于买方垄断。

在买方垄断情况下工资偏低，但是在现实经济中，运动员的收入却很高。其实，相对于他们的边际收益产品（为俱乐部创造的收入）来说，工资仍是偏低的。如果能够转到其他俱乐部，运动员的收入会得到更大的提高，这说明了买方垄断的存在。在这样的长期劳动合约下，如果运动员要转会，必须支付大笔的转会费给当前的雇主，而这笔费用往往是新俱乐部代替其支付的。也就是说，买方垄断的存在并不影响运动员在俱乐部之间合理地流动，一个俱乐部只要发现适合自己俱乐部的优秀运动员，就可以通过支付转会费的方式获得。这与在充分竞争的劳动力市场上，劳动者就职于能够最大化发挥自己才能的企业相比，结果是一样的。

例如，甲俱乐部看中乙俱乐部的一名运动员，认为其若在甲俱乐部效力，边际产品价值至少是每年200万元，而他在乙俱乐部的收入为每年100万元，因而愿意用200万元来引进他。如果运动员可以自由转会，这个运动员就会向乙俱乐部提出转会要求，说有另外一个俱乐部愿意用200万元来吸引他加盟。乙俱乐部会考虑他在本俱乐部的表现，如果认为他确实有至少200万元的贡献，就会将其收入提高到200万元，这样，运动员就不会转到甲俱乐部。如果认为他的贡献不到200万元，就同意运动员转到甲俱乐部去。不管怎样，运动员都在能够创造最大边际收益产品的俱乐部效力。

在运动员没有自由转会权利的情况下，甲俱乐部需要直接与乙俱乐部谈判。向其说明将以200万元引进该运动员，即为该运动员支付每年100万元的收入，另外给乙俱乐部100万元转会费。乙俱乐部这时需要考虑该运动员对本俱乐部的贡献，如果大于200万元，它会拒绝甲俱乐部的要求；如果小于200万元，它会放运动员走，并从中获利100万元。甲俱乐部也从中获利，获得的是200万元和该运动员在甲俱乐部实际贡献之间的差额。不管怎样，运动员都在能够创造最大边际收益产品的俱乐部效力。

自由转会与长期劳动合约对资源配置的效果不产生影响，说明谁拥有产权——决定劳动者从谁那里被雇佣，对劳动者最终的工作地点没有影响，这反映了所谓的科斯定理。言外之意是，只要相关各方可以自由谈判，资源的有效配置就会实现，与最初的资源权属无关。即使存在长期劳动合约，运动员在俱乐部之间的流动仍是频繁的，他们的配置效率能够得到实现。实行自由转会制后，运动员的流动并没有显著提高的事实也证明了这一点。

但是，劳动者的收入却是不同的。如果劳动者有自由转会的权利，则新俱乐部就不需要向原来的雇主支付转会费，劳动者的收入就会得到显著提高。例如，可以自由转会的棒球手比不能自由转会的棒球手收入高50%。①

至于为什么有的企业实行长期劳动合约，它是否与人力资本因素有关？在以后的几章中具体研究。本章介绍长期劳动合约会形成买方垄断，以及它对资源配置和收入分配的影响。

二、劳动力市场的卖方垄断

劳动力市场的卖方垄断是指劳动力供给方是唯一的，它面对许多劳动力需求者。供给方怎样才能够唯一呢？只有将众多劳动力组织起来，形成工会，代表大家的共同利益，工会的行动如同是单个劳动者的行动一样，没有意见分歧，但谈判力量比单个人谈判力量更强大，在与厂商的谈判中才能处于有利的地位。一般认为，劳动力市场的卖方垄断是由工会组织的劳动力供给形成的。

卖方垄断下的劳动力市场均衡又是如何呢？工会也是一个经济人，它要追求自身的效用最大化。这里假设与厂商一样，工会追求的是利润最大化，工会提供劳动力也有成本与收益。提供劳动力的边际成本即是劳动力供给曲线，提供劳动力获得的边际收益可以由劳动力需求曲线推导得出。可以把工会理解为厂商，其产品为劳动力，由产品需求曲线可以得出产品边际收益曲线，因而由劳动力的需求曲线（这里为边际收益产品曲线）可以得出劳动力的边际收益曲线 MR。

如图 4 - 9 所示，追求利润最大化的工会的均衡点为提供劳动力的边际收益与提供劳动力的边际成本相交之点。这时的就业量为 L_m，工资应该为劳动力需求曲线上对应的工资 W_t（因为是卖方垄断）。可以看出，与充分竞争

① Lawrence M. Kahn, "Free Agency, Long - term Contracts, and Compensation in Major League Baseball: Estimates from Panel Data", *Review of Economics and Statistics*, 1993, 75: 157 - 164.

的情况相比，卖方垄断的劳动力市场形成的工资高于充分就业的均衡工资水平 W*，就业量低于充分就业的均衡工资水平 L*。可以说，工会是以牺牲其他劳动者（非工会成员）的就业和工资为代价来改善自身境遇的。

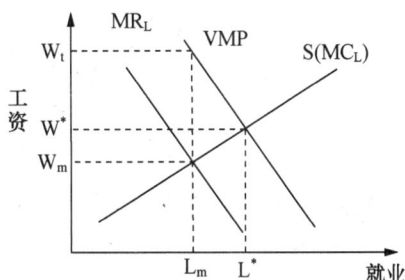

图 4－9 工会垄断下的工资与就业

但是，工会可能有多重目标，不同的工会也有不同的效用函数，不一定都追求利润最大化。例如，工会可能追求就业数量最大化或者会员工资总额最大化。关于工会的行为，在第七章中将具体分析。

三、产品市场的垄断

产品市场的垄断也会对劳动力市场的均衡产生影响。在产品市场上处于卖方垄断的厂商其产品的需求曲线是向下倾斜的，因而对应的边际收益曲线也是向下的。如图 4－10 所示，与完全竞争情况相比，产品市场垄断下企业的产量较小，价格较高。较小的产量会对企业雇佣劳动力的数量产生影响。

在产品市场卖方垄断的情况下，产品的边际收益小于价格，所以边际收益产品曲线位于边际产品价值曲线的下方。因为对劳动力的需求曲线是边际收益产品曲线，与产品市场完全竞争厂商的劳动力需求曲线相比，卖方垄断厂商的边际收益小于价格，因而其劳动需求曲线也相应较低。如果劳动力市场是充分竞争的，劳动力供给曲线为一条水平线，则可以看出，产品市场卖方垄断厂商的均衡点为图 4－11 中的 A 点。它对应的均衡就业量 L_m 小于产品市场充分竞争情况下的就业量 L*。也就是说，产品市场卖方垄断厂商的雇佣量较小。

如果在劳动力市场上处于买方垄断，则劳动力供给曲线向上倾斜。上述产品市场卖方垄断厂商与完全竞争厂商的比较也会有所不同。卖方垄断厂商的均衡工资和就业量都低于充分竞争厂商的均衡工资和就业量，无论是完全歧视的买方垄断还是非完全歧视的买方垄断都是如此。

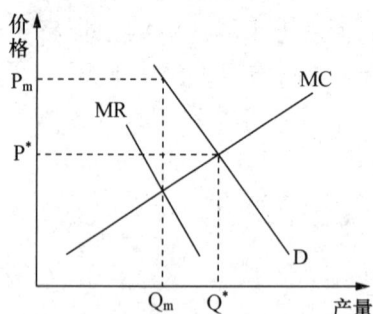

图 4 - 10　产品市场卖方垄断企业的产量决策

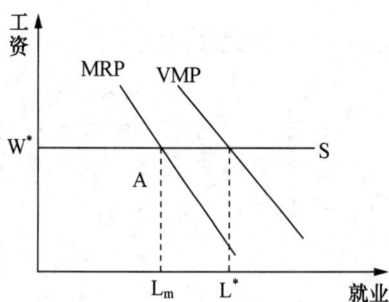

图 4 - 11　产品市场垄断和竞争情况下的劳动力需求

　　以上说明产品市场垄断厂商的劳动力需求量较小，工资较低。产品市场的不充分竞争会对劳动力市场的均衡结果产生影响。更进一步地，产品市场的不充分竞争还会导致劳动力市场上的不充分竞争，从而使得劳动力市场的均衡成为低水平的均衡。例如，产品市场上卖方垄断与要素市场上买方垄断这两种情形之间存在一定的联系。产品市场上垄断势力非常强大的厂商往往在劳动力市场上也具有很强的谈判力，劳动力的供给方处于不利的地位，这样劳动力市场上会形成买方垄断。而另一种情况也可能出现，产品市场上的垄断企业获得了大量的垄断利润，需要与卖方垄断的工会（这一垄断行业的特征使得工会组织率很高）共同分享这一利润，从而同时出现了产品市场的卖方垄断和劳动力市场的卖方垄断。这时劳动力市场上的均衡工资较高，但就业数量较小。

第五节 公共部门的工资与就业

以上分析的是私人部门如何在劳动力市场机制的作用下形成市场的均衡，其中加入了政府干预的力量。但是还有相当多的劳动者就职于公共部门，在公共部门就业的劳动者存在一个怎样的劳动力市场？劳动者的工资是如何决定的？公共部门和私人部门之间存在劳动力的自由流动吗？这些问题是本节分析的重点。

一、公共部门的特征

公共部门（Public Sector）是相对于非公共部门或私营部门（Private Sector）而言的，一般包括政府机关、国有事业单位和研究所以及国有企业（也有的研究将国有企业归入非公共部门，如尹志超、甘犁（2009））。① 公共部门具有不同于私营部门的特殊性，它主要为社会提供公共服务，其产品不面向市场，没有一个市场化的价格，也没有竞争对手。如何衡量公共部门劳动者的生产率成为一个难题。公共部门有自己独特的与政治、垄断相关联的工资和就业决定机制，需要由不同的概念框架和理论模型来解释。

即使在私有制经济国家，公共部门的就业数量规模也较大，据估计，1992年，美国有近1/7的劳动者被政府部门直接雇佣。总劳动力中有约2.3%的劳动者在联邦政府部门就业，有11.1%在州和地方政府工作。1997年，瑞典公共部门就业者占全部就业者的比重为30.7%，法国为25.1%，加拿大为18.9%，意大利为15.8%，德国为15.3%，澳大利亚为14.8%，英国为14.4%，美国为13.2%，日本为5.9%。② 作为劳动力需求者的公共部门，由于不是企业，其目标函数和行为也不同于企业的目标函数和行为。它追求自身效用的最大化，效用函数中包含很多因素，不仅有经济收入，还有政府的形象、社会的稳定等。而私人部门的企业以利润最大化为追求目标。公共部门又是垄断的部门，劳动力要想进入公共部门存在着一定的限制，例如要通过公务员考试，要对劳动者的资格进行审查。而一旦进入该部门后，就业又会相对稳定，只要没有犯大的错误，一般不会被解雇。即使被解雇，公务员在私人部门中也会很容易找到工作，因为自己的政府部门经历会给私人企业提供很多发展机会。也就是说，私人部门和公共部

---

① 尹志超、甘犁：《公共部门和非公共部门工资差异的实证研究》，《经济研究》2009年第4期，第129~140页。

② *OECD in Figures*, 2000.

门之间的劳动力流动是不通畅的。

公共部门劳动力市场的均衡工资和价格是如何决定的呢？与完全竞争的私人部门劳动力市场的关系如何？一般认为，公共部门的工资水平会高于私人部门的市场工资。在私人部门，一个企业如果工资水平较高，成本压力和市场竞争压力就会促使企业放弃这一行为。而公共部门如果支付了高工资，工资成本可以转嫁到纳税人身上。纳税人不可能对公共部门职员的工资进行有效监督，他们对此方面的信息了解甚少。而政治家也希望用高工资来换取公务员的选票。另外，政府部门特殊的人力资本要求就业者保持就业稳定，否则会给政府部门带来很大的就业转换成本和培训成本，而高工资会起到降低离职率的作用①。此外，还有一种所谓的"高薪养廉"理论，认为给公务员相对较高的工资，可以在一定程度上减少公务员贪污、渎职犯罪的发生。

二、公共部门的工资

如何比较公共部门和非公共部门的工资差异？首先，通过工作、职业分类进行收入比较，即比较相同职业情况下公共部门和私营部门劳动者的收入差距。但这一方法的缺点是，即使对职业经过严格界定，公共部门劳动者的工作性质与私营部门还是存在差异。

其次，控制劳动者的素质差异，包括可观测和不可观测的特征。通过设置公共部门虚拟变量，或者运用处理效应两步法、Heckman 两步法、面板数据固定效应模型、劳动者跨部门流动数据来克服选择偏差，分析进入公共部门的劳动者是否是能力占优的，存在"优秀工人效应"，以更准确地估计公共部门的收入优势。这其中还要考虑公共部门工资和非公共部门工资之间的外溢效应（公共部门的较高工资会导致就业不足，一部分劳动力要流入非公共部门从而会压低非公共部门的工资）、示范效应（公共部门和非公共部门工资相互攀比）、产品市场效应（在局部产品市场上公共部门与非公共部门存在竞争，通过产品收益对工资产生影响）。

最后，通过间接方法。一种方法是估测公共部门的工作是否存在"排队"现象，另一种方法是对每个部门的离职率进行比较。如果公共部门的工作存在"排队"，或者公共部门的离职率比非公共部门低，则可以将其看作证明公共部门劳动者比同样岗位的非公共部门劳动者获得更高收入的证据。

此外，还可以运用倾向性得分法进行匹配（Propensity Score Matching），构造其反事实收入，即公共部门的劳动者如果去非公共部门就业可能获得的收

---

① 类似于效率工资，关于效率工资参见本书第六章。

人，或者反之，非公共部门的劳动者如果去公共部门就业可能获得的收入，以考察比较优势问题——适合去公共部门工作的劳动者真的去了吗？

在美国，研究表明，20 世纪 70 年代在联邦政府工作的劳动者比相同技能的私人部门劳动者的工资水平高 10% ~ 15%。这一差距在 20 世纪 80 年代已经缩小为 5% 左右。而就业于州和地方政府的劳动者工资比私人部门只高 5% 和不足 2%。这主要是因为纳税人对州和地方政府的财政情况有更清楚的了解和更好的监督。

从对中国公共部门的研究来看，邢春冰（2007）使用 1989 ~ 2000 年的 CHNS 数据考察了我国不同所有制部门工资分布演变，发现 1997 年民营部门的教育回报率高于公共部门，到了 2000 年，国有部门的教育回报率开始高于民营部门。[①] 尹志超、甘犁（2009）使用 1989 ~ 2006 年的 CHNS 面板数据，对我国公共部门和非公共部门的工资差异进行了研究，得出在 1989 ~ 1997 年样本中，公共部门的工资比非公共部门低 2.9%，但在 2000 ~ 2006 年的样本中，公共部门的工资比非公共部门高 13.48%，且差距呈扩大趋势。张义博（2012）构建了具有阶段性特征的社会阶层动态演化理论，进而提出了部门收入差异阶段性假说。他控制了影响部门选择的因素，采用 1989 ~ 2009 年的 CHNS 面板数据，分别使用面板样本选择模型和分位数回归及分解方法，得到相似的结论。[②]

因为有工资差距，所以很多人希望进入到公共部门就业，因而形成了排队现象。中国近年也出现了"公务员热"现象，一个职位有上百人去应聘。[③] 公共部门的总就业规模是一定的，劳动力供给增加后，不能依靠降低工资来把所有的劳动供给方都雇佣，并进一步使得劳动供给不再增加（因为政府为维持自身形象、"高薪养廉"需要一个较高的工资），因而市场机制在这里不能发挥作用。于是一些人会通过走后门的方式进入到公共部门工作，造成"寻租"行为。为避免这一现象发生，政府可以做的是人为提高公务员的素质要求（提高公务员考试难度，增加资历要求），但这些素质却不一定是公务员所必需的。例如，中国近年有些地方人为依靠高学历提拔干部，提拔的有博士学位的干部工作能力并不强，很难胜任自己的职务。所以从根本上说，应将公务员的工资制定得更合理化，让其与业务能力相联系，并通过一定的监督机制，避免公务员队伍盲目扩张现象的发生。

---

① 邢春冰：《经济转型与不同所有制部门的工资决定——从"下海"到"下岗"》，《管理世界》2007 年第 6 期。

② 张义博：《公共部门与非公共部门收入差异的变迁》，《经济研究》2012 年第 4 期，第 77 ~ 88 页。

③ 中国"公务员热"的背后也反映了政府权力过大、政治改革不彻底。

【案例】

理性看待公务员报考热

再过几天，一年一度的公务员考试就要举行了。这段时间，公务员报考热一直是很多人热议的话题。80万人报名，50万人通过资格审查，平均报考比例近50:1，报考比例最高的职位竞争比高达2187:1……有人认为，这些数字说明，公务员招考已经成为当今中国竞争最激烈的考试之一，2005年是公务员招考以来最"热"的一个冬季。

其实，出现上述情况并不难理解。公务员招考是公共部门与社会民众联系紧密的一项工作，信息交流充分，自然受人关注。然而，公务员报考缘何如此之热，以致竞争比例年年攀新高，分析起来还有以下一些重要原因：

公务员职业具有吸引力。公务员直接运用社会公共权力和资源提供社会公共服务，具有较好的职业声望和社会地位，是年轻人实现理想和抱负的有利平台。公务员职业较稳定，职业风险相对较小。公务员的职业发展、工资福利、退休养老等较为完备的保障体系，也是吸引考生踊跃报考的重要原因。实际上，在不少国家，公务员也是人们青睐的热门职业之一，竞争同样非常激烈。

考试的公平性对考生具有吸引力。近年来，公务员招考坚持考录政策、录用计划、资格条件、考试成绩和录用结果"五公开"，使考录成为"在玻璃房子里的竞争"。而且，新近有关部门又逐步放开户籍限制、对高校应届毕业生和社会在职人员同等对待，这些无疑为大批优秀人才报考提供了机遇。

报名人数逐年增长，还与我国就业形势有关。高校扩招后入校的学生，近两年陆续加入就业大军。中央国家机关每年都拿出上万个职位用于招考，这对正在求职的高校毕业生来说，无疑充满了吸引力。一些考生反映，即使不能如愿以偿，也想通过公务员考试为参加其他用人单位的考试积累经验。

报名方式的改革也是一个重要原因。网上报名一改现场报名的烦琐，使报考变得轻松。但这也给报考人数带来了部分"虚涨"，等进入确认程序后，"虚涨"的"水分"都会被挤干。人社部最新的统计表明，2006年，中央、国家机关公务员考试报考人数实为36.5万人，而并非先前通过资格审查的50万人，确认率为73%，相比2005年还下降了7%，职位实际竞争比约为35:1。

参加考试的绝对人数增加了，但公务员招考也并非如有人担忧的那样"热得过头了"，"大学生都去当官了"。其实，公务员报考热并非坏事，不必大惊小怪。它至少说明，公务员这个职业是有吸引力的，公务员招考是公平的，公务员制度建设是富有成效的，为大家所认可。毕竟，制度的公开、公平、公正是众多考生报考的保障，为社会各界英才提供了公平竞争的平台、实现抱负的通道。

公务员报考热也的确应当引起我们的一些思考。这种激烈竞争的背后主要是就业的不易，如果社会上就业门路多，就业质量高，那么公务员考试当不至于竞争如此激烈。这提示我们，对就业者来说，要适当降低就业的期望值；而政府部门则应当大力开拓较高质量的就业门路和就业领域，尤其要注重通过政策导向扶持自谋职业、自主就业和自主创业，降低广大公民的就业难度。

资料来源：盛若蔚：《理性看待公务员报考热》，《人民日报》2005 年 11 月16 日。

【案例】

公务员报考降温？

针对日前出现的地方公务员报考招录"大幅降温说"，在 4 月 25 日举行的人力资源和社会保障部新闻发布会上，人社部新闻发言人李忠表示，综合 2014 年与 2013 年的相关数据，目前地方公务员录用考试报名确认人数比 2013 年减少了36.09 万人，变化不大，总体正常。

据了解，截至目前，全国 21 个省份组织了 2014 年公务员招考，共计划招录10.18 万人，招录数额比 2013 年减少了 1.54 万人，减幅 13.2%；报名确认人数为 256.36 万人，比 2013 年减少了 36.09 万人，减幅 12.3%；报名确认人数减少的比例，同招录计划减少的幅度大致相当。2014 年，报名确认人数与招录计划数之比约为 25.2∶1，与 2013 年的 24.9∶1 相比，变化不大。

对于公务员报考冷热不均的问题，李忠表示，对此应客观、理性看待，可以从两个层面具体分析。从宏观层面来看，公务员招考的冷或者热实际上受多种因素影响，有高校毕业生的就业压力因素，有考录制度公平公正的程度因素，有公务员职业的社会地位、福利待遇、发展前景以及人们对这个职业的预期等因素。从微观层面来看，每一次招考都有一些职位显得过热，有些职位报名人数上千，竞争非常激烈；而有些职位，主要是一些艰苦边远地区基层机关的岗位或是专业较特殊的岗位，报考人数较少，有的岗位甚至出现无人报考的现象。李忠说，招录职位的冷热度，受具体职位的影响较大。

李忠认为，公务员报考的冷热变化，反映了市场规律在人才资源配置中发挥作用，是考生基于个人判断进行职业选择的正常结果。他还说，人社部将进一步完善基层公务员的录用制度，在艰苦边远地区适当降低准入门槛；同时进一步健全考录工作各环节的规章制度，提高考录工作的科学化、规范化水平。

资料来源：大罗：《21 个省份公务员报考人数减少 36 万》，《工人日报》2014 年 4 月 29 日。

与完全竞争的劳动力市场相对，各种形式的垄断的存在使得劳动力市场出现分割，它的极端表现形式就是二元结构劳动力市场。由于行业垄断、地区垄断、政府垄断，形成了不同的分市场。处于头等劳动力市场的劳动者工资较高，失业率低，就业稳定；而处于次等劳动力市场的劳动者工资较低，失业率高，就业不稳定。他们之间的就业差异不能完全用技能差异来解释，劳动力市场之间缺乏流动，次等劳动力市场的劳动者即使提高了技能，也很难被头等劳动力市场雇佣。他们会长期在低工资的部门就业，并陷入"贫困陷阱"。而劳动力市场的买方垄断更加重了其就业的不稳定性。

在中国，也存在着二元结构劳动力市场，城市部门、垄断行业、政府部门形成了所谓的头等劳动力市场，只有少数人凭借关系、"寻租"才能进入。大部分劳动者处于次等劳动力市场中。关于劳动力市场分割问题，第九章结合工资差异还有重点论述。

本章小结

● 在竞争的劳动力市场上，同质的劳动者和企业可以自由地进入、退出市场，从而形成单一的均衡工资。竞争均衡能够实现资源的最优配置。

● 在向劳动力市场均衡调整的过程中会形成所谓的"蛛网模型"。

● 对企业征收的工资税的一部分会转嫁给工人。劳动力供给越缺乏弹性，转嫁的部分就越大。

● 在竞争的劳动力市场上实行最低工资会引起更多的失业，因为劳动力需求减少、劳动力供给增加。

● 非充分竞争的劳动力市场包括买方垄断和卖方垄断，前者又分为完美歧视的买方垄断和非歧视的买方垄断。

● 与竞争的劳动力市场情况相比，非歧视的买方垄断企业雇佣劳动力数量较少，工资较低。

● 在劳动力市场非歧视的买方垄断条件下，实行最低工资既可以提高工资，也能增加就业。

● 在产品市场上处于卖方垄断的企业在竞争的劳动力市场上雇佣的劳动力数量较少。

● 政府部门的雇佣行为具有特殊性，公共部门的劳动者的工资一般高于私人部门同一类型劳动者的工资。

本章主要概念

蛛网模型（Cobweb Model）

理性预期（Rational Expectation）

最低工资（Minimum Wage）

设租（Rent Provision）

买方垄断（Monopsony）

完美歧视的买方垄断（Perfectly Discriminating Monopsonist）

非歧视的买方垄断（Nondiscrimination Monopsonist）

卖方垄断（Monopoly）

科斯定理（Coase Therom）

思考题

1. 假如经济学家的供给曲线为 w = 10 + 5L，其中 w 是工资，L 是经济学家的数量。需求曲线为 w = 50 - 3L，计算均衡的工资和就业数量。假如现在对经济学家的需求增加，新的需求曲线为 w = 70 - 3L，市场的调整符合蛛网模型。计算在工资和就业缓慢调整的过程中，第一轮、第二轮和第三轮的工资和就业量。新的均衡工资和就业量是多少？

2. 假如在一个竞争的行业中劳动力供给曲线为 L_s = 10 + w，劳动力需求曲线为 L_d = 40 - 4w，均衡的工资和就业量为多少？如果现在政府制定了 7 元的最低工资标准，有多少新增的劳动力供给？失业率为多高？

3. 如果政府对一个非歧视买方垄断企业征收工资税，会对均衡工资和就业量产生怎样的影响？如果劳动力市场是充分竞争的，影响会有怎样的不同？

4. 假设一个企业在劳动力市场上是买方垄断的，在产品市场上是卖方垄断的，没有面临工会。用图形说明其劳动力市场均衡，标出所有的相关曲线，说明均衡工资和均衡就业量，并分析其效率损失（如果有）。

5. 评价这一观点："一般而言，与私人部门相比，政府部门职员的工资被过低地支付，因为政府具有劳动力市场买方垄断的地位。"

6. 如果企业雇用失业人员，政府给予一定的补贴，这是否会刺激企业的劳动力需求、增加雇用失业人员？回答这一问题需要考虑哪些因素？

7. 如果州立法规定，牙科医学院毕业生必须通过更加严格的考试，这对牙科医生的劳动力市场会产生怎样的影响？用政府的"设租"理论和图形来解释。

8. 改革开放以来，中国劳动力市场的竞争性提高了吗？从哪些方面可以得到说明和验证？

9. 当前中国各个地区都规定了最低工资标准，这会对劳动力市场产生怎样的影响？政府的干预是必要的吗？说明你的判断依据。

10. 运用本章所学的理论，分析近年来中国东南沿海地区出现的"民工荒"现象。

11. 运用数据分析我国公共部门和非公共部门的工资水平，如何合理判断公共部门是否存在工资溢价，其就业数量是否合适？

课外阅读文献

1. Katz, L. and A. Krueger, "The Effect of the Minimum Wage on the Fast Food Industry", *Industrial and Labor Relations Review*, 1992, October, 6 – 21.

2. Boal, W. and M. Ransom, "Monopsony in the Labor Market". *Journal of Economic Literature*, 1997, 35: 86 – 112.

3. 蔡昉、都阳、王美艳：《中国劳动力市场转型与发育》，商务印书馆 2005 年版。

4. 宁光杰："劳动力市场买方垄断与最低工资的意义"，载逄锦聚：《科学发展观与社会主义和谐社会构建》，经济科学出版社 2007 年版，第 175~191 页。

5. 宁光杰：《中国市场化进程中的工资形成机制——来自各省面板数据的证据》，《财经研究》2007 年第 2 期。

第五章　人力资本投资

人力资本是具有高素质和高技能的劳动者的通称，研究劳动力市场的供求及市场均衡，必须对人力资本问题做专门研究。本章假设劳动者是异质的，不同劳动者的技能不同，而技能在很大程度上是通过后天教育和培训获得的，不同类型的人力资本影响着劳动力市场的结构均衡，影响着微观主体的工资水平高低。从宏观上来看，新经济增长理论认为人力资本是决定经济增长的重要变量。

之所以采用资本这一概念，是因为劳动者身上的技能同其他物质资本一样，是需要生产出来的。① 经过教育和培训，劳动者不再是原生劳动力而是人力资本，是一种包含在人体中的被生产出来的生产手段。人力资本理论是近几十年现代经济学的重要发展之一。它的现代奠基者西奥多·舒尔茨因为在这个领域的工作而获得 1980 年诺贝尔经济学奖。"人力资本"这一词语现在被广泛使用，不仅经济学家经常使用，其他社会学家、政府职员和新闻记者们也经常使用。

但是，这一理论也遭受到一些批评。主要问题是将人类与物质资本等量齐观是否恰当，是否是对人类尊严的冒犯。对此，舒尔茨认为，人力资本方法作为分析方法是有价值的，也不违背人类的价值。他说，"通过向他们自己投资，人们可以扩大他们可能选择的范围。这是自由人得以增进其福利的一种方法。"他的结论是，"我们的经济制度的最显著特征就是人力资本的增长。没有它，那么除了那些获取财产性收入的人就只有艰苦的体力工作和贫困。"

对人力资本的投资方式有多种，最基本的方式是学校教育投资和企业培训投资，此外，家庭教育、医疗保健、就业迁移等都会对人力资本积累产生影响。经济学家往往强调这样几种人力资本投资方式：各级正规教育、在职培训活动、改

---

① 需要注意的是，这里的资本概念不同于马克思经济学中的资本概念，在马克思经济学看来，资本是能够带来剩余价值的价值，它体现着一种生产关系。而人力资本的概念是从劳动者的角度，说明劳动者经过教育或培训后，劳动生产率得到提高，因而未来可以获得较高的工资。教育或培训作为一种投资，使得劳动者的劳动技能得到增强，这种增强的技能就叫人力资本。本质上它仍符合劳动价值论，但仍应注意人力资本的收益是不确定的，在出卖劳动力之前很难预期。

进的健康照顾①、父母用于照看孩子的时间、劳动者寻找工作的活动、劳动者从一个地区向另一个地区迁移以寻找具有更高工资的工作。在本章中，我们着重分析教育投资和企业在职培训投资，分析它们各自的成本与收益，分析影响投资收益率的因素，分析这两种投资对劳动力市场的影响。

从劳动经济学的角度来看，人力资本投资影响劳动参与率、工资和失业率。与低素质劳动者相比，具有较高素质的劳动者其劳动参与率较高（因为进行大量人力资本投资的劳动者需要更积极地参加工作，以获得人力资本投资回报），工资水平较高，失业率较低。

第一节　教育投资的成本与收益分析

大部分人是在学校里接受教育，学校里所学的知识构成人们日后技能的重要组成部分。随着经济的不断发展，人们受教育的时间在不断地延长，具有较高学历劳动者的比重也在不断增加。在美国，1940 年，成年人中有 75.5% 的人取得高中以下学历，只有 4.6% 的劳动者拥有大学毕业文凭；而到了 1992 年，成年人中只有 20.6% 的人没有高中毕业文凭，有 21.4% 的劳动者拥有大学以上的文凭。1998 年，主要发达国家 25 ~ 64 岁的劳动者拥有大学学历的比重：美国为 26.6%，加拿大为 18.6%，日本为 17.7%，英国为 15.4%，德国为 14%，法国为 10.5%，意大利为 8.2%。② 2007 年，主要发达国家 25 ~ 64 岁的劳动者拥有大学学历的比重：美国为 40.3%，加拿大为 48.3%，日本为 41.0%，英国为 31.8%，德国为 24.3%，法国为 26.8%，意大利为 13.6%。③ 在一些发展中国家，随着教育投资的扩大，人们的受教育水平也得到了显著提高。本节主要分析微观主体——劳动者以及家庭对教育进行的投资，分析其成本与收益。对于政府和社会对教育的投资只做简单的介绍。此外，对教育投资与技能培养之间的联系做了分析，探讨教育的功能究竟是培养人才还是发现人才。

教育主要指正规教育，包括小学、中学和大学教育，非正规教育一般包括各种培训。按照教育与职业的联系程度不同又可以分为普通教育和职业教育。虽然教育的目标是多重的，比如提高人的基本素质、学习具体技能、培养高尚的道德情操、加强思想文化的传播，等等。但从宏观上来看，基本的目标是培养适应一

---

① 又被称为健康人力资本。

② *OECD in figures* 2000.

③ *OECD in figures* 2009.

国经济和社会发展所需要的人才；从微观上来看，基本目标是劳动者获得更高的收入，因而其经济目标是很重要的。从教育投资的主体来看，有个人和国家两大类。无论是个人还是国家，虽然并不将经济目标作为教育的唯一目标，但都将教育的经济收益列入首要考虑的对象。

一、教育的成本与收益

劳动经济学主要研究微观主体的劳动行为，因而个人的教育投资是研究重点。分析的基本框架是成本—收益分析。在某一时点，人们选择是否接受某一类型的教育时，要考虑教育的成本和接受教育后产生的未来收益，而未来的收益必须折现成现期收益，只有接受教育的折现现期净收益大于不接受教育的折现现期净收益时，人们才会选择接受这一类型的教育，否则不会接受教育而选择直接就业。

以一个 19 岁的高中毕业生为例，他在选择是否读大学（四年）时，要考虑读大学的成本、大学毕业后未来每年的预期收益以及不读大学直接工作每年的收益情况。一般来说，如果不上大学直接参加工作，会获得与高中学历相应的工资。如果上大学，在以后的四年中就没有工作收入，而且要支付相关的成本。但是大学毕业后，由于其经过人力资本投资后，具有较高的技能，工资一般会高于高中毕业生的工资。这里假设上大学四年每年的成本都是 C，大学毕业后每年的收入都是 W_u，不读大学直接工作每年的收入是 W_h，退休年龄为 60 岁，该青年对未来收益的折现率为 r（如果他是一个具有代表性的微观主体，也可以用市场的利息率来代替，它反映人们对未来和现在的看法）。这样，不读大学而直接工作的一生收益折现 PV_h 为：

$$PV_h = W_h + \frac{W_h}{1+r} + \frac{W_h}{(1+r)^2} + \frac{W_h}{(1+r)^3} + \cdots + \frac{W_h}{(1+r)^{40}}$$

如果上四年大学而后工作，一生收益折现 PV_u 为：

$$PV_u = -C - \frac{C}{1+r} - \frac{C}{(1+r)^2} - \frac{C}{(1+r)^3} + \frac{W_u}{(1+r)^4} + \frac{W_u}{(1+r)^5} + \cdots + \frac{W_u}{(1+r)^{40}}$$

只有在 PV_u 大于 PV_h 时，该青年才会选择读大学，否则会选择高中毕业后直接参加工作。虽然每个人在做决策时对成本和收益的信息并不非常清楚，但考虑的主要影响因素和问题的思路是大致相同的。

下面分析上大学的成本：

首先，上大学要通过大学入学考试，因而有入学成本。在一些国家，大学可以自愿申请，只要个人愿意，就有入学的机会，这样其入学成本就较低。[1] 而在

---

[1] 当然进入名牌大学的成本也较高。

另外一些国家，要想进入大学，必须经过严格的考试选拔（像中国的高考），则一个高中毕业生的入学成本就非常高。

其次，上学期间要缴纳学费、住宿费。不同国家、不同类型学校的学费标准也有很大的差异。一般来说，越是名牌学校，其收费标准越高，因为学费也是与教学质量相联系的。在中国，实行高校收费制后，2000 年的学费标准为每年4000～5000 元[1]，住宿费每年 1000 元左右，学生的生活费依不同地区的物价水平每月在 350～500 元。[2] 大学学制的长短也会影响成本高低，欧洲大陆一些国家的学制较长，意大利的大学平均要上 7.2 年，而英国学制较短，平均仅需 3.4年。在中国，平均学制为 4 年。上学成本不仅要衡量货币上的支出，还要衡量学生付出的劳动——学习时间（包括上课时间和自习时间），如果把学习看作是与工作相类似的活动，因而与闲暇是相对的[3]，学习时间的延长就会给学生带来负效用。一项调查显示，日本大学生的学习时间平均每周为 30.2 小时，欧洲大学生平均每周学习时间为 33.7 小时。而中国大学生的学习时间一般较长，在 40～50 小时。

最后，要想获得大学文凭，成为一个具有较高人力资本的劳动者，则需要通过毕业这一关，包括修完足够的学分、完成论文。这一阶段在教育具有信号功能的条件下尤其重要（参见下面教育的信号功能一部分），因为只有拿到毕业证，才能证明自己的能力，前面所有的人力资本投资才能得到回报。

不同学习阶段成本之间的关系对学生会产生不同的影响。例如，不同国家的教育体制不同，形成了不同阶段成本上的差异。有的国家实行"宽进严出"（即入学容易、成本低，而课程考试和毕业难，上学成本和毕业成本高），有的国家实行"严进宽出"（即入学难、成本高，而上学成本和毕业成本低）。不同的教育体制不仅会让受教育者支付不同的成本，而且会影响其收益的实现，例如在实行"严出"的情况下，前期付出的成本很可能无法得到回报。

而接受不同类型大学教育，付出的成本也会有所不同。从中国目前的情况来看，有普通高校、高等教育自学考试、夜大学、函授大学等几种获得高等文凭的方式，从经验看，其教育成本是依次降低的，这决定了它们的收益也是与成本相对应的，依次降低。事实也基本证明了这一点。

此外，心理成本也是需要考虑的，虽然它不容易衡量。并非所有人都喜欢接受教育，对于厌恶上学的人来说，教育成本不仅包括支付的各种费用，还包括心

---

①　不同专业的学费有差异，此后十多年学费基本没有提高，但最近一些学校提出要提高学费标准。

②　目前已提高到 1000 元左右。

③　当然，不排除有的学生将学习看作一种乐趣。但从学习是为了未来获得更高的收入、是人力资本投资的角度来看，学习给大多数人带来的更多是负效用。

理上承受的各种压力（成本）。当然，能力不同的人的上学成本也不同，对于聪明的学生来说，花很少的时间就能取得优秀的成绩，因而其学习成本较低。

还有一项成本是机会成本，它是指放弃上大学所能得到的最大收益。但是，一个人一旦上了大学，就没有机会观察他如果不上大学的收入状况。一般来说，以不上大学的劳动者所获得的收入作为其机会成本，即假设上大学的人和不上大学的人除了接受教育上的差别，其他条件都是相同的。机会成本对于一个人决定接受教育与否有很大的影响。例如，在教育直接成本并不大，但机会成本很大的情况下，人们会选择不继续接受教育。在一些不发达国家，初级教育的费用很低，家庭一般也能支付得起，但由于小孩不上学去打工可以给家里带来较多的收入，所以儿童的入学率很低。① 因而，在政策上单纯依靠降低学费不能有效地提高入学率。随着年龄的增长，不上学获得的收入会提高，上学的机会成本越来越大。这种现象在发达国家也存在。一般认为，即使在大学学费迅速上升的情况下，上大学的机会成本仍然会超过直接成本。

从收益来看，大学毕业者应该获得更高的收益（体现为高工资、低失业率）来弥补其成本支出。大学毕业生的平均收入会高于高中毕业生的平均收入，研究生的平均收入又会高于大学毕业生。美国1997~1999年，25~64岁全日制劳动者的学历不同，年收入存在较大差异。拥有博士学位可获得89400美元的年收入，拥有硕士学位者的平均收入为62300美元，本科学历为52200美元，专科学历为36800美元，高中毕业者为30400美元，高中毕业以下为23400美元。② 2012年的相应收入：博士学历为96420美元、硕士为63400美元、学士为67140美元、高中为35170美元、高中以下为20110美元。③ 而且学历越高，失业率也会越低。

除了这些货币的收益外，教育的增加往往导致福利收益的增加和工作条件的改善。高学历者更容易成为白领阶层，拥有宽敞舒适的办公环境。此外，教育水平的提高还会对其个人健康、闲暇质量、未来子女的健康和教育发展产生积极的影响。我们也应承认教育的"精神收益"，即为学习而学习的纯粹享受。④

在考察教育的收益时，需要强调并非所有受过较高教育的人都能获得较高的收益，这取决于需求因素和劳动力市场状况。在做投资决策时，人们只能预计未

---

① 例如，20世纪80~90年代，在中国沿海一些经济较发达地区，低学历劳动者的就业机会较多，导致一些学生初中未毕业就过早辍学。此外，因教育资源不足、升高中和大学困难，也使许多学生过早就业。

② U. S. Census Bureau, *Current Population Survey*, March 1998, 1999, 2000.

③ Bureau of Labor Statistics, Dec 19, 2013.

④ 这里只把教育看作是一种投资活动，还有人认为教育不仅是一种投资活动，也是一种消费活动。从教育消费中，可以得到效用的提高。

来的收益，因而有很大的不确定性。此外，收益的期间长短也决定了一生收益的大小，因而越早接受教育，其收益的回收期就越长。这也是大多数人选择在年轻时上大学的原因。

二、教育的收益率

下面分析一下影响教育收益率的因素。首先，教育质量、学习内容会影响收益。以大学为例，不同类型的大学（重点大学、普通大学、公立大学、私立大学）的教育质量不同，学生获得的技能也会有差异，这决定了其未来的收益。一般而言，名牌大学毕业生的平均收入会高于普通大学毕业生的平均收入。而大学教育的重点不同也会使毕业生受益不同。例如，以理论概念学习、上课出勤为重点的教育培养出来的学生适应力不强，而以分析方法的掌握、交际能力、就业体验为重点的教育培养出来的学生在就业市场上就有很强的适应力，也会获得高收益。

学习不同的专业，也会有不同的收益率，但差异不会太大。这里的前提是专业设置是面向市场需求的，而学生又可以自由选择专业，那么，在市场机制的作用下，会自发调整供求达到均衡，使不同专业的收益率接近。

从我国的情况来看，高校扩招后的大学资源短缺影响了教育质量，这也势必会影响到教育投资的收益率。以教师资源来说，大学教师增长的速度远远落后于学生增长的速度。我国高校教师与学生比例1978年为1:4.2，1990年为1:5.2，2002年为1:14.6，2012年进一步降为1:17.52。[1] 另外，学校从事行政管理的职工过多，也占用了有限的教育资源，专任教师占教职工的比例1990年为40%，2002年仍不足50%，之后有所改善，2012年已经提高到64%。[2] 从专业来看，我国高校专业设置与市场需求有一定程度的脱节，致使许多学生不能读理想的专业，这也影响了其教育投资的收益。高等职业技术学院短缺也是一个重要原因，此外，许多学生对职业技术学院抱有成见，宁愿去普通高校学不喜欢的专业。普通高校所学知识应用性差，学生在毕业后很难找到合适的工作，是我国一段时间内面临的突出问题。

收益率也与劳动力市场紧密相关。劳动力市场的制度分割导致人才流动的困难，会阻碍人力资本投资获得较高的收益率，而不同所有制企业、不同的人才政策也会导致具有同一学历的人才获得的回报不同。赖德胜（1998）对劳动力市场与教育收益率的关系做了研究，发现1995年我国教育收益率较高的省份是江苏省（6.31%）和广东省（6.23%），这两个省的特征是劳动力市场化程度较高，

---

[1] 《中国统计年鉴》（2013）。

[2] 根据《中国统计年鉴》（2003）、《中国统计年鉴》（2013）相关数据计算。

人才可以相对自由地流动，而且合同工比重大，国有工业比重较低（言外之意，说明长期以来国有部门对人才重视不够，劳动者很难获得教育投资的高收益）。而教育收益率较低的省份是云南省（5.12%）和山西省（5.38%），这两个省的特征是劳动力市场化程度较低，合同工比重低，国有工业比重较高。①

教育投资是个人理性选择的结果。所以，个人选择的成功与否也决定了教育投资收益率的高低。例如，在西方国家，许多年轻人在入大学之前有工作经验，因而入学时对所选择的教育类型、专业有充分的了解，对未来的收益也有合理的预测。并且在上学期间有就业和实习体验，很多学生边学习边打工，且打工的工作与所学专业有联系，在每年还有专门的实习时间。这些都保证了教育投资的收益率。

如何衡量教育投资的收益率呢？在上面的例子中，上大学的净收益是上大学收入的折现值减去高中毕业收入的折现值，还可以计算出上大学成本的折现值，然后就能够得出上大学的年收益率。

也可以用教育的内在报酬率来计算。教育内在报酬率的折现率，指能够保证教育投资成本等于收益的折现值。如下面的公式所示，它说明人力资本投资的总成本在未来的40年里会给劳动者带来实际收益流。这个内在报酬率 r 越高，教育投资就越有价值。可以把教育的内在报酬率与其他物质资产投资的报酬率或银行利息率做比较，以判断教育投资是否值得。

$$C = \frac{W_u}{(1+r)} + \frac{W_u}{(1+r)^2} + \cdots + \frac{W_u}{(1+r)^{40}}$$

还可以简单地用下面的计量回归方程来衡量：$\log w = as + others$，这里的 $\log w$ 表示工资的对数，s 为受教育的年限，回归系数 a 表示教育的收益率，即增加一年受教育年限的工资增长率。$others$ 代表其他解释变量的影响。这一方法不需要考虑教育的成本，且以调查的大量劳动者的收入与教育情况作为依据，以计量经济学为分析工具，是现在比较流行的测量教育收益率的方法。

从美国的情况来看，一般认为教育的收益率为5%~10%，高于其他资本投资的收益率，因而可以说教育投资是更值得的投资。舒尔茨计算的各级教育平均收益率为17.3%。贝克尔计算的20世纪40~50年代美国的教育收益率表明，大学教育的收益率（12.4%~14.8%）低于中学教育的收益率（16%~28%），这说明教育的收益存在着边际收益递减规律。这一发现也为政府投资提供了理论依据，即政府的教育支出应更多地向中学及以下阶段教育倾斜（因为其收益率更高），对于这些阶段的教育应该实行义务教育，而大学教育要更多地依靠私人投资来完成。

---

① 赖德胜：《教育、劳动力市场与收入分配》，《经济研究》1998年第5期。

从中国的情况来看，长期以来，由于受计划经济下平均分配思想的影响，教育的收益率偏低，但随着改革开放以后劳动力市场机制的健全，收益率有上升的趋势。诸建芳、王伯庆（1995）的计算结果是基础教育收益率为1.8%。[1] 赖德胜（1998）的计算结果是1988~1995年教育收益率由3.8%上升到5.73%。Zhang等（2005）发现，城镇劳动力的教育回报率从1988年的4%上升到2001年的10.2%。[2] 李雪松、赫克曼（2004）的研究表明，2000年中国6个省区城镇青年大学教育的平均回报率为43%（年均近11%）。[3] 但是，中国的中高等教育收益率高于中低等教育收益率，即不存在边际收益递减的规律。这可以从李实1994年的研究结果中得到反映，小学、初中、高中、高等教育的边际收益率分别为2.667%、3.378%、3.852%、4.484%[4]，陈晓宇等（2003）估计，2000年初中、高中、大学专科、大学本科的教育回报率分别为4.86%、6.53%、9.97%、13.1%。[5] 对这一问题的解释是，与西方国家相比，我国的中高等教育还没有普及，存在着很高的入学成本，只有少数优秀者才有机会入高中、入大学，即存在选择偏差（Selection Bias），所以这些优秀者的收益率理应高于中低等受教育者的收益率。但最新研究表明，随着高校扩招，高等教育的年收益率低于高中的教育年收益率（简必希、宁光杰，2013）。[6]

在美国，有大量证据表明，高等教育的收益率在20世纪60年代早期开始下降了。这主要来自理查德·弗里曼的工作。按照他的计算，大学的私人收益率从1969年的11.5%下降到1974年的8.5%。造成这一结果的原因是什么？是否意味着高等教育投资的过度，人们接受了过多的教育呢？造成收益率下降的原因可能来自教学质量的下降，人们对美国高等教育的担忧由来已久，如果教育不能提高人们的技能，那么，其收益就无从谈起。而高等教育的普及使得大学入学率迅速提高，这可以理解为入学学生的平均能力水平下降了。如果是这样，就能够部分说明高等教育收益率下降的事实了。

[1] 诸建芳、王伯庆：《中国人力资本投资的个人收益率研究》，《经济研究》1995年第12期。
[2] Zhang, J., Zhao, Y., Park, A., "Economic Returns to Schooling in Urban China, 1988 to 2001", *Journal of Comparative Economics*, 2005, 33：730-752.
[3] 李雪松、詹姆斯·赫克曼：《选择偏差、比较优势与教育的异质性回报：基于中国微观数据的实证研究》，《经济研究》2004年第4期。
[4] 李实：《中国教育投资的个人收益率估计》，载赵人伟主编《中国居民收入分配研究》，中国社会科学出版社1994年版。
[5] 陈晓宇、陈良焜、夏晨：《20世纪90年代中国城镇教育收益率的变化与启示》，《北京大学教育评论》2003年第4期。
[6] 简必希、宁光杰：《教育异质性回报的对比研究》，《经济研究》2013年第2期。

三、最佳受教育年限

如果说收益存在着边际收益递减规律，成本是否也存在着边际成本递增规律呢？事实上的确如此，随着接受教育程度的提高（博士、硕士与本科相比），学习的成本会增大。不仅表现为入学考试、学习内容、毕业难度加大，而且表现为机会成本加大，此外，随着年龄的增加，心理上承受的压力也会增加。

由此，可以得出最佳的受教育年限，它是边际成本等于边际收益时对应的教育年限。具体可以用图5-1表示。

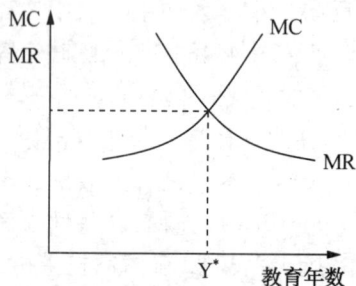

图 5-1　最佳教育年限的选择（边际成本等于边际收益）

或者教育的最佳年限可以这样得到，因为教育的边际收益递减，可以得到教育的边际收益率曲线，其曲线是向下倾斜的。假设利息率是水平不变的，最佳的教育年限是边际收益率曲线与水平的利息率相交之点对应的年限，如图5-2所示。因为利息率相当于折现率，也是其他类型投资能够得到的收益率（教育投资的机会成本）①，当边际收益率高于利息率时，继续增加教育投入是有利的。当边际收益率低于利息率时，教育投资是不可取的，应该减少受教育的年限，直到教育的边际收益率与利息率相等时为止。

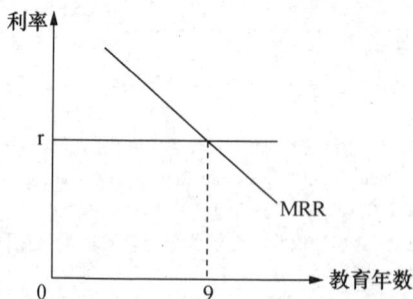

图 5-2　教育投资的最佳年限

---

① 或者假设学生是贷款接受教育，利息率成为其教育投资的成本。

影响收益折现值的重要因素是折现率。不同人的时间偏好不同，因而其折现率也不相同。一个穷人的现期收入较低，非常希望在现期提高收入，折现率会较高，即未来收入折成的现值较小。所以，他在选择教育投资与否时往往会放弃接受教育，直接参加工作。一个富人因为收入较高，现期对收入的渴望不强烈，他更看重未来获得更高的收入，折现率较低，未来相同收入折成的现值较大，从而会选择接受教育投资。这也是低收入阶层受教育水平低的原因，它不仅反映低收入阶层现期无力支付教育成本，而且也反映对未来收入的折现率的不同。

如图 5 - 3 所示，如果甲的折现率高于乙的折现率，两人的教育边际收益曲线相同。按照边际收益率与折现率相等来决定最佳教育年限的原则，甲的受教育年限为 6 年，小于乙的 9 年。反映在工资收入上，乙的工资高于甲的工资，因为增加的教育投资给予其增加的收益。如果甲的折现率高是因为经济困难无力支付学费造成的，政府的干预措施就可以发挥良好的作用。政府可以提供生活救济和教育补贴，资助贫困学生上学，从而适当地改变其折现率。实行义务教育则可以发挥更好的效果，九年制义务教育要求所有的人必须完成初中学业，这样，即使贫困学生折现率高，也不得不接受九年义务教育。结果是与原来相比，接受更多教育后，他们工作的收入得到提高，这对其个人消除贫困和社会人力资本积累都是有益的。但有人会反驳说，由于其折现率较高，接受教育后，他们收入的折现值不一定得到提高。实际情况是，如果法律规定必须实行义务教育，且教育实行免费，贫困学生的折现率也会下调。

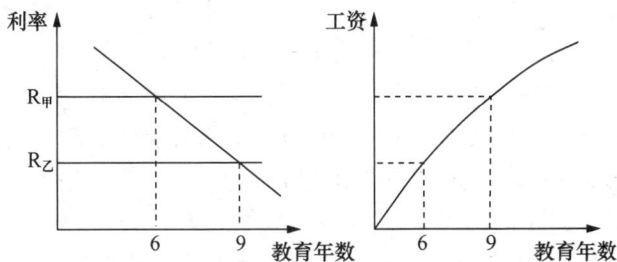

图 5 - 3　有不同折现率的劳动者的教育与收入

【案例】

助学贷款、教育收益与还贷率

近日，记者从贵州省教育厅了解到，截至 2005 年 12 月，贵州省六所普通高校 2001 年贷款的 379 名学生已有 367 名毕业生还清了全部贷款。其中，人数还贷率和贷款还贷率分别为 96.8% 和 97.4%，还贷率位居全国首位。

据贵州省国家助学贷款办公室主任介绍，2001 年，贵州省贷款毕业生共有

379 人，贷款金额本息合计为 990771.98 元。这批学生按照"毕业后四年内还清贷款"的政策规定，已进入最后还款期。截至 2005 年 12 月，已经有 367 名贷款毕业生还清了全部贷款，金额为 965036.73 元。人数违约率和金额违约率仅为 3.17% 和 2.60%，违约率远远低于 15% 的国际平均水平。

贵州是中国西部经济欠发达省份，但 367 名贷款毕业的贫困大学生用自己的实际行动履行了国家助学贷款还款义务，充分证明了贵州省当代大学生是诚实守信的一代，同时也反映了贵州省加强大学生政治思想教育工作已见成效。

2004 年 9 月以来，针对农村贫困面大、贫困家庭学生多的情况，贵州省又启动生源地发放助学贷款的政策，考上大学的贫困家庭子女，可凭入学通知书到家庭所在地的农村信用社办理最高 6000 元的助学贷款。这种"先贷款，后报到"的做法及时解决了困难学生的路费、学费和其他入学费用问题。目前已经有 4000 名贫困学生得到了生源地助学贷款的帮助，有效地解决了家庭经济困难学生的入学问题，生源地助学贷款已经成为贵州省国家助学贷款的重要补充。

贵州省是我国最早实施国家助学贷款的省份之一。启动助学贷款 5 年来，累计贷款 2.75 亿元，目前已有近 9 万名贫困家庭大学生获得助学贷款，占在校生比例的 14.7%。全省没有一位大学生因家庭经济困难而辍学。

资料来源：王贵山、潘晴霞：《2005 年贵州省助学贷款大学生还贷率全国第一》，中国广播网 2005 年 12 月 30 日。

教育可以提高人们的收入，在比较不同劳动者的收入差异时，教育是很重要的解释变量。但是比较应该基于相同能力水平的劳动者，即使两个劳动者都是大学毕业，其能力也存在着差异，而能力的差异会导致收入的差异。如果不将能力因素排除，就会得到教育收益的不恰当估计。如果接受较高教育的劳动者同时又是高能力的劳动者，则不考虑劳动者能力而估计的教育收益率就会偏高。这一现象叫作能力偏向（Ability Bias）。

如图 5-4 中的 a 图所示，甲和乙的折现率相同，但乙的能力强于甲的能力，能力强的人其教育的边际收益曲线也较高，即他增加一年教育的收益大于其放弃的收入。前面分析了能力强的人学习成本低，也有利于其获得高的收益率。所以，乙的边际收益曲线在甲的右方，于是，在边际收益等于折现率的作用下，乙的理想受教育年限高于甲的。在图 5-4 中的 b 图中，显示的是甲、乙各自面对的教育工资曲线，乙的曲线位于甲的上方，说明乙增加一年教育的收益大于甲。从实际情况来看，乙受教育年限为 9 年，甲受教育 6 年，他们的工资分别是 W_1 和 W_2。则工资差距 $W_1 - W_2$ 是由什么因素造成的？如果忽略两人的能力差异，会得到这样的结论：工资差距完全是由受教育年数的差距造成的。其实不然。受教育年数所造成的工资差距仅为 $W_3 - W_2$，W_3 为甲接受九年教育会得到的工资水平。而能力差异带来的工资差距为 $W_1 - W_3$，即使甲、乙都接受九年的教育，乙的工资仍会高于甲的。

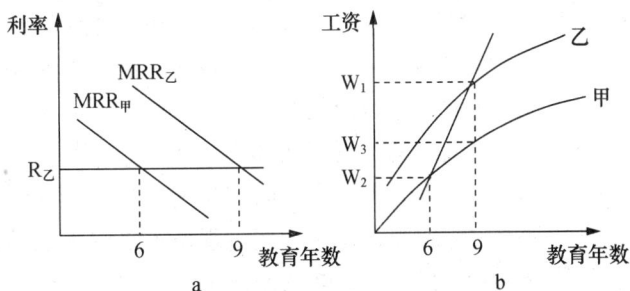

图 5-4 能力水平不同的劳动者的教育与收入

那么，只有选择能力完全相同的人做比较，才能得到真正的教育收益率。怎样做到这一点呢？国外的一个做法是对双胞胎做实验，双胞胎基本上被看作是能力完全相同的人，考察每组双胞胎随教育年数而增加的工资增长比率[1]，将一定数目的双胞胎的教育收益数值加以汇总，就可以估计一个正确的教育收益率，因为这时能力差异的因素已经被控制住了。研究结果表明，教育收益率为3%，低于没有控制能力差异的一般估计值（5%～10%）。这一研究说明能力的差异可以解释我们看到的工资差异的大部分。[2] 而另一项研究得到的结果却有所不同，双胞胎的教育收益率达15%[3]，远高于通常的估计。但是，也有人对此实验提出质疑：双胞胎的能力一定相同吗？如果他们的能力不同（不同的例子经常可以看到），这一研究的结果也是值得怀疑的。其他的解决方法包括工具变量法（即寻找一个变量，它与人们的受教育年限有关，但和个人能力以及收入无关，西方通用的变量是家庭距离学校的远近）和个人能力的代理变量法（如个人的考试成绩、父母的收入）。

在计算教育的收益率时，出现了另外一个与能力相关的问题：一旦劳动者选择了某一教育水平，就无法估计其不接受这一教育可能的收益（机会成本），而只能用其他人的收益来代替。代替的前提是劳动者能力是相同的，前面的分析中

---

① 这里，双胞胎两人接受的教育年限不同。

② Paul Taubman，"Earnings, Education, Genetics, and Environment"，Journal of Human Resources，1976，11：447-461．

③ Ashenfelter Orley C. and Alan B. Krueger，"Estimates of the Economic Return to Schooling from a New Sample of Twins," *American Economic Review*，1994，84：1157-1173．

也是这样假设的，但实际上不同劳动者的能力是不同的。如果是这样的情况，所有的折现计算就有问题，教育的收益率也不准确。

为了更好地说明这一问题，现举例如下：有甲、乙两人，甲擅长做蓝领工作，这一工作需要的教育年数较少；乙擅长做白领工作，这一工作需要的教育年数较长。假设将时间分为两期，如果劳动者不上学，可以在两期内直接参加蓝领工作。如果劳动者选择上学，则在第一期上学，在第二期参加白领工作。两人从事每一种工作的工资分布如下：假设两人的折现率相同，则甲不上学直接参加工作的折现值为 38132 元，而上学的折现值为 36363 元，于是甲会选择不上学。乙不上学直接参加工作的折现值为 28636 元，而上学的折现值为 37273 元，于是乙会选择上学。这里出现了一个问题，乙上学的折现值小于甲不上学的折现值，这也是劳动力市场上可能看到的工资差异现象（不上学的劳动者很可能收入更高）。对于乙来说，是否选择错了？不是的，因为两人都选择了最适合自己的工作，之所以折现值不同，是他们的比较优势不同（他们具有不同的能力，社会上对他们不同的能力给予不同的报酬）。两人都做出了正确的选择。让一个高中生和一个大学生都去做高中生擅长的工作，高中生的劳动生产率肯定更高，收入也更高。如果不考虑他们选择职业或行业的偏差问题，容易错误地比较两个劳动者的收入水平，得出错误的人力资本投资收益率，这一问题被称为异质性和选择偏向（Selection Bias）。但在现实中，我们很难观测到劳动者的反事实收入（Counterfactual Income），即当其做出一种选择（如上大学）后，我们就不清楚他如果不做这种选择的收入状况。随着现在计量技术的发展，人们开始使用匹配的方法来寻找劳动者的反事实收入。

四、家庭对教育投资的作用

由于教育从人的幼年时期就开始，而教育决策在未成年阶段都是由父母做出的，因而家庭对教育投资起到很大的作用。教育不仅仅包括学校教育，还有相当一部分教育是在家庭里完成的。例如，父母的高学历有利于子女的教育投资收益，子女成为高才能人才的可能性提高。而家庭经济状况与父母的时间偏好也决定了子女受教育的多少。家庭经济状况不好时，父母往往无力支付孩子的教育成本，导致孩子过早退学。这时，为贫困学生提供各种助学贷款、帮助他们完成学业就有积极的作用。有了助学贷款后，教育成本相应会提高，因为要增加一笔利息费用。这会影响到贫困学生的教育收益率，影响大小还不得而知。如果教育的收益不确定，就会影响到学生的贷款决策，即使贷款了，也会影响其按期偿还。而短视的父母往往有较高的折现率，他们不愿意为孩子进行教育投资，这也会使孩子接受较少的教育。如前所述，贫困家庭的折现率一般较高。

　　另外，父母尤其是母亲的劳动参与率也会对子女的教育状况产生影响。母亲外出工作后，缺少时间对幼年子女进行照顾和学前教育，这会影响到孩子将来的学习成绩和人力资本投资效果。其影响大小与母亲的教育水平成正向的关系，母亲的教育水平越高，影响程度越大。例如，澳大利亚 2004 年发表的一项研究表明，大学学历的母亲外出工作会对子女的教育产生负面影响，而高中以下学历的母亲外出工作对子女的教育却基本不会产生影响。言外之意是高学历的母亲更适合在家里照顾孩子，因为她们能够进行良好的家庭教育，有利于孩子的人力资本增长。而贫困家庭的母亲（一般学历较低）应该外出工作。[1] 相关的政策含义是政府对贫困家庭的财政补贴应该减少或取消[2]，以鼓励母亲更多地外出工作，而不是在家照顾学龄后的孩子。

　　以上只考虑了教育投资的个人成本与收益问题，这也是劳动经济学主要考察的对象。除了个人投资，国家对教育也付出了成本，国家主要考虑的是教育的社会成本与社会收益问题。[3] 例如，在实行初等、中等义务教育的国家，上小学和中学对于个人来说不需要支付学费，直接成本很低，而成本主要由国家来承担。高等教育需要个人支付学费，国家也为此投入大量的费用。即使在教育市场化程度较高的美国，大学的学费也不到大学费用总支出的一半。教育的社会收益不仅仅是将个人收益的加总，还反映为教育对宏观经济的长期影响、对社会稳定和文明素质提高的作用。教育对宏观经济的作用主要体现在对经济增长的促进作用上，新经济增长理论尤其重视人力资本对经济增长的影响。他们建立的增长模型是 $Y(t)=K(t)^{\alpha}H(t)^{\beta}[A(t)L(t)]^{1-\alpha-\beta}$，其中，$Y$、$K$、$H$、$A$、$L$ 分别表示产出、资本、人力资本、技术和劳动力。人力资本获得有两个主要途径：一是教育投资，二是在职培训。教育的增加还与较低的犯罪率和较低的福利依赖率（例如高学历的劳动者往往不会也不希望依靠政府救济）相联系，这有利于减少潜在的犯罪受害者，有助于减轻纳税人的负担。教育可以提高人们的政治参与热情和民主意识，有利于社会的稳定。这些都是教育的非货币收益，也是政府进行教育投资的主要收益。在上面的例子中，美国高等教育私人收益率的下降并不意味着社会收益率也在下降，如果社会收益率上升，则对高等教育的投资仍需要进一步增加，不存在投资过度的问题。

------

　　① 人们一般认为高学历的妇女劳动参与率会很高，低学历的妇女参与率较低，以前的事实也证明了这一点。但近年确实出现高学历妇女劳动参与率下降的现象，其中的一个原因是她们更适合进行家庭教育。这对家庭和社会的长远利益都是有利的。
　　② 这一政策设置的一个初衷是认为如此做，会有利于贫困孩子的家庭教育和人力资本投资。
　　③ 当然，私人教育投资也会产生社会收益，主要涉及外部性（外部经济）问题。例如，一个受过良好教育的人可能使邻居和社区都从中受益。

第二节 教育的信号功能

对于教育内容与实践的脱离问题，有人认为是正常现象，因为教育的目的只是发现人才，所学的内容并不重要，教育只起到传递信号的功能，说明接受教育的劳动者是高素质的人才。那么，教育的主要功能究竟是什么？是发现人才，还是培养人才呢？

人力资本理论在解释教育和收入之间关系时，认为教育能够提高人的技能，提高其生产率，因而，高学历的人收入也较高。但是，关于教育能够提高人的生产率的直接证据却不充足，于是启发人们给出其他的解释。首先出现的就是所谓的"资格证书论"，它认为，大学学位证书，而非任何实际获得的技能，才是有价值的。收入与获得技能与否没有太大的关系，而只与证书有关。因而，人们是否真正在大学里学到技能就无关紧要了。

假设教育仅仅是资格证书的获得，与技能无关，对于私人来说，投资教育仍是可取的，因为它能够带来高的收入（虽然收入与证书之间的关系并不清楚）。但是，从社会的角度来看，教育的收益率就受到影响。如果教育仅是一种资格证书的获取，它不能提高人们的技能，也就对增加社会产出没有贡献。这种情形下的社会收益率为零。

在这种解释下，企业似乎对劳动者的技能完全缺乏了解，也不能做出有意义的评估。否则，他以有同样生产力但未获得证书的劳动者来代替较昂贵的大学毕业生，就可以降低成本却不减少产出。这种解释不能说明为什么企业对文凭如此偏爱，既然文凭与生产率无关。

对这一解释的进一步发展是由迈克尔·斯宾塞做出的。他提出，教育的价值在于它揭示或指明关于劳动者生产率的信息，尽管它不一定使之提高。受过高等教育的劳动者比未受过高等教育的劳动者更有生产效率，但不是因为他们上了大学。上大学只是将他们的才能和生产率显示出来，容易被别人识别。与"资格证书论"相比，教育有了意义。

为什么教育能够发现人才呢？因为要获得高学历，必须通过入学考试和一系列的课程测试。一个能力低的人要花费很高的成本才能通过考试，因而他在比较上大学和高中毕业直接就业的成本和收益时，会选择放弃上学；对于一个能力高的人来说，通过考试是一件很容易的事情，所以他会选择继续读大学。这样，能够获得高学历的劳动者就获得一个信号，以此来证明自己是高才能的人。在成本收益的比较下，只有高才能的人才会选择读大学，才能获得高学历。而只要具有高才能，在以后的工作中同样可以做得很出色。从这个意义上说，在学校里所学的知识并不重要①，各种考试也只是选拔人才的工具。这就是教育信号功能理论的主要观点。

这一理论的前提是企业对劳动者的技能情况了解甚少，尤其是对于初次进入劳动力市场的毕业生。这样就需要劳动者自己传递信号，而教育获得的文凭就成为一个很好的信号，让企业相信自己是有能力的人，能够在将来的工作中做得出色。如果没有教育的信号功能，企业就不能针对每个人的劳动生产率情况制定相应的工资，因为劳动者的生产率只有本人清楚，属于私人信息，企业无从获得。这时企业只能采取下面的策略：按照劳动者的平均生产率来支付工资。假设在总人口中高生产率的劳动者占 1/4，其相应的工资水平为 3000 元；低生产率的劳动者占 3/4，其相应的工资水平为 1000 元。企业主假设本企业劳动者的生产率水平也服从这样的概率分布，这样可以得出平均生产率的劳动者应获得的工资水平为 $3000 \times 1/4 + 1000 \times 3/4 = 1500$ 元。企业于是对所有的劳动者统一支付 1500 元。因此，高生产率劳动者和低生产率劳动者的收入差异消失，形成了混同均衡（Pooling Equilibrium）。对于高生产率的劳动者来说，其得到的工资低于其边际收益产品；而对于低生产率的劳动者来说，其得到的工资高于其边际收益产品。低生产率劳动者因而喜欢混同均衡，而高生产率劳动者和企业主都不喜欢混同均衡。对于高生产率劳动者来说，其付出的努力没有得到足够的回报。对于企业主来说，由于不能分辨劳动者的能力高低，在岗位的配置上会出现不匹配，可能将低生产率的劳动者安排到高生产率的岗位上去，从而影响企业的整体经济效率。而且高生产率劳动者由于激励不足，会产生消极懈怠问题，也会影响企业的效率。因此，对于高生产率劳动者和企业主来说，都有动力来寻找一种信号，以揭示劳动者的真实生产率信息，文凭就成为这样一种合适的信号。在文凭信号的作用下，没有文凭的低生产率劳动者（获得文凭的成本过高）会很容易被识别，因而只得到较低的工资。而高生产率的劳动者可以凭文凭获得较高的工资，从而形成了分离的信号均衡（Perfectly Separating Signaling Equilibrium）。

下面分析在分离均衡条件下大学教育最佳年限的决定。假设大学教育的最低年限为 y，低生产率劳动者如果受大学教育年数小于 y（没有完成大学学业），可以获得 200000 元的生命周期收入；如果受大学教育年数大于 y（完成大学学业），可以获得 300000 元的生命周期收入（因为受教育年数多的人常被认为是高生产率的人，企业愿意支付高工资）。但每增加一年的教育，低生产率劳动者的

---

① 在大学所学的具体内容无关紧要这一点上，它与上面的"资格证书论"解释观点一致。

成本是 25001 元。因此，如果满足下列条件，低生产率劳动者不会接受 y 年大学教育，即教育的成本大于收益（或净收益小于其机会成本）：200000 > 300000 - (25001 × y)，解得 y > 3.999。也就是说，只有当企业承认受大学教育年数大于 3.999 年的劳动者是高生产率劳动者，并给予其高工资，低生产率劳动者才会选择不进入大学。如果规定的大学教育年限低于 3.999 年，低生产率劳动者会由于教育的成本小于收益而选择进入大学，从而形成混同均衡。

同样，分离均衡也要求高生产率劳动者能够完成 y 年的大学教育，以显示其生产率信息。对于高生产率劳动者来说，其面对的收入分布也是：如果受大学教育年数小于 y，可以获得 200000 元的生命周期收入；如果受大学教育年数大于 y，可以获得 300000 元的收入。但是其教育的成本较低，每增加一年的教育，高生产率劳动者的成本是 20000 元。只要教育的收益大于成本（或净收益大于机会成本），高生产率劳动者就会接受 y 年的教育，即有 200000 < 300000 - (20000 × y)，解得 y < 5。也就是说，只要企业承认的大学教育年数小于 5 年，高生产率劳动者都有动力去接受教育，通过文凭来显示自己的生产率情况。如果企业要求花费时间过长的学历（例如 7 年），高技能劳动者由于教育的收益小于成本而选择不进入大学，从而也形成混同均衡。

综合以上的结果，保证低生产率的劳动者不进入大学，而高生产率的劳动者进入大学，条件是 3.999 < y < 5。例如，有的企业要求 4.0 年，有的企业要求 4.1 年，有的要求 4.2 年。但是竞争的结果会导致形成统一的教育门槛。因为，如果收入相同，劳动者不会选择接受更长的 4.2 年的教育，所以最低年限的教育（4 年）会成为最终的均衡教育年数。

在教育只发挥信号功能的情况下，教育的私人投资是可取的，因为只有获得文凭，才能更容易地被认定为高才能的人，才能获得高收入。另外，虽然教育对提高私人的生产率没有影响，教育仍有社会性的经济价值。不同于单纯的"资格证书论"，这里教育的社会投资收益来自人们和工作的较好配合，即教育能够提供这样的帮助：将不同才能的人配置到不同的岗位上，这有利于社会资源的优化。

很多事实可以支持这一信号功能理论。例如，首先，在大学里所学的知识的确在以后的工作中很少用到。在对日本和欧洲大学毕业生的调查中发现，回答大学所学知识在以后工作中频繁使用的比例很低：日本的男大学毕业生该比例为 7.6%，女大学毕业生该比例为 10.9%；欧洲的男毕业生该比例为 17.6%，女生为 20.5%。[①] 其次，名牌大学的学生即使在大学期间所学课程与普通大学学生一

---

① 日本劳动研究机构（2001）：《日欧的大学与职业——对高等教育与职业的 12 国比较调查结果》。

样，其毕业后的就业前景也好于普通大学毕业生。因为入名牌大学更加困难，因而名牌大学毕业证又成为更高才能的信号。最后，如果教育仅是一个信号，那么有没有更低成本获得该信号的途径呢？有，就是假文凭。在这种情况下，一个高才能者完全可以不上大学，而是低成本地买一个假文凭，他不用担心被人发现[1]，因为他的才能保证他在工作中将做得和大学毕业生一样出色。比假文凭更高明的一种做法是时下在中国"火爆"的研究生班教育，研究生班的学习成本较低（虽然要交费，但可以不脱产工作，且学习、考试相对简单，实际上成本很低），如果能够获得同样的学历，代表自己是高才能的人，那么何不进行研究生班的学习呢？这也是目前一些在职劳动者青睐研究生班的原因。对于他们来说，学习的内容不重要，关键要有一个文凭来证明自己是高才能的人。

当然，也有事实来反驳教育仅仅发挥信号功能。其一是并非所有在学校里学习的知识都对工作没有帮助，有很多知识在以后工作中要经常用到。而且不同学科、不同专业知识的应用价值也不同。[2] 有的职业技术教育，其专业知识几乎完全可以在今后的工作中得到应用。在这种情况下，就不能再说教育是信号功能了。其二是作为用人单位的企业也有甄别人才的机制，不会盲目相信文凭。也就是说，企业要考察劳动者已经具备的知识、能力，尤其对其专业背景、工作经验更加侧重。其三是如果教育仅发挥信号功能，则入学成绩高的学生就是高才能者，他在以后四年的学习中也会获得好成绩。但是事实上，入学成绩与大学四年成绩的相关性不大。入学时成绩差者（低才能者）经过努力学习，毕业成绩也会很好。这也反驳了教育的信号功能理论，说明教育能够提高人们的才能。最后，按照这一信号功能理论，能够轻松获得高成绩的学生是高才能的人，其就业前景也会很好。但事实上，有时成绩好的毕业生工作中不一定能获得高收入。这说明成绩好不一定代表才能高，这也从一个侧面反驳了教育的信号功能。

还有一点，让人们怀疑教育只发挥信号功能。因为如果教育只发挥信号功能，通过大规模的教育投资来实现发现人才的目的，这种机制是否成本过大，应该有低成本的替代方式存在吧？[3] 但是，人们却没有用替代的低成本方式，这说明教育对生产率提高也会有积极影响。教育能够起到信号功能，但信号功能只是其作用的一部分，人们通过教育所学内容更有用。教育不仅能够选拔人才，也能够培养人才。

---

[1] 假设这里不存在对假文凭本身的技术鉴定问题。现实中假文凭失效是由于它不做区分，不管劳动者的能力高低，只要出钱，办假证者就给其办假文凭。

[2] 一般来说，理工科比人文社科的应用性更强。

[3] 假设存在这样的能力认证机构，可以在较短的时间识别高生产率的劳动者，并给其发证书，这样，就不需要经过四年大学教育来获得信号。

认识到这一点是非常重要的，如果教育仅仅起到选拔人才的作用，对于低才能的人来说，接受教育无助于提高他们的技能，在学校里所学的具体知识对将来的工作没有帮助。那么，政府对低收入家庭、低技能劳动者的教育投资就没有意义，甚至可以说是资源浪费。幸运的是，教育不仅仅是发挥信号功能，所以政府的教育投资无论对微观主体还是对宏观经济来说都是有意义的。

【案例】

交锋：读书是否有用？

正方：读书有用	反方：读书无用
应届生47%月薪低于1500元，新"读书无用论"抬头	
声音一：其实，不是1500元月薪高低的问题，而是很多毕业生根本不能就业。应加快用人制度改革，"学而优则"，才不会产生"读书无用论"。 声音二：读书不是无用，关键是用在哪里……学以致用才是关键……可现在的学生？我招过好多人……现在的学生素质实在不能让人满意。	声音一：我们是重庆一个偏远县的教师，工作近十年，而工资才七八百元。当初我们也是读大专出来的，这点工资又怎么解释呢？这难道不是"读书无用论"的真实写照吗？ 声音二：家庭条件允许，就读；勒紧裤腰带供孩子读书，没必要，不如学门技术。
实用主义观点：读书好就业	
声音一：大学生就业困难，但没有大学学历者更困难。这种论调是一种无奈和矛盾心态的体现。其实很多岗位中专学历就足够，但招聘单位也要求大学学历。 声音二：我个人认为，"读书无用"的思想根源有以下几点：一是有的学生是死读书，毕业后不能适应现实的社会，个人的整体素质没有得到提高。二是昂贵的学费让多数人望而却步，学生大学毕业后的收入不是很高，参加工作后还需要父母的资助。而同龄人早就有一份收入，几年下来有了一定经济实力，让在读的学生羡慕。三是许多学校以经济收入为主要的目的，培养出来的大学生素质堪忧。	声音一：认为读书无用论就是心理有问题吗？你不想想一个大学生上大学的费用顶一个农民三年的纯收入！而且年年增加，年年提升！读完大学出来还要接受国家教育部"不要认为大学生就是精英！"的观点。读完昂贵的大学，拿一份一个月只有几百元钱的工作，这样的读书有用吗？ 声音二：现在读大学是无多大用处，浪费了时间和金钱，大学四年花四万元（还未算读高中的费用），其实可以挣四万元，读完了出来一样是去打工，工资也差不多，（工作可能要轻松点），五六万元钱对先富起来的人不算什么，但对大多数农民和普通工人家庭来说是个天文数字，可能一辈子也积攒不下来。知识谁都想要，但现在读大学应该是有钱人家的享受。

续表

正方：读书有用	反方：读书无用
读书成本高	**"砸锅卖铁"受教育？"读书无用论"卷土重来**
声音一：不是读书无用，而是学费太高，农村一年的经济收入都很难供养一个大学生，我们村子几个大学生家庭都很困难，每年开学都要东挪西借。现在大学生找工作又很难，这无形中增加了农民的心理负担。 　　声音二：中国教育收费位居世界前列，高等教育尤其如此，这就让广大学子，尤其农村子弟因为学费高而读不起书，严重阻碍文化和科学水平的提高，从而导致中国的整体实力得不到提高。国家应该实行的是大众教育，而不是精英教育，政府也要大力支持，这不应仅仅停留在口头上，而是应加大教育开支，中国的教育开支远远低于世界平均水平，而这些仅有的教育费用又被一些所谓的一流学校用去一大半，从而导致一些学校因为费用不足而一味向学生收取，这是导致高校收费高的主要原因之一。	声音一：鲍义志认为，高投入、无回报的"高等教育大众化"，出现了大学生"毕业等于失业"的就业形势，"读书无用论"的抬头与此有直接关系。 　　声音二：不是读书无用，而是有很大一部分家庭没钱，供不起自己的孩子上学，就是有一部分家庭的孩子能读下来，毕业以后也很难找到工作，毕业等于失业。基于这种形势，也为了减轻家庭的负担，他们不得不放弃学业，来寻求生活的来源，不是他们不愿读书，而是社会的因素使他们不得不这样做。 　　声音三：说得很实在，现在农村的教育真不知怎么了？学生感受不到读书的乐趣，老师教书是为生活所迫！白白奉献有何意义？教材的落后与过难，上大学对于平民孩子来说是雪上加霜！
"读书无用论"是个伪命题	
声音：工资与学历的高低没有直接关系，你学的知识是你今后发展的潜在的动力，不管起点工资有多少，关键是你有没有发展的潜力。有一种现象大家要明白，如果上大学没有用，那么满大街张贴的贩卖文凭、假证的怎么也屡禁不止呢，是因为它有市场，一些人没有获得真才实学还想得到文凭所能得到的东西，读书怎能没有用呢？	声音：有几个部门在评定职称时不要那些所谓的"文凭"？那些文凭里面有水分的占多少？以后国家应该加大技术人才的培养，不要讲究所谓的什么大学毕业，国家和企业重视能力了，对社会发展才有利。否则，教育越来越会走上畸形发展的道路。

　　资料来源：商亮：《交锋：读书是否有用？》，新华网教育频道 2006 年 6 月 20 日。

第三节　在职培训及费用负担

一、企业的技术选择与培训

　　人力资本投资的另一个重要场所是企业。企业要使劳动者掌握必要的生产技能、适应企业特有的工作环境，必须进行培训。而且这种培训是需要经常进行的，因为伴随着企业的每一次技术更新，员工就要进行一次新的培训。企业技术更新越快，需要进行的培训活动就越频繁。因此，在职培训是与企业的技术选择相联系的。而企业的技术选择又受外在市场竞争压力和技术本身演进的影响。从劳动者个人角度来说，仅有一个正规教育的文凭是不够的，要在实践中不断学习，才能将知识充分地发挥和运用，即所谓的"边干边学"或"在干中学"。而且科学技术的发展、知识更新的加快，也要求人们有终生教育的观念，这样才能更好地适应现代社会的发展。这种终生教育大多不是在正规教育部门进行的，而是一种在职培训。培训的结果是形成了具有较高技能的劳动者，这些劳动者的有更高的劳动生产率，可以为企业创造更多的收益。而他们也要求获得更高的工资，来获得人力资本投资的回报。

如果用两期来表现在职培训的成本与收益。在第一期，企业的劳动成本为 TC_1，劳动者的边际产品价值为 VMP_1。第二期的劳动成本为 TC_2，边际产品价值为 VMP_2，r 为折现率。则利润最大化要求企业达到以下的均衡：

$$TC_1 + \frac{TC_2}{1+r} = VMP_1 + \frac{VMP_2}{1+r}$$

如果企业在第一期进行在职培训，花费的成本为 H，第一期的劳动成本为工资与培训费用之和。第二期没有培训费用，所以劳动成本为工资。于是上式可以改写成：

$$w_1 + H + \frac{w_2}{1+r} = VMP_1 + \frac{VMP_2}{1+r}$$

进一步可以写成：

$$w_1 + H = VMP_1 + \frac{VMP_2 - w_2}{1+r}$$

其中，$\frac{VMP_2 - w_2}{1+r}$ 表示在第二期企业因为有经过培训的劳动者而获得的收益的折现值。

从接受培训的对象和培训的技术种类来看，一般而言，高学历的劳动者获得企业培训的机会多，因为高学历者更容易理解、掌握新技能，培训的成本更低，培训的效果更好一些。这也从另一个角度反映了教育投资和在职培训这两种人力资本投资形式之间的联系。而培训的技术种类有的是单一的，有的是多元化的。后者往往与企业内部劳动者的水平流动有关，例如，日本的许多企业要求劳动者能够在不同的岗位流动，也就要求劳动者具备不同的技能，因而培训的内容是多方面的。[1]

---

① 但是技能差异不大，每一项技能培训花费的时间不长，企业总的培训成本不会因为培训多元技能而有大幅度的增加。

二、一般技能培训、特殊技能培训与培训费用的负担

既然作为人力资本投资，就存在着投资的成本问题。企业培训的成本应该由谁来承担呢？企业还是劳动者？

按照培训技能的适用范围来划分，技能培训有一般技能培训和特殊技能培训两种。一般技能培训（General Skill Training）是指培训的技能不仅适用于本企业，而且在其他企业也可以应用，例如电脑的基本操作即属于一般技能。而特殊技能培训（Specific Skill Training）只是针对本企业的技术状况进行的，因而培训后的劳动者只能在本企业工作。当然，这只是两种极端的技能状态。我们通常看到的技能往往兼有一般技能和特殊技能两种性质，即既可以在本企业使用，也可以在其他企业使用，只是使用范围受限制的程度不同。例如，销售工作通常既包括一般训练，又包括特殊训练。普通销售技术的学习是一般训练，因为它们在任何销售工作中都有价值。然而关于出售产品细节的学习则是特殊训练，因为这只与你所在企业生产的产品有关。在理论上抽象分析两种极端情况得出的基本结论，对于我们研究现实的技能培训问题仍然是有帮助的。

一般技能培训的费用如果由企业来承担，会产生什么结果呢？在培训期，劳动者按照其生产率状况获得工资，企业支付培训成本。在培训期满后，劳动者的劳动生产率提高了，但生产率提高是企业培训的结果，企业要获得人力资本投资的回报，因而劳动者仍按原来的工资水平获得报酬。但是，在培训期满后，劳动者可能发生"道德风险"问题，跳槽到其他企业工作。因为他通过培训提高了技能，而且是一般技能，在其他企业也能够应用，到其他企业工作一般可以获得更高的工资。这样，原来企业的人力资本投资就无法收回。所以，在第二期，劳动者的工资必须等于其边际收益产品，即 $w_2 = VMP_2$，否则就会跳槽。按照上面的公式，当 $w_2 = VMP_2$ 时，只能通过 $w_1 = VMP_1 - H$ 来维持等式的平衡。

$w_1 = VMP_1 - H$，也就意味着一般技能培训不能由企业来承担成本。如果让劳动者来承担成本，结果会怎样？首先，在培训期，劳动者有经济能力支付成本吗？如果劳动者没有能力支付，只能通过另外一种形式——降低工资来进行。即培训费用先由企业垫付，然后从劳动者的工资中扣除。这样，表面上是由企业支付培训费，实际上是由工人支付。在培训期间，工人的工资等于其劳动的边际收益产品减去培训成本。工人自己进行人力资本培训，培训期满后，要求获得投资的回报，因而，其工资要按提高了的劳动生产率来全额支付。这时，工人的工资与其边际收益产品相等，即 $w_2 = VMP_2$。在培训结束后，劳动者也可能跳槽，但对企业来说没有损失，因为企业没有对人力资本投资支付费用。实际上，只要企业能够保证培训期满后为劳动者足额支付工资，和劳动者预期相同，劳动者就

不会跳槽，因为在本企业回收人力资本投资收益和在其他企业回收对他来说没有大的差别。总之，一般技能培训应该由劳动者自己承担培训费用。如图 5-5 所示，培训期为 T，在 T 期之前劳动者获得的工资为 W_1，即劳动的边际产品价值 VMP_1 减去培训成本。在 T 期之后，劳动者的生产率提高到 VMP_2，工资相应提升为 W_2，等于其边际产品价值，从而获得人力资本投资的回报。可见，劳动者支付了一般技能培训的成本，也获得其收益。

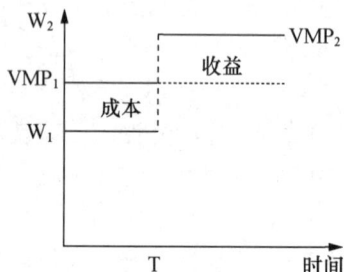

图 5-5　一般技能培训的工资效应

　　如果培训的是特殊技能，又应该如何处理呢？因为培训的技能只能在本企业中使用，似乎理应由企业来承担培训费用。那么，如果由企业完全承担培训费用，结果会怎样？企业在培训期按劳动者的生产率支付工资，独自支付培训成本，即企业对工人支付的工资超过了工人实际对企业的贡献。在培训期满后，虽然劳动者的劳动生产率提高，企业仍支付给劳动者与培训期相同的工资，企业获得人力资本投资的回报。这时，工人的工资低于其边际收益产品。但是，劳动者在培训期间或培训后如果因为非工资的因素跳槽（这种可能总是存在的，跳槽不会对工人有什么坏处），对企业来说就是一个损失——培训的成本无法回收。对于劳动者来说，他跳到其他企业后，虽然在原企业培训的技能无用，仍可以获得与原企业相同的工资，并且可以获得其他方面的收益。因为存在劳动者发生"道德风险"的问题，所以特殊技能培训的成本不能由企业单独承担。

　　如果仍像一般技能培训一样，培训费用由劳动者完全承担，结果会怎样？如果由劳动者完全承担，培训期工人的工资因支付了培训费用而较低，培训结束后，劳动者同样要回收人力资本投资的收益。但决定支付工资的是企业，这时企业可能会出现"道德风险"问题。例如在经营不景气时，企业解雇接受培训的劳动者，则劳动者就会遭受损失，其投资成本不能收回。因为是特殊技能，只能在本企业应用，无法在其他企业回收投资的收益。所以，特殊技能培训也不能完全由劳动者来承担费用。

　　既然如此，就意味着劳动者和企业要共同承担特殊技能培训的成本，相应地，也要共同分享投资的收益。如图 5 - 6 所示，劳动者在培训期获得的工资为 W_1，在培训结束后获得的工资为 W_2。这样一来，企业由于承担了培训成本，需要回收投资的收益，就不会随意地解雇工人。而劳动者由于承担了培训成本，也需要回收投资的收益，而且只能在本企业内回收，就不会随意地辞职。至于双方各自占多大比例，要取决于双方的谈判。一般来说，发生"道德风险"可能性大的一方承担的费用应更高些。承担费用的比例越高，回收收益的比例也就应越大。问题的核心是在培训期和培训后要合理调整工人的工资。

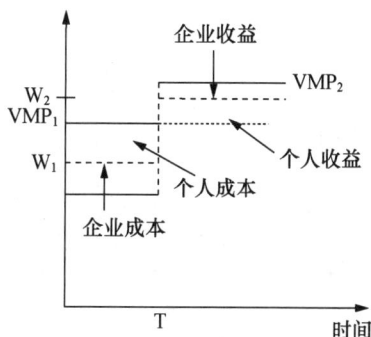

图 5 - 6　特殊技能培训的工资效应

因为人力资本投资涉及投资回报期的问题，投资的时间越早，回报期越长，收益也就越大，当然前提是技能没有过时。所以，企业往往集中对年轻工人的培训。对于老年工人，一方面由于其已经长期接受过培训，另一方面由于他马上面临退休，投资的回收期过短，企业一般不愿意对其进行培训。例如，一项调查表明，在美国，对于使用电脑，不同年龄层劳动者的使用比率不同，老年工人的使用比率低于年轻工人。1997 年 23 ~ 39 岁的劳动者中有 52.6% 的人会使用电脑，而 60 ~ 64 岁的劳动者使用比率为 40.0%[1]，这说明老年工人接受电脑培训的积极性不高，企业也不愿对其培训。但是，一旦老年工人接受了新技能的培训，他就希望能够推迟退休，以获得更长的时间来回收投资收益。这也提出了一个问题，如果中国实行推迟退休年龄的政策（例如从 60 岁推迟到 65 岁），就需要加强老年工人的技能培训，因为劳动者的剩余工作时间延长，不进行技能培训会给企业的生产发展带来不利影响。从老年工人的角度考虑，这时他们也愿意接受培训。

其实，无论对于一般技能培训，还是对于特殊技能培训，要保证劳动者和企

① Leora Friedberg, " The impact of technological change on older workers: evidence from data on computer use", *Industrial & Labor Relations Review*, 2003, 56 (3).

业不发生"道德风险"问题，还有其他的解决方法。例如，用长期劳动合同来限制劳动者跳槽、限制企业的随意解雇行为。如果合同要求劳动者必须在企业中长期就业，企业有义务长期雇佣劳动者，劳动者愿意遵守劳动合同，则由谁来支付培训费用的问题就显得不重要。无论什么类型的技能培训，无论由谁来支付，都会得到投资的回报。而且从根本上说，由于限制了劳动力的外流，一般技能也转变为特殊技能，所有的技能都只能在本企业内应用。但是，长期劳动合同也有其不利的一面，它人为约束了劳动者的自由流动，对劳动力资源的有效配置会产生不利影响。

【案例】

培训后员工缘何爱"跳槽"？

这是在我市一家保险公司发生的尴尬事，该保险公司为提高员工的业务水平，每半年对新来员工进行半个月的集中培训。培训期间工资照发，培训费用由公司承担。但去年接受培训的20名员工只有6人未离开公司，前年接受过培训的员工已全部流失。

据了解，这家企业遇到的尴尬在我市有一定普遍性。特别是一些专业技术强的单位，员工跳槽就像家常便饭一样。市劳动局负责培训工作的部门负责人告诉记者，近两三年来，我市至少有八成以上的企业或多或少都发生过培训后员工"跳槽"现象。能从年初到年底一直待在一个企业的员工平均还不到50%；连续待上2年的员工还不到30%；而能连续待上3年的就更少了。某家电公司业务部主任告诉记者，他从毕业到现在刚好满4年，却先后在6家单位工作过。

培训后的员工屡屡"跳槽"现象，引发了企业对员工培训还是不培训的两难选择。

1. 培训后缘何爱"跳槽"

采访中，开发区一家电子公司的人事部主任告诉记者，经过培训的员工认为自己的技能有了进一步提高，而这种提高并没相应地在待遇上得到体现。当他认为本人在企业的薪酬情况低于同行业、同能力者的平均水平时，就有可能离开。而一些用人单位则认为，单位付费给员工培训，作为员工应该更好地为企业工作才对。

一些经过培训，能力有了明显提高的骨干，希望自己有升迁的机会，如果公司不能满足他们，那么，跳槽也就成了自然而然的事了。

采访中，一位刚"跳槽"的大学生告诉记者，企业与员工都有选择的权利，培训后的职工业务上肯定有提高，这就需要企业增加他们的薪水。如果员工与企业在这个问题上无法达成一致，那么，员工流失风险就会增加。

2. 如何留住培训骨干

　　为避免员工在参加企业培训后跳槽，许多企业想出了许多办法，有的企业要求员工在接受培训前先签订《培训服务协议书》。其内容一般是规定员工接受某类培训后在本公司的最短服务年限，如果未满服务期要求流动，应补偿企业的培训损失；有的企业还将员工年终奖励的一部分划为培训费用，在第二年培训时使用；等等。

　　除了建立相应的管理制度外，市劳动部门有关人士还认为，培训者要在员工的需求和企业的需求之间寻找最佳结合点。同时，要帮助员工规划在企业的发展，让员工感觉到在公司他的前途是看得见、摸得着的，而且企业会实打实地兑现。如果企业能从这几方面统一规划员工的培训与开发体系，那么，公司培训的成本就不会变成"为他人做嫁衣裳"。

　　资料来源：孙向晖：《培训后的员工缘何爱"跳槽"》，《烟台日报》2004 年8 月 23 日。

　　我们在前面分析劳动力市场买方垄断时认为，长期劳动合同相当于劳动力市场的买方垄断。以体育俱乐部为例，长期劳动合同制向自由转会制转变，会提高运动员的收入。这里从技能培训的角度对此问题做进一步的分析，实行长期劳动合同简化了技能培训费用的支付问题，谁支付费用都可以获得收益（一般来说，还是企业支付的情况多），而且所有的技能都成为企业特殊的技能。一旦实行自由转会后，这些特殊技能大多又会变成一般技能，因为不单原来的一般技能可以在其他俱乐部应用，就是特殊技能（本俱乐部特殊的训练方式和队员之间的配合）也能够在其他俱乐部找到用武之地。既然现在实行自由转会，人力资本投资的收益不能确保，俱乐部就不愿进行投资，相应地，运动员就要为培训付出成本，他们在培训期间的工资会减少。而俱乐部对新加入运动员的技能门槛的设定也会提高，因为训练低技能运动员的成本很高，如果完全从他们的工资中扣除训练成本，那么他们的收入所剩不多，这会影响俱乐部的形象。所以训练低技能运动员的工作就转到大学中进行，在那里，运动员至多获得相对很低的运动员奖学金，他们的低收入意味着他们在为自己支付培训费用。

　　但是自由转会制对运动员的收益会产生积极的影响。由于运动员技能中一般技能的成分很大，运动员可以在最能发挥自己能力的俱乐部就业，而工资水平完全与自己的边际收益产品相联系，他们能够获得自己进行人力资本投资的好处。所以与长期劳动合同条件下相比，运动员的收入会得到提高。

第四节　培训对劳动者的影响

一、培训对收入的影响

由于有了企业技能培训，人力资本得到发展，也有了人力资本投资的回报。对于劳动者来说，体现在提高的工资上；对于企业来说，体现在利润的增长上。

一般来说，劳动者工作的时间越长，接受的培训越多，技能越熟练，工资水平也会越高，因而有工龄的收益率，它可以反映企业培训对工资的影响。诸建芳、王伯庆（1995）计算了中国劳动者的工龄收益率，结果是在现有企业工作的工龄收益率为 1.5%，过去企业工龄的收益率为 1.0%。赖德胜 1998 年计算的中国劳动者的工龄收益率为 2.74%。其他研究也基本上在 2% 左右。相比而言，我国企业培训的收益率并不高。

实际上，中国企业长期以来缺乏对员工进行培训，造成近年技术工人短缺，也是导致产品质量低劣的一条重要原因。为什么企业不愿进行人力资本投资呢？主要是培训费用如何分担的问题没有解决。企业完全承担后，担心劳动力流动性太强导致成本无法回收。而劳动者完全承担后，企业又没能有效地提高工资来使劳动者获得投资的回报，劳动者也没有未来工资会得到提高的预期，这越发使劳动者的流动性加强。此外，还有一个认识上的错觉，似乎认为，无论怎样都是企业在支付人力资本投资费用，即使员工在培训期间工资非常低（实际上是员工在支付费用，企业只是培训的组织者而已）。当然，还有其他原因，比如很多企业都不愿自己进行培训，而希望招收其他企业有经验的人才，即存在外部性问题，尤其在劳动力市场逐渐建立、劳动力流动性加强、一般技能的特征日渐普遍的今天。这里不仅有培训费用分担处理不清的问题，更有普遍的"搭便车"心理。但是，试想每个企业都不培训的后果是什么？人力资本的缺乏对整个宏观经济增长会带来非常不利的影响。

从在职培训对生命周期收入状况的影响来考虑。与接受教育一样，接受在职培训越早，投资的回收期越长，投资的收益率也会越高。同样，在职培训也存在边际成本上升的规律。因而最佳的培训数量为边际成本与边际收益相交之点对应的培训量。如图 5-7 所示，MR_{18} 表示劳动者在 18 岁时的单位收益，相应地，MR_{19} 表示在 19 岁时投资的单位收益。由于边际收益递减具有规律，MR_{18} 位于 MR_{19} 之上。而边际成本如图 5-7 中的 MC 所示，则 18 岁时的最佳人力资本投资

量为 Q_{18}，它大于 19 岁时的最佳量 Q_{19}。可以看出，在每一个年龄段都有最适宜的培训量，这一最佳培训量随着年龄的增加而递减。

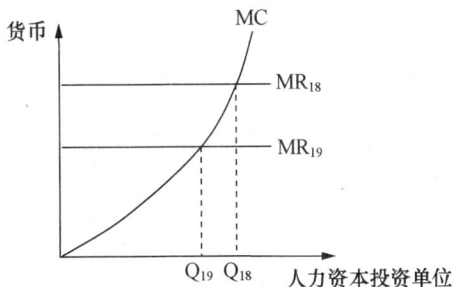

图 5-7　生命周期内的人力资本获取

联系前面分析的教育收益率，可以综合考虑人力资本投资（教育和在职培训）对劳动者收入的影响。借用明瑟（Jacob Mincer）的人力资本收益回归方程：$\log w = as + bt + ct^2 + others$，其中，$w$ 表示工资，s 表示受教育的年数，t 表示在劳动力市场上的工作年数，或者是工龄，Others 为其他影响因素。这里假设工龄越长，接受的在职培训就越多。之所以又引入了工龄的平方作为解释变量，是为了考察工龄和收益之间的非线性关系，也是为了说明年龄—收益曲线的凹性。这样，a 衡量了教育投资的收益率，而工龄和工龄平方前面的系数则说明了在职培训对收益的影响。这个回归方程被证明是有用的，它不仅适用于发达国家，而且适用于发展中国家。但是教育和在职培训也仅能够说明工资差异的 1/3，造成工资差异的其他因素还需要进一步寻找。在本书的第九章，专门对工资差异问题进行专门论述。

为了单独衡量在职培训对收入的影响，假设两个高中毕业生同时参加工作，他们的教育收益应该相同，所以起点工资相同。但是他们对人力资本投资的态度不同，其中甲不进行各种职业培训，而乙则积极参加培训。由于有的培训费用需要自己承担，因而乙在工作的初期实际收入低于甲。但是乙经过人力资本投资后，个人技能得到提高，开始回收人力资本投资的收益，其收入很快得到增长，经过几年后，乙的工资水平开始超过甲，而甲一直得到与起点工资相同的工资水平。这一过程如图 5-8 所示。由于在职培训作用的加入，教育对工资的作用被打乱了，只有甲的工资真实地反映了教育的收益，对于乙来说，只有在收入追赶上甲的那一刻的收入等于教育的收益，在之前和之后的阶段，所得收入都是教育和在职培训综合作用的结果。至于乙的收入何时能够追上甲的收入，取决于在职培训的成本和收益。

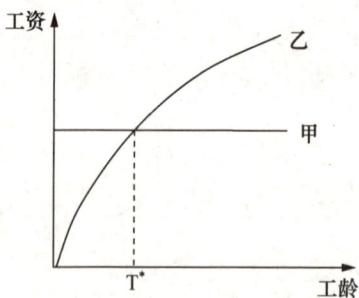

图 5 - 8　在职培训与工资追赶

二、真实培训效果的评估：以政府组织的培训为例

在现实生活中，很多培训是由政府提供的，政府培训作为企业培训的重要补充，在提高劳动者技能方面发挥着重要作用。那么，为什么需要政府提供培训呢？这涉及企业培训的不足。一方面，由于费用承担的问题，企业培训的动力不足。另一方面，有的企业想"搭便车"，回避技能培训。此外，企业愿意进行培训的技能大多是企业特殊技能，对于失业人员来说，要实现再就业，往往需要学习新的技能，包括一般技能。而这时，政府提供的培训就会发挥重要作用。一般来说，政府培训主要面向失业者、家庭经济困难者等弱势群体，这对于降低社会整体失业率和消除贫困都有积极作用。

政府进行人力资本培训也要追求收益，其中社会收益占相当大的比重。所以需要对政府培训的效果进行评价。如何评价呢？人们往往计算劳动者接受政府培训前后的工资差额。[①] 例如，美国的研究结果表明，参加政府培训的劳动者年收入会提高 300 ~ 1500 美元。但是这一计算存在问题，首先，在培训之后，其他影响劳动者收入的因素也会变化，这会混淆培训的真实效果。其次，又是自选择问题，因为只有那些能够从培训中获益和希望提高自身收入的人才会报名参加政府培训。所以，这一分析不是随机抽样，不能说明培训对任何劳动者都会带来这样大的收益。

如何解决这些问题呢？对于第一个问题，可以采取以下方法。从申请者中随机地抽取一定数量的劳动者，让其接受政府培训，这部分劳动者形成一个"试验"群体（Treatment Group）。而对于另一部分申请者，不提供就业培训，这部分劳动者形成"控制"群体（Control Group）。"试验"群体培训前的收入为 y_0，培训后的收入为 y_1；而"控制"群体此前的收入为 x_0，经过与培训期相同的

---

① 其实是一种私人收益。

时间后的收入为 x_1。于是真实的培训收益为 $(y_1 - y_0) - (x_1 - x_0)$，而不是 $(y_1 - y_0)$，因为在培训前后这段时间内，其他影响收入的因素也会变化，因而收入的提高中也有其他因素的作用。只有把这些影响剔除，才能真实反映培训对收入提高的作用。美国的 NSWD（National Supported Work Demonstration）按照这一方法进行的实验表明，培训后收入增加了 1350 美元，投资的收益率为 10%。

但是，这一做法仍没有完全解决自选择问题。因为无论是"试验"群体还是"控制"群体，都是从申请培训者中产生的。而只有那些对培训感兴趣、认为培训会提高收入的人才会去申请参加政府培训。另外，"控制"群体的劳动者因为没有获得政府提供的培训，可能会寻找其他类型的培训，因而，$(x_1 - x_0)$ 中也许已经有其他类型培训的作用。如果是这样，$(y_1 - y_0) - (x_1 - x_0)$ 的值会变小，从而会低估政府培训对提高收入的作用。

第二个问题的解决需要用 treatment 两步法：第一步估计影响劳动者参加培训与否的因素，第二步再估计收入模型，其中的一个解释变量为劳动者是否参加培训的虚拟变量。

三、培训与劳动力流动

经过培训后的人力资本如果在本企业可以获得合理的收益，就会长期就职于该企业，尤其是经过特殊技能培训的劳动者，这样就表现为劳动者的长期雇佣。从国际比较中来看，长期雇佣并不是日本等少数国家特有的现象，而是各国普遍存在的现象。从在同一企业工作的年限来看，日本的男性劳动者为 12.5 年，女性为 7.3 年；德国的男女劳动者分别为 12.1 年、8.0 年；法国的男女劳动者分别为 10.6 年、9.1 年，西班牙为 10.6 年、8.2 年（OECD，1993）。

即使企业发生经营困难，企业也会采取暂时解雇的方法，而在经营好转时再将劳动者召回。例如，在美国至少有 60% 的解雇都会因被原企业重新召回而结束。此外，解雇也有一个原则，即所谓的"后进先出"的原则。在企业发生不景气时，往往会先解雇新职工，对于工作时间较长的老职工会推迟解雇，这也是出于人力资本投资的考虑。因为老职工在企业接受的培训较多，对企业的长期发展作用很大，因而解雇时需要慎重考虑。

长期雇佣对工作激励会产生积极的影响，第六章中还要具体分析。另外，如果在本企业继续工作不能很好地获得回报，就会促使劳动者流动。而一般的人力资本投资理论也将劳动力流动作为一种投资，流动到更有利于发挥自己才能的地方会给劳动者带来收益的增加。

表 5-1 可以说明本章的内容：首先，印证了学历越高、收入越高的人力资

本理论，硕士例外，它甚至比学士学历的收入稍低一些，因为在美国，硕士是一个向博士过渡的特殊学位①，且数量较少。其次，说明工龄越长、经验越丰富的劳动者收入越高。而未来对各种类型人才都有一定的需求，对较高技能（学历和工龄）和较低技能劳动者的需求量相对较大。

表 5-1　美国各类人力资本的就业需求（千人）及收入状况（美元）

	2012 年就业量（千人）	2012 年工资（美元）	2012~2022 年预测就业变化量（千人）	2012~2022 年预测需求岗位量（千人）
博士	4002.4	96420	638.4	1426.8
硕士	2432.2	63400	448.5	950.8
学士	26033.0	67140	3143.6	8618.7
高中	58264.4	35170	4630.8	17667.4
高中以下	38127.6	20110	4158.4	15914.3
5 年以上工龄	4831.9	90760	259.9	1330.9
5 年以下	16167.7	52270	1495.9	4863.4
无工龄	124356.2	32260	13872.2	44363.0

资料来源：Employment Projections 2012-2022，Bureau of Labor Statitistics，Dec 19，2013.

----

　　① 没有能力完成博士学位者被授予硕士学位，因而它不代表这些人的能力普遍高于学士学位获得者，甚至会传递负的信号。

本章小结

● 劳动者选择合适的受教育年限，以使生命周期收入的折现值最大。他们会在教育的边际收益率等于折现率时停止接受教育。

● 如果劳动者只存在折现率的差异，可以通过比较不同劳动者的收入来估计教育的收益率。如果劳动者的个人能力不同，则由工资差距不能很好地估计教育的收益，因为工资还受能力的影响。

● 劳动者总是选择最适合自己的职业。这种自我选择说明我们不能检验这一假说：通过比较不同劳动者的收入，劳动者能够选择最大化生命周期收益折现值的教育水平。

● 教育能够在劳动力市场上发挥信号的功能，向雇主表明有高学历证书的劳动者是高生产率的劳动者。在完美分离的信号均衡中，教育能够把低生产率的工人从高生产率的工人中分离出来。

● 如果教育只发挥信号功能，高学历劳动者能够获得较高的收入不是因为教育提高了劳动生产率，而是因为教育显示了劳动者的能力。

● 一般技能培训在所有的企业都有价值，特殊技能培训只在提供培训的企业内适用。劳动者对一般技能培训投资并获得收益。劳动者和企业分享特殊技能培训的成本和收益。

● 劳动者在年轻时会进行大量的人力资本投资，在年老时投资减少，并获得收益，表现为年龄—收入线是向上倾斜并且是凹性的。

● 企业往往需要长期保有具有企业特殊人力资本的劳动者，他们的辞职率和失业率都较低，就业较稳定。

本章主要概念

人力资本（Human Capital）

教育的私人收益率（Private Rate of Return to Schooling）

选择偏向（Selection Bias）

教育的信号功能（Education's Signal Function）

教育的社会收益（Social Rate of Return to Schooling）

完美分离的信号均衡（Perfectly Separating Signaling Equilibrium）

混同均衡（Pooling Equilibrium）

一般技能培训（General Training）

特殊技能培训（Specific Training）

明瑟收入方程（Mincer Earnings Function）

思考题

1. 琼刚完成高中学业准备继续接受大学教育，她有两个专业理想：会计和钢琴师。假设琼生活在两期，第一期接受教育，第二期在劳动力市场上就业。如果她成为会计，她将花费 $ 15000 的教育成本，在第二期获得收益 $ 472000；如果她成为钢琴师，她第一期的教育成本为 $ 40000，第二期的收益为 $ 500000。①如果琼可以得到 5% 的利率借贷，她会选择何种职业？②如果利率为 15%，她会有不同的选择吗，为什么？

2. 假如小林的工资—教育分布如下：

受教育年限	收入
6	10000
7	12800
8	16000
9	18500
10	20350
11	22000
12	23100
13	23900
14	24000

（1）解出教育的边际收益率。如果折现率为 5%，小林何时中止教育？如果折现率为 10% 呢？

（2）假如政府对劳动收入和利息收入同时征 10% 的税率，这对小林的教育投资会产生怎样的影响？

3. 影响我国教育收益率的因素有哪些？

4. 父母的学历是否会影响到子女的人力资本水平？具体的影响机制是什么？

5. 当前，中国的高等教育的功能是什么？它只发挥着信号功能还是连信号功能都不能很好地发挥作用？从政府、高校、企业的角度应如何解决这些问题？

6. 针对近年中国出现的"考研热"、"考博热"，有人认为中国出现了教育过度，运用本章的原理分析其原因。

7. 比较依据学生能力发放高校奖学金和依据个人需要发放奖学金，对个人教育年限选择和收入分配的不同影响。

8. 为什么人力资本投资的内在收益率会出现递减？

9. 你认为中国目前的教育扩张对收入分配的平等会产生怎样的作用？你的政策建议是什么？

10. 小杨准备进行生命周期的在职培训投资。如果发生下列情况，小杨在每一年龄段的投资会发生怎样的变化？

（1）小杨的折现率提高。

（2）政府制订新的法令，推迟退休年龄到65岁。

（3）技术进步使得在任何年龄进行的在职培训在10年内都无用。

11. 为什么中国的企业不愿提供在职培训，特别是对年轻员工进行的培训？从培训的类型、培训的成本和收益、工作更换等几个方面分析这一问题。你怎么看待许多大学生在校期间参加各种技能和资格考试，例如CPA，这对他们未来的职业生涯有用吗？

12. 运用中国健康和营养调查（CHNS）的多年数据，分析近年我国劳动者的教育收益率和培训收益率，与20世纪90年代相比，发生了怎样的变化？

13. 如何评估政府针对农民工培训项目的效果？需要考虑哪些因素？

14. 参考下面的内容，设计一个针对学生的问卷调查，了解中国高等教育的成本、收益和功能。

（1）性别、年龄、年级、专业。

（2）选择现在所学专业是否是自己的理想选择，与未来的职业设计相联系？若不是，导致不能学理想专业的最大原因是什么？

（3）每周学习时间、其中上课时间。

（4）每月生活费、每年学费、住宿费。

（5）是否打工？每周多长时间？与所学专业是否有关？打工的最大收获是什么？

（6）同龄人中中学毕业参加工作者其平均每月收入。

（7）目前的教学质量和学习资源情况是否让你感觉支付的学费过高、不值得？是否对你自身发展造成很大的不利影响？

（8）大学所学知识和其他体验是否提高了自己的能力？是否相信将来会从中受益？

（9）除了学习大学课程，是否还自费参加各种职业培训、获得各种证书？请列举一二。

（10）若没有大学文凭，你能否证明自己仍是一个有能力的人（与没读大学的人相比）？

（11）毕业后的期望收入为每月多少元？

（12）毕业后是否想继续读硕士？对读硕士的成本、收益如何看待？

课外阅读文献

1. Spence, M., "Job Market Signaling", Quarterly Journal of Economics, 1973, 87 (3): 355 – 374.

2. Lange, F., "The Speed of Employer Learning," Journal of Labor Economics, 2007, 25.

3. Weiss, A., "Human Capital vs. Signalling Explanations of Wages," Journal of Economic Perspectives, 1995, 9: 133 – 154.

4. Riley, J., "Testing the Educational Screening Hypothesis", Journal of Political Economy, 1979, 87: SS. 227—252.

5. Ashenfelter, O. and A., Krueger, "Estimates of the Economic Return to Schooling from a New Sample of Twins," American Economic Review, 1994, 84: 1157 – 1173.

6. Belzil, C. and J., Hansen, "Unobserved Ability and the Return to Schooling", Econometrica, 2002, 70: 575—591.

7. LaLonde, R., "Evaluating the Econometric Evaluations of Training Programs with Experimental Data", American Economic Review, 1986, 76: 604 – 620.

8. Topel, J. Robert and Michael Ward, "Job Mobility and the Careers of Young Men", Quarterly Journal of Economics, 1992, 107: 439 – 479.

9. 李雪松、詹姆斯·赫克曼：《选择偏差、比较优势与教育的异质性回报——基于中国微观数据的实证研究》，《经济研究》2004年第4期。

10. 宁光杰：《发展中国家教育的信号功能及其失灵》，《清华大学教育研究》2006年第5期。

第六章　劳动合约与工作激励

　　劳动力资源的配置不仅在外部劳动力市场上进行，也在企业内部进行。诚然，劳动者是否被雇佣、基本工资的确定都是由劳动力市场上的供求决定的。但劳动者一旦被企业雇佣后，在相当长的一段时间内就必须就业于该企业，就需要接受企业的管理与监督。这时，作为劳动力需求方的企业需要考虑如何充分地利用现有的雇员，为企业创造更多的利润，基本要求是要保证让工资足以达到劳动者的边际收益产品。要避免劳动者流动性过大，需要设计合理的劳动合约。要提高劳动者的生产率，需要各种激励手段。考虑到雇员和雇主都是追求自身利益最大化的，雇员希望在获得既定工资的情况下尽量少工作，而雇主则必须设法让雇员尽最大努力去工作，以使既定的工资成本能够获得最大的收益。劳动合约就是要协调双方的利益关系。所谓激励的问题就是采用某种方式促使某人采取这种行动而不采取另一种行动，或建立某种制度，促使经济主体朝着给定的方向行动。① 劳动合约的制定过程，看似企业处于主导地位，激励措施的采用似乎主要是企业方的行为，实际上是劳资双方谈判的结果。对于不同类型的劳动者，采取的激励措施和工资类型也会不同。在劳动者和企业之间存在着信息不对称的情况下，如何对劳动者进行激励就非常重要。

　　本章主要从企业内部的角度，分析如何优化劳动力资源的配置，包括劳动合约、工资类型、效率工资、职位晋升、对经理人员的激励等问题。企业内部虽然不像外部劳动力市场那样能够充分发挥市场机制，但对劳动力资源的配置也要求讲求效益，因而有人将其称为企业内部劳动力市场，这说明它是对外部劳动力市场的替代或补充。学术界对内部劳动力市场的作用褒贬不一，本章将深入探究不同经济体制下内部劳动力市场的形成原因，以及综合评价在既定经济体制约束下内部劳动力市场对资源配置的绩效。

---

　　① 转引自易宪容：《现代合约经济学导论》，中国社会科学出版社 1997 年版，第 130 页。

第一节　长期劳动合约

不同的劳动合约会给劳动者带来不同的就业稳定性，也会产生不同的工作激励。

劳动合约的长短不同会对劳动者产生不同的影响。一般认为，长期劳动合约有利于就业稳定，使劳动者能够安心工作，有利于培养劳动者与企业之间的感情，让企业需要的人才能够长期为企业工作，有利于企业的发展；短期劳动合约则增加了劳动者就业的风险，造成劳动者的更换率高，企业的人才流失，不能很好地形成劳动者对企业的认同感和归属感。

但是，任何事情都有两面性，长期劳动合约会使劳动者没有被解雇的担忧，没有竞争压力，因而其工作的积极性会弱化。一个极端的形式是中国计划经济体制下的国有企业实行终身雇佣的劳动合约，其结果是劳动者人浮于事，工作效率很低。相反，短期劳动合约却使劳动者有危机感，只有工作业绩好，才可能在劳动合约期满后续签下一期合约，否则就会被解雇。这样做反而激励了员工努力工作。从20世纪90年代以后，中国开始实行固定劳动合同制，这给企业提高劳动生产率提供了法律上的保证。但2013年的《新劳动合同法》规定了无固定期限劳动合同，并对劳务派遣等合同形式的运用做了限制。

【小资料】

无固定期限劳动合同

2013年7月1日正式实施的《新劳动合同法》第十四条规定：

无固定期限劳动合同，是指用人单位与劳动者约定无确定终止时间的劳动合同。

用人单位与劳动者协商一致，可以订立无固定期限劳动合同。有下列情形之一，劳动者提出或者同意续订、订立劳动合同的，除劳动者提出订立固定期限劳动合同外，应当订立无固定期限劳动合同：

（一）劳动者在该用人单位连续工作满十年的；

（二）用人单位初次实行劳动合同制度或者国有企业改制重新订立劳动合同时，劳动者在该用人单位连续工作满十年且距法定退休年龄不足十年的；

（三）连续订立二次固定期限劳动合同，且劳动者没有本法第三十九条和第四十条第一项、第二项规定的情形，续订劳动合同的。

用人单位自用工之日起满一年不与劳动者订立书面劳动合同的，视为用人单位与劳动者已订立无固定期限劳动合同。

劳动合约中规定了劳动者和企业各自的权利和义务，在合约签订之后，如果一方发生违约行为，就会给另一方造成损失。在双方合作关系是短期关系的情况下，这种情况尤其容易发生。例如，企业与劳动者签订的是一年的劳动合同，企业没有按照劳动者的努力程度足额支付工资，人们把经营者的这种行为称为投机主义行为。这时，员工即使去法院控告企业的经营者，但是事后去验证自己的生产率也是非常困难的。一个解决对策是双方签订长期劳动合同。在长期合作的条件下，如果出现企业少付工资的情况，劳动者可以选择在下一年不与企业合作，这对企业的长期经营是不利的。从博弈论的角度来看，如果双方是多次博弈的，则一方违约的可能性会降低。

克莱因（1984）、奥肯（1981）则发展了一个调整成本模型，雇主的寻找成本、甄别费用以及培训成本使得他倾向于与工人订立长期合约，从而支付一个稳定的工资。关于企业劳动合约的另一种理论认为，长期劳动合约存在的原因，不仅是为了回避风险，在信息不对称的情况下，更是作为一种激励机制促使在职工人努力工作，其极端形式是终身雇佣制。企业为了防止劳动者偷懒，和劳动者订立了长期劳动合同，并规定在其年轻时支付低工资，年老时支付高工资。这样，一旦劳动者在前期偷懒并被发现，就会遭到解雇。这对劳动者来说，损失很大，因为前期的工资支付是不足的，低于劳动的边际收益产品，后期高于边际收益产品的高工资因为被解雇得不到支付。因而，这一工资支付方式保证了即使在长期劳动合同的条件下，劳动者也有压力努力工作而不偷懒，以获得未来的高收益。他们也不会主动辞职，因为他们有良好的预期，预期工资会不断上涨，如果辞职就会丧失未来的高收益。

如图 6-1 所示，对劳动者的工资支付并不按照其边际产品价值线来进行，而是在工作的早期（图中的 T^* 点以前）支付较低的工资，在工作的后期支付较高的工资，以防止员工早期的偷懒行为。在达到 N 点时，企业已经对劳动者进行了充分的补偿，再以高工资雇用劳动者就不合算了，所以要强制劳动者退休。实行这样工资激励的企业一般规模较大，破产的可能性较小。否则，如果在劳动者获得充分补偿之前，企业就破产，劳动者就会遭受损失。

在长期合约下，企业的经理也会努力经营企业，防止因过失而遭到解雇。但在临近退休前，却有可能做出损害企业的行为，例如，中国有些国有企业的厂长、经理在临近退休前大量侵吞国有资产，即所谓的"59 岁现象"。对此，要有相应的时际合约来约束，要对经理退休前几年的行为进行重点、有效的监督。

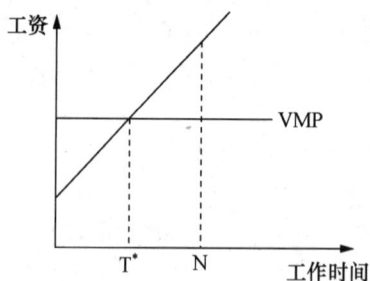

图 6-1　向上倾斜的工资线与劳动激励

第二节　隐含合约

有的劳动合约规定了关于工资、劳动时间、劳动条件等具体内容，这可以称为完备合约。而有的劳动合约则没有非常具体的规定。因为企业未来的经营状况是不可预测的，对劳动者的报酬要随着企业经营好坏来进行调整。这种合约可以称为不完全合约。以企业的经营状况与工资安排为例，如果企业经营好，劳动者可以获得较高的工资，但是如果企业经营不景气，劳动者就只能获得低工资。对于劳动者来说，工资是不稳定的。而劳动者一般是风险厌恶型的，他们希望有稳定的工资。这时，劳动合约的签订就有所不同，下面介绍一种理论——隐含合约（Implicit Contract）理论。

隐含合约是工人与厂商之间达成的关于报酬和工作时间安排的默认协议，以应付未来可能出现的各种不测情况。之所以会产生隐含合约，主要是因为厂商未来的产品价格、需求量存在着不确定性，从而对劳动力的需求也不稳定。有了隐含合约，工人就能得到风险规避，厂商的效用也得到提高。

最早提出隐含合约模型的是 Baily（1974）和 Azariadis（1975）[1]，他们主要关心当需求出现短期波动时，为什么就业水平变动大于工资率变动，也即工资具有一定的黏性。以后的模型试图分析这种合约导致的失业量比工资灵活变动的现货市场（Spot - auction market）的失业量是多还是少。

---

[1]　Bailey, M. N. , "Wages and Employment under Uncertain Demand", *Review of Economic Studies*, 1974, 41（1）: 37 - 50. Azariadis, C. , "Implicit Contracts and Underemployment Equilibria", *Journal of Political Economy*, 1975, 83（4）: 1183 - 1202.

下面从简单的隐含合约模型出发，分析它如何造成工资黏性。它的基本假设：

（1）工人是风险厌恶型，他希望有一个稳定的工资收入，而厂商一般为风险中性型。

（2）厂商处于完全竞争的产品市场。

（3）产出 Q 与劳动投入 h 成比例，$Q = \beta h$。劳动生产率 β 固定不变，h 是唯一投入要素。

（4）工人与厂商获得相同的信息，不存在信息不对称。

（5）工人的效用函数由消费市场化商品（工作）和闲暇组成。

工作时间为 h，闲暇时间 $l = 1 - h$。闲暇时间 l 可全部用于家庭生产，得到的单位效用为 α。工作收入 x 为单位时间工资 w 与劳动时间 h 的乘积，U（c）为工人获得的总效用，$U（c）= U（wh + \alpha l）$。为求得工人的劳动供给数量，关键在于找到 wh 与 αl 的临界值，有可能 $wh = \alpha l$，即用于家庭生产得到的效用与用于工作获得的效用可以相等，也可以不等。达到 $\alpha l = wh$ 这一临界值以后（$\alpha l > wh$），工人可以自愿失业，减少劳动供给。而工人的工资收入又受产品价格制约，$P^* \beta$ 为用产品价格与劳动生产率表示的收入，这时又需要找到 $P^* \beta$ 与 wh 的临界值，即达到 $x = wh = P^* \beta$，为使得家庭生产的效用与工作获得的效用相等，则有 $\alpha l = x = P^* \beta$，当 $l = 1$ 时，$P^* = \dfrac{\alpha}{\beta}$。

当价格超过这一临界值时，家庭生产将全部被工作时间代替，而低于这一点时，时间将完全用于家庭生产，这可以用图 6-2 来表示。产品价格达到最高时会取得最大效用，用 H 点表示，最低点用 J 表示，也就是所说的临界点，他将不参加工作，其概率为 $P^* = \alpha/\beta$，而参加工作的概率为 $1 - P^* = （\beta - \alpha）/\beta$，但他会面临因产品价格变动等因素的影响，收入及效用都是变动不定的。

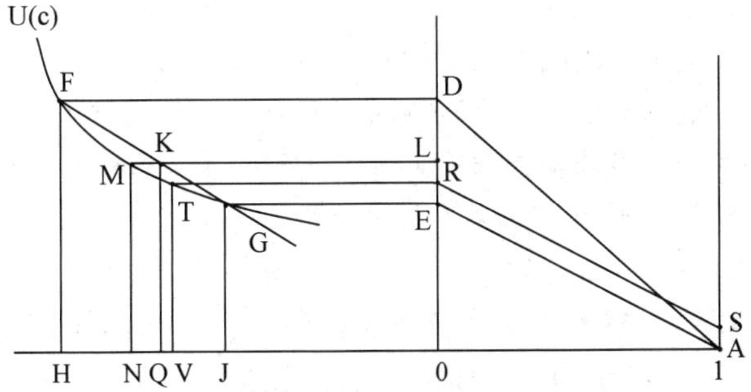

图 6-2　隐含合同图示

厂商和工人如何设计一个更好的合约，来减少就业工人工资的波动呢？厂商面临的生产前景在最好（价格达到最高 P = 1）与最坏（P = P*）之间，假设发生的概率相同，则这两种情况发生，工人所得的效用是任何一个发生的概率与 Q 的乘积。$Q = \dfrac{OH + OJ}{2}$，在 F、G 之间连一条线段，取中点 K，对应的工资为 L。这时工人的效用因效用函数的非线性性由 Q 达到 N，在这种情况下，在 P = 1 时支付工资 D；P = P*，支付工资 E，与始终支付工资 L 对于厂商来说区别不大（因其是风险中性的），但工人却得到保障，无论经济状况好还是坏，其工资收入都稳定在 L。这个合约被称为合约 A。

有没有更好的隐含合约呢？合约 A 虽然比明确合约降低了风险，但仍未充分降低风险。如果 P < P*，工人的效用只能达到 J，低于 P > P* 时的 N。或者说自愿失业后工人的效用水平比工作时下降，这是工人不愿看到的现象。所以另一种形式的隐含合约 B 将保证工人工作与不工作得到的效用始终相同。它包含两部分工资：如果工人全部时间用于工作获得 y_1 收入；如果厂商认为解雇工人更利于生产，厂商支付给工人 y_2 数量的补偿金。在 $y_1 = y_2 + \alpha$ 时，工人将不会介意工作还是失业。

这种最优的合约也可通过图 6 – 2 表现出来，工人若被雇佣，获得工资收入为 R，若被解雇，获得 S 作为补偿。RS 平行于 AE，而工人的效用变为 V，它介于 N 和 J 之间，这说明收入的风险进一步得到回避。

以上是隐含合约对工资黏性的影响。在明确合约的条件下，工人的工资在 E 与 D 之间变动。引进隐含合约 A 后，工资稳定在 L（收入在 E 与 L 之间变动）；引进隐含合约 B 后，无论企业经营环境好坏，工资稳定在 R。这时工人的收入等于 R，无论就业还是被解雇。

隐含合约对失业的影响，主要是通过工资黏性的作用。合约 A 不会使失业的可能性增加，而合约 B 则可能使失业增加，合约明确规定了在企业经营出现困境时，允许企业解雇工人，但要支付一定的补偿，即工人的效用未受到损失。总体来看，工资黏性会使市场机制失灵，导致劳动配额的出现。另外，隐含合约造成企业雇用工人的数量相对稳定，不景气时临时解雇一部分工人，经济好转时再召回，而不从外部劳动力市场增加雇佣工人，这影响了外部失业者的加入，从整个社会来看，是一种外部不经济。但从企业资源配置来看，却是最优的。

综上所述，简单的隐含合约模型虽然可以解释工资黏性，但对失业，尤其是非自愿失业的解释能力并不非常强。但是，如果放松上面的假设（4），即存在着信息不对称：厂商对产品未来的价格与需求比工人了解得更多。这时，厂商为了自身的利益，就会将向工人宣布的产品价格人为地降低，这样他支付给工人的工资在下降的同时，雇佣数量也比实际可能雇佣的少，从而形成非自愿失业，这些失业者的效用要小于在职时的效用。其中的政策含义是，通过企业内部的信息传递，使工人和代表工人的工会更多地了解企业的销售、财务状况，消除不对称信息，这会降低失业水平。

另外，因为产品未来的价格和需求存在着不确定性，才导致隐含合约的产生，但上面假设工人和厂商都知道产品价格的概率分布，实际上，这不是真正意义上的不确定性，而只能算是一种风险。不确定性是当事人不知道概率分布，因有随机变量在干扰。不确定性要求人们形成自己的预期（包括适应性预期和理性预期）来估计某一变量的概率分布，从而为制定隐含合约做准备。而不确定性的存在决定了制定的合约是不完备的，虽然这种合约会降低工人的风险。不完备的合约往往会带来非自愿失业。

隐含合约也能够对劳动者产生激励作用，隐含合约可以形成长期的雇佣关系，因而长期劳动合约的激励作用也适用于隐含合同。

第三节　工资激励：计时工资、计件工资与效率工资

本节主要的研究对象是普通劳动者，对他们进行工资激励，方式包括计时工资、计件工资和效率工资等。

一、工资激励

对劳动者的激励主要体现在工资的物质激励上，工资要与劳动者的生产率紧密联系。企业要对劳动者的生产率进行考察，以作为工资决策的依据。劳动者是风险厌恶型的，工资完全由生产率决定，而影响劳动者生产率的因素很多，并不是完全由劳动者个人能够控制的。劳动者不希望工资随生产率而大幅度波动，所以，在工资设计上就分为两部分，一部分是固定工资，另一部分是随生产率变化而变化的变动工资。用公式表示为：$W[S(e)] = a + bS(e)$，其中，$S(e)$ 为努力程度为 e 时的边际收益产品，a 是固定工资部分，b 表示工资对生产率的反应程度。

企业对劳动者劳动生产率的监督和考察是要花费成本的。从企业的角度来看，它要实现自身的利润最大化，即劳动者一定努力程度下生产的边际收益产品与企业工资成本和监督成本之差最大。对于劳动者来说，他要实现自身的效用最大化，要求获得的工资与支付的努力成本之差的预期效用最大。要实现最大的激励，要求劳动者努力的边际生产率与其边际努力的费用相等。同时，劳动者边际

努力的费用与企业为激发劳动者努力所需要的边际费用相等。

许多外部因素而非个人因素会影响劳动者的生产率，而作为企业的管理者很难做出准确判断，此外，管理者衡量劳动者生产率时也存在一定困难。这样，在委托人（管理者）和代理人（劳动者）之间存在着信息不对称。劳动者的工资会因为管理者信息不足造成的误差而出现波动。假设误差为 ±c，如果劳动者的努力程度为 e，在委托人只获得 e−c 信号的情况下，支付的工资将为 a+b (e−c)，工资支付偏低；在委托人获得 e+c 信号的情况下，支付的工资将为 a+b (e+c)，工资支付偏高。对于风险厌恶的劳动者来说，各以 1/2 的概率支付工资 a+b (e−c)、a+b (e+c) 和固定支付 a+be，他更倾向于后者。而对于风险中性的企业来说，无论是分别以 1/2 的概率支付工资 a+b (e−c)、a+b (e+c)，还是固定支付 a+be，二者之间没有太大差别。因此，支付工资 a+be 对于双方来说，都是有效率的。

固定工资和变动工资这两部分各占多大的比例呢？尤其要考虑 b 取值大小会对员工激励产生的影响。如果提高 b 值，劳动者的努力程度必然会上升 $[e' (b) >0]$，作为企业可以得到因激励增加而带来的利益。但是，如果劳动者对风险厌恶程度越大，则 b 值就越小越好。如果管理者对生产率考察的信息误差 c 越大，则职工的风险负担就会增加得越大，为了减少劳动者的风险负担，则最佳的 b 值就应越小。此外，努力的边际成本递增得越大，则最佳的 b 值就越小。[1]

以上只是分析某一个员工的激励问题，考虑其劳动生产率和工资之间的关系。如果存在若干个员工，他们分别从事相同的工作，则可以比较他们的劳动生产率差异，作为工资制定的依据。在这种情况下，还可以形成劳动者之间的竞争关系，从而使得工资激励得到充分发挥。但是，要避免劳动者之间的合谋行为。

同样，如果一个劳动者有多项工作任务需要完成，但不同工作任务的劳动生产率考察难度不同。有的工作任务生产率比较容易考察，有的工作任务生产率几乎不能考察。这时，企业就要综合权衡，设计合理的工资结构，以实现最优的激励。

如果多个劳动者从事同一项工作，即团队生产，如何考察各自的劳动生产率就成为另一个问题。这时，不仅要依靠企业的监督，而且要依靠劳动者之间的彼此监督，以防止个别劳动者"搭便车"行为的出现。

二、计时工资与计件工资

从工资的计量形式上看，有计时工资和计件工资两种。计时工资是按照劳动

---

① 青木昌彦、奥野正宽：《经济体制的比较制度分析》，中国发展出版社 1999 年版，第 98 页。

者的工作时间来支付报酬，而计件工资是按照劳动者的劳动成果多少来给予报酬。可以理解为，在固定工资之上，有两种考核劳动者生产率的方式，一种从劳动时间方面考察，另一种从劳动成果方面考察。也可以将计时工资完全理解为固定工资，将计件工资完全理解为按生产率支付工资（没有固定工资部分）。这两种不同的工资激励方式产生的原因是什么？其效果又有何差异？

在美国的制造业，不同的行业会选择不同的工资支付方式。例如，90%的化工、钢铁制造业工人，采用的是计时工资，而75%的鞋类、衬衫生产工人，采用的是计件工资。为什么会有这样的区别呢？采用计件工资要求企业能够对劳动者的劳动生产率事后有充分的了解，即能够对其劳动成果低成本地衡量。如果不能保证这样的条件，则采取计时工资是更可行的方法。劳动者生产衬衫和鞋类产品，其劳动成果可以比较容易地量化。相反，化工、钢铁工人的劳动成果就很难量化，也很难衡量劳动者的生产率，而且有时候是多人共同的劳动成果。这时，就不能采用计件工资的形式，而只能考虑运用计时工资。计时工资不考虑劳动者劳动产出的多少，至少在短期内不考虑。在长期中，当企业了解了劳动者的劳动生产率后，会对工资做出调整。此外，采用计件工资的一般为类似服装业的小企业。计件工资的运用随着企业规模和资本密集程度的提高而减少，相反，直接的监督制度则得到更多应用。这是由于企业规模越大，组织结构越复杂，直接的监督就越重要。

另外，选择了计件工资后，企业不需要对劳动者的具体劳动过程进行监督，不需要过多地担心劳动者偷懒，只要对其劳动成果的质量和数量进行检验，就可以决定工资的支付。而在计时工资的情况下，企业必须严格监督劳动者在劳动时间中的劳动，这样其监督成本会较高。监督成本与工资制度的关系如下：对劳动过程监督的困难会导致企业采用计件工资的形式，而计件工资能够很好地执行，需要有较低的事后监督成本，即对劳动者的劳动成果可以很容易地考核。相反，如果对劳动过程监督是可行的，而对劳动成果的考核成本很高，企业会采用计时工资的形式。

计时工资对劳动者的激励体现为在单位工作时间报酬一定的情况下，增加工作时间会获得更高的报酬；计件工资的激励则体现为，增加生产产品会获得更高的报酬。但是，计时工资对不同劳动生产率的员工会形成不同的激励。如图6－3所示，所有的工人面对的是同样的报酬线，如果小时工资的制定依据是平均生产率，对于生产率高的工人来说，获得的计时工资小于其边际收益产品；对于生产率低的工人来说，获得的工资大于其边际收益产品。因而高生产率的工人不会喜欢计时工资，而低生产率的工人会喜欢计时工资。对于高生产率的工人会产生负面的激励，他们会选择降低努力程度，这会对企业的整体效率带来损害。

效用 ↑

计件工资

计时工资

a   b   c   能力

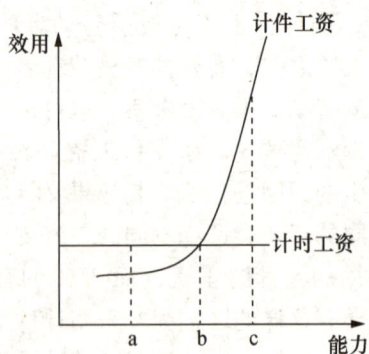

图6-3　在计时工资与计件工资的条件下不同劳动者的效用

　　在计件工资条件下，计件的标准也是以平均生产率为基础，与计时工资条件相比，高生产率的劳动者将获得更高的工资，它完全与自己的生产率挂钩；而低生产率的劳动者将获得更低的工资，因而他们不喜欢实行计件工资。对于中等生产率的劳动者来说，实行计时工资与实行计件工资的区别不大。

　　马克思在《资本论》中也对计时工资和计件工资做了比较，认为两种工资形式没有本质的区别，都反映了资本家对劳动者的剥削关系。从计时工资来看，如果规定的是日工资报酬，企业就会延长日工作时间或提高劳动强度，使得单位小时工资成本降低。如果规定的是小时工资报酬，企业同样可以通过加强劳动强度来提高剥削率。如果只规定小时工资，没有规定工作日长度，企业会任意地加班加点，在加班加点时间内不支付加班费或者只支付很少的加班费。此外，计时工资的标准是什么？企业制定这一标准的依据是什么？是劳动者的平均劳动生产率，还是技能低的劳动者的生产率？如果计时工资的标准较低，劳动者要获得维持生存所必需的工资，就要增加劳动时间，通过加班加点来增加收入。而劳动时间的延长又会使得计时工资进一步降低，因为每个工人的劳动时间延长后，企业的劳动需求量会下降。从而在劳动力供求机制的作用下，劳动力的价格会下降，计时工资也会下降。

　　但计件工资是更有利于剥削的工资形式，这主要体现在以下几个方面：首先，企业总是以较高生产率的劳动者作为计件的标准，这样中等和低等劳动生产率的劳动者获得的收入非常低，往往不能维持生存。为了维持生存，他们不得不增加劳动时间。其次，在计件工资的情况下，可以节约企业的监督成本，甚至可以通过转包的方式让生产在家庭中进行，从而使妇女和儿童也加入了被剥削的队伍。再次，计件工资使企业可以对产品质量百般挑剔，借口产品质量不合格而少付工资。最后，计件工资的实行，发展了工人之间的差别和各自的独立性，突出了工人的个别利益，模糊了共同利益。可以说，计件工资的实行更有利于企业，表面上来看，劳动生产率高的工人也会对计件工资表示欢迎，这样通过工资与成果挂钩，可以让他们实现多劳多得。但如果存在"棘轮效应"（Ratchet Effect）——当企业劳动生产率在计件工资的激励下得到提高、劳动者的收入有所提高时，企业又会制定新的计件工资标准，企业不断提高劳动者生产率的要求（即劳动者生产单位产品的报酬下降），劳动生产率高的工人也不会得到多少利益。那么，劳动者会不会形成合谋呢？劳动者人为降低努力程度，在企业不知情的情况下，使得计件工资标准过于宽松，这样劳动生产率低的工人也能获得稳定的收入，生产率高的工人则获得更高的收入。如果劳动者众多，合谋的成本很大，且工人对工资高低存在着竞争和攀比，存在着个人违约的动机[1]，这种合谋基本上是不可能的。

计件工资的应用对企业来说也存在着一些局限。首先，在要求团队生产的企业，由于个人的劳动贡献很难衡量，计件工资也就无法推行。虽然可以以团队的产出来制定计件工资标准，但团队中无法克服的"搭便车"行为也会使计件工资的推行受阻。其次，计件工资的衡量主要以数量为标准，但还要考虑质量，如果工人对质量不重视，企业的质量检验需要花费大量成本，则实行计件工资是不合适的。最后，计件工资由于和劳动生产率相联系，而劳动者的生产率受各种因素影响会出现波动，所以，计件工资也是不稳定的。对于风险厌恶的劳动者来说，他不希望实行计件工资。

总体来说，计件工资可以对劳动者产生更大的激励作用，这可以从两种制度下工资的比较看出。实证资料表明，在制鞋业中，计件工资工人的小时收入比计时工资工人的小时收入高13％；在生产男装的部门，计件工资工人的收入比计时工资工人高15％；在汽车维修店，计件工资工人的收入比计时工资工人高至少20％。[2] 但这一工资差距不仅是由于激励产生的努力程度提高，也可能来自工人能力的差异（只有能力高的工人才愿意接受计件工资）。

在现实生活中，以劳动者成果来支付工资并不都是以产出数量作为标准，还有的以销售量或销售收入作为衡量标准。例如，企业的推销人员，其工资支付是以销售出去的商品价值量为依据。如果对生产工人也要求以销售量或销售收入，而不是生产数量作为其劳动成果的代表，则生产工人的收入就会有更大的波动。因为能够生产出来的商品不一定都能够销售出去；即使销售出去，其价格的波动也会影响销售收入的波动以及劳动者收入的波动。

---

[1] 会出现"囚徒的困境"，每个人想通过不遵守约定的产量来实现个人利益更大，结果会使得实际生产率提高，计件工资的标准也会上升。

[2] Borjas，George J.，*Labor Economics*，The Mcgraw – Hill Companies，1996，p. 406.

【小资料】

告别计件工资、实行岗次动态管理体系

现在我们应用的企业管理体系是 20 世纪初确立的，其核心内涵和框架结构是以定额管理为基础，以经济奖罚为手段。计件工资、销售提成是这种管理体系的一种形式。这种管理体系在以体力劳动为主的时代，在短缺经济时代以及过剩经济时代的初期，其缺陷还不太明显，但到了知识经济时代、典型的过剩经济时代，这种管理体系的缺陷就非常明显了。

1. 计件工资的三大弊端

其一，工作业绩的考评不全面，弱化了员工的创新意识。计件工资的特点是产量和分配直接画等号，从而导致了决定收入的指标是唯一的。而协作精神、奉献精神、创新精神等无从体现，工作业绩的考评不全面。

其二，单纯的物质激励，弱化了职工的责任意识和奉献精神。计件工资排除了精神激励，容易导致"一切向钱看"。

其三，计件工资淡化了员工对市场的关切。员工收入取决于单件工资含量高低，员工收入不能与市场波动直接挂钩，员工第一关注的是单件工资含量，而不是市场。所以，这种报酬方式就无法形成员工对市场的高度关切。

2. 计件工资激励机制的缺陷

计件工资的激励机制是"诱因→动力"模型。而且将诱因简化为货币收入，成为简单的"货币收入→动力"的激励机制，这种激励机制的逻辑关系：收入增多，动力增大；收入减少，动力减小。

当"货币收入→动力"这种激励机制以计件工资、销售提成这种分配方式为载体时，还会出现边际激励作用递减的现象。在基本定额完成之后，计件工资的激励作用随着产量的增加而呈递减趋势。所以，凡是属于计件工资性质的报酬支付方式，都存在着边际激励作用递减的现象。

3. 实行岗次动态管理，告别计件工资

笔者剖析了数百家企业管理体制，提出要构建与市场经济相适应的企业管理体系——岗次动态管理体系。

岗次实质上就是名次，名次本身具有激励作用。岗次动态管理体系是以横向岗次、纵向岗次、荣誉岗次为基本单元而构建的衡量员工绩效的三元坐标和与之相应的企业分配体系、劳动用工制度，以竞争公理为原理，以持续的岗次竞争为机制，推动全体员工不断提高工作绩效。是全员参与管理、全员自主管理、全员创新的管理体制，是集人事劳动用工制度、分配制度、生产经营管理"三位一体"的企业管理制度和管理体系，也是一个微观公平体系。

在计件工资体系中，员工之间绩效上的差距与收入上的差距是等比关系；而在岗次工资体系中，绩效上的差距与收入上的差距不是等比关系，绩效上的微小差距会造成收入上的很大差距。例如，工作数量上仅有1件的差距，体现在收入上就是数百件甚至上千件的差距，这是一种放大效应。这种收入对绩效的放大效应不仅仅体现在工作的数量方面，在质量、消耗、安全等方面同样适用。这种"收入—绩效"放大效应，能够引发员工在工作绩效方面形成激励竞争，成为争相提高工作绩效的"激发器"。

企业管理实践证明，按目前的收入水平，员工少收入几十元并不太介意，但若低一个岗次或级别，则会在心理上形成很大的压力，而计件工资则不会形成这种压力。

在岗次动态管理体系中，变革了计件工资、销售提成这种一元函数的分配方式，将创新、协作、奉献等列为绩效考核内容，能够激发人们进行创造性劳动。

特别是荣誉岗次的设立，有效地解决了企业在激励产品创新、技术革新、发明创造等方面存在的两大难题（即职务发明所有权归单位所有与发明者创造性劳动的成果需要维护这一相互矛盾的难题；主要发明人和各方面有关协助人员之贡献大小难界定，以致奖金平均分配的难题。）同时，荣誉岗次也是鼓励能人，如革新能手、发明大王、创新尖兵、推销大师、策划者等冒尖的激励机制和保护机制。

荣誉岗次就其本质而言，它是企业内部的测评办法和转让方式，为人才的价值实现提供了一个科学的、规模的程式，能够有效地保护员工的创造性劳动成果，因而能够挖掘员工的创造性潜能。

张庆仁：《适应企业管理体系以岗次动态管理体系告别计件工资》，中国航天科技集团公司网站，2004年6月11日。

资料来源：http：//www. chinafm. org/Opinion/specview_ 177_ 35_ 22038. html。

三、效率工资

前面论述的工资激励都是与劳动者的生产率紧密联系的，按照其生产率高低来决定工资支付，且在充分竞争的劳动力市场上，劳动者的均衡工资、企业的平均利润以及充分就业是同时实现的。下面的效率工资是一种独特的激励方式，它支付的工资高于市场的工资水平，一个企业依靠比其他企业支付更高的工资，来激励劳动者努力工作。也就是说，高工资支付在前，生产率提高在后。这样一种激励方式会产生怎样的效果，包括微观企业的效果和宏观失业率的效果？让我们来具体分析一下。

效率工资理论的前提条件：①厂商不了解工人的生产率，两者之间存在信息不对称。②厂商对工人工作的努力程度不能充分监督，或是因为监督成本太高，或是根本不可能。③工人的努力程度是工资的函数，即工资越高，工人工作越努力。

耶伦（Yellen，1984）认为，效率工资的微观基础存在于以下四个方面：[1]

第一，新凯恩斯主义者夏皮洛和斯蒂格利茨（Shapiro and Stiglitz，1984）的偷懒模型（Shirking Model）[2]，说明了在监督不可能的情况下，高工资和失业如何形成了对工人努力工作而不偷懒的激励，从而出现失业的均衡。假如是传统的市场出清的劳动力市场，即不存在失业，那么工人就可能偷懒。即使偷懒被发现而遭到解雇，他也会立即被其他厂商雇用，因为市场是出清的。而如果厂商支付较高的工资，工人偷懒被发现后，不仅丧失了现有的较高收入，而且由于市场不出清，不能保证被解雇后马上找到另外的工作。这一理论认为，与解雇有关的惩罚是内生的，它取决于均衡失业率。效益工资对厂商的收益是监督成本的降低以及工人效率提高所产生的收益。

模型为了简化，假定所有的工人同质。工人的效用函数为 U（W，e），其中，W 为工资，e 为工作努力程度，工人失业时会得到 $\overline{W}$ 的失业补贴，在单位时间内，工人会因外在原因有失业的可能，概率为 b，工人效用最大化的折现率为 γ，假如工人偷懒，有概率为 q 的可能被发现，一旦被发现，他将被解雇，进入失业大军。用 V_E^S 表示偷懒就业者的效用，V_E^N 表示不偷懒就业者的效用，V_u 是失业者的效用。则有：

$$\gamma V_E^S = W + (b + q)(V_u - V_E^S) \tag{6-1}$$

$$V_E^S = \frac{W + (b + q) V_u}{\gamma + b + q} \tag{6-2}$$

$$\gamma V_E^N = W - e + b (V_u - V_E^N) \tag{6-3}$$

$$V_E^N = \frac{(W - e) + b V_u}{\gamma + b} \tag{6-4}$$

只有在 $V_E^N \geq V_E^S$ 时，工人才会选择不偷懒，可以写成：

$$W \geq \gamma V_u + (\gamma + b + q) e/q = \hat{W} \tag{6-5}$$

这一不偷懒的条件工资 $\hat{W}$ 由以下因素决定：①需要的努力程度 e；②失业效用 V_u；③发现偷懒的概率 q；④折现率 γ；⑤外在的退出率 b。而其中失业的效用又可分解为失业补贴 $\overline{W}$ 和失业后获得工作的概率 a。

从效率工资对劳动者的激励来看，在下列情况下，劳动者的努力水平会提

① Yellen, J. L., "Efficiency Wage Models of Unemployment", *American Economic Review*, 1984, 74 (2).

② Shapiro, C., J. E. Stiglitz, "Equilibrium Unemployment as a Worker Discipline Device", *American Economic Review*, 1984, 74 (3).

高：①外部选择。本企业工资与外部选择的工资差距越大，工人被解雇时的损失也就越大。因此，企业即使要求付出相对于工资来说比较高的努力水准，劳动者也不会消极怠工，努力水准会有所提高。②监控频度。如果监控被频繁地实行，消极怠工时被解雇的可能性较高，由于怠工的预期损失很大，所以努力水准也就相应提高。③下岗的可能性。劳动者即使没有偷懒，企业也可能让其下岗，则下岗的可能性越小，由怠工而遭解雇的预期损失越大。因此，努力水准也会提高。

　　第二，高工资除了激发工人努力程度外，还可以减少工人辞职现象，这也会对企业总体效率产生良好的影响。在劳动转换模型（Labor Turnover Model）（Stiglitz，1974[①]）中，假设工人的辞职率用 q 表示，q = q（Wi/W^e，u），W^e 为预期的其他企业工资，q 与企业的相对工资 Wi/W^e 以及社会的整体失业率 u 都是反向关系。这样，企业就可以通过提高 Wi 来影响 Wi/W^e，从而降低辞退率。而工人一旦主动辞退，企业就要重新雇用新工人来顶替空位，这要花费雇佣成本和培训成本，合计为 θ，则企业的利润为 $\pi_i = R（Ni） - \left[Wi + \theta q\left(\dfrac{Wi}{W^e}, u\right) \right] Ni$，利润最大化的企业确定适宜的工资和雇佣工人数量，从而影响均衡失业率。这时的工资具有高于市场出清水平的黏性，因为这里对单个工人雇佣成本降低起主要作用的是辞退率。

　　第三，斯蒂格利茨（Stiglitz，1976）、魏斯（Weiss，1980）和麦可姆森（Malcolmson，1981）[②] 发展了另一种模型：逆向选择模型（Adverse Selection Model），也是为了说明工资与劳动生产率的关系。多数厂商认为，如果他们提高相对工资，就可以很快填补空缺的职位，因而也有助于企业效率的提高。雇佣函数为 Hi = h$\left(\dfrac{Wi}{W^e}, u\right)$Vi，Vi 是企业的空位数。提高效率工资 Wi，就可尽快雇用到合适的工人。

　　逆向选择模型说明了在工人是异质的，即具有不同的技能水平时，效率工资如何起到激励作用。在招聘高技术工人时，企业对每个应聘者的具体情况并不了解，即存在着信息不对称。假如企业提出较低工资，它就不能够吸引高技术工人，因为只有低技能的工人（Lemon）才会接受低工资。企业只有提高工资，才能使潜在的合格人选进入应聘的行列。只要应聘者的平均技能变化率大于工资的

---

　　① Stiglitz, Joseph E. , "Alternative Theories of Wage Determination and Unemployment in LDC'S：The Labor Turnover Model", *The Quarterly Journal of Economics*, 1974, 88（2）：194－227.

　　② Stiglitz, Joseph E. , "The Efficiency Wage Hypothesis, Surplus Labor, and the Distribution of Income in L. D. C. s", *Oxford Economic Papers*, 1976, 28：185－207. Weiss Andrew, 1980, "Job Queues and Layoffs in Labor Market with Flexible Wages", *Journal of Political Economy*, 88, 526－538. Malcomson, James M. , 1981, "Unemployment and the Efficiency Wage Hypothesis", *The Economic Journal*, 1981, 91：848－866.

变化率，企业继续提高工资就值得。

第四，高工资激励工人的机制还可通过以下方式实现：增进工人对企业的认同感，使他们愿意合作。这被称为社会模型（Sociological Model），由 Akerlof（1982）等创立。[①] 厂商实行效率工资作为"礼尚往来"（Gift Exchange），工人同样会努力工作来回报厂商。特别是当出现高利润时，高工资尤为重要，否则，工人会因为没有分享到利润而感到不公平。而在所有权与经营权分离的情况下，经理们不仅偏好高利润，也希望企业的稳定与和睦。所以在出现高利润时，他们也会将一部分利润转化为工资，这一现象被称为经理的消费偏好（Expense Preference），它与股东控制权弱化的事实相适应。可以看出，社会模型并不以个人独立的效用最大化为假设，社会习俗、劳动力市场势力等因素都会被考虑进去。

效率工资说明了在厂商对工人的信息不充分了解的情况下，厂商利用高工资来激励工人提高劳动生产率，保留和吸引高技能的工人。当所有厂商都这样做时，就使工资水平高于市场出清水平，从而出现真实工资黏性以及失业。

从单个厂商的角度来讲，这是一种有效率的行为，但却给整个社会带来了外部不经济，即出现了非自愿失业。虽然工人愿意接受低于市场现行工资的工作，但厂商却不愿雇用，认为雇用这些工人的边际收益小于边际成本。而且一个厂商提高工资，会降低其他企业的工资对提高生产率的效力，迫使其他厂商也提高工资，从而使整个社会的工资普遍上升。且所有厂商的工资不能相同，因为那样又会削弱工资对生产率的作用，因而每个厂商都希望自己的工资更高一些。

效率工资理论虽然可以解释一些现实问题，如二元劳动市场以及不同部门的工资差异，但它仍存在一些不足。例如，在偷懒模型中，高工资换来的一定是高效率吗？有没有工人存在"道德风险"的可能（获得高工资的工人偷懒或冒称有才能的人）？虽然有被发现的可能，对企业而言，又增加了解雇和雇佣成本。另外，提高效率的其他方法，如宽松的工作环境、和谐的团队合作、技术革新等，是否也会起作用？逆向选择模型中忽略的是即使工人自己也不知道他们在特定环境下的生产率，因生产率依赖于社会因素、团队及在分工基础上的生产过程。所以这种通过高工资来引导工人揭示其真实特征的做法可能会失效。

在效率工资解释工资黏性和失业的问题上，偷懒模型没有反过来说明任何时刻的失业者都是因偷懒而被解雇的，若不能说明这一点，就影响了其理论的说服力。因为它不能解释全部的失业量，毕竟还存在着其他类型的失业。另外，既然工资的提高能带来效率的提高，那么这种实际工资的黏性就要大打折扣，换句话

---

① Akerlof, G., "Labor Contracts as Partial Gift Exchange", *The Quarterly Journal of Economics*, 1982, 97: 543–569.

说，实际工资高于市场出清的部分不能都叫作"黏性"，有一部分是工人由于效率提高而应得的。事实上，第二次世界大战后各国实际工资的增加在很大程度上归因于劳动生产率的提高。这种由劳动生产率提高引起的失业问题就不能放在工资黏性这部分来分析，它是与企业技术革新、有机构成提高相联系的。

此外，效率工资也可能自行失效。因为进入实行效率工资的企业有利可图，许多劳动者会向企业"购买"进入的权利①，在市场机制作用下，购买权利的金额最终会达到这样一个平衡点：在实行效率工资的企业就业和在其他企业就业没有区别。这样，效率工资就自行瓦解了，它起不到激励的作用。

除了对工人进行工资激励外，还有一种激励方式是利润分享激励，这尤其适用于团队生产。这时的激励不是针对单个工人，而是针对整体工人。工人除了获得基本的固定工资外，还会根据企业利润的大小，获得一部分收入。同隐含合约一样，如果工人是风险厌恶型的，则对利润分享不会感兴趣，除非已经按照其生产率进行了足额的工资支付，利润分享是额外增加的部分。此外，利润分享也要防止劳动者的"搭便车"行为。

对销售人员进行的激励是按照销售收入的一定比例提取佣金或回扣，销售收入越高，销售人员获得的收入就越多。例如，对于作家的稿酬支付也有不同的方式，一般是固定稿酬，按照字数来支付，这类似于计件工资，但也有的出版社为了激励作家，按照销售收入的一定比例支付稿酬。这会刺激作家写出更畅销的作品，以获得更高的收入。但这时，作家追求的目标仍可能与出版社的目标不一致，因为出版社追求利润最大化，而作家追求销售收入最大化，他们对图书的定价要求会不同。②

第四节 对经理的工作激励：锦标赛模型、剩余索取权

一、锦标赛模型

经理阶层也需要激励，对他们的激励有特殊之处。无论是计时工资还是计件工资都不能完全适用，因为其管理劳动的成果很难量化，也与劳动时间没有直接

① 在中国，表现为许多人通过拉关系进入高工资的企业工作。
② 读者可以画一张完全垄断条件下厂商追求利润最大化和追求销售收入最大化两种不同的均衡情况的比较图，比较不同的均衡价格。这里的出版社是一个完全垄断的厂商。

的联系，可以用锦标赛模型来分析。

经常看到这样的现象：总经理和副总经理的学历、工作经验相差不大，即技能相差不大，但工资差异很大，总经理的工资可能是副总经理的两倍。如果用人力资本、技能与工资的关系来解释似乎不能得到有效说明。例如，一项对美国200家大企业的调查表明，从副总经理的位置提拔到首席执行官的位置，收入会提高142%。很难想象一个人的能力会在一夜间得到如此巨大的提高。这里高工资发挥了非常重要的功能，即激励竞赛的功能。工资不是由参与者的绝对生产率决定，而是由相对生产率决定。

通过巨大的工资差异，激励每个参与者都积极努力、希望成为胜出者，而谁最终胜出往往取决于很微弱的才能优势，甚至偶然因素，但胜出者可获得很高的收益。正如势均力敌的体育比赛，胜负取决于很微弱的优势或偶然因素，但冠军可以获得远高于亚军的丰厚报酬，通过这一方式激励双方努力竞争，增加比赛的可观赏性。所有参与者努力创造的产出总和远远大于企业付出的工资总和。

为什么要用竞争来比较相对生产率呢？因为管理者的绝对生产率很难衡量，而比较他们的相对生产率就容易得多。为了更好地说明竞赛如何激励劳动者的努力程度，假设有两个管理者竞争一个岗位，企业宣布获胜者会得到 w_1 的收入，而失败者只得到 w_2 的收入，w_2 远小于 w_1。两个人都明白，如果自己付出更大的努力，就有更大的希望获胜。假设甲投入的努力程度为 F_1，而乙投入的努力程度为 F_2。如果两个人的能力相近，则谁付出的努力更大一些，获胜的可能性就更大。此外，一些偶然的因素也会影响成败。

如果甲获胜的可能性为 P_1，则他的期望收入为 $P_1 w_1 + (1 - P_1) W_2$。付出努力会有负效用，他的净效用为期望收入减去努力的负效用。如图6-4所示，随着努力程度的提高，边际成本是递增的，而一单位努力的边际收益等于 $w_1 - w_2$。如果这个差异很小，在图6-4中表现为较低的一条边际收益线，则甲会选择边际收益与边际成本相等的努力程度，即图中的低水平努力程度（$F_低$）。如

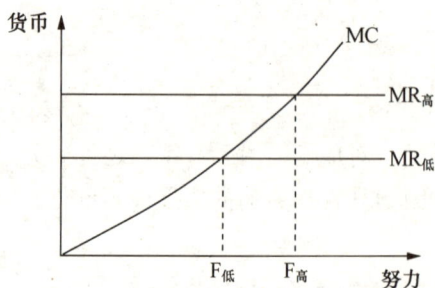

图6-4 锦标赛模型下的努力程度配置

果 $w_1 - w_2$ 很大，甲会选择高水平的努力程度（$F_高$）。胜负的收入差距越大，努力程度越高。

同样，乙也会按照边际收益等于边际成本的原则来选择努力程度。前面已经说明他们的能力相近，如果他们付出的努力也相同，则两人的胜算是相同的。最终谁将取胜，会取决于很偶然的因素。双方都付出很大的努力，但只有胜者获得高收入。他们付出的努力对企业产生的贡献总和远大于获得的收入总和。

从按劳分配的角度来看，好像是胜利者多得，失败者少得。这似乎违背了按能力高低给予报酬的经济规律，但从另一个角度来说，总经理微弱的才能优势能给企业带来更大的发展空间，而冠军的微弱才能优势也能吸引更多的观众，能力和市场潜力是不成比例增长的，所以能力与收入不成比例又符合经济规律。

Harbring 和 Irlenbusch（2003）验证了锦标赛模型。[①] 获胜者的奖金在总奖金中所占的比重增加，平均的努力程度就会提高。这里是指平均的努力程度，在总奖金不变的情况下，只要提高获胜者的奖金，就可以提高平均努力程度。对于企业来说，这种激励措施是非常经济的。此外，如果获胜者的数量较多，劳动者努力程度的差异就会降低。

Lazear 和 Rosen（1981）证明，即使在劳动者的生产率可以衡量的情况下，运用锦标赛模型进行工资支付也是有吸引力的激励方式。因为与绝对生产率不同，劳动者的相对生产率不会受意外冲击的影响，从而在发生意外冲击时，工资支付可以保持不变。这样的工资支付方式对企业是有利的。[②]

锦标赛模型是否会失效呢？如果参与的各方合谋，努力程度会下降。他们可以事先决定任意一方为胜利者，然后共同瓜分工资收入。这种现象在体育比赛中也会出现，即出现所谓的"打假球"，双方事先约好平分比赛的奖金，这样就不需要拼尽全力去夺冠军，双方的努力程度都下降。对观众来说，这样的比赛没有观看的价值。在参与比赛的人数非常少的情况下，合谋就很容易发生，因为合谋本身需要组织成本，人数越多，组织成本越大，合谋越容易被暴露。Harbring 和 Irlenbusch（2003）认为，两人竞赛有可能出现合谋的行为。

同样，锦标赛激励也会带来其他的负面影响。它可能引起过度竞争，由于获胜的巨大收入诱惑，参与竞赛的一方不仅会自己努力，而且会阻挠、干扰其他竞争对手。这会给企业效率带来不利影响。这样高奖金就成为一把"双刃剑"，不仅能提高激励，而且也能破坏企业团队合作。所以在劳动者可以互相影响彼此劳

---

① Harbring, C., and B., Irlenbusch, "An Experimental Study on Tournament Design", *Labor Economics*, 2003（10）：443 – 464.

② Lazear, E. P. and S. Rosen, "Rank – order Tournament as Optimum Labor Contracts", *Journal of Political Economy*, 1981, 89（5）：841 – 864.

动成果的企业，一般不实行锦标赛激励，而会支付较平均的工资，主要目的是为了减少破坏的成本。[1]

二、经理的剩余索取权

制度经济学中的企业理论认为，对经理而言，还有其他的激励方式，它体现为经理与所有者存在着委托代理关系，所有者要给予经理一定的剩余索取权。所有者为什么要激励经理呢？因为在所有权和经营权分离的情况下，企业的经理可能违背所有者的利益，即所谓的"经理革命"。例如所有者追求利润最大化，企业的经理追求销售收入最大化或者增长率最大化。事实证明，经理与其他利益相关者的利益是不完全一致的。1990～1999年，美国总裁的收入提高了428%，而同期企业利润只提高153%，工人的收入只提高30%。[2] 这里似乎存在着总裁收入增长过快的现象。另外，股东收益与经理收入之间应该是正向关系，但从实证上看，经理收入对股东收益变化的弹性系数很小。例如，股东收益每提高10%，经理收入只提高1%。[3] 如果经理收入与企业的经营以及股东收益关联性不强，则经理就可能违背所有者的利益。虽然有监事会等机构可以监督经理的行为，但监督成本太高使得监督不能真正到位。如果通过一定的激励措施以使经营者的利益和所有者的利益趋向一致，则对于企业来说，效率会更高一些。其中的一项激励措施是给经理支付与企业利润相挂钩的奖金，让经理能够分享一部分利润。另一项措施是经理持股，经理的收入不仅来自于年薪，而且来自于持有企业股份带来的收入。这样，经理既是经营者又是所有者，他在经营决策时会更多地考虑所有者的利益，因为他也是追求自身收入最大化的经济人。但是，也有人对此提出质疑，因为如果经理只持有少量股份，不足以改变他的目标函数，对经理的激励也就无法实现。

随着经理持有企业股份的增多和企业监督机制的加强，经理会更加地以股东利益为重，企业的盈利能力也会增强。从长期来看，股东的收益也会得到提高。

我国对高层管理者一般以货币收入等短期激励为主，缺乏长期激励，内部人控制导致许多国有企业亏损。美国上市公司高级管理者的报酬结构为基本工资占42%，奖金占19%，股票期权占28%。魏刚（2000）根据上市公司1998年年报的研究表明，高级管理人员的年度报酬与上市公司的经营业绩并不存在显著的正

[1] Lazear, Eeward P., "Pay Equity and Industrial Politics", *Journal of Political Economy*, 1989, 97: 561-580.

[2] 根据 *Business Week* Surveys.

[3] Jensen Michael C. and Kevin J. Murphy, "Performance Pay and Top-management Incentives," *Journal of Political Economy*, 1990, 98: 225-264.

相关关系，而与企业规模、行业景气度有关。高级管理人员的持股也没有达到预期的激励效果，它只是一种福利制度安排（是内部职工持股的组成部分，而且由于一级市场、二级市场之间的巨大差价，不用付出太大的努力就可通过股票来获利）。① 但是近年随着国有企业改革和公司治理结构的完善，内部人控制的局面有所改善，对经营者的激励也使企业经营效益得到提高。陆挺和刘小玄（2005）对改制企业的研究表明，经营者持大股从效率上来讲是最优的改制方式，而平均分配的股份合作制的改制方式则具有较差的业绩效果。②

经理的收入一般由工资、奖金、股票和股票期权组成。固定工资能够提供可靠的收入，但不利于激发经理的积极性。奖金基于企业当年的经营状况，具有刺激作用，但容易引发经理的短期行为。股票和股票期权能反映真实业绩，具有激励作用，但风险太大。最优的报酬设计应是这些形式的最优组合。经理报酬受到经理市场、产品市场和资本市场竞争的影响。

【案例】

上市公司高管的薪金激励

1. 天价薪酬的上市公司高管在哪儿

截至目前，共有 1355 家上市公司披露了 2013 年年报。《21 世纪经济报道》记者结合同花顺数据统计出了各公司前三名高管薪酬总额排行榜。统计数据显示，前三名高管年薪加总超过 500 万元的上市公司有 76 家，地产、银行、证券、保险、汽车等行业高管薪酬实至名归，继续领跑。而出乎意料的是，家电、医药生物、TMT 等近来热门行业也艰难闯进高薪一列。其中，万科 A（000002.SZ）排第一，三高管以 3981 万元的总额傲视群雄；中国平安（601318.SH）紧随其后，为 3266 万元；第三名是"黑马"方大特钢（600507.SH），2860 万元。第四名、第五名、第六名分别是中信证券（600030.SH）、华远地产（600743.SH）和平安银行（000001.SZ），分别为 2397 万元、2262 万元和 2251 万元。

在上榜的 76 家公司中，有的盈利尚不足 6000 万元，这意味着公司在盈利较少的情况下，仍支付给三位高管 500 万元以上的薪酬，如大富科技（300134.SZ）、工大首创（600857.SH）等。

2. 高薪集中营

与 2012 年相比，年薪最高的高管发生了出人意料的变化。截至目前，2013 年年薪超过 1000 万元的共 7 位，其中方大特钢董事长兼党委书记钟崇武，以税

---

① 魏刚：《高级管理层激励与上市公司经营绩效》，《经济研究》2000 年第 3 期。
② 陆挺、刘小玄：《企业改制模式和改制绩效》，《经济研究》2005 年第 6 期。

前 1973.54 万元年薪高居榜首，一举超越 2012 年冠军万科董事会主席王石。2013 年王石年薪水为 1590 万元，屈居第二；2012 年，王石薪水为 1560 万元，钟崇武薪水为 1516.7 万元。2013 年两人薪水皆有上涨，只是钟崇武的涨幅力压王石。接下来的 3 名~7 名分别是：万科 A 总裁郁亮 1431 万元、中国平安首席投资执行官陈德贤 1268 万元、华远地产董事长任志强 1145.59 万元、中国平安董事长兼首席执行官马明哲 1090 万元和中信证券副董事长殷可 1270.86 万港元（约合人民币 1017 万元）。

作为职业经理人，钟崇武荣登"打工皇帝"宝座，与其靓丽业绩密不可分。钟崇武 2008 年掌舵方大特钢，2009 年，方大特钢的净利润只有 3276 万元，而 2013 年其净利高达 5.63 亿元。对此，金银岛的一位资深分析师的看法很有代表性："很多钢厂都是大而全，但是产品不一定有人要。而方大特钢转型后集中在弹簧钢一个品种上发力，国内市场占比达到 70%~80%，而弹簧钢利润也较高。这些成绩跟领导人的作用密不可分。"

除了冠军钟崇武之外，其余年薪超过千万元的高管均出自金融和地产业。"利润率高的行业薪酬就会相对较高，比较典型的是金融、地产等，他们的高管薪酬与行业景气度的相关系数能达到 1。"清华大学经济管理学院 MBA 导师对记者表示，其他行业可能仅为 0.5~0.7。以银行为例，某券商金融分析师表示，银行是高资产管理行业，为防范风险，付出高薪是正常的。未来利率市场化后，一般员工工资可能会下降，但高管的薪酬却不会降。

《21 世纪经济报道》记者统计，上述 76 家前三名高管薪酬超过 500 万元的上市公司，毛利率或收入成本比几乎都在 20% 以上，净利润一般在亿元以上。只有大富科技、工大首创例外。年报数据显示，2013 年大富科技和工大首创的净利润仅有 5531 万元和 3570 万元，但是他们却进入了上述 76 家上市公司高管贵族之列。对于外界的质疑，大富科技董秘办人员称，高管的薪酬都是董事会讨论通过的。工大首创董秘办人员也表示，"管理层完成了年初制订的计划，他们的年薪是由公司人力资源部根据多个系数计算出来的。"

3. 创新行业杀出重围

除金融、地产等传统高薪行业外，一些崛起的新贵也不容忽视。"一些创新性行业和市场化较高的行业正在出现高薪酬。"2013 年大热的 TMT、家电、医药生物等行业杀出了重围。在 76 家前三名高管薪酬总额超过 500 万元的上市公司中，医药生物行业高达 8 家，其中上海莱士（002252.SZ）以 1070.73 万元排名第一，其常务副总经理一人的年薪就高达 436.04 万元。尤为引人注意的是，在上述 76 家上市公司里，有两家创业板上榜，其一是利德曼（300289.SZ），它属于生物医药行业。而 2013 年非常火热的 TMT 行业代表公司有华闻传媒

（000793. SZ）、德赛电池（000049. SZ）、大富科技等也上榜。华闻传媒公司总裁和财务总监均获得 214 万元年薪。德赛电池董事兼总经理、大富科技执行副总裁则分别拿到了所在公司最高年薪 437.95 万元和 215.47 万元。

除此之外，市场竞争激烈的家电行业也成为高薪行业之一。上述 76 家上市公司里有 4 家是家电企业，分别是 TCL 集团（000100. SZ）、美的集团（000333. SZ）、小天鹅（000418. SZ）、苏泊尔（002032. SZ），其中 TCL 集团总裁和美的集团董事长兼总裁年薪分别为 683.49 万元和 680 万元，非常接近。"家电是个充分竞争的行业，聘任职业经理人基本是市场价。"某券商家电行业分析师表示，美的集团是公认的职业化程度很高的公司，基本交由总裁打理。

资料来源：安丽芬：《上市公司高管薪酬比拼》，《21 世纪经济报道》2014 年 4 月 10 日。

2013 年上市公司高管持股前十名

2013 年上市公司年报大戏已落下帷幕，A 股上市公司创富"神话"仍在延续，据同花顺统计，截至 5 月 6 日，两市持股高管逾 9000 名，成就 1677 名亿万富翁（持股市值超过 1 亿元），其中 12 位高管身价超过百亿元，排名前 100 的高管人均身价近 52 亿元。

据同花顺统计，以 2013 年年报为基准，按照披露的各公司高管（董监高）持股量乘以报告期内（2013 年 12 月 31 日）公司股价，计算出个人持股市值排序。在本期 A 股上市公司"富豪榜"上，比亚迪 [−0.39%]（002594. SZ）总裁王传福以持股 5.7 亿股，持股市值 215 亿元居首；排名第二的是大华股份 [−0.94%]（002236. SZ）总裁傅利泉，持股市值 201 亿元；第三名是苏宁云商（002024. SZ）董事长张近东，他的身价达到 176 亿元。身价超过 100 亿元的富豪共有 12 人，超过 50 亿元的有 32 人，超过 10 亿元的有 340 人。

富豪榜的前 10 位全部归属于中小板及创业板的公司，事实上，中小板和创业板公司也在本次排名中占据了榜单前列的大部分。在前 100 位富豪中，来自中小板公司的达到了 58 人，来自创业板公司的 32 人，来自主板公司的仅有 10 人，大智慧 [0.00%]（601519. SH）董事长张长虹是主板公司高管中排名最靠前的，也仅仅排在第 19 位，持股 67 亿元。

据记者统计，在前 100 名富豪中，来自中小板公司的 58 名高管人均持股 56.24 亿元，来自创业板公司的 32 名高管人均持股 47.63 亿元，来自主板的 10 名高管人均持股 40.92 亿元，创业板富豪的数量以及持股市值依然呈现高速增长态势。

从行业归属方面来看，专业设备制造业的高管持股较为集中，在前百名富豪中，14 人出自该领域；另有 12 人出自医药业，11 人出自计算机等电子设备制造业。而从公司归属地区来看，广东省排名榜首，在前100名中，有20家企业来自广东，紧随其后的是北京市以及浙江省，在前100名里分别占据了19家和11家。

有趣的是，在众多持股高管中同样不乏"寒酸"者，据同花顺统计，共有9名高管持股不足100股，有204人持股市值低于1万元。其中漳泽电力（000767.SZ）监事，本期大幅减持后仅持股1股，资产3.06元；省广股份［-2.38%］（002400.SZ）副总经理持股2股，资产仅仅72.5元。

资料来源：田原：《2013年A股选1670名亿万富翁，前百位人均身价52亿》，凤凰财经2014年5月7日。

第五节　职位晋升激励

对劳动者的激励不仅表现为物质上的激励如提高工资，而且表现为精神上的激励，如评优表扬。有的激励是兼有物质激励和精神激励两个方面，但侧重的程度有所不同。一般认为劳动者对物质激励会更看重一些，但是当物质收入达到一定水平以后，人们会逐渐对精神激励产生反应。从人的基本需要来分析，这时候人们更多地追求社交、自我价值实现的需要，所以会看重社会地位和精神生活。

职位晋升就是一种兼顾物质激励和精神激励的手段。一般认为，它更多地体现为精神激励，调查表明，即使不增加薪水、单纯提高劳动者的职位也会让许多劳动者乐于接受，并对劳动者的工作产生很强的激励，这说明劳动者更看重的是由职位带来的社会地位、个人成就感。

当然，有时由晋升带来的物质收入是潜在的，并不一定表现为工资水平的提高。例如，总经理享受的在职消费：舒适的工作环境、公司给配置的豪华轿车等。这些物质利益也是很多人看重晋升的原因。

晋升的早晚会对劳动者流动产生影响。如果劳动者在这个企业中工作多年，仍看不到晋升的希望，就会选择跳槽到其他企业工作。如果劳动者很早就得到提拔，并且将来发展前途更好，他就会愿意长期在该企业中工作。

早晋升尤其会对年轻的劳动者形成激励和稳定作用，因为年轻人的劳动流动性很强，如果不能适时得到提拔，他们会更容易跳槽。员工一般在进入公司4~5年后有第一次被提拔的机会，而到了15年左右，又会有第二次提拔机会。从国际比较来看，日本员工的提拔时间比较晚，第一次提拔期在进入企业7~8年以后，而美国和德国的员工一般在 3～4 年后就获得第一次提拔；日本的第二次提拔期要在 20 年以后，而美国和德国在 10 年以后。也就是说，在日本，科长的年龄一般在 30～44 岁，而部长的年龄在 45～54 岁，都相对年长一些。从生命周期的劳动供给和工资收入来看，日本的这种制度安排很容易形成年轻劳动者和年长劳动者的工资差异，年功序列制与此有关。它不利于激励年轻人的工作积极性。

晋升是从企业内部提拔还是从外部公开招聘也是一个重要的问题，主要从企业内部提拔的晋升制度会鼓励劳动者在同一个企业中长期就业，因为只有在本企业积累到足够的经验，才可能获得晋升。日本劳动研究机构（1998）曾发表了日本、美国和德国三国部长、课长晋升方式的调查结果，晋升方式包括内部晋升还是外部采用，其中内部晋升又分为以前没有跳槽经验的和有跳槽经验两种情况。结果如表 6－1 所示，三国的晋升方式都以内部晋升为主，其中尤以日本为甚，97% 晋升的人员来自内部职工。而德国和日本从外部采用的经理约占 25%。在内部晋升之中，也存在差异，日本被提拔的人员 82% 是始终在企业工作的职工（无跳槽经验），而美国和德国被提拔的大多是有跳槽经验的职工。其中的原因或者是日本更倾向于提拔长期在本企业工作的职工（对本企业的劳动者更了解，而对外部劳动者的信息掌握不足），或者是因为后两个国家大部分劳动者都有跳槽经验，因而提拔只能在这些跳槽者中进行。[①] 日本的内部晋升方式与劳动者流动率低、长期雇佣是有一定关系的。在既定的体制框架下，劳动力缺乏流动，晚晋升反而会强化对劳动者的激励：只有长期努力，才能得到提拔。

表 6－1　晋升方式（内部晋升还是外部采用）的比较

（日本、美国、德国）
　　　　　　　　　　　　　　　　　　　　　　　　　　　　单位:%

晋升方式	日本	美国	德国
合计	100	100	100
无跳槽经验的内部晋升	82	18	28
有跳槽经验的内部晋升	15	59	46
从外部采用的	3	23	26

资料来源：［日］小池和男：《工作的经济学》，日本东洋经济新报社 1999 年版，第 79 页。

在晋升的问题上存在着逐渐攀升的过程，从科长到部门经理，再到总经理。每一阶段的晋升早晚都会对以后的晋升产生影响。例如，早晋升为科长的人将来会更快地得到提拔，晋升为部门经理。而晚晋升为科长的人以后早晋升为部门经

---

① 这里，晋升方式又受到劳动者流动的影响。是晋升影响劳动者流动，还是劳动者流动影响晋升是一个没有定论的问题。但更一般的看法是晋升影响劳动力流动。

理的比例很低。在晋升的问题上，个人前期的履历很重要，往往成为考察提拔与否的重要参考指标。在信息不充分、不对称的情况下，更是如此。虽然以往的业绩并不代表将来的成功，能做好科长也不代表能做好部门经理，但如果没有更好的判断指标，以往的晋升经历就会承袭下来，使得个人晋升也存在着所谓的"路径依赖"。

除了工资激励、晋升外，还有福利费用的激励。如果公司能够提供丰厚的福利，也会给劳动者形成很好的激励，例如企业提供住房、医疗保险、退休金。看上去这些企业的福利措施与社会福利事业的发展方向是不相适应的，但它也有优点。例如，按照企业的员工规模集中购房、集中购买医疗保险，会有规模经济存在。更重要的是福利对职工的激励作用，它可以吸引劳动者长期为企业工作。因为只有工作到一定年限，才能够享受到优厚的福利。许多员工为了将来获得公司的福利而不愿意轻易辞职。与工资激励相比，这种激励措施更容易形成长期稳定的雇佣关系。

第六节　企业内部劳动力市场

企业内部的各种工作激励措施利于形成长期雇佣关系，例如长期劳动合同、隐含合同、效率工资、内部晋升等。如果在长时间内，企业都倾向于在企业内部配置劳动力资源，可以说企业已经形成了内部劳动力市场。内部劳动力市场与外部劳动力市场的关系怎样？它们是替代的还是互补的？

以日本为例，长期雇佣本身就是一种工作激励方式，它属于长期劳动合同，在其作用下，工资的激励体现为年功序列工资，晋升的激励体现为内部晋升。此外，还有技能培训的激励。

在年功序列的体系下，劳动者的工资主要取决于其工作年数。工作时间越长，工资越高。这种工资激励方式会鼓励劳动者长期就业于该企业。此外，在日本，与其他发达国家相比，雇员的退休金占其生涯收入的比率非常高。奖金虽然也在报酬中占有较大的比重，但在大多数情况下，奖金的多少与企业整体的效益有关。也就是说，劳动者总收入的相当大部分都是由工作年数决定的，这与计时工资、计件工资不同，在那里，无论计时工资还是计件工资都严格与劳动生产率联系。当然工作年数与劳动生产率也并非没有联系，只是联系弱一些。联系的基础在于工作时间越长，在本企业接受的培训越多，积累的特殊人力资本越多，劳动生产率就越高。以工作年数作为替代指标，虽然不准确，但可以节省计件工

・174・

资、计时工资时的考核成本。奖金与个人的劳动生产率不是紧密相关，而是与企业整体的效益相联系，能够对团队努力产生激励。对风险厌恶型的劳动者来说，这样做降低了收入波动的风险。而丰厚的退休金也会激励劳动者为企业长期服务，直到退休。

年功序列制是依据在同一个企业的工作时间长短，而不是过去所有的职业经历时间长短。也就是说，如果一个劳动者中途跳槽到一家企业工作，其年功工资就要重新计算工龄，在原来企业的工龄就没有意义了。其中的原因可能在于日本企业中劳动者的技能是特殊技能，而不是一般技能。例如，在汽车制造方面，即使是生产几乎相同的汽车，美国往往是利用一般性技能处理异常情况比较多，而日本则要求每个劳动者能够利用企业特殊技能进行现场处理并探明原因。① 技能本身的要求和年功序列工资制度的双重影响都会激励劳动者长期就业于同一个企业。

由于实行年功序列，使得某一时期的劳动者生产率与工资不相一致。劳动者年轻时，其工资较低，低于劳动者的边际收益产品；劳动者年老时，其工资较高，高于边际收益产品。从整体上来看，如果劳动者一直在企业工作，则其一生的工资总和应该与一生的边际收益产品总和相等。但是，从年轻人的角度来看，会不会因为工资过低而产生负面激励？如果一个劳动者是短视的，确实可能会发生这样的情况，但当劳动者立足长远时，就会接受暂时的低工资，因为未来的高工资是可以预期的，所以他会积极进行人力资本积累，选择长期就职于该企业。

在职位晋升方面，内部晋升是内部劳动力市场的一个特征。内部晋升而不是外部晋升也会鼓励劳动者长期就业于同一企业，这样将来不仅可以获得高工资，而且还有晋升的机会。日本的职位晋升相对于欧美国家比较缓慢，这会给劳动者带来负面激励。但是在考虑到内部劳动力市场的大环境下，这一缓慢的做法却有不同的正面激励效果。因为实行终身雇佣，内部晋升缓慢有利于加强晋升前员工之间的竞争激励，经过长期的考核、比较，使得竞争者都充分展示自己的才能，如同锦标赛模型一样，最终获得晋升者的工资得到很大的提高。当然，在有特殊需要时，也应该快速提拔人才。

年功序列和内部晋升是企业在内部劳动力市场配置劳动力资源的表现，企业特殊的技能也要求通过内部劳动力市场来配置劳动力，长期雇佣制度因此形成。它们之间是相互依存的关系。年功序列、内部晋升、企业特殊技能都要求企业实行长期雇佣和内部劳动力市场，而一旦企业实行长期雇佣，必然会选择内部晋升、年功序列，并加强企业的特殊技能培训。长期雇佣要求企业即使出现经营状况不佳时，也不能解雇工人。否则，就会降低劳动者生命周期的工资预期。例

---

① 青木昌彦、奥野正宽:《经济体制的比较制度分析》，中国发展出版社 1999 年版，第 119 页。

如，20 世纪 90 年代，日本企业常常采取募集自愿退职者的形式让职工下岗，这种退职方式与劳动者主动跳槽相比，劳动者能够得到的退职金更高。这种做法正是考虑到即使让职工下岗，也要尽量避免企业内劳动者的激励效果下降和应届毕业生在劳动力市场中的生涯工资预期大幅度降低。

运用内部劳动力市场进行劳动力配置可以加强对劳动者的激励，而运用外部劳动力市场同样也可以达到激励的效果，例如，企业自由解雇可以让在职者有危机感，只有努力工作才不会被解雇。那么，哪一种效果更好一些呢？这取决于各国不同的经济体制和文化传统。从现实情况来看，即使在同一个国家，不同的企业也会采用不同的激励方式。例如，实现内部劳动力市场可以节省成本，尤其在外部劳动力市场失灵的情况下。青木昌彦等（1999）将这两种雇佣方式和激励方式做了区分：以外部劳动力市场来配置劳动力的企业是新古典型企业，称为 A 形式，在 A 形式的企业中，工资直接取决于个人的业绩和能力，企业的雇佣是由外部劳动力市场决定的短期雇佣，企业利用一般性技能。以内部劳动力市场来配置劳动力的企业为 J 形式，在 J 形式的企业中，工资取决于晋升，短期内边际生产率与工资存在差异。企业实行长期雇佣，劳动力资源配置由企业内部决定，与外部劳动力市场的关系仅是 POE① 的关系，较多利用企业特殊的技能。

如果仅仅考虑单个企业，那么，作为企业的雇佣体系和激励方式，不论是 A 形式还是 J 形式，都是可以自由选择的。但是，在现实经济中存在着众多的企业，企业的激励方式选择相互之间就存在着影响。雇佣选择存在着战略互补性，即如果其他企业多数选择 J 形式时，本企业选择 J 形式更为有利。

如果大多数企业都选择内部劳动力市场配置资源，则一个跳槽的劳动者很难实现再就业，且多数情况下再就业的工资会大幅度降低。J 形式企业非常重视企业特殊技能，但因为掌握这些技能需要较长的时间，所以，J 形式企业更期望雇用年轻劳动者而不是再就业者。再就业者由于没有掌握该企业所使用的特殊技能，与刚刚进入企业的毕业生待遇相近，所以中老年劳动者再就业后获得相当低工资的情况比较多。仅仅工作数年后跳槽所造成的技能学习损失比较小，所以实际上劳动者跳槽的数量也不少，但随着年龄的增长，跳槽者的比例将大大降低。另外，使用企业特殊技能的生产方式具有团队生产的特点，因此，企业从重视队伍内部协调性的角度也不愿接受再就业者。

实行晋升工资决定体系的 J 形式企业如果向再就业者提供较高的职位，原有劳动者晋升的可能性将减少，生涯工资预期也将降低。这样在应届毕业生劳动市场上所谓"那个企业接受跳槽的人"的评价就会传开，劳动者也会低估该企业

① Port of Entry，即企业只依靠外部劳动力市场来吸收劳动力进入，进入后的配置完全在企业内部进行，外部劳动力市场只是劳动力进入的入口。

的生涯工资预期。结果，J形式企业很难获得有能力的劳动者。

可见，当大多数企业选择劳动力的内部配置时，企业就不会对跳槽者感兴趣。企业自身的发展要求选择内部晋升和年功序列制，不随意解雇工人。而且在大多数企业都这样做时，人们就会有一个共识：企业不会解雇工人。这时的跳槽者就被看作是由于劳动者一方有问题，因而会产生对劳动者的不良评价，企业给予再就业者的待遇也就会恶化。如果大多数企业是J形式企业，某一个企业选择成为A形式企业，希望通过外部劳动力市场来配置资源，则它会发现很难做到有效的配置资源。因为在劳动力市场上流动的人才很少，大部分人才都是终身雇佣的。所以在这种情况下，企业选择内部配置劳动力资源是明智的。

相反，如果大多数企业选择成为A形式企业，则J形式企业就会出现雇佣上的困难。因为企业内部会出现跳槽者，跳槽不是劳动者个人出现了问题，而是劳动力市场上配置资源的普遍现象，因而他们会很快在劳动力市场上找到工作，尤其对年轻的劳动者来说，更是如此，他们往往不满足于年功序列制，所以会到其他A形式企业中尽早实现高工资。在这种形势下，这个企业也和其他企业一样采用外部劳动力市场来配置资源会更明智一些。这就是所谓的雇佣战略的互补性。

本章小结

● 长期劳动合同与上升的工龄工资相联系，可以让劳动者努力工作、不偷懒，否则会被解雇并丧失未来较高的工资。

● 隐含合同可以降低劳动者收入波动的风险。

● 计件工资主要被可以低成本地监督工人产出的企业所采用。

● 计件工资能吸引更有能力的劳动者，产生良好的激励。但是工人会注重数量而忽视质量，风险厌恶型劳动者也不会喜欢工资的波动。

● 一些企业愿意支付高于市场出清水平的工资，以更好地激励劳动者。效率工资被定在产出对工资的弹性等于1的水平。

● 一些企业会根据劳动者的相对能力来进行职位的提拔。这是因为观察劳动者的相对生产率比观察其绝对生产率更容易，这被称为锦标赛模型。

● 较大的工作差异会激发劳动者的努力程度，但也会引起劳动者之间的倾轧。

● 公司首席执行官的收入和企业经营收益之间存在着正向关系，但相关程度不大。作为代理人，首席执行官很难完全按照委托人——股东的利益行事。

● 内部晋升也是很好的工作激励方式。

● 年功序列、内部晋升和企业特殊人力资本相互联系，导致有的企业形成内部劳动力市场。

● 在有众多企业的情况下，雇佣选择存在着战略互补性，即如果其他企业多数选择内部劳动力市场来配置劳动力时，本企业也应选择运用内部劳动力市场。

本章主要概念

长期劳动合同（Long – term Labor Contract）

隐含合同（Implicit Contract）

计时工资（Time Rates）

计件工资（Piece Rates）

效率工资（Efficiency Wage）

利润分享计划（Profit Sharing Plan）

锦标赛模型（Tournament Model）

委托代理问题（Principal – agent Problem）

内部劳动力市场（Internal Labor Market）

年功序列制（Seniority – order Payment System）

延期支付合同（Delayed – compensation Contract）

雇佣的战略互补（Employment Strategy Complement）

思考题

1. 有 100 个生产率不同的工人，第一个工人的边际产出为 1 小时 1 元，第二个工人为 1 小时 2 元，依次类推。第 100 个工人的边际产出为 1 小时 100 元。甲企业按照每小时 30 元给工人支付工资，乙企业实行计件工资。工人会如何选择进入不同的企业？如果乙企业的产品需求下降导致产品价格下降 1/2，工人又会做出什么样的选择？

2. 如果企业的技术要求雇用 100 个工人，企业发现劳动生产率受工资的影响。它们的关系如表 6 – 2 所示。

表 6 – 2　工资与产出的关系

工资率，$	产出的单位
8	65
10	80
11.25	90
12	97
12.5	102

利润最大化的企业会选择怎样的工资水平？如果企业的产品需求提高，会对效率工资产生怎样的影响？

3. 工人会如何采取行动以解决利润分享计划中的"搭便车"行为？

4. 讨论如何解决中国国有企业的委托代理问题。

5. 评价隐含合同的优劣。

6. 运用企业数据检验锦标赛模型是否成立。

7. 在营销工作中，推销数量最多的员工会得到一个超值大奖，例如去夏威夷旅游。为什么要提供这样一种奖励？将这一例子与大公司总裁的超高年薪相联系，它们都说明了怎样的问题？

8. 当前在中国的就业市场上，很多年轻人不愿意与企业签订长期劳动合同，为什么？从企业劳动合约的激励、外部劳动力市场环境等方面进行分析。

9. 如何看待当前许多企业总裁的高额年薪？他们的收入与其生产率存在怎样的关系？

10. 对我国新《劳动合同法》规定的无固定期限劳动合同的实施效果进行检验与评价。

课外阅读文献

1. Jensen, M. C. and K. J., Murpy, "Performance Pay and Top – management Incentive", *Journal of Political Economy*, 1990, 98 (2): 225 – 264.

2. Cliver Bull, Andrew Schotter and Keith Weigelt, "Tournament and Piece Rate: An Experimental Study", *Journal of Political Economy*, 1987, 95 (1): 1 – 33.

3. Lazear, E. P. and S., Rosen, "Rank – Order Tournaments as Optimum Labor Contracts", *Journal of Political Economy*, 1981, 89: 841 – 864.

4. Chongwoo Choe, "Optimal CEO Compensation: some equivalent results", *Journal of Labor Economics*, 2006, 24 (1).

5. Holmstrom, B. and P., Milgrom, "The Firm as an Incentive System", *American Economic Review*, 1994, 84: 972 – 991.

6. 阎澄宇、王一江：《银行高层激励——美国 20 家银行调查》，《经济研究》2005 年第 3 期。

第七章 工会与劳动关系

劳动经济学中研究的微观主体劳动者，一般是指单个个人，但有时许多个单个劳动者可以组成一个集体组织，因为他们有共同的利益。这时的劳资谈判就不是一个劳动者和企业主相面对，而是一个劳动组织与雇用他们的企业主相面对，这样的组织就是工会。工会的出现使得劳动者能够通过集体谈判的力量来提高自己的经济地位，因而工会对劳动关系产生较大的影响。在前面几章分析工资决定时，主要是单个劳动者与企业之间谈判形成的工资，而工会的出现会对工资和就业产生影响，这种决定机制与完全竞争劳动力市场的供求决定会有所不同。本章对工会通过集体谈判来决定工资和就业的问题做论述。同样，还应看到，工会决定也不能完全脱离外在的劳动力市场因素，劳动力供求的因素即使在集体谈判的环境下也仍然在发挥作用，关于劳动力市场的基本理论仍然适用于集体谈判的环境。

本章主要分析工会的行为，劳动者为什么要加入工会，工会如何反映劳动者的利益，它与企业主如何进行谈判，它的出现是改善还是恶化了劳动关系，为什么会产生罢工行为，工会活动对社会效率和资源的最优配置产生怎样的影响。除了工会这样的传统组织，现代经济中还出现了新的方式来改善劳动关系，例如职工持股、工人参与管理、利润分享等。这些新措施实行的目的是什么、效果如何，也是本章需要深入考察的。最后，在研究劳动关系的基础上，对社会各阶层分化的问题做了简单分析。

第一节 工人参加工会的决定

从个人效用最大化的角度来看，只有参加工会给工人带来的效用大于不参加工会时工人获得的效用，工人才会选择参加工会。第二次世界大战后西方国家普遍经历了工人运动高涨的时期，工会组织率（参加工会的劳动者比例）在不断提高。在美国，1930 年的工会组织率不足 10%，此后组织率开始逐渐上升，到 20 世纪 50 年代，工会组织率达到 25%，60 年代这一数字一直保持稳定。但是从 70 年代后期开始，工会组织率出现下降，到 1993 年，只有 16% 的工人参加工会。从表 7-1 可以看出，自 70 年代以后，除瑞典和意大利等个别国家外，大部分发达国家的工会组织率都下降了。美国 2000 年的工会组织率为 13.5%，2005 年下降为 12.5%①，2013 年进一步下降为 11.3%。工人为什么不愿意参加工会了呢？

表 7-1　主要发达国家工会组织率的变化　　　　　　　单位:%

国家	1970 年	1985 年	1994 年
美国	27.2	15.7	16
英国	48.5	43.3	34
日本	35.4	28.9	24
西德	37.0	36.7	29（德国）
法国	23.1	19.3（1982 年）	—
意大利	33.1	40.0	39
瑞典	80.4	96.3	91
加拿大	35.9	30.5	—

资料来源：［日］永山武夫：《劳动经济——日本的经营与劳动问题》，ミネルヴァ書房 1992 年版，第 107 页。OECD Emploment Outlook，July 1997.

工会往往会允诺较高的工资，但是高工资是有代价的，高工资常与就业量的下降相联系。也就是说，工人参加工会后，虽然他的小时工资得到提高，但其就业时间可能减少，甚至会被解雇。虽然作为个体加入工会不一定会遭到解雇，但工会会员整体以及所有劳动者的就业不稳定性增强了。这时工人需要考虑高工资和高的就业风险给他带来的效用是否得到提高。只有提高了效用水平，工人才会选择加入工会。而这种效用的预测需要工人对未来有合理的预期。

工人参加工会的决定具体可以用图 7-1 来分析。原来工人的预算线为 AT，工人效用最大化的均衡点为 P，工作时间为 H 小时。工会谈判的工资上升导致预算线移动到 BT。这时企业要考虑缩短工作时间，如果工作时间减少到 H_2，工人的效用下降（无差异曲线由 U 移动到 U_0），他不会选择加入工会。如果工作时间减少到 H_1，则工人的效用水平由 U 提高到 U_1。这时，工人会选择加入工会。

① *Employment & Earnings*，Jan 2002，Jan 2006. 下面关于美国 2000 年、2005 年、2012 年工会组织率的出处与此相同。

工资收入

B

P₁

P

A U₁

U

P₂ U₀

L L₁ L₂ T 闲暇时间

工作时间

H H₁ H₂ 0

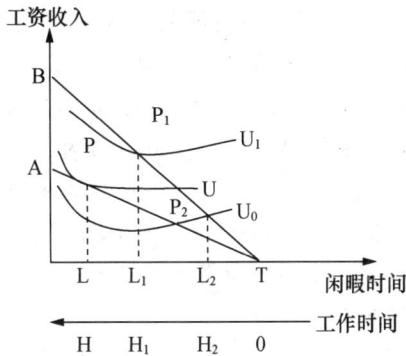

图 7-1 工人加入工会的决定

　　工人考虑加入工会往往还出于这样的目的，即集体的力量远大于个体的力量，因而可以在谈判中获得更大的利益，甚至有人抱着"搭便车"的心理。但他们忽视的是工会会员偏好存在异质性，有的会员希望获得更高的工资，有的希望获得稳定的就业。从工会的效用来看，它可以是多方面的：追求自身利润最大化，或者追求就业数量最大化，或者追求总收益（总工资）最大化。工会作为一个集体只能有一个共同的目标，代表大多数会员的利益，从而不一定和每个个别工会会员的利益相一致。工会在谈判过程中会针对不同的目标来进行，而不同的目标给工会会员带来的结果是不同的。此外，工会取得的利益并不一定是平均分配的，有的会员得到的多一些，有的会员得到的少一些。

　　工会还可能对劳动强度、工作环境等劳动条件进行谈判，对企业的保险与保障制度进行谈判。工会往往产生于工作条件相对恶劣的环境。如传统的采掘业、重工业中劳动者参加工会的比例就较高。黑人劳动者一般从事环境较恶劣的工作，因而黑人参加工会的比例较高。而随着产业结构的升级和传统产业向发展中国家转移，第二产业，尤其是重工业在发达国家中的比重下降，第三产业的比重显著增加。在第三产业中工作的雇员参加工会的比重较小，这也是西方国家在20世纪70年代以后工会组织率下降的一条重要原因。2000年，美国金融、保险、房地产业劳动者参加工会的比例仅为1.6%。

　　从工人的效用角度考虑，纽曼和里士曼进行的一项研究给出了另一种可能的解释，他们认为，之所以工会对工人不那么有吸引力了，是因为过去仅由工会提供的服务目前已被公共部门提供的服务所取代了。失业保险和职业卫生与安全条例都是公共部门替代的例子，有了这些法律，企业必须遵守法律为职工提供各种保障。其结果便是工人很少再需要工会作为其代表，对这些问题进行谈判。

　　此外，工会的组织成本也是原因之一。如果工会的组织成本非常高，则工会的人数也不可能有效地增加。一个很明显的现象是农场工人参加工会的比例很低，这是因为农场工人居住得很分散，工会的组织成本很高。2000 年，美国农业工人的工会组织率只有 2.1%。此外，妇女参加工会的比例低于男性，因为妇女从事非正规雇佣劳动的比例较高，劳动流动性较大，因而工会的组织成本也较高。20 世纪 70 年代以来，在西方国家，妇女的劳动参与率在不断上升，这也使得劳动者整体的工会组织率下降。2005 年，美国全日制劳动者参加工会的比例为 13.7%，而非正规雇用劳动者的比例只有 6.5%。

来自企业主的反对和抵制也导致了西方一些国家工会组织率下降。企业会阻挠工会的成立，解雇从事工会活动的工人，雇用律师或顾问来处理劳资纠纷。此外，来自国外廉价进口商品的竞争压力和传统工会化产业（例如民航、铁路等）的放松管制也助长了企业对工会活动的抵制，使得工会不能提出更高的工资要求。

同时，工会的发展要求有一个最合理的规模。规模过小，会影响到其谈判能力；而规模过大，也会造成协调和运转成本的高昂。因而，从工会本身的成本和收益考虑，在合适规模原理的作用下，工会规模在 20 世纪 70 年代以后不但没有扩大，反而缩小。

工会分企业工会、行业工会、职业工会、地区乃至全国工会等几个不同的层次。相应地，工会与企业谈判的形式也不同。如果单个企业和企业的工会谈判，称为企业谈判；如果产业工会和雇主团体谈判，称为统一谈判；如果产业工会和单个企业谈判，称为对角线谈判；如果工会连同上级团体一起与单个企业谈判，称为共同谈判；如果几个工会联合与企业联合进行谈判，称为集体谈判。[①]

【案例】

发展农民工加入工会

5 年前，王海霞作为首批农民工代表，参加了工会第十五次全国代表大会（以下简称工会十五大）。5 年后的今天，她再次代表农民工参加工会第十六次全国代表大会（以下简称工会十六大），身后的农民工会员已有 1.1 亿，占 2.6 亿农民工四成以上。

1995 年末，王海霞来到沈阳打工，陌生的环境，让她感到茫然无助。2006年的一天，打工 11 年的王海霞从报纸上看到农民工可以加入工会的消息，她就来到了沈阳市农民工维权中心要求入会。

随着越来越多农民进入城市成为产业工人，把他们吸纳到工会，组织起来、

---

① 参见［韩］金秀坤：《韩国劳资关系》，经济科学出版社 2005 年版。

切实维权逐渐成为各级工会的工作重心。在各级工会实践基础上，全国总工会（以下简称全总）2010 年制定了《2011～2013 年推动企业普遍建立工会组织工作规划》，其中着重提出要最广泛地把包括农民工、劳务派遣工在内的广大职工吸收到工会组织中来。越来越多的农民工加入工会，农民工的声音也越来越响亮，农民工的权益保障也不断加强。工会十五大时，像王海霞这样的农民工代表有 47 名。到工会十六大，农民工代表达到 75 名。

根据国家统计局发布的《2012 年农民工监测调查报告》，农民工的权益诉求已经发生了明显变化，不再是仅仅满足经济上的获得，同时对稳定的居住场所、享有社会保障、公共服务等也有较高的需求。

2011 年 9 月，已经成为沈阳鲁园农民工业余学校校长的王海霞，拿到了沈阳市为农民工提供的公租房的钥匙，让她在城市中有了一个自己的家。像沈阳一样，各地、各部门对农民工群体的帮扶力度也在不断加大。

根据全总的统计，近 5 年来，全总共争取中央财政补助全国困难劳模、帮扶困难职工及农民工专项资金 53.5 亿元；各级工会筹集帮扶资金 137.7 亿元，日常帮扶困难职工和农民工 3810.3 万人次；筹集助学款 46 亿元，共帮助 336.6 万名困难职工和农民工子女走进了校园。

资料来源：齐中熙、樊曦：《我国四成农民工加入工会》，新华网 2013 年 10 月 20 日。

第二节　工会与企业的谈判

一、工会的目标函数

首先考虑工会追求的是单一目标的情况，它或者追求工资最大化，或者追求就业量最大化，或者追求利润最大化。

如图 7-2 所示，工会的边际成本曲线就是劳动力供给曲线，企业对劳动力的需求曲线是边际产品价值曲线，而工会的边际收益曲线可以由劳动力的需求曲线（也即工会的平均收益曲线）得出。[①] 如果工会是垄断的，它追求自身利润（总收益减总成本）最大化，它的均衡点是边际成本等于边际收益之点，对应的

---

① 这时，劳动力相当于工会生产的产品。

就业量为 L_1，工资为 W_1。因为是工会单边垄断，工资是劳动力需求曲线上对应的工资水平。如果工会希望获得最大化的总工资①，也就意味着工会追求的是总收益的最大化，而达到总收益最大化的条件是边际收益等于零，所以均衡点应该是边际收益线与横轴相交之点。这时对应的就业量和工资分别是 L_2 和 W_2。如果工会希望就业数量最大化，均衡点应该是劳动力供给曲线和劳动力需求曲线相交之点，以反映市场作用的结果。这时的就业量为 L_3，工资为 W_3。从图 7-2 中可以看出，就业数量 $L_1 < L_2 < L_3$，而工资 $W_1 > W_2 > W_3$，这说明高的工资水平要以就业量的下降为代价，而高的就业量要以低的工资水平为代价。

由于长期的劳动力需求曲线比短期劳动力需求曲线更有弹性，所以如果工会以提高工资为目标，在长期中会带来更大数量的失业减少。而且这种失业减少往往是不易发觉的，因为对就业的不利影响牵涉的是那些从未受雇的工人，而不是解雇现有工人。不同行业、不同企业劳动力需求曲线的弹性不同，如果需求弹性非常小，则工会的谈判力量就会很大。

以上假设工会只追求单一的目标，但现实的工会却是要兼顾就业和工资两方面，因而工会存在就业量和工资的双重目标，工会的效用函数中包含工资和就业量两个解释变量，可以用无差异曲线来表示工会的效用。如图 7-3 所示，每一条无差异曲线上有不同的就业量和工资组合的点，它们代表着工会获得相同的效用水平。较高的无差异曲线代表着较高的效用水平。至于最终的均衡点形成多高的工资和多少就业量则取决于工会与企业的谈判，即企业的利润最大化与工会的效用最大化之间要达成一致。

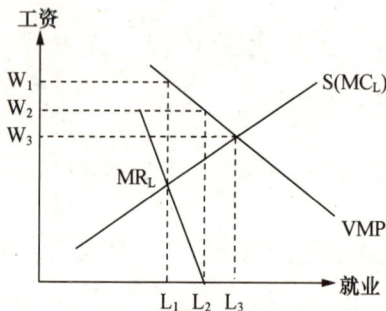

图 7-2 工会追求不同目标时的
均衡就业和工资

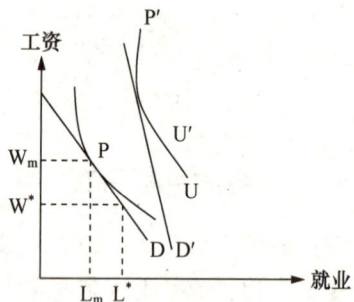

图 7-3 垄断工会的行为

---

① 而后再进行分配，在工会人数既定的情况下，如果是平均分配，也就相当于平均工资最大化，即仅对工资进行谈判。但图中工会会员人数和工资是同时决定的。

二、工会谈判的类型

在现实中，大多数工会只能通过工资谈判来决定工资，而将就业数量的决定权留给企业。也就是说，工会并没有绝对的垄断力量。工会在谈判时要考虑企业对劳动力的需求，也要考虑自身效用函数中工资和就业量的替代关系。企业对劳动力的需求取决于劳动者的边际收益产品，如果工会给定工资，企业对劳动力的雇用数量就由劳动力需求曲线决定，这被称为工会谈判的管理权模型（Right - to - management Model）。这时的工会也被称为垄断的工会。如图 7 - 3 所示，工会在既定的劳动力需求曲线条件下，要实现效用最大化，就需要寻找自己的无差异曲线与劳动力需求曲线相切之点。这一切点对应的工资水平是工会要求的工资，在这一工资水平下，由企业决定雇用数量。如果企业的劳动力需求曲线越缺乏弹性，则在工会垄断的管理权模型中，工会的谈判力量越强，就会要求越高的工资。

在这种情况下，雇用数量将永远位于劳动力需求曲线之上。这类似于在完全竞争的劳动力市场上工资由市场决定的情况，企业在面对水平的劳动力供给曲线（与市场工资相等）时，按照劳动力的边际收益产品决定雇佣数量。但不同的是，管理权模型是缺乏效率的，是非帕累托最优的。工会单方面决定的高工资会给企业的雇用带来限制。存在其他谈判方式，可以实现在不减少一方效用的情况下，提高另一方的效用，即"帕累托改进"。

下面引入效率谈判（Efficient Contract）模型。在上面的管理权谈判中，工会与企业进行谈判时，只考虑企业的需求曲线。而在效率谈判模型中，工会要考虑企业的利润情况。所谓的等利润线是劳动力雇佣数量与利润之间的关系。如图 7 - 4 所示，在工资为 W_1 时，企业雇用 100 个工人实现利润最大化，如果企业雇用 50 个工人并保持利润不变，就必须削减工资（由于人员过少，必须增加资本的投入，这增加了企业的资本成本，要靠减少劳动力成本才能保证利润不变）。同样，如果企业雇用 150 个工人并保持利润不变，也要削减工资（由于人员过多导致效率低下，劳动力的边际产量下降，只有降低工资才能保证利润不变）。这样等利润线就呈现出"倒 U"的形状。较低的等利润线代表较大的利润，因为这时的工资水平较低，劳动力成本较低。在一般情况下，劳动力需求曲线上的点代表着等利润线上的最高点（即按企业能够承受的最高工资来支付）。

企业的等利润线说明，企业在保持利润不变的前提下，可以变换就业数量与工资的组合，这就为企业和工会谈判留下空间。而工会的效用也包含就业数量和工资的组合，这样最终的谈判结果是实现企业的等利润线与工会的无差异曲线相切之点，如图 7 - 5 所示。等利润线与无差异曲线相切，说明企业在实现利润最

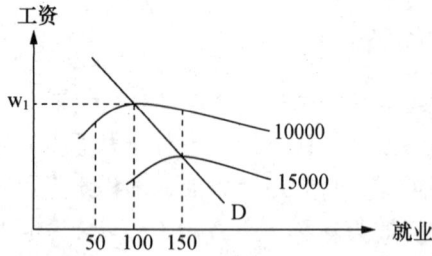

图7-4 需求曲线和企业的等利润线

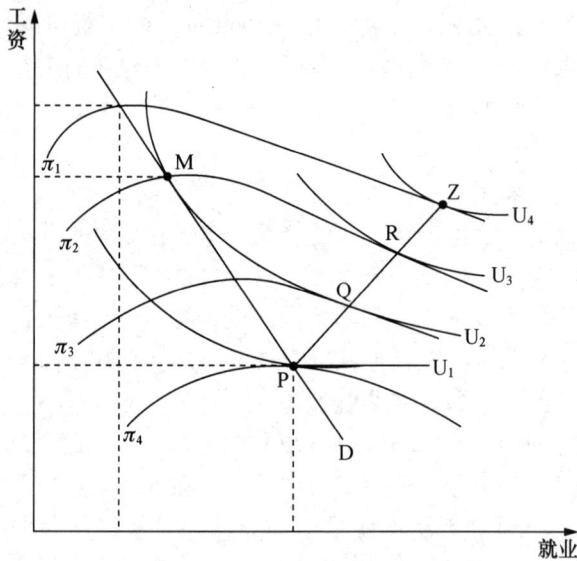

图7-5 效率合约和合约线

大化的同时，工会也实现了效用最大化。将所有的相切之点连接，就形成了一条线段，它被称为效率合约。至于最终谈判结果是效率合约线段上的哪个切点，则取决于双方的谈判力量对比。极端的情况（线段的两个端点）分别表示工会完全攫取租金（图中的Z点）和企业完全攫取租金（图中的P点）。之所以称其为效率合约，是因为工会和企业之间的谈判是充分的，能够将所有的机会都攫取尽，即租金在它们之间被分配完毕。

与图中的其他点相比，效率合约线段上的点可以保证在一方福利不变的情况下，增加另一方的福利。例如，从M点到R点，工会的无差异曲线上升，其效用水平提高，而企业的利润不变，福利水平没有改变。M点是劳动力需求曲线上的点，也是管理权模型中的均衡点（工会决定工资，企业按照劳动的边际收益产品曲线决定就业量），而 R 点则体现了效率谈判的结果。同样，从 M 点到 Q 点，工会的效用水平不变，而企业的利润水平提高，因而也是帕累托改进。由于工会以工资和就业量为双重目标，工资和就业量可以调整，这也为企业的调整留出了空间，这样可以充分考虑工会和企业双方的利益，因而这一合约是有效率的。而其他的合约则可能出现一方福利的增加是以牺牲另一方的福利为代价的，因而是没有效率的。

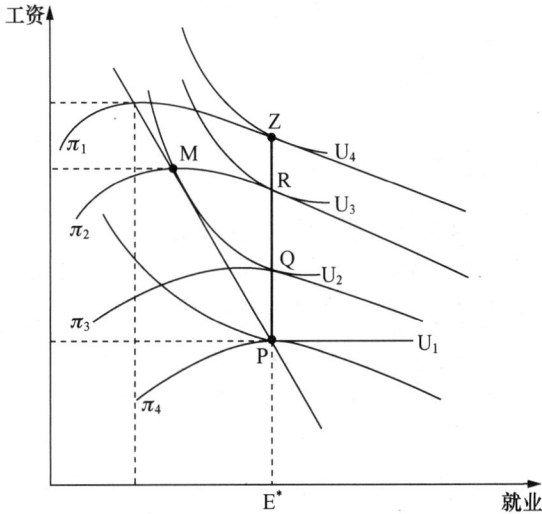

图 7 – 6   强效率合约曲线：垂直合约曲线

在极端的情况下，效率合约线段是垂直的，如图 7 – 6 所示。在这种合约下，不管有无工会，企业雇用的劳动力数量都是相同的。区别在于在有工会或工会力量强大时，工人的工资较高；在没有工会或工会力量较小时，工人的工资较低。这样的合约被称为强效率合约（Strongly Efficient Contract），因为企业雇用的劳动力数量与充分竞争条件下的就业数量相同。强效率合约的效率体现在以下两点：首先，和效率合约一样，它使得工会和企业双方的谈判机会被攫取尽；其次，它使得企业雇用"合适"水平的工人，没有出现劳动力配置的扭曲。

工会是否会完全不考虑劳动力市场的均衡工资情况，形成一个强有力的工会，导致工会工人的工资较高、雇用数量相对较少？还是会形成一个强效率合约，雇用的数量和完全竞争情况下相同呢？下面从计量分析中寻找答案。

考虑影响工会就业数量的计量方程如下：$E_U = aw_U + bw^* + others$，其中 E_U

为工会会员的就业数量，w_U 为工会工资，w^* 为市场工资。如果工会是一个完全垄断的工会，有很强的谈判能力，会不考虑市场的工资情况，而自主制定一个工资水平，企业按照这一个工资水平决定雇用数量。工会就业数量只受工会工资水平的影响，不受市场工资水平影响，则回归系数 a 应该为负，b 应该为 0。

如果工会和企业形成的是效率合约，则工会工资和市场工资都会对工会工人数量产生影响，即 a 和 b 都是负值。如果形成的是强效率合约，则工会就业数量只受市场工资的影响，不受工会工资的影响。即 a 为 0，b 为负值。

实际计量分析的结果表明，工会会员的就业数量受到市场工资水平的影响，即它是一个效率合约，但不是强效率合约，效率合约线段不是垂直的。工会提出的工资水平对工会就业数量有影响。当然，也有个别研究认为工会和企业形成的是强效率合约。①

三、工会谈判的约束

如果工会要求的工资和就业量较高，在企业不能改变产品销售价格的情况下，企业的利润就会下降。所以，两者之间存在着此消彼长的关系。如果利润降到平均利润以下，就会影响到企业的继续经营。但是，如果企业是垄断型的企业，它可以将增加的工资成本转嫁到消费者身上。它可以提高产品的销售价格，则企业仍能保持一个相对稳定的利润。这也是在产品垄断的企业中，企业工会的谈判力量也会提高的原因。相反，在充分竞争的行业中，单个企业的工会较高的工资要求会对企业利润产生侵蚀，一旦企业利润低于平均利润率，企业就不得不从这个行业中退出，这样，工会工人就会失业。所以，工会的要价也要考虑企业的实际支付能力。

另外，如果这时不是单个企业组成工会，而是整个行业组成工会，结果会有所不同。即使这个行业仍然是充分竞争的行业，但是由于行业工会要求所有的企业都普遍提高工资，所有企业的生产成本都上升。这时，产品的销售价格也会上升，从而企业仍然会获得平均利润。从这个分析中可以看出，在行业范围内，工会化的劳动力需求曲线要比单个工会化企业的劳动力需求曲线缺乏弹性。

如果工会合同既指明工资率，又确定雇用人数，特别是工会试图把企业劳动力需求曲线外推以增加就业时，这种做法就被叫作"超员雇用"。超员雇用一词也用于表示限制雇员所能完成的工作数量的有关做法。如图 7-7 所示，在合同工资 w 处，如果允许，企业将雇用 L_1 个工人。一个超员雇用的合同将确定在 A 点，即需求曲线的右边，而 L_1 和 L_2 之间的距离说明了超员雇用的程度。工会有

① Abowd John M., "The Effect of Wage Bargains on the Stock Market Value of the Firm", *American Economic Review*, 1989, 79: 774-800.

时会通过各种方法来扩大企业最终产品的需求，以增加劳动力的需求，甚至可以在不改变最终产品需求的情况下直接增加劳动力的需求。

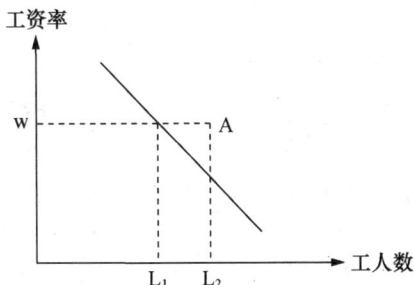

图 7-7　超员雇用

工会如何影响最终产品的需求呢？例如，如果工会可以劝说消费者购买工会企业制造的产品，而不去购买同样的非工会企业制造的产品，以此来增加最终产品的需求，进一步增加工会劳动力的需求。在美国，"购买工会产品"的广告运动就是一个例子。工会也可以通过进口管制来限制外国产品的进口，从而增加对本国工会制造的产品的需求。近年，由于发展中国家的廉价商品对发达国家国内市场形成了竞争的压力，于是许多工会都出面呼吁要对来自发展中国家的廉价商品实行进口限制。此外，工会还可以影响法律，以增加对自己生产的商品的需求。例如，居住在美国的作者用英语撰写的书籍若是在美国以外印刷，《美国版权法》将拒绝给予这些书籍以肯定的版权保护。这样一来，作者为了寻求保护，必然会在美国本土印刷，从而会增长对国内印刷服务的需求，以增加对参加工会的印刷工人的需求。最后，限制非工会企业进入本行业，也是很多工会要采取的措施，这样会对工会企业生产的产品量保证需求稳定和持续的增长。

工会还会在不影响最终产品需求的情况下，直接影响劳动力的需求。例如美国汽车工业协会在 1983 年汽车工业就业下降时，提出了一项草案。草案规定，在美国出售的小汽车必须有一定比例的生产成本是在美国产生的。1985 年，对本国含量所要求的百分比范围，是从销售 10 万单位的汽车制造商（低于此可豁免）的 3.3% 到出售 90 万单位的 30% 不等。1987 年，这一法案全部实施时，规定的百分比范围提高到 10% ~ 90%。这个议案不仅适用于那些在外国生产汽车或部件而在美国市场销售的美国汽车制造商，而且适用于在美国出售汽车的外国企业。这一建议，虽然不影响消费者对美国汽车的最终需求，但却增加了对美国汽车工人的需求，因为越来越多的生产比例要在美国本土生产，相应地，对本土汽车工人的雇佣量会上升。

但是，无论工会对最终产品需求的影响还是对劳动力需求的影响都是有限度的，它不能完全忽视外部市场的形势。

【小资料】

工会为农民工争取权益

2013 年，中华全国总工会（以下简称"全总"）等联合开展的农民工工资支付专项检查，共为农民工追回被拖欠工资 73.29 亿元。同时，全总推动各地适时合理调整最低工资标准，使最低工资平均增幅达 18%。

全总副主席、书记处第一书记表示，2014 年，全总将以一线职工、农民工、困难职工等为重点群体，以劳动就业、技能培训、收入分配、社会保障、安全卫生等问题为重点内容，帮助职工解决最关心、最直接、最现实的利益问题和最困难、最操心、最忧虑的实际问题，促进改革成果更多、更公平地惠及广大职工群众。全总还将促进把公平就业列为经济社会发展的优先目标，逐步消除对农民工、劳务派遣工、女职工等群体的就业歧视，推动实现劳动者同工同酬、同工同权。

资料来源：陈郁：《全国总工会 2013 年为农民工讨薪 73 亿元》，《经济日报》2013 年 12 月 26 日。

第三节　罢工模型

工会和企业谈判的过程是艰辛和复杂的。工会的谈判力量来自它是否会对企业主产生威胁，是否能够有效地让企业主让步。例如，一种非常重要的斗争方式是组织罢工，如果企业主不同意工会提出的条件，工会就会组织会员罢工。企业的生产停顿会给企业利润带来损失，因而，企业主会在谈判条件上做出让步。但是，罢工对工会来说也是有成本的，什么时候采取罢工，罢工应该持续多长时间为佳，都是工会的策略性选择。

罢工不仅会损失企业的利润，也会使工会会员遭受损失。因为罢工期间企业不会给工人支付工资，而工会为了有效地组织会员起来罢工，就必须有财力给罢工工人一定的补贴，以让他们能够将罢工坚持下去。既然罢工对双方都没有好处，那么，如果通过和平谈判方式可以取得双方一致的同意意见，罢工就应该被尽可能避免。但是在双方互不让步的情况下，罢工就成为唯一的解决方案。这里涉及双方的博弈问题，如果双方是不合作的，罢工就可能成为唯一的纳什均衡。

一旦通过罢工来解决问题，就会耗费一些资源。如图 7 - 8 所示，假设有 100

单位的租金，据此劳资双方进行谈判，企业主想获得75单位的租金而将剩余的25单位给工会，而工会也想获得75单位的租金而将剩余的25单位给企业。双方争执不下，最后罢工爆发。由于罢工耗费成本，所以罢工后的解决方案是双方各获得30单位租金。如果双方能够和平解决以避免罢工的爆发，则双方可以各获得50单位的租金。

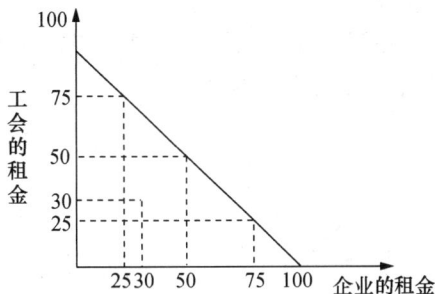

图7-8　希克斯悖论：罢工不是帕累托最优

可见，罢工不是帕累托最优的，它造成了经济损失。这种罢工的非理性被称为希克斯悖论（Hicks Paradox）。那么，双方为何会争执不下？因为每一方都希望自己在谈判时更强硬些，以获得更大的租金份额。在一方对对方不能充分了解的情况下，达不成妥协从而罢工往往不可避免[①]。因为存在着信息不充分、信息不完美，希克斯认为，要彻底地根除罢工现象是不可能的。

发生罢工之后，双方的博弈继续进行。罢工能够进行多久，取决于一方由于罢工的成本过高，从斗争中退出，提出和解。先退出的一方自然在和解中要给予对方更大的利益，因为它是斗争的失败者。所以，在罢工过程中，双方都既要考虑自己的实力，同时又要分析对手的实力，以让自己尽可能坚持时间长一些，获得斗争的胜利。在信息不对称的情况下，也会出现实力弱的一方冒充实力强大者，以"阻吓"对方。

在现实经济中，企业主往往对租金大小有更多的了解，而工会却不清楚。这种信息不对称也会给谈判带来影响，因而出现了一些新理论来摆脱希克斯悖论。最有影响的是Ashenfelter和Johnson的理论模型[②]，这一模型说明在工会提出工资要求之后，企业如何实现利润最大化，如何决定罢工的发生与否。后来Farber发

① 如果经常发生类似的谈判，也即存在着重复博弈，则结果可能会有所不同，双方也许会走向和平谈判。

② Ashenfelter Orley C. and George E. Johnson，"Bargaining Theory, Trade Unions, and Industrial Strike Activity,"*American Economic Review*，1969，74：35-49.

展了这一理论。与 Ashenfelter 和 Johnson 的理论模型不同，在 Farber 的模型中，工资和罢工时间是同时决定的。这一理论认为，从动态的角度来看，在罢工持续的过程中，工会的要价会不断地发生变化，它会不断调低自己的要求；同时企业主也会不断地提高给工人的承诺，一旦双方达成一致，罢工就会停止。这一过程如图 7-9 所示。随着罢工持续时间的延长，工会会调整工资要求，但不能低于最低工资，从而形成一条抵抗线，企业主会选择在抵抗线与最低的等利润线（利润最大）相切之点和工会和解，使罢工停止。这一点就是图 7-9 中的 P 点，这时，工人获得 W_t 的工资，罢工持续 t 时间。

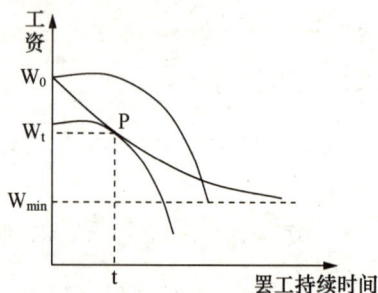

图 7-9　理想的罢工持续时间

在图 7-9 中，如果企业一开始就答应了工会的工资要求 W_0，则罢工不会发生，但企业获得了较低的利润（图中的较高的等利润线）。企业知道工会的要价会随着时间的延长而不断降低，所以，它一开始不会轻易答应工会的工资要求。它会选择工会抵抗线与企业等利润线相切之点，以实现最大的利润。这时，给人的印象是，企业主由于掌握更多的信息，有谈判的主动权，决定了罢工的时间。

Ashenfelter 和 Johnson 的理论模型也得出了一些结论：如果工会一开始的工资要价 W_0 越高，罢工就越可能发生。工会的要价不合理，企业就不会答应，要让工会尝尝苦头，也就会听任罢工发生。如果工会最后愿意接受的工资 W_{min} 越低，罢工就越容易发生。这一关系不是很容易理解，可以用保留工资的概念来理解。工会最后愿意接受的工资越低，即保留工资越低，罢工对工会的损失就越小，对企业的损失就越大，工会会愿意罢工并以一个高的要价开始。所以罢工就越可能发生，也会持续得更久。工会最后愿意接受的工资虽然低，但是如果不罢工，也获得不了。但这一愿意接受的最低工资信息在实际经济中很难获得。

Ashenfelter 和 Johnson 认为，失业率越高，企业工资要价越低，罢工就越不可能发生。失业率每上升 1%，罢工的可能性就下降 1%。而随着罢工时间的持续，工会的要价不断下降。罢工 50 天后，工资下降 2%；罢工 100 天后，工资下降 4%。由于工会对企业经营状况存在信息不对称，罢工很容易发生。如何反映这种信息不对称状况呢？可以用企业在股票市场价值的波动来表示，波动越大，说明投资者（也包括劳动者、工会）对企业的不确定性越大，信息不对称程度越大。而研究发现，股票市场价值波动越大，罢工就越可能发生。这说明工会与企业的信息不对称程度越大，罢工就越可能发生。

后来，信息不对称条件下的罢工模型进一步得到发展，其基本思路是一方（尤其是雇主）比另一方拥有更多的信息；信息较少的一方通过观察对方的行为可以推断对方妥协状况等有关数据，因而，谈判过程发挥着学习机制的作用。代表性的模型是 Tracy 1987 年的模型[①]，在模型中，工会在每一轮谈判中都抛出一个合约报价，然后观察雇主的反应，凭此来破译雇主所掌握的私人信息。只要下一轮谈判信息的收益大于其相关的成本，谈判就会持续下去。当原来的合约已经到期，且继续谈判或学习的成本大于其收益时，罢工行为就会发生。罢工被看成是解决争端的最后武器。

除了一方拥有另一方无法获得的信息（信息不对称）的情况外，还可能存在双方对彼此的情况都不了解，即所谓的信息不完美。[②] 一方可能对另一方的态度或位势产生错误的判断，所以罢工有可能发生。代表性的模型是 Mauro 1982 年的模型[③]，Mauro 发展了希克斯关于信息不完美的理论。Mauro 认为，罢工是双方误解的一个后果。误解的起因来自于两个方面：一是双方在谈判过程中使用不同的变量建立各自的妥协函数；二是双方未能充分掌握彼此的态度及位势。在 Mauro 的模型中，如果一方在判断对方的态度时"以己之心，度人之腹"，而对方实际上却"另有所图"时，则罢工行为也会发生。

如图 7-10 所示，ECC 代表雇主真实的妥协函数，URC 代表工会真实的抵制线。但在工会看来，雇主的妥协函数为 ECC_u，而在雇主看来，工会的抵制线为 URC_e。之所以会如此，是由于双方据以计算妥协函数的变量不同。例如，雇主以产品价格估算自己的妥协函数，由此估算劳动力的需求和支付的工资水平；而工会以消费者价格水平确定自己的抵制线，由此估算劳动力供给和希望的工资水平。当雇主也以产品价格来估算工会的抵制线时，就会形成相对较低的 URC_e，在工资既定的情况下，雇主想象工会坚持时间会更短些，也就是说，雇主低估了工会的抵制能力（不知道工会面对的消费价格，劳动者要维持自己的消费水平，

---

① Tracy, J., "An Empirical Test of an Asymmetric Information", *Journal of Labor Economics*, 1987：5 (2)：149-173.

② 这种信息不完美可能是由于了解的信息不足（信息不完全, Incomplete Information）造成的，也可能是单纯由于信息不完美（Imperfect Information）造成的。信息不完全意味着信息不完美，但反之，不成立。

③ Mauro M. J., "Strikes as a Result of Imperfect Information", *Industrial and Labor Relations Review*, 1982：35 (4)：522-538.

会极力要求较高的工资，因而形成强大的抵制能力），则 URC_e 与 ECC 相交之点形成的工资水平就是雇主期望的谈判工资 W_e。当工会也以消费者价格来估算雇主的妥协函数时，就会形成相对较高的 ECC_u，也就是说，在工资既定的情况下，工会想象的雇主坚持时间会更短些，工会低估了雇主的妥协力量（不知道它的成本价格，不知道它还有很大的利润，可以坚持更长时间）。则 ECC_u 与 URC 相交之点形成的工资水平就是工会期望的谈判工资 W_u。不难看出，工会期望的谈判工资和雇主期望的谈判工资之间的差距越大，罢工发生的可能性就越大。而差距产生的原因就在于双方产生的误解，例如工会对雇主的误解越大，ECC_u 越高，W_u 越大。雇主对工会的误解越大，URC_e 越低，W_e 越低，从而 W_e 和 W_u 的差距越大，谈判越不容易形成一致的工资，所以罢工就越有可能发生。

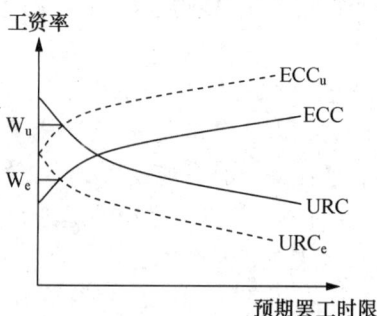

图 7 – 10　Mauro 模型

在简单假设的基础上，Mauro 为自己的不完美信息模型提供了一个获得实证支持的估计数据。他根据美国 14 个企业样本的谈判过程等微观数据，发现不完美信息在谈判过程中的重要作用，误解有引发罢工行为的可能性。

如何衡量双方的谈判力量呢？可以用公式来表示：工会的谈判力量 = 雇主不答应工会条件的损失/雇主答应工会条件的损失。雇主不答应工会的条件时，工会就会组织罢工，这里的损失包括罢工给企业生产和利润带来的负面影响。如果答应了工会的条件，企业的工资成本等也会上升。工会要想提高自己的谈判力量，一方面要威慑企业，增大工会罢工给企业带来的损失；另一方面要减少答应条件后给企业带来的损失，如通过生产性评判、延迟战术来降低企业的负担。同样，企业的谈判力量 = 工会不答应企业条件的损失/工会答应企业条件的损失，企业也可以在这两方面做出努力，以提高自身的谈判地位。

从实践来看，美国在 20 世纪 70 年代以后罢工的强度减弱了，无论是涉及的劳动力比例还是损失的劳动时间都下降了。20 世纪 70 年代有超过 3% 的劳动力参加过罢工，而到了 1992 年，只有 0.3% 的劳动力参加罢工。1970 年，罢工损失的时间约占劳动时间的 0.3%，到了 1992 年，这一数字下降为 0.01%。这说明工会和企业双方的谈判是有效的，双方信息不对称、不完善的程度在降低。当然，从政治经济学的角度来看，是工会力量在削弱，因而组织罢工的次数和规模在减少。

罢工不仅有私人成本——对企业和工会造成损失，还有社会成本。从私人成本的角度来看，罢工反映为企业市场价值的下降，罢工使得股东的财富价值下降。社会成本表现为对社会经济的外部不经济，例如，铁路工人罢工导致交通中断，影响人们的出行，从而对国民经济产生不利影响。因此，政府有必要对罢工行为采取一定的限制措施，以防止罢工无限期地持续下去。但也有人认为，由于存在着存货的储备和其他不罢工企业的补充作用，罢工的社会成本并不高，大约只相当于国民收入的 0.2%。

第四节　工会与资源配置

工会的出现主要是维护劳动者的利益，另外，它也会给社会资源配置带来影响。

一、工会对本企业的影响和外部影响

首先从企业范围内分析。工会垄断形成了较高的工资和较低的就业量，这不利于社会整体就业量的增加。而较高的工资如果有企业在产品市场上具有垄断地位做后盾，企业还可以长期维持下去；否则，工资成本的上升会导致企业经营难以维持，最终破产或倒闭。

工会行动会为会员争取更高的工资。为了计算工会对工资的准确影响，不仅需要获得有工会时工资的有关资料，而且还需要获得没有工会时工资的资料。前者很容易得到，后者却不可观测，因为随着工会产生，它就不复存在了。所以，大多数研究人员在实际做法上都是计算原来极为相同的工会工人和非工会工人之间的工资差别，非工会工人的工资被看作工会工人在假设没有工会时工资的合理估计。20 世纪 70 年代中期的一致估计是，工会工人的工资平均比相同的非工会工人高出 15%～25%。这里的相同是指工人的个人特征（教育、年龄）和从事的行业、职业完全一致，唯一的不同是一个参加工会，一个没有参加工会。2013 年，美国工会会员的周平均工资为 950 美元，非会员为 750 美元①，高出 26. 7% 。

工会对社会资源配置的影响不仅限于本企业，它还有外部影响。实行工会化的企业对非工会化企业的工资有影响，实行工会化的行业对非工会化行业的工资也会有影响。工会工人的工资有可能影响到非工会工人的工资。因此，用非工会工人的工资作为工会工人在没有工会时工资的合理估计，有可能出现失真。

工会化对非工会工人工资的第一种影响是外溢效应（Spill – over Effect）：假设存在工会部门和非工会部门，它们的初始工资水平相同。工会部门提高工资后，该部门的就业量会下降。工会部门的失业者会到非工会部门寻找工作，从而增加非工会部门的劳动供给，导致供给曲线外移，使非工会部门的工资下降，从 W_0 下降到 W_1。所以，工会化部门提高工资的可能效应之一，就是会压低原来相同的非工会部门劳动者的工资。这时以百分比表示的工会会员工资和非工会会员工资差别将是 $(W_u – W_1)/W_1$，而工会对自己会员工资的真正影响却是较小数量的 $(W_u – W_0)/W_0$。如果外溢效应通过这种方式起作用，那么工会部门和非工会部门工资差别就高估了工会提高其会员工资的实际能力。

另外，存在着所谓的威胁效应（Threat Effect）。当工会有能力提高自己会员的工资时，非工会部门为了防止该部门也组织起工会，会主动提高该部门的工资。同时，提高工资也可以防止高技能工人被工会部门的高工资所吸引而辞职。工资的上升将同时降低工会部门和非工会部门的就业量。此时所计算的工会部门和非工会部门工资（已经得到上升的工资，是工会作用的结果）的差别，则低估了工会提高其会员工资的能力。

外溢效应和威胁效应可能同时发挥作用。非工会部门的一些企业可能预见到工会化的真正威胁，并做出相应的反应；另一些则可能对工会活动无动于衷，这时起作用的是外溢效应。

此外，还有所谓的产品市场效应（Product Market Effect）。工会部门由于工资成本高导致产品价格较高，而非工会部门的较低产品价格会吸引原来工会部门的一部分消费者，从而非工会部门的产品需求上升，产品价格上涨，进而非工会工人的工资也会得到改善。这时工会部门和非工会部门的工资差异也低估了工会提高会员工资的能力。

优秀工人效应（Superior Worker Effect）是说工会部门相对较高的工资会吸引优秀的工人，于是工会部门集中了许多优秀工人，他们等待就业机会。这样工会部门劳动力的整体素质就会比非工会部门的高。表面上看到的工资差异部分反

---

① BLS *Employment & Earnings* 2014.

映了劳动者素质的差异，是合理的差异。这一表面的工资差异也高估了工会提高工资的能力。

此外，工会化部门的工资分布与非工会化部门的工资分布相比，更加均等化。高工资和低工资的差距缩小，处于平均工资水平的劳动者比例较高。实证估计，美国工会化企业的工资分布（Dispersion）比非工会化企业的低25%。这是否说明工会部门劳动者的技能、素质与非工会部门相比更相似呢？事实表明，工会部门的劳动者的确表现出更多的同质性，但是除了劳动者个人的因素以外，工会对于会员收入分配的平等也发挥着重要的作用。工资的相对平均有利于企业员工队伍的整体和谐，对劳动生产率的提高也有益。由于强调工资均等，工会部门教育投资的收益率低于非工会部门的教育收益率，这对于高学历的劳动者来说是不利的。还有人认为，工会部门的人力资本培训机会较少，由于有严格的工会规则来规定劳动者的生产过程，通过在职培训来提高人力资本的收益会下降，企业不愿增加人力资本培训，因而工会部门的劳动者工资会出现平均化的趋势。

除了工资外，工会还会影响劳动者获取的各种福利，包括健康医疗保险、假期、病假、养老金和奖金等。工会化企业的各种福利费用占工资总额的20%，而非工会化企业的这一比例为15%。考虑到工会化企业的工资高于非工会化企业，福利费用的差距比表面上看到的比例要更大一些。有的研究表明，工会化企业与非工会化企业的福利费用差异比工资差异更大，说明工会在福利费用方面的影响力更大一些。

人们担心工会的出现会对企业的效率带来负面影响，导致企业劳动生产率的下降。工会不仅对工资进行谈判，还与管理部门就工作条件和工作规章进行谈判。人们因此担心工会可能通过工作规章和其他限制性措施阻碍企业有效地利用其工作队伍或有效地引进先进技术，它们也可以为无效率的工人提供资历保护。超员雇用的做法，增加了生产一定产出所必需的劳动量，因而肯定降低了企业的生产率。

但是，也有人认为，工会能够缓和阶级矛盾，对于生产率的提高有好处。工会作为工人的一个集体组织，它能够协调劳动者和企业之间的利益冲突，尽可能避免出现双方矛盾的激化。工人的意见和建议可以通过工会反映给企业主，因而工会成为工人和企业主之间信息交流的一个媒介，它充当了工人集体呼声的机制。工人在工会代表面前比直接面对经理人员更能自由地表达他们的意愿。工会与企业达成的高工资有助于劳动生产率的提高，其激励机制与效率工资的作用相类似。例如，两年期非工会化企业的离职率为14%，而工会化企业的离职率只有7%。其中的原因既有高工资的激励，也有工会信息传递机制的存在（使员工能够有效地解决工作中的不满之处，避免辞职）。此外，与高工资相关的理论还存在着所谓的"震动"效应（Shock Effect），它认为，更高的工会工资会"震动"一个无效率的企业，迫使它采取必要行动，使企业变得有效率，而这本是以前就应做但未及时做的事情。

工会对劳动生产率的影响可以通过比较有工会组织企业和没有工会组织企业的生产率差异来衡量，实证表明前者比后者生产率高 9%。[①] 对这一现象的不同解释是工会组织企业的雇佣劳动数量减少，劳动的边际产出提高，劳动生产率自然提高。

但是，生产率的提高并不足以弥补它们的成本，工会组织企业的利润并不理想。例如，研究发现工会化后会减少资本收益。因此，企业的股东和管理者会阻止工会的成立，为此甚至不惜增加负债。

二、公共部门工会的影响

公共部门的工资和就业决定不同于私人部门的工资和就业决定，因为公共部门的劳动力需求方是具有垄断地位的政府，劳动力市场不是完全竞争的劳动力市场。同样，公共部门的雇员参加工会的比例较高，美国 2000 年政府部门的工会组织率为 37.5%，远高于全社会 13.5% 的平均水平。公共部门的工会也有其自身的特点。如果它形成强大的力量，以政治选票为交换，就可以从政治家那里获得更高的工资，而工会部门的工资是靠纳税人来支付的。

但实证研究的结果并没有表明公共部门的工会有很强的工资效果。大多数研究都认为，工会化公共部门的工资只比没有工会化公共部门的工资高 5% ~ 10%。因为政府部门受到来自纳税人的约束，不能任意给公务员涨工资，否则高税收会将劳动者吓跑，不在本地就业，转向其他税率较低的地区就业。此外，在美国，许多州也禁止公共部门的工会组织工人罢工，这也限制了工会的谈判力量，使得工会工资不能过高。

如果不允许罢工，那么，当工会和政府之间的谈判争执不下时，又该怎样解决呢？政府和工会会求助于仲裁机构来调停。有两种类型的仲裁程序：一是惯例仲裁（Conventional Arbitration），它是指工会和政府各自提出自己的要求，仲裁者在比较、研究之后，得出一个双方都能够接受的解决方案。这个解决方案可能在双方的要求之间，也可能在这一区间之外。二是最后出价仲裁（Final - offer Arbitration），在这种方式下，工会和政府各自提出要价后，仲裁者从中选择一个，作为双方最后必须接受的结果。

① Borjas George J. , *Labor Economics*, The Mcgraw - Hill Companies, 1996, p. 391.

选择仲裁的方式不同，最终形成的工资也不同。而且，作为谈判双方的工会和政府，在不同的仲裁方式下提出的要求也不同，他们会策略性地设计自己的要价，以对仲裁者的最终仲裁结果产生影响，这里存在着双方的博弈。例如，在惯例仲裁的条件下，工会和政府都对仲裁者认为的合理工资进行预期，他们相信，如果自己提出一个过分的要求（工会提出过高工资，政府提出过低工资），仲裁者就不会考虑其要求，最终仲裁结果就会更多地受对手提出要求的影响。为了避免这一现象发生，双方提出的要价与各自确信的仲裁者期望相符合。于是，仲裁者只需要取他们要价的中值就可以了，因为他们的要价都是对于仲裁者期望结果的策略性预期。在最后出价仲裁的条件下，同样，每一方的要价都不能过分，但是不同的是仲裁结果是一方的要价，只有要价合理、符合仲裁者的期待才会成为最后的胜利者。另外，如果一方是风险厌恶型的，其要价会很保守，要价越保守，越有可能被仲裁者选中。所以，如果仲裁者选中工会的要价，并不是仲裁者偏袒工会，只是因为工会比政府更加厌恶风险，要价更保守。

三、工会的社会福利总影响

工会部门会对非工会部门的工资产生影响，但更广泛地，要研究工会部门对社会资源配置和社会总福利的影响。由于工会部门的高工资导致一部分劳动者不得不退出，到非工会部门就业，人为增加了非工会部门的劳动供给，即使他能够在非工会部门就业，其劳动生产率也不能充分发挥，低于在原来部门就业的劳动生产率，因而，其对社会产出的贡献较小。从劳动力资源配置的角度来看，这是一种缺乏效率的做法。

那么，如何衡量这一效率的损失呢？可以用图 7 – 11 来表示。整个经济分为两个部门，1 部门是工会部门，2 部门是非工会部门，它们各自有自己的需求曲线。工会部门的需求曲线是正常的形状，而非工会部门的需求曲线是从右向左延伸的。又假设劳动力供给曲线是缺乏弹性的，所以，所有的劳动者 L 都能够实现就业。市场竞争水平的工资为 w，在没有出现工会之前，在这一工资水平下，所有的劳动者可以就业于任意一个部门。在 1 部门就业数量为 L_1，其余的 $L - L_1$ 个劳动者在 2 部门就业。因为劳动力需求曲线也就是劳动力的边际收益产品曲线，劳动力需求曲线以下的面积就是总的产出的价值。因此 1 部门的产出价值为 ABCD，2 部门的产出价值为 EBCF。它们的总价值即为国民收入。现在 1 部门组织了工会，并将工资提高到 w_1，因而 1 部门的就业量下降到 L_2，失业的劳动者会转向 2 部门，2 部门的劳动供给增加，工资下降为 w_2。现在 1 部门的产出价值为 AGHD，而 2 部门的产出价值增加为 EIHF。两个部门的产值加总小于原来的国民收入，缺口为 GIB。这个三角形是福利的净损失，它是由工会提高过高的工资造成的。

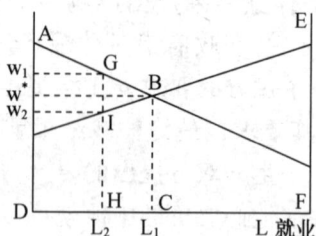

图 7-11　由组织工会引起的效率损失

进一步分析效率损失的三角形面积大小。它等于工会部门工资和非工会部门工资之差与流入非工会部门劳动力数量乘积的 1/2。

可以用下面这个公式来计算效率损失占国民收入的比例：效率损失/国民收入 = 1/2 ×（工会部门和非工会部门的工资差距比例）×（工会部门就业减少的比例）×（劳动者参加工会的比例）×（劳动者收入在国民收入中的份额）

假设工会部门和非工会部门的工资差距为 15%，工会部门的劳动力需求弹性是单位弹性，就业量因为工资过高也下降 15%。16% 的工人参加工会，劳动者收入在国民收入中的份额是 70%，则效率损失占国民收入的比例就为 1/2 × 15% × 15% × 16% × 70% = 0.13%。从比例上看，并不大，似乎可以说相对较小。但是考虑到一国国民收入的巨大数额，效率损失的绝对值还是很高的。此外，如果工人参加工会的比例很高，则效率损失的比例就会增大。

这一计算是假设工会和企业在劳动力需求曲线上形成合同，工会和企业可以形成更有效率的合约，如果合约曲线是垂直的，即所谓的强效率合约，工会化就不会对不同部门的劳动力配置造成效率损失，只是租金在工会和企业之间重新分配。

第五节　工人参与管理、利益分享与职工持股

在协调劳资关系方面，除了工会的作用外，近年也出现了新的形式。例如工人参与管理、职工持股与利润分享。这些形式的产生都有特殊的历史背景，在一定程度上缓和了阶级矛盾，加强了劳资双方的合作，对劳动者也产生了较好的激励作用。所以，从工作激励的角度来看，这几种形式也是激励措施。但这种激励

更多地反映了劳资双方的互动，甚至反映了产权关系的变化（例如职工持股），与企业单方面采用的工资激励不同，因而把它们放在本章进行论述。实际上，工会对工人参与管理、职工持股与利润分享都会产生影响。

一、工人参与管理

工人参与管理是让工人加强自我约束，自己监督自己，以提高劳动生产率，降低企业的监督成本。但表面上来看，似乎是工人地位的提高，他们似乎摆脱了被雇佣者的地位，不再受监督和控制，可以自主地进行生产活动，也可以对企业的重大经营决策提出自己的意见，典型的代表是德国的共同决定。

在企业层面的管理层和职工委员会的共同决定是由法律加以制度化的。《工厂组织法案》明确了一系列的权利，并涉及不同的利益领域，例如信息权利（企业经营和发展战略）、咨询权利（人事问题，如工作日程、加班的规范、人员调任、人员解雇等）、共同决定权利（社会福利事务）。这里主要涉及劳动力的执行运用情况，职工委员会的义务在于监督集体协议以及劳资规范的遵守情况。在德国，5人以上的企业要求成立职工委员会，但不是强制性的。管理层和职工委员会的协商产生了公司或工厂协议，但协议内容不允许与整个行业范围的集体合同条款相矛盾。职工委员会不能再对集体谈判已形成的结果进行协商，除非有开放条款。此外，要求一定比例的监事会成员是雇员和工会的代表，这也是共同决定的表现。

单纯的工人参与管理是为了尊重劳动者的权利吗？本质上，劳动者不是企业的所有者，他们只关心自己的工资，不会对管理产生兴趣。谈到管理，工人是处于被管理者的地位。如果让工人参与管理，去管理谁呢？去监督经营者、董事吗？还是对涉及劳动者劳动条件的决策发表自己的意见？如果是前者，首先，劳动者没有权力进行监督或者权力不足，同时也没有监督的动力。这里的权力主要是由股权所有而派生出来的权力，如果职工没有持有股份，单靠参与管理的规定很难让工人真正获得管理的权力。即使拥有很少的一部分股份，也没有足够的权利和动力进行监督。看来，工人参与管理的对象只能是自己——管理自己，让自己更努力工作。工人参与管理不是积极参与，而是服从、合作于企业的决策。如果是对劳动条件发表意见，劳动者本来就应该有权通过工会等组织形式对涉及自身利益的事情进行谈判，这是属于劳动者本来就应该享有的权利。"参与管理"只是被美化的不实之名。

Gunn（1994）得出这样的结论：工人参与管理只是企业为了加强劳动控制

的一种灵活手段而已。① 实际情况也是如此，在实行参与管理的企业中，劳动者经常加班加点，劳动生产率和产品质量都得到提高，但收入增加却与之不成比例。

二、利益分享：利润分享法、劳动生产率分享法

职工与资本所有者实行利益分享，目的在于将企业的经营好坏与职工的工资高低更紧密地联系，这能够增加劳动需求，解决就业问题，提高劳动生产率。表面看来，职工似乎除了获得工资之外，还获得分享利润的权利。实际上，这一方法的采用增加了工人收入波动，降低了企业的经营风险。一项调查研究结果表明，至少有21%的企业制订了全员式的利润分享计划。大型上市公司积极性更高，约有41%制订了此类计划。还有一项报告指出，1984年，在制造业和非制造业的私有部门中，有资格参与利润分享制订计划的工人约有40%。②

单纯的利益分享只是工资支付制度发生变化，而不是企业管理方式的变化，不同于参与管理与职工持股，这就排除了工人参与决策的可能。这遭到了 Nuti（1986）的激烈批评，他指出，由于工人也承担一部分企业经营风险，他们无疑应该在企业的有关决策中享有一定的发言权。

利润分享制是出于这样的考虑：企业担心工资成本成为经营状况不佳时的负担，要求工人的一部分收入与企业的经营状况相联系，从而让工人的收入有一定的灵活性。表面上却体现为工人享有了分享一部分利润的权利，而实际上是将一部分工资以利润的形式发放。这样看来，职工持股也是一种利润分享的形式。利润分享制20世纪70年代后在西方国家盛行，这一计划被认为可以解决西方国家经常出现的失业问题和通货膨胀问题。Weitzman 是极力鼓吹利润分享制的经济学者，他认为，政府应当在整个国民经济中推行利润分享制，传统的固定工资制度应当废除。

实行利润分享后，并不会大幅度地提高劳动者的收入，反而会增加其收入的不稳定性。企业要求劳动者与其一起分担经营风险，而劳动者一般都是风险厌恶型的，所以利润分享不但不会受到欢迎，而且会受到一些工人的抵制。所以，固定工资制仍盛行，分享部分在工资总额中所占比重不大。另外，由于工人与企业主之间对企业利润存在着信息不对称，难免不出现企业主低报利润，对工人分享部分的工资支付不足。因而，实行利润分享制必须保证对企业进行有效监督。但

① Gunn, C., "Workers' Participation in Management: Capital's Flexible System of Control", *Review of Radical Political Economics*, 1994, 26 (3).

② 本部分数据、观点转引自埃思特林、瓦德华尼：《利润分享制》，载《劳动经济学前沿专题》，中国税务出版社、北京腾图电子出版社2000年版，第280页。

是，工人有权力进行监督吗？如果单纯的利润分享制只是工资支付制度发生变化，而不是企业管理方式变化，不同于参与管理与职工持股，则监督就不可能真正实行。此外，因为利润分享制产生的历史背景是要抑制工资上涨，扩大社会就业。但是在企业经营不景气时，企业削减工资会对劳动者的激励产生负面影响，降低工资会影响劳动生产率，所以利润分享制不一定能达到预期的效果。最后，利润分享制会使工资决策过程高度分散化，其实施结果非但不能缓和滞胀，反而有可能适得其反，使滞胀现象更趋恶化。因为工资决策过程高度分散化的恶果之一，是工会所面临的劳动力需求曲线的弹性有可能变得相对很小（其诱因是劳动力成本占总成本的比重有所降低）。这无疑会诱使工会索要更高的工资。

下面请看利润分享制对工资、就业和劳动生产率影响的实证分析。Estrin 和 Wilson（1986）的研究表明，实施利润分享制企业的劳动报酬比未实施利润分享制的企业低 4%。而利润分享制能使就业量提高 12%。但是，只有 0.5% 的就业增长要归因于 Weitzman 效应，余下的要归因于生产率效应。Wadhwani 和 Wall（1988）的研究则说明，利润分享制能提高工资总额，因而会导致通货膨胀。在就业方面，实施利润分享制企业的就业规模会略有扩大；尽管这些估计不是很精确，但这可能是由生产率差异引起的。

在劳动生产率方面，从理论上说，人们认为实施利润分享制能调动劳动者的工作积极性，因而有助于提高劳动生产率，降低劳动力的辞职率，以及增强劳动者对本企业的认同感。但是，这些问题的实证检验还有一定难度。虽然有证据表明，利润分享制对促进劳动生产率具有一定的积极作用，但这一结论并未取得决定性的优势。实行利润分享制时，职工股份比例较高的企业劳动生产率较高，但利润分享和职工持股在其中的影响程度还没有量化。此外，是利润分享制促进了彼此间的合作与信任，还是合作与信任是实施利润分享制的一个前提条件？这个因果关系的作用方向也很难确定。

还有一种利益分享的方式是劳动生产率分享，与分享利润不同，劳动者只是按照企业劳动成果的大小（而非利润的大小）进行分成。本质上它与利润分享是一致的。但是，在存在市场销售风险的情况下，与利润分享相比，劳动生产率分享似乎可以让工人的收入更稳定一些。

三、职工持股

职工持股（Employee Stock Ownership Plan，ESOP）可以使职工成为企业所有者，这能够激发职工的积极性和对企业的关心，从而将对立的劳资关系转变为具有更多共同利益的合作关系。职工持股最早在 20 世纪 50 年代由银行家 Louis Kelso 提出，他认为，资本主义的长期发展需要给职工一定的资本所有权，以获得除工资和薪金之外的收入。

职工持股有两种类型：

一种是小企业中实行的股份合作制：劳动者共同拥有企业，每个劳动者都是股东，股权分散，没有大股东，也没有外来股东，企业的劳动者作为一个整体完全占有企业。作为股份合作制形式的职工持股如果严格运行，是能够体现劳动者真正获得剩余索取权的，虽然它也可能出现"道德风险"的问题。① 但这一形式在西方国家还不是特别普遍。

另一种得到广泛应用的形式是，大企业为了调动劳动者的积极性，吸收劳动者入股。但劳动者所有股份占企业总股份的比例很低，一般在 5%，不超过10%。每个劳动者的股份平均、数量小，与其他非劳动者的私人大股东相比微乎其微。作为劳动者而言，这部分股份却有着特殊的意味：他们希望通过它获得更多的收益以提高自己的收入水平，因为仅靠工资形式获得的收入比原来减少了。而要获得更多的资本收益，需要关心企业的经营发展，需要更多地投入劳动。事实上，即使企业经营好了，持股的职工获得的收益也只是很少一部分，虽然他们付出了更多的努力。当然，并不否认这样的现象：工人意识到职工持股的"虚假性"，因而对其不重视，采取听之任之的态度。职工持股原始的意义在于改善劳资关系，即穆勒提倡的劳动者与资本合伙经营的例子。但由于缺乏与职工持股相对应的企业文化，劳动者并没有获得真正的利益改善。

1965 年，在美国只有少数几个企业采用职工持股计划，但到 1998 年已经有14000 多家企业采用这一计划，大多数是盈利较强的中小企业，包含了 3000 万持股的职工。在 1500 家企业中，职工持有的股份占大多数。一些财富 500 强的大公司也采用了职工持股计划，例如宝洁公司（Proctor & Gamble）②，1997 年，30% 的继续职工持股计划（Continuing ESOPs）和 50% 的新职工持股计划（New ESOPs）只有少于 30 人的参与者。大约 85% 的继续职工持股计划和 95% 的新职工持股计划只有少于 300 人的参与者。这也说明，许多职工持股计划的规模不大，主要在小企业中应用。但是，从参与者的角度来看，却反映了不同的情况。大多数参与者是大企业的职工，97% 的参与者在有 100 人以上职工持股计划的企业中工作，80% 的参与者在有 3000 人以上职工持股计划的企业中工作。这一数字说明，虽然小企业的职工持股计划数量较多，但参与者在总量中的比重不大，因而影响力微弱；大企业虽然参与者众多，由于总股份庞大，也很难获得控股地位。

此外，大企业中的单个参与者获得的股份很少，不如小企业实行的持股计划

---

① 例如，由于大家的持股比例都不高，出现"搭便车"行为，对企业普遍不关心。

② http://www.cesj.org.

那样慷慨。美国 1997 年的数字表明，在 100～300 人参与的职工持股计划中，每人获得的股份最大，平均可以获得 2000 美元的股份。但有 30 万人参与的职工持股计划中，每人得到的股份最小，只获得 300 美元。①

职工持股对企业而言，还可以获得其他好处。例如，西方国家对实行职工持股计划的企业有税收上的优惠。此外，作为发放工资或现金奖金的替代，以股票方式进行分配节约了现金，有利于企业的资金周转。对劳动者来说，在有的国家，股票要靠自己出资购买（如日本），在有的国家股票则是作为收入分配的一种方式，或是企业赠送的（如美国）。对于前者而言，劳动者的工资就不能因持股而下降，否则劳动者会受损。

持股必须与参与决策紧密地结合在一起。例如，持股后是按一人一票，还是一股一票进行民主决策。对于股份合作制企业来说，一人一票与一股一票没有太大的区别。而职工持股比例较低的企业，实行劳动者与其他非劳动者股东一人一票又不现实，一般而言，只能实行一股一票。大股东担心职工持股破坏了自身的利益，总是尽力控制持股比例。在西方国家，实行职工持股的企业，职工持股比例一般在 10% 以下。

在职工持股企业中，由于职工有一定的发言权，所以可以保证劳动环境不至于过于恶劣。另外，在企业经营不景气时，企业也不能随意解雇工人。如果劳动者参与管理真正使他们将自己视为企业的主人，劳动者也会主动提出降低工资，和企业主（大股东）共同渡过企业的难关。所以，在股份合作制企业或职工持股的企业，就业相对比较稳定。

Jones 和 Kato（1995）研究了日本企业实行职工持股对生产率的影响，发现职工持股使生产率提高 4%～5%，且持续 3～4 年。这比单独实行奖金激励的效果好，且在有职工持股计划的情况下，奖金对生产率的激励作用得到提高。②

【小资料】

企业内部职工持股的劳资问题

董晓媛 2001 年对南京市 168 家改制企业进行调查，关于职工持股的情况如下：有 56 家企业（1/3 的企业）有职工持股，在这 56 家企业中，持有企业股份的职工占全部职工的比重平均为 57.19%，说明在职工中还有相当比例的人没有持股。从获得股份的方式来看，只有 12 家企业是馈赠的形式，大部分都需要职

---

① http：//www. urban. org/url. cfm？ ID＝309563，June 01，2000.

② Jones, D. C. , T. Kato, The Productivity Effects of Employee Stock – Ownership Plans and Bonuses：Evidence from Japanese Panel Data, *American Economic Review*, 1995, 85 (3)：391 –414.

工自己购买，且需要一次付清。有94家企业的总经理持有企业股份，平均持有价值635670.35元的股份。有55家企业的中层管理人员持股，平均持有价值45319.84元的股份。有47家企业的技术人员持股，平均持股额为17985.64元。有48家企业的生产工人持股，平均持股额为7758.33元。可见，持股额之间存在较大差距，对于生产工人来说，持股对其收入的影响相对有限。

【案例】

（一）员工持股的意义

在十八届三中全会的《中共中央关于全面深化改革若干重大问题的决定》（以下简称《决定》）里，第6条是有关企业所有制的内容，标题是"积极发展混合所有制经济"，其中内容有"允许混合所有制经济实行企业员工持股，形成资本所有者和劳动者利益共同体"。

员工持股在西方国家不是什么新的制度设计，但中国员工持股却是一个敏感话题，拟上市的公司如果员工持股数量超过200人，则该公司将无缘进入股票市场。因此，十八届三中全会的《决定》具有很强的针对性，它不仅反映了政府试图改善劳资关系的努力，同时也反映出上市公司监管思路的变化。该项制度的实施将深刻改变股票市场上市公司的治理结构。

（二）员工持股的故事

有关员工持股问题可以从2009年说起。员工持股问题曾经是2009年股票市场上的热议话题，之所以如此，是因为有两个公司的IPO与此有关。其一是上海徐家汇商城股份公司的招股说明书里披露的信息表明，文化名人余秋雨先生是该公司的股东，而且是主要股东。按照发行的市场价格计算，余先生的持股市值超过1亿元，成为名副其实的亿万富豪。其二是洋河酒厂的发行上市造就了该公司100多位亿万富豪，该公司120多位内部人，持股市值超过100亿元，人均持股市值近亿元。前者有余先生的名人效应，后者则数量巨大，自然吸引市场的高度关注。更重要的是，这两则与内部职工持股有关的案例都有些"不正常"的成分，涉及内部职工持股的有些制度性安排，需要深入分析。

1. 余秋雨先生的亿万富豪之旅

余秋雨并非徐家汇商城的职工，更不是该公司的高管，那么他是如何得到徐家汇商城的股份的？徐家汇商城的招股书中显示，2001年12月，当时还是上海六百的徐家汇决定解散职工持股会，并计划将其持有的24.5%的股权转让出去。这些股权转让给了上海祥龙物业、徐家汇副食品公司、上海六百的31位公司管理人员和业务骨干以及余秋雨等4位外部自然人。余秋雨当年以每股2.9239元的价格购入82.5万股，出资为241.22万元。而经过近8年的股本转增，至2009

年上市前，余秋雨的持股数量为 518.6445 万股。也就是说，余先生得到股份的契机是徐家汇商城股份公司解散职工持股会。那么，2001 年该公司为什么要解散职工持股会？职工为什么要将如此廉价的股份转让给别人？这才是问题的关键所在。

熟悉国内投资银行业务的人都知道，这一切源于中国证监会有关公司上市的成文或不成文规定：有职工持股会的公司一律不得上市，职工持股人数不得超过200 人，等等。很多已经有内部职工持股的公司为了获得上市资格，不得不无奈地"削足适履"，徐家汇商城股份公司于 2001 年解散职工持股会的行为就是典型的代表。

2. 洋河酒厂 100 多位亿万富翁背后的疑问

按照 2009 年 11 月底洋河的股票收盘价格计算，其内部职工直接或间接持股的市值为 110 亿元，而这 110 亿元市值的股票被 125 位高管人员持有，人均市值接近亿元。从洋河的招股说明书里可以看出，这 125 位持股者背后还站着 80 多位"无私奉献"的职工，在 125 位持股者中，有 9 位是向自己的员工借钱来买公司股票的，是谁借钱给这 9 位高管的？借了多少？招股书说明中都有列示。以董事长为例，共有 23 位职工（其中有三位是他的亲戚）给他提供资金，共计 770 万元。

如果该公司招股说明书内容属实，那么，125 名公司领导通过公司上市获得了人均一亿元的身价，而 3000 多名普通职工不仅一无所获，而且还要给领导提供资金。因此有两点疑问：一是既然公司在改制过程中发行股票，为什么只有领导能买股票，而一般职工不能买？即使一般职工没有资格买公司的股票，但职工也不应该有义务给领导提供资金呀！二是 125 位持股者背后的 80 位提供资金者的名单为什么要详细披露？更蹊跷的是，证券监管部门似乎心里也不踏实，因此，特别要求宿迁市政府和江苏省政府出文保证洋河酒厂的现有股东不存在代替他人持股等问题，有点"此地无银三百两"的味道。明眼人一看便知，所谓的职工借款只是表面的"文章"，其实质可能是内部职工持股挂在高管名单下罢了。如果事实真是这样，则洋河的招股说明书涉嫌虚假陈述，属于违规行为。

为什么要清理内部职工股？

公司上市前集中清理职工持股的制度根源在于证监会明确规定：除少数经人民银行批准的金融企业除外，上市前持股职工人数超过 200 人的，一律不准上市。存在工会持股、持股会以及个人代持等现象的公司也一律不准上市，除非上市前予以彻底清理。

这样的规定使得已经实行了内部员工持股的公司就难以走进股票市场。有些已经实行了员工持股的公司为了实现上市的目标，采取措施强行让内部员工把所持有的股份集中卖给他人，徐家汇商城就是如此操作的。还有一些公司采取了各种打擦边球的方式来解决该难题。国内很多城市的商业银行都是由城市信用合作社演变而来的，这些城市商业银行的股东都超过200人，于是，它们都无缘到股票市场融资。可见，这样一个看似简单的规定，给公司的资本运作带来了相当多的麻烦。

从监管机构的角度来看，主要考虑以下两点：

第一，职工持股容易导致国有资产流失。从实践来看，确有此类事情发生，有些公司以较低的价格向内部员工发行股票，导致国有资产流入少数人的口袋。但近年来，国务院国资委已经出台了一系列防范国有资产流失的政策，如规范审计评估程序、强制进场交易等。从理论上来说，这些制度可以基本防范国有资产的流失。很多国有资产重大流失都是因为地方政府官员严重失职，甚至吃里扒外所致，在此情况下，不论采取何种改制方式，国有资产流失都无法避免。实践中发现，在各种改制方式中，大规模职工持股导致官员受贿的可能性最小，因为没有人愿意为了集体的利益承受法律风险。

第二，职工持股会扰乱资本市场的秩序。20世纪90年代前后，很多企业发行的职工股在"一级半"市场广泛流通，严重扰乱了资本市场秩序。很多企业还采取倒签文件等方式虚假发行职工股，甚至出现以职工股行贿政府官员等不正常现象，这些可能就是证券监管部门对职工股采取"严防死守"政策的最重要原因。

从上述分析可知，员工持股在一定程度上可能增加了监管机构的"工作量"，在"多一事不如少一事"的工作思想指导下，内部员工持股成为被清理的对象。

（三）员工持股制度意义重大

内部职工持股有利于完善公司治理结构。在国内学术界有一种十分流行的看法，认为公司的管理层持股有利于公司发展，但职工持股意义不大。这种观点忽视了职工持股对公司文化的影响。当今中国最具有国际化色彩的公司——联想集团和深圳华为公司的成功之道正是由于实行内部员工持股制度。在深圳华为公司的成长道路上，内部职工持股是最重要的制度设计，该公司在发展之初就尝试内部员工持股制度，在初具规模之后，曾经花费巨资请国际咨询公司设计和完善内部员工持股制度。如今的华为公司是人人有股份。按照现在的有关规定，华为公司是不符合上市条件的。而事实上也正是如此，华为曾经想在主板上市，但内部员工持股成为"拦路虎"。如果我们的股票市场制度设计把最优秀的公司排除在外，那么，制度设计肯定有问题。

员工持股是构建新型的劳资关系的基础。按照经典马克思主义学说的观点，资本与劳动始终是对立的，它们是剥削与被剥削的关系。从西方国家的实践来看，采取员工持股可以在一定程度上缓和上述矛盾。美国政府十分倡导企业搞员工持股。早在 20 世纪 80 年代，职工持股就作为"人民资本主义"的核心内容在美国广泛推广，到 20 世纪末，已经有 3000 万产业工人持有了本公司股份，成为美国的国家战略之一。例如，破产后的通用汽车职工在几乎没有支付代价的情况下就获得了新通用 17.5% 的股份，而遭受巨大损失的老通用债权人仅获得了 10% 的股份；欧宝汽车的职工也同样获得了新公司 10% 的股份。

因此，是否允许职工持股，不仅关系到公司内部的治理结构的完善，关系资本市场的可持续发展，还关系到国家发展战略问题，不可等闲视之。

资料来源：尹中立：《员工持股的意义》，《中国金融》2014 年第 1 期。

工人参与管理是参与企业的经营过程，它没有体现为直接的物质利益。而利润分享和职工持股则使劳动者能够参与企业的经营结果，获得物质上的好处。其中利润分享是直接参与企业利润的分配，而职工持股则以资本参与的方式获得企业的成果，与利润分享相比，这一方式是持久的、有法律保障的。工人参与管理、利润分享、职工持股这些新的制度形式的出现，确实在一定程度上缓和了劳资关系的矛盾，职工持股、参与管理使得劳资之间的交流和沟通更加顺畅，避免出现极端的罢工行动。

第六节　社会分化问题

工会的出现代表了一部分劳动者的利益，但仍有很大一部分劳动者没有参加工会，没有得到有效的保护，他们的收入较低，与资方的收入差距相差悬殊。另外，由于工人参与管理、职工持股、利益分享等新的劳动关系的出现，劳动者内部也出现了分化问题，出现了收入较高的中产阶层和收入很低的贫困阶层。本节分析社会分化的现状和形成原因，尤其是社会分化与工会和劳动关系之间的联系。有的社会分化并不完全与收入差距有关，而是与由人们阶级地位决定的社会地位差异、意识的差异有关。

关于阶级和阶层的划分标准有多种，例如收入、社会地位、所有权等。Wollf 坚持了马克思经济学的阶级概念，他认为对剩余的支配权是划分阶级的唯一标准，它反映了最根本的经济利益。而收入、社会地位则只反映表面现象，是社会学等研究的阶层划分标准。[①]

一、劳资关系变化

雇佣劳动者在全部劳动力中所占的比重在 20 世纪不断地上升，也就是说越来越多的自我雇佣者、家庭企业、小的私营企业主因为无力继续经营下去，被迫加入到雇佣劳动者的队伍。例如，美国工人（机械操作工和普通工人、技工、办公室工作人员、服务人员和销售人员）占劳动力总数的百分比在 1900 年为 50.7%，1910 年为 55.8%，1920 年为 58.8%，1930 年为 62.2%，1940 年为 65.4%，1950 年为 66.7%，1960 年为 69.1%，1970 年为 69.1%（布雷弗曼，1979）。[②] 赖特对美国阶级的分析表明，1960 年所有者（小资产者和雇主）的比重为 13.4%，1970 年下降为 9.42%，1980 年进一步降为 9.3%，1990 年为 9.9%。[③] 所有者比例下降的另一方面是非所有者比例的上升。

传统意义上的资本家既是企业所有者，又是企业的经理。但是，在现代公司制企业中，所有权和经营权分离，所有者不一定参与企业的经营管理，但企业的经理仍然是资方的代表，而不可能成为劳动者的一员。他们形成了所谓的经营者阶层，或经理阶层，他们代表大股东的利益而与劳动者的利益相对立。作为资方的阶层还包括不参与企业管理的股票持有者（大股东）、食利者阶层。

工会活动虽然可以缓和劳资矛盾，但在今天，由于种种原因，在大多数西方国家，工会组织率都出现了下降。在雇佣劳动者队伍不断扩大的情况下，这无疑会加深劳资之间的收入差距。在中国，工会也没有发挥应有的作用。在三资企业和私营企业，工会的组织率也不高，这影响了劳动者通过集体行动争取自己的权益。

二、劳动者内部的分化

在劳动者内部也出现了分化，这种分化不仅指收入相差大，而且指他们的观念、意识形态也出现大的分歧。传统意义上的劳动者利益联合体已出现了很大的不稳定性，例如有关蓝领、白领、中间阶层的划分。普通管理人员虽然也属于劳动者，但他们收入较高，在利益上与企业主和股东更一致。白领又分为掌握先进技术、处于高层管理职位的白领和低技能、低收入的白领。在赖特的阶级分析

---

① 宁光杰：《对马克思阶级概念的重新认识》，《国外理论动态》2002 年第 2 期，第 5～7 页。许多研究者把阶级和阶层混同，尤其在研究中国的社会结构问题时更是如此。本书将二者做了区分，并认为这种区分是有意义的。

② 在中国越来越多的人成为雇佣劳动者，大量劳动者就业于三资企业、私营企业。

③ ［美］埃里克·奥林·赖特：《后工业社会中的阶级：阶级分析的比较研究》，辽宁教育出版社 2004 年版，第 101 页。

中，美国非所有者中的工人（工人和技术工人）比例1960年为58.08%，1970年为59.21%，1980年为56.97%，1990年为54.15%。[①] 20世纪80年代之后，工人的比重下降，而经理、监督者、专家经理和专家的比重上升，这反映了非所有者内部的分化：经理阶层是中产阶层，他们的收入远高于普通工人。

从劳动者内部分化来看，不同技能劳动者的收入差距扩大，管理人员与普通工人的收入差距扩大。而在市场经济中，少数劳动者也可以改变经济地位，成为资本所有者，雇用工人进行劳动。在中国向市场经济过渡过程中，劳动者分化的很重要表现是私营企业主和雇佣劳动者的出现，它改变了原来同是社会主义劳动者的格局。

在发展中的中国，城乡差距在扩大，工人和农民两个不同阶级地位的劳动者之间出现收入差异。农民与城市工人之间的收入差距悬殊。根据李实的估计，2002年以来，城乡差距一直没有缩小，约为3.2。这仅仅是计算货币收入或者说显性收入，还没有把暗收入，把城里人能享受到的各种各样的社会保障、公共服务考虑进去。若统计进去，差别会更大。[②] 有人认为，中国社会分化在不断细化：在工人、农民、知识分子内部都存在着分化。工人包括国有企业工人、三资企业工人、乡镇企业工人、下岗工人、失业工人等；农民包括东部富裕地区农民、西部贫困地区农民、务农农民、外出打工农民等；知识分子包括进入市场的知识分子、没进入市场的知识分子、权威知识分子、普通知识分子等。财富越来越集中在少数人（经济精英、政治精英、知识精英）手中，占总人口6%的人占有了40%的金融资产（美国最富有的1%的家庭占有40%的私人财富），他们对政治、政策施加影响，将各种资源（经济资源、政治权力、社会威望）集于一身。1998年初选出的第九届全国人大代表共2979名，其中，工人和农民占18.9%，知识分子占21.08%，干部占33.17%，民主党派和无党派爱国人士占15.44%，解放军占9%。[③] 可以看出，工人和农民的代表比重偏低。2013年当选的十二届全国人大代表共2987名，其中，来自一线的工人和农民代表占13.42%，专业技术人员代表占20.42%，党政领导干部代表占34.88%。[④]

劳动者内部的分化还表现为企业的局内人与局外人以及不同年龄层劳动者之间的差异。企业的局内人与局外人，已经就业的内部职工会反对外来工人的进入，防止他们来替代自己或影响自己的收入水平。这在存在大量租金的企业和行业尤其如

① ［美］埃里克·奥林·赖特：《后工业社会中的阶级：阶级分析的比较研究》，辽宁教育出版社2004年版，第101页。

② 李实：《城乡差距是分配最大的不公》，光明网，2012年8月22日。

③ 孙立平：《20世纪90年代以来社会分层的三大趋势》，《天涯》2004年第2期。

④ 新华网，2013年2月27日。

此。内部职工也可以组织起工会来形成强大的力量。因而，就体现为工会工人与非工会工人之间的利益冲突和矛盾。资方有时也会利用他们之间的矛盾来转移劳资双方之间的根本矛盾。此外，不同年龄的劳动者也存在着利益的冲突，在技术不断更新、市场经济不断深入的中国，这种冲突更加明显。中国的年轻人更容易成为服务人员、技术人员、办事员，而年老者因为不能适应新经济条件下的技能要求，成为体力劳动者（蓝领），他们以前积累的人力资本往往成为过时的东西。

有人认为，中国的中产阶层比例偏低。收入分配的"金字塔型"结构意味着大部分人处于低收入阶层，而收入分配的纺锤型结构则意味着中产阶层占主要部分。法国一研究机构对中国的中产阶层进行分析认为，2002 年，中产阶层家庭 5000 万个，其标准是年收入 2.5 万~3 万元，家庭收入 8.5 万~10 万元，家庭财产 50 万元，中产阶层家庭占总人口的 13.5%。可以看出，中国中产阶层的比例仍偏低，仍然是"金字塔式"的结构。美国第二次世界大战后的二三十年间是所谓的中产阶层社会，不平均主要在顶层显现。2000 年，美国家庭、95%和 99% 百分位家庭的税前年收入分别为 4.2 万美元、14 万美元、25 万美元。[1]即中产阶层与低收入阶层的收入差距不大，而中产阶层与高收入阶层的收入差距很大。

有人认为，中国社会分层已经出现定型化，主要表现为：阶层之间的边界开始形成、内部认同的形成、阶层之间的流动开始减少、社会排斥以及阶层的再生产。这不仅是劳资之间差异的结果，也是劳动者内部分化的结果。社会分化最终转化为不同阶层的立场、观点的区别。在 20 世纪 80 年代，几乎各个社会群体都是改革的拥护者，而在 90 年代以来，改革更多反映了强势群体的主张。弱势群体没有从经济增长中获益，90 年代后期，乡镇企业就业者减少 2000 万，农村剩余劳动力不得不外出打工，打工者的工资 15 年间几乎没有增加。近年，由于最低工资等政策干预，劳动者的收入得到一定的改善。

工会在解决劳动者内部分化方面会起到怎样的作用呢？如果不是在企业范围内组织工会，而是形成更广泛的行业工会，以及不同职业之间的联合工会。则蓝领劳动者和白领劳动者之间的利益冲突就可以得到缓和，所谓的局内人和局外人之间的矛盾也能够有效地抑制。工会的集中谈判，可以更好地照顾大多数劳动者的利益（包括非工会劳动者的利益），并有助于社会经济的整体稳定发展。因此，在中国如何通过工会的活动提高低收入阶层的收入，缩小劳动者内部的分化，协调劳资关系已经成为非常严峻的问题。

---

① 姜纬：《似曾相识的敛财大亨们》，《读书》2004 年第 3 期。

本章小结

● 自 20 世纪 70 年代以来，美国私人部门的工会组织率出现持续下降。这与美国经济的结构性变化有关。

● 垄断工会选择一个工资水平，企业沿着劳动需求曲线移动，以确定适应这一工资水平的雇用数量。

● 垄断工会模型中的工资和就业的组合是非效率的，工会扭曲了劳动力的配置，如果偏离这一组合，可以找到企业和工会得到福利改善的点。

● 效率合约使工资与就业的组合点在劳动力需求曲线之外，并穷尽了谈判的收益。一旦在效率合约之外形成协议，只能以牺牲一方的利益来换取另一方的福利增加，所以效率合约是帕累托最优。

● 如果效率合约线不是垂直的，工会仍会扭曲资源配置。如果效率合约是垂直的，企业雇用的劳动力数量与完全竞争时相同，工会的唯一影响是从企业转移部分租金给工人。

● 如果工会和企业对于罢工的成本和可能的结果掌握了充分的信息，罢工是不合理的。只有在对对方信息不了解的情况下，才会出现罢工。

● 工会工资收益是指任意一个工人如果参加工会后，得到的工资会提高。工会工资差距是指工会部门和非工会部门之间的工资差距。但由于存在着外溢效应、威胁效应、产品市场效应和优秀工人效应，工资差距并没有真实地反映工会提高工资的能力，它不一定等于工会工资收益。

● 工会对企业的效率和利润会产生影响，也会影响宏观的效率。由工会引起的宏观效率损失一般不大。

● 为了调节劳资关系，西方国家采取了工人参加管理、利润分享和职工持股等新的形式，但对提高劳动者地位的作用不大。

● 受劳资关系和工会活动变化的影响，很多国家的收入差距在扩大，劳动者内部也出现了分化。

本章主要概念

工会组织率（Trade Union Membership）

需求曲线合约（On‑the‑demand‑curve Contract）

效率合约（Efficient Contract）

强效率合约（Strongly Efficient Contract）

工会抵抗线（Union Resistance Curve）

外溢效应（Spill‑over Effect）

威胁效应（Threat Effect）

震动效应（Shock Effect）

工人参与管理（Worker Participation）

利润分享（Profit‑sharing）

职工持股（Employee Stock Ownership Plan）

社会分化（Social Stratification）

思考题

1. 需求曲线合约与效率合约有什么区别？效率合约与强效率合约有什么区别？在每一种合约中，工资与就业的组合是有效率的吗？

2. 假设企业的劳动力需求曲线为：$w = 20 - 0.01E$，其中，w 表示工资，E 表示企业的就业量。如果工会的效用函数为：$U = w \times E$。

（1）垄断工会会要求怎样的工资水平？

（2）在此合约下，有多少工人会被雇用？

3. 解释为什么在有许多潜在解决方案时，罢工仍可能发生。

4. 如何准确表示工会工资收益，在下列情况下，会如何引起工会工资收益与工会工资差距产生偏离：外溢效应、威胁效应、产品市场效应和优秀工人效应。最新的证据表明工会工资收益是上升了还是下降了？

5. 通过什么样的机制，工会会提高企业的生产率？"伴随着工会工资收益，对社会来说有隐含的成本，这一成本是由劳动力资源配置的效率下降带来的。"你是否同意这一观点？在你的回答中区分静态效率和动态效率。

6. 工会会如何改变收入分配，总体来说它将加大还是缓解社会整体的工资差异？

7. 了解中国目前的工会运行状况，它能够切实保护劳动者的利益吗？

8. 阅读文献：Friedman B. A. Abraham S. E. and Thomas R. K. ；Factors Related to Employees' Desire to Join and Leave Unions；*Industrial Relations*，2006，45（1）：

102 - 110. 了解劳动者参加和退出工会的因素各有哪些？都是经济因素吗？

9. 了解一则关于西方国家罢工的报道，它是如何爆发的？最终又是如何结束的？劳资双方是如何解决冲突的？

10. 检验我国职工参与管理、持股的效果（对劳动者收入、企业效率的影响）。

课外阅读文献

1. Kornfeld, Robert, "The Effect of Union Membership on Wages and Employee Benefits: The Case of Australia", *Industrial and Labor Relations Review*, 1993, 47 (1): 114 - 128.

2. Hayes, Beth, "Unions and Strikes with Asymmetric Information", *Journal of Labor Economics*, 1984, 2 (1): 57 - 83.

3. Brown J. and O. Ashenfelter, "Testing the Efficiency of Employment Contracts", *Journal of Political Economy*, 1986, 94 (3): SS40 - 88.

4. Yao, Y., Zhong, N., "Union Improve Chinese Workers' Welfare: Results from 1268 firms", CCER Working Paper, No. E2010008, 2010.

5. Friedman, B. A., S. E. Abraham and R. K., Thomas, "Factors Related to Employees' Desire to Join and Leave Unions", *Industrial Relations*, 2006, 45 (1): 102 - 110.

6. Alistair Ulph and David Ulph：《工会谈判：对近期研究成果的一个回顾》，载桑普斯福特、桑纳托斯主编：《劳动经济学前沿问题》，中国税务出版社、北京腾图电子出版社 2000 年版。

7. Sapsford, David：《罢工问题：模型与实证》，载桑普斯福特、桑纳托斯主编：《劳动经济学前沿问题》，中国税务出版社、北京腾图电子出版社 2000 年版。

8. 胡建国：《劳资关系治理与工会绩效》，社会科学文献出版社 2011 年版。

第八章　劳动力流动

在劳动力市场上，劳动者为了获得更高的收入，会寻找更好的就业机会，因而，不会满足于长期在同一个企业就职，从而产生劳动力的流动。劳动力流动对企业来说，也是能够获得具有更高生产率的劳动者的有效途径。劳动力的流动范围不一定局限在本地区，还会出现跨区域的流动和跨国流动。另外，劳动力的流动往往伴随着家庭的迁移，即夫妻一方的工作流动会对另一方的工作流动和家庭迁移产生影响。

劳动力流动主要有以下几种类型：在同一地区不同企业间流动（转换工作场所，劳动者从事的是和以前同样的工种）、在同一地区不同行业间流动（转换行业）、在不同地区间流动（劳动力跨地区迁移，既可能是转换工作场所，也可能是转行）。任何形式的流动都需要更换的是劳动者隶属的企业以及劳动者和企业的匹配关系。从迁移成本和技能更替的难度上看，在不同地区间转换行业是最难的，成本也最高，而在同一地区转换工作场所（工作种类不变）是最容易的。由于转换行业和技能的更替有关，因此在人力资本投资和结构性失业等章节中都有所论述，下面将重点分析不转换行业的跨地区劳动力流动和劳动者与企业的匹配关系。

本章主要分析劳动力流动如何提高劳动资源的配置效率，在分析了劳动力跨区域流动、跨国流动（移民）、家庭迁移的成本与收益问题之后，从劳动者和企业的寻找行为、工作更换与工作匹配的角度对劳动力流动率高低的原因做深入的分析。

第一节　劳动力的跨地区流动

在美国，自南北战争之后，有大量的非洲裔劳工从南部地区迁移到北部地区就业，从 1900 年到 1960 年，迁移的速度加快。1900 年，大约 90% 非洲裔人口居住在美国南部，1960 年，这一数字下降到 60% 。迁移的原因在于北部地区的城市制造业发展需要大量劳动力，此外，北部地区劳动力市场上和公立学校较少的种族歧视也是吸引他们迁移的另一个原因。

劳动者之所以选择离开甲地区，去乙地区工作，从经济因素考虑，主要是因为在乙地区能够获得更多的收入。这种收入不是短期的高收入，而是未来很长一段时期都能有保证的高收入。而且，在做迁移决策时，要对未来的收入进行折现。此外，迁移的成本也要考虑进去。假如中国贵州省的一个 30 岁劳动者，他想去深圳工作。假设他在贵州每年的收入为 W_t^G，在深圳每年的预期收入为 W_t^S，他在 60 岁退休，迁移成本为 M。用公式表达迁移的净收益为：

$$\sum_{t=j}^{59} \frac{W_t^S}{(1+r)^{t-j}} - \sum_{t=j}^{59} \frac{W_t^G}{(1+r)^{t-j}} - M \qquad （j 表示该劳动者在 j 岁去深圳工作）$$

从公式可以看出，目的地收入的提高会增加迁移的净收益，从而使劳动者迁移的可能性提高。而目前所在地区的收入提高会减少迁移的净收益，从而使劳动者迁移的可能性下降。最后，迁移成本的提高也会减少迁移的净收益，降低迁移的可能性。所以，影响迁移的主要因素是目的地的预期收入、当前的收入和迁移成本（包括直接经济成本和制度阻碍成本）。

从中国农村劳动力的跨区域转移来看，往往是西部地区的劳动者向东部地区转移。西部地区收入较低，而东部地区收入较高，地区之间较大的收入差距是迁移的基本动力。东部沿海地区实行对外开放的时间较早，凭借优惠的政策吸引了大量的国内外投资，制造业的发展和城市化的扩张都需要大量的劳动力。因而，从 20 世纪 80 年代开始，许多中西部的劳动力，尤其是农村剩余劳动力纷纷走出家门，到东部地区的外资企业、乡镇企业和私营企业工作。① 但是，在改革开放初期，由于户籍制度、地方保护、城市管理法规等限制，迁移成本很高，这在一定程度上限制了劳动力的自由流动。此外，由于没有稳定的预期和制度保证，大多数农民的迁移都是短期的（一年或几年），因而考虑的成本和收益也是短期的。迁移尤其容易受到宏观经济形势的影响，例如在 20 世纪 90 年代初期以及 2008 年全球金融与经济危机爆发之后，由于宏观经济不景气，市场疲软，东部地区的就业机会减少，很多农民工不能忍受长期处于失业状态，于是他们返回家乡重新从事农业生产。2004 年以来，东部沿海地区出现了"民工荒"，原因是沿海地区农民工的收入长期得不到提高，农民迁移的净收益下降。

短期迁移与长期迁移相比，对劳动力的优化配置会产生不同的影响。如果只是未来一两年的收入预期，而长期的收入无法得到保证，对于风险厌恶型的劳动

---

① 后来也有西部地区农民到东部地区从事农业生产。

者（中国的农民工一般是风险厌恶型的）来说，就有可能选择不迁移，这会使得他的收入无法得到提高，劳动力资源也不能得到优化配置。只有那些风险中性或风险偏好的劳动者才会选择短期迁移，如果是长期迁移，劳动者迁移后的就业相对稳定，也能够为迁入地带来较高的产出。所以，在政策上为劳动者迁移提供服务，降低劳动者迁移的风险，提高他们的预期收入，这对于劳动力长期迁移决策的形成以及城市化的发展都是有利的。另外，在不断迁移的过程中，劳动者的风险承受能力也不断提高，许多劳动者逐渐地能够接受和适应短期迁移，而不会选择不迁移。

【小资料】

农村劳动力转移存在四大障碍

改革开放以来，农村劳动力突破了传统体制的束缚，从农业转移到非农产业，从农村转移到城市地区，从中西部地区转移到东部地区。从宏观层面来看，这种劳动力流动现象是十分积极的。研究表明，劳动力从低生产率部门（农业）向高生产率部门（如工业）的转移，是我国改革以来经济增长的一个重要源泉。劳动力流动对国内生产总值增长率的贡献份额在16% ~20%。另外，实现了转移的农村劳动力及其家庭从流动中获益不菲。根据许多调查结果显示，每个迁移者平均每年往家里汇款2000元，假设目前我国流动劳动力的总数为8000万人，每年外出做工并积累下的收入达1600亿元，相当于1998年财政支持农业生产支出总额的12.9%，以及农村个人固定资产投资总额的59.7%。

但是，一些大中城市的政府对劳动力流动的态度却十分消极，利用各种手段限制这种流动。最近几年，城市政府对外地民工定居和就业的限制有增无减，大有继续加强的趋势。在这样的政策倾向下，农村劳动力向城市和非农产业的转移障碍，不仅很难得以克服，而且不合时宜的政策被不断地复制出来。

影响我国农村劳动力转移的障碍，可以归纳为以下四个方面：

第一，待转移劳动力能力方面产生的障碍。许多调查显示，实现了地域转移的劳动力，绝大部分集中在20~35岁，其中男性的比重大大高于女性，与农村劳动力的平均水平相比，受教育程度较高。从迁移者的家庭经济状况来看，通常在其家乡处于中上等水平。和这些已经走出去的人相比，还留在农村的劳动力相对素质偏低，要实现向外转移，需要克服文化、年龄以及经济条件等方面的限制。

第二，待转移劳动力面临的信息障碍。从劳动力转移的流向和转移劳动力的地区分布来看，其中比重最大的一部分是省内转移（按照统计定义，迁移是指跨县或跨区的流动行为），通常占转移人口的50%以上。这是因为跨地区寻找就业的机会，其信息的获取目前几乎全部依靠亲戚、朋友和同乡等社会网络的帮助，而由于长期以来迁移行为都很少见，所以超越省界之后，社会关系也大大减少了。

第三，待转移劳动力面临的偏见障碍。农村劳动力转移到工资更高的城市部门就业，不仅仅产生了提高流动劳动力收入的效果，同时产生了压低城市劳动力收入的效果。因此，大规模、无限制的劳动力流动，意味着对城市居民特权的冲击，其结果是引起后者的不满甚至抵制。

第四，待转移劳动力面临的制度障碍。由于地方政府首先代表本地居民的利益，在城市居民通过各种渠道表达了对于外地劳动力的不满之后，地方政府便相应地采取一系列政策手段，排斥外地民工在城市就业，阻碍劳动力流动，导致劳动力市场的继续分割。户籍制度和排他性的城市劳动就业制度就是阻碍劳动力流动的典型制度安排。

资料来源：蔡昉：《农村劳动力转移存在四大障碍》，《人民日报》2000 年 8 月 21 日。

【小资料】

国家新型城镇化规划——6 年内 1 亿人进城落户

"两会"刚刚结束，围绕改革和发展的大动作已经出台。昨日（2014 年 3 月 16 日），据中国政府网消息，中共中央、国务院印发了《国家新型城镇化规划(2014～2020 年)》（以下简称《规划》），并发出通知，要求各地区、各部门结合实际认真贯彻执行。通知指出，《规划》是今后一个时期指导全国城镇化健康发展的宏观性、战略性、基础性规划。另据新华社报道，在中国国际经济交流中心信息部部长徐洪才看来，《规划》最大的亮点是强调以人为本，推进以人为核心的城镇化。此外，通知还要求各级党委和政府着重解决好农业转移人口落户城镇、城镇棚户区和城中村改造、中西部地区城镇化等问题，推进城镇化沿着正确方向发展。

1. 国家新型城镇化规划出台

《规划》提出了积极稳妥、扎实有序推进城镇化的要求和目标。例如，"常住人口城镇化率达到 60% 左右，户籍人口城镇化率达到 45% 左右，户籍人口城镇化率与常住人口城镇化率差距缩小 2% 左右，努力实现 1 亿左右农业转移人口和其他常住人口在城镇落户。"这体现了中央量力而行、实事求是的态度。

此外，《规划》显示城镇化的思路已经具化。即以人的城镇化为核心，有序推进农业转移人口市民化；以城市群为主体形态，推动大、中、小城市和小城镇协调发展；以综合承载能力为支撑，提升城市可持续发展水平；以体制机制创新为保障，通过改革释放城镇化发展潜力，走以人为本、四化同步、优化布局、生态文明、文化传承的中国特色新型城镇化道路。

一位参与规划讨论的专家告诉《每日经济新闻》记者，各地政府都已动员起来，以城镇化为核心推进新一轮的经济高速增长，拉动内需，一个强大的势头正在形成。该专家在参与发改委组织的专家讨论会上提出，未来国家城镇化到底是一种动员还是宣示？"我觉得现在不需要动员，各地政府都在蓄积（能量），大规模刺激经济来推动城镇化。""一动员、一搞起来，马上这个势头就会显现。"他说，"过去我们的城镇化率每年增加速度为1.7%、1.8%，城镇化是伟大的成就，但是代价不小，问题是非常突出的。"

对此，国土部副部长表示，城市发展和国土利用的规划都需要统筹协调，这种规划不能仅仅考虑经济增长，还要考虑城镇化的要求，要根据资源环境承载力，将生态建设、经济发展、环境保护等问题统筹起来考虑。

2. 明确着重解决三个问题

通知明确指出了三个需要着重解决好的问题，即农业转移人口落户城镇、城镇棚户区和城中村改造、中西部地区城镇化等问题，并强调各地要推进城镇化沿着正确方向发展。最后，通知称，各地区、各部门要科学规划实施，坚持因地制宜，推进试点示范，既要积极，又要稳妥，更要扎实，确保《规划》提出的各项任务落到实处。

农业转移人口落户城镇的问题正成为社会各界关注的焦点。中科院院士陆大道表示，城镇就业是决定城镇化速度、城镇规模的主要支撑条件。近年来，我国城镇化速度较快，产业支撑无法跟上，城镇就业岗位的增加赶不上城镇新增人口的增长。他介绍说，我国城镇化率近年来每年增长1.3%，每年相应增加城镇人口1800万人，但每年新增就业岗位不到1200万个。此外，许多城市的新区建设是人为拉动，产业支撑不力，涉及2.6亿农民工在城市的发展和生活保障问题，他们进城后的就业缺乏稳定性。

农业转移人口落户城镇不只是一纸户口变更那么简单，以安徽为例，《每日经济新闻》记者获取的一份资料显示，安徽城乡居民的社保差距在5:1以上，保障对接还存在体制、机制上的障碍。安徽全省农业转移人口市民化的人均公共成本在10万元左右，个人成本超过1.5万元，不含购房成本，在此背景下，采取措施避免农业转移人口贫民化就显得极为必要。

有专家认为，我国城镇化发展需要转型。未来10年，城镇化率应以1%的年增速为宜，要提升城市产业支撑能力，改变当前质量不高、方式粗放的城镇化发展现状。"要以城镇化转型推动产业转型，推动工业和服务业发展，尤其是推动资源、资本密集型产业向知识、技术密集型产业发展。"

资料来源：胡健、周程程：《国家新型城镇化规划：6 年内 1 亿人进城落户》，《每日经济新闻》2014 年 3 月 17 日。

从美国迁移的劳动力构成来看，往往是年轻人占大多数。对于不同年龄的劳动者而言，年轻人比年老者更易于进行跨区域流动。这是为什么呢？仅仅是因为年老者因循守旧吗？其实不完全是这样，还因为劳动力迁移本身就是一项人力资本投资，在能够获得相同的预期收入以及迁移成本相同时，年轻人的收益回收期较年老者的更长，一个 30 岁的劳动者迁移后还有 30 年的工作时间，而一个 50 岁的劳动者迁移后只有 10 年的工作时间就要退休，因此年轻人更愿意跨区域流动。此外，老年人也不愿意放弃原来长期形成的社会关系网络，到一个新的地方发展，即在原来熟悉的地方工作还有隐性的收益。年轻人这样的隐性收益不大，愿意去新的城市建立自己的社会关系网络。当然，年轻人思想开放、适应力强，也使得迁移成本较低[①]，这也会增加迁移的净收益，提高其迁移的可能性。从中国劳动力迁移的年龄结构来看，也是年轻人占主体，无论是农村剩余劳动力迁移还是城市劳动力迁移都是如此。而且从婚姻状况来看，大多数迁移的年轻人是未婚者，例如很多大学生刚毕业就选择去异地工作。

另外，美国的资料表明，高学历劳动者比低学历劳动者更有可能选择跨区域流动，大学学历者的迁移率一般是高中学历者的两倍。学历与迁移率存在正向关系，其中的原因可能是高学历者能够更有效地获得异地的就业信息。他们视野开阔、知识面广，社会交往的范围也广，获得有价值的信息更容易。此外，高学历者的技能也可能容易在异地得到应用，与低学历者的技能相比，高学历者的技能不受特殊地区具体情况的影响，即具有普遍适用性。或者说，高技能劳动者的技能属于"一般性"的技能或可携带的技能（Portable Skill），能够在地区间转移，高技能劳动者的劳动力市场是全国统一的和开放的。此外，与低学历者相比，高学历者的数量较少，需求相对较大。各地对高学历者需求的普遍增加、对人才竞争的加强也会使得高学历者的迁移率高于低学历者的迁移率。

在劳动力的跨区域流动中，还会出现所谓的"返回迁移"（Return Migration）现象，即劳动者重新回到原来迁出的地区就业。也会出现继续迁移到另一个地区的现象，这叫作"重复迁移"（Repeat Migration）。例如，在美国的迁移者中，一年内重新回到原来地区工作时间的可能性是 13%，而继续向另一地区迁移的可能性为 15%[②]。除非不同地区的经济状况在短期内发生了很大变化，否则这样的

---

① 尤其是精神成本。

② Julie Da Vanzo, "Repeat Migration in the United States：Who Moves Back and Who Moves On？" *Review of Economics and Statistics*, 1983, 65：552 – 559.

返回迁移率和重新迁移率似乎与劳动者以收入最大化为基础的迁移决策不相符合。那么，其真实原因是什么？

原因之一是迁移者迁移后意识到原来做出的迁移决策是一个错误，返回迁移和重新迁移就是一个纠正错误的过程。毕竟在当初做迁移决策时，由于对另外一个地区的各种具体情况不了解，存在很大的不确定性。只有当劳动者亲身到达这一地区后，各种情况才真实地浮现在眼前，因而决策失误的可能性是会存在的。为了避免将来更大的损失，返回迁移或重新迁移就成为理智的选择。中国在20世纪80~90年代曾经出现过"民工潮"，由于农民对异地就业信息不了解，出现了盲目流动。大量农民只是道听途说地了解了一些就业信息，就盲目地跑到广东寻找工作，到达之后却发现就业机会有限。于是有的农民返乡，有的继续迁移到其他地区寻找工作。

原因之二是返回迁移和重复迁移成为劳动者职业晋升的一个手段，即使没有发生决策失误，劳动者也会选择返回迁移或重复迁移。即每次迁移都会给劳动者增加一种职业经历，为其"镀一层金"，成为一个"跳板"，对其生命周期的收入最大化有利。例如在20世纪80年代，一个劳动迁移者会意识到，在广东外资企业工作能够学到有用的东西，丰富其职业经历，增加其人力资本。于是在那里短暂工作一两年后，这个劳动者会返回西部内地或去其他地区工作，在这些地区，他的广东工作经历会使其得到重用。这样的返回迁移和重复迁移就是非常理性的选择。事实上，在中国这样的现象大量存在。许多内地的劳动者在开放最早的广东省工作几年，学到先进的技术和经营管理方法，会重新回到家乡或其他地区创业。这对高学历的劳动者尤其适用，重复迁移成为其职业晋升的台阶，每一次迁移都意味着一次职业的晋升。劳动者作为短期迁移者，他在每一个地区工作时间都不长，频繁的迁移虽然带来过高的迁移成本，但与更高的迁移收益相比，迁移成本是微不足道的。因为这一类型的劳动者可以在不断迁移中一次次提高自己的收益，使得自己的能力得到更充分的发挥。当然，重复迁移过于频繁，也会产生负面影响，它可能影响劳动者的职业生涯声誉，被人们看作是一个喜欢经常跳槽、缺乏忠诚感的劳动者。

迁移后获得的收益提高有时并不是立竿见影的。因为劳动者迁移到一个新的地区，要适应新的环境，在短期内找到真正合适的工作也不容易。所以，有的劳动者甚至会出现收入下降。但是，这并不完全意味着劳动者的迁移出现失误，从长远发展来看，如果劳动者能够积极适应环境并寻找机会，收入会得到提高。所以，有远见的、有良好预期的劳动者也能够暂时忍受迁移后短期的收入下降，不会轻易返回迁移和重复迁移。

【案例】

劳动力输出大省现返乡就业潮

　　人力资源和社会保障部 22 日公布了 2013 年第四季度就业状况。2013 年第四季度，中国人力资源市场信息监测中心对全国 104 个城市的公共就业服务机构市场供求信息进行了统计分析。数据显示，劳动力供求人数同比和环比均有所减少，但就业形势整体比较平稳。当季用人单位通过公共就业服务机构招聘各类人员约 512.5 万人，进入市场的求职者约 463.8 万人，岗位空缺与求职人数的比率约为 1.10，比上季度和 2012 年同期均上升了 0.02。但从区域就业形势来看，地区间差别十分明显。与 2012 年同期相比，东部地区城市市场用人需求和求职人数分别减少了 15.7 万人和 22.4 万人，各下降了 5.9% 和 9%。而中部地区城市市场用人需求和求职人数则同时上升，分别增加了 2.3 万人和 3.6 万人，各增长了 1.8% 和 2.9%。

　　《经济参考报》记者在采访中发现，随着中西部地区传统劳务输出大省的工作环境好转，返乡就业、创业正成为越来越多外漂农民工的新选择。在传统劳动力输出大省，"返乡潮"正在显现。

　　在武汉市的一场招聘会上，20 岁的求职者小林告诉记者，他来自湖北仙桃，2013 年，他在浙江杭州的一家模具厂做钳工，"公司包吃住，每月扣除水电费和餐费后拿到手的工资大概 1000 元，补贴生活完全够用。"但是，超长的工作时间、业余生活的缺乏，让小林决定年后不再回杭州工作。"走之前，老板让我再考虑一下，可他说的涨工资却迟迟没有兑现。"与小林情况类似，湖北松滋的刘大姐之前在山东一家家具厂做工，每个月能拿到 3000 多元，但也决定提前回乡。"家具厂最近订单越来越少，2014 年工资很难再涨，再说这些年老家工业园区发展越来越好，打算年后就在荆州市找工作，也省去回家路上的奔波。"她说。

　　武汉市某人才市场提供的数据显示，2012 年 11 月以来，登记找普工的求职者中，超四成是从外地回来的农民工。究其原因，逐步改善的用工环境是一个重要原因。2008 年，武汉市餐饮住宿业一线员工的平均工资仅为 760 元，2011 年翻了一番，达到了 1680 元。2011 年，武汉市加工制造业一线员工的平均工资达到 2180 元。人力资源机构的一位负责人告诉记者，虽然赶不上沿海地区的普工工资水平，但武汉正在缩小与沿海地区的差距。"2013 年，武汉市普工的平均工资在 2500～3000 元，相比 2012 年，普遍涨幅在 20% 左右。"

　　中国人力资源服务机构"前程无忧"报告分析称，中国二三线城市人才需求蓬勃，并逐渐向四线城市推进。几乎所有的企业在一线城市之外的区域都有着迫切的人才需求，缺口较大的区域包括武汉、沈阳和西安等地，新疆、内蒙古和宁夏等地也成为人才导入的新区域。人力资源和社会保障部副部长表示，中西部地区的农村转移劳动力中就近转移的劳动力数量在快速增加，在传统劳动力输出大省中，河南省 2011 年在省内转移就业的人数首次超过了到省外转移就业的人数，2012 年，四川省也出现了这种变化，江西省、安徽省虽然省外转移大于省内，但省内所占的份额在逐年提升，将来的趋势必然也是省内转移会超过省外。

资料来源：李惠宁、刘巍巍、罗鑫：《劳动力输出大省出现返乡就业潮》，《经济参考报》2014 年 1 月 23 日。

第二节　家庭迁移与劳动力流动

上面分析的是单个劳动者的流动问题，但相当多的劳动流动都不是单个劳动者的迁移，而是整个家庭的跟随迁移。因为，作为单个劳动者的丈夫或妻子不能忍受远离家庭、单身赴任的痛苦。[①] 因此，迁移决策考虑的就不是单个劳动者的成本与收益问题，而应该是家庭整体的成本与收益。

假设一个家庭现在住在甲地，丈夫在甲地的收入折现值为 PV_H^0，妻子在甲地的收入折现值为 PV_W^0。现在，他们决定迁移到乙地工作，丈夫在乙地的收入折现为 PV_H^1，妻子在乙地的收入折现为 PV_W^1。则只有在下述条件满足后，这个家庭才会决定迁移。

$$PV_H^1 + PV_W^1 > PV_H^0 + PV_W^0$$

进一步，将上式表示成个人的迁移收益，即 $(PV_H^1 - PV_H^0) + (PV_W^1 - PV_W^0) > 0$。只有丈夫的个人迁移收益 $PV_H^1 - PV_H^0$ 和妻子的个人迁移收益 $PV_W^1 - PV_W^0$ 之和大于零时，才会出现家庭的迁移行动。

用图形可以更清晰地说明这一问题。如图 8 - 1 所示，纵坐标表示丈夫迁移的个人收益，横轴表示妻子迁移的个人收益，有一条直线平分第二象限和第四象限。对于丈夫来说，迁移的个人收益在 A、B、C 三个区域是大于零的，如果他是单身者，在这些情况下会选择劳动力迁移。对于妻子来说，迁移的个人收益在 C、D、E 三个区域是大于零的，如果她是单身者，在这些情况下会选择迁移。

---

① 只有在日本，长期以来丈夫的单身赴任较普遍。但近年来，家庭迁移逐渐增多，单身赴任有所减少。

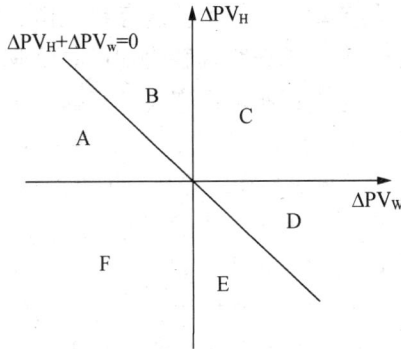

图 8-1　家庭的迁移决策

但是，作为一个家庭的迁移，必须保证双方的收益之和大于零，即在区域 B、C、D 内。在区域 B 内，妻子的个人收益小于零，如果她是一个单身者，则不会选择迁移；但由于家庭的总收益大于零，丈夫的迁移收益足以弥补妻子的迁移损失，作为家庭的成员，她会选择迁移，这时她就成为跟随迁移者（Tied Mover）。在区域 E 内，妻子的个人收益大于零，如果她是一个单身者，则会选择迁移；但由于家庭的总收益小于零，妻子的迁移收益不足以弥补丈夫的迁移损失，作为家庭的成员，她不会选择迁移，这时她就成为跟随留守者（Tied Stayer）。对于丈夫来说，也存在这样的问题。在区域 D 内是跟随迁移者，在区域 A 内是跟随留守者。可见，家庭成员个人的迁移决策是相互影响的，要服从家庭总体收益最大这个目标，个人可能要做出一些"牺牲"（不能单方面追求个人收益最大，应该成为跟随留守者或跟随迁移者）。

由于家庭迁移要考虑其他家庭成员的迁移收益问题，一般来说，家庭迁移的可能性比个人迁移的可能性更低一些。也就是通常所说的家庭"束缚"了劳动者的自由流动。但是，如果作为家庭成员的妻子不外出工作，则不会对家庭迁移造成影响。[①] 丈夫还会像单身者一样追求自身收入最大化，同时也是追求家庭收入最大化，因为他是家庭唯一的工作者。在美国，近几十年来妇女的劳动参与率不断提高，这使得劳动流动和家庭迁移必须考虑夫妻双方的迁移收益，因为只有家庭总的净收益大于零，才能进行家庭迁移。事实上，在妻子工作情况下，家庭的迁移率比妻子不工作情况下家庭的迁移率低 4%。[②]

由于丈夫、妻子都工作，家庭迁移存在一定的障碍，一些有意雇用丈夫或妻子一方的雇主也会主动提出优惠条件，帮助其解决配偶的就业问题，以使家庭的

[①]　这里不考虑工作收入之外的其他影响迁移的因素。

[②]　转引自 Borjas, G. J. , *Labor Economics*, The Mcgraw - Hill Companies, 1996, p. 287.

迁移收益大于零。在中国的劳动力市场上普遍存在这样的做法，为了吸引高素质的人才到异地就业，异地企业会承诺为其解决配偶的就业和子女的入学问题。

但是，一方成为跟随迁移者或跟随留守者的家庭，获得总收益会小于按照各自收益最大化选择的个人收益之和，只是后者会导致家庭成员不在同一地区工作。例如，在图 8 - 1 中的区域 B、D，无论是丈夫跟随迁移，还是妻子跟随迁移，获得的家庭总收益小于各自谋求个人收益最大化的收入之和。[①] 如果有的家庭过度看重跟随迁移或跟随留守"损失"的经济收益，而将家庭团聚看得很淡，也会出现家庭成员分别在不同地区工作的现象。在中国外出打工的农民家庭中这种情况普遍存在：有的是丈夫在外地打工，妻子在家乡务农；有的是夫妻双方在不同地区打工。这是相对较贫困的农民家庭为了获得更高收入而不得不做出的一种选择。但这样一种迁移方式的不利后果是，家庭迁移决策和个人迁移决策之间的矛盾使得家庭成员必须承受很大的精神成本，要忍受家庭分离的痛苦。更进一步地，家庭会变得不稳定，甚至导致婚姻的破裂。在中国，改革开放以来劳动力异地迁移的增多与离婚率的上升是同时出现的两个现象，它们之间存在一定的联系，但离婚率的上升，在多大程度上是由家庭迁移决策中拒绝成为跟随迁移者或跟随留守者导致的还不能准确计算。

决定家庭迁移的因素有很多，有的因素是与收入的高低无关的。例如，为了子女接受更好的教育而进行劳动力和家庭迁移，为了寻找舒适的生活环境进行迁移。但本质上，这些目的都是在追求家庭效用的最大化，家庭成员之间的效用也要相互协调，其分析思路与上面单纯考虑工资因素的家庭迁移是相同的。

【案例】
中国新生代农民工的市民化问题

5 月 12 日，国家统计局发布"2013 年全国农民工监测调查报告"，通报显示，1980 年及以后出生的新生代农民工 12528 万人，占农民工总量的 46.6%，占 1980 年及以后出生的农村从业劳动力的比重为 65.5%。

新生代农民工的主要特点如下：

1. 受教育程度普遍较高

在新生代农民工中，初中以下文化程度仅占 6.1%，初中占 60.6%，高中占 20.5%，大专及以上文化程度占 12.8%。在老一辈农民工中，初中以下文化程度占 24.7%，初中占 61.2%，高中占 12.3%，大专及以上文化程度占 1.8%。高中及以上文化程度的新生代农民工占到 1/3，比老一辈农民工高 19.2%。

---

① 对于跟随留守也是如此，见图 8 - 1 中的区域 A、E。

2. 主要集中在东部地区及大中城市务工

从新生代农民工就业的地域分布看，8118万人在东部地区务工，占新生代农民工的64.8%；2217万人在中部地区务工，占17.7%；2155万人在西部地区务工，占17.2%。从新生代农民工就业地点来看，6872万人在地级以上大中城市务工，占新生代农民工的54.9%，老一辈农民工这一比例为26%，新生代农民工更偏好在大中城市务工。

3. 八成以上选择外出从业

在新生代农民工中，10061万人选择外出从业，占80.3%；2467万人本地从业，占19.7%。新生代农民工初次外出的平均年龄仅为21.7岁，老一辈农民工初次外出的平均年龄为35.9岁，与老一辈农民工相比，新生代农民工初次外出平均年龄低14.2岁。2013年，87.3%的新生代农民工没有从事过任何农业生产劳动。

4. 以从事制造业为主

在新生代农民工中，39%从事制造业，14.5%从事建筑业，10.1%从事批发和零售业，10%从事居民服务和其他服务业。在老一辈农民工中，29.5%从事建筑业，26.5%从事制造业，10.9%从事批发和零售业，10.6%从事居民服务和其他服务业。从事建筑业的新生代农民工所占比重大幅下降，不及老一辈农民工的一半。

5. 在外务工更倾向就地消费

新生代农民工在外务工的月生活消费支出人均939元，比老一辈农民工高19.3%；新生代农民工2013年人均寄回、带回老家的现金为12802元，比老一辈农民工少29.6%。在外务工的新生代农民工更愿意选择租房居住，其中，单独租赁住房或与他人合租住房的占40.4%，在单位宿舍居住的占34.1%，在工地工棚居住的占7.3%。月租房支出人均为567元，占月均生活消费支出的60.4%。

资料来源：国家统计局：《2013年全国农民工监测调查报告》，国家统计局网站，2014年5月12日。

第三节　国际移民问题

劳动力的流动有时会跨越国界，成为国际移民。[①] 发生移民的原因有多种，

---

① 包括短期的劳务输出。

本书主要分析经济原因，即劳动力流动是为了获得更高的收入。不同类型的劳动者成为移民，这与流入国和流出国的经济状况有何关系？发生移民后对流入国的劳动力市场又会产生怎样的影响？对流出国和流入国经济的综合影响是什么？

从世界范围来看，移民的规模越来越大，根据联合国的估计，大约有6000万人口居住在出生国以外的国家，这些移民约占世界人口的1.2%。美国被称为一个移民国家，在20世纪初大量移民进入美国，1901～1910年，移民数量达到800多万，后来政府对移民进行了限制，20世纪30年代的移民数量只有50万。而第二次世界大战后，又出现了新一轮移民高潮，在20世纪80～90年代，移民数量接近800万，这一数字接近20世纪初的历史高峰。这些数字只是指合法的移民，此外，还有数量相当可观的非法移民，据估计，20世纪80年代末，大约有200万～300万人非法居住在美国，每年的非法移民数目都在20万～30万人。① 2009年的非法移民约有1100万人。当然，并非所有的移民都构成现实的劳动力，本书重点分析劳动力的跨国流动。

一、移民的技能类型

造成劳动力跨国界流动的经济原因是劳动收入的差异，主要是实际收入差距，即考虑到不同国家物价的差别。能够在流入国获得比流出国更高的收入，是促使劳动力流动的重要原因。但是，劳动力有不同的技能类型，究竟哪些劳动力更容易成为移民呢？这取决于流入国和流出国对不同类型劳动力的收入分配状况。

罗伊模型（Roy Model）认为，假设一个国家对人力资本提供一个较低的回报率，结果技能高的劳动者与技能低的劳动者相比，不能获得充分的高收入。这属于收入分配均等化的国家，政府对高技能者征收较高的税收，以补贴低技能者。这种状况会刺激高技能者成为移民，他们会选择去能够给人力资本提供较高回报的国家工作。这也会导致劳动力流出国出现人才外流（Brain Drain）的现象。

相反，如果一个国家给予人力资本极高的回报，而低技能的劳动者收入非常低，收入差距非常大，收入分配出现严重的不公平。这时，低技能的劳动力就会选择成为移民，他们会寻找这样的国家：与母国相比，收入分配更公平些，能够对高技能者征收一定的税收来补贴低技能者。

可以说，不同国家的收入分配状况决定了移民的技能结构，这是一个自选择的过程。可以将一国劳动力的技能分为高、中、低三类，如果移民者的技能高于

---

① U. S. General Accounting Office, Report No. GAO/PEMD–93.–25, August 1993.

流入国劳动者的平均技能水平，称这样的移民为正向选择的移民流动（Positively Selected Immigrant Flow）。如果移民者的技能低于平均水平的技能，称这样的移民为反向选择的移民流动（Negatively Selected Immigrant Flow）。

可以用图形进一步说明。在图 8 - 2 中，用横轴表示劳动力的技能，纵轴表示不同技能劳动力的收入水平。[①] 斜率不同的两条射线代表了流入国和流出国不同的收入分配状况，斜率越小、射线越平缓，说明收入分配越均等，否则，说明不同技能的劳动力收入差距越大。

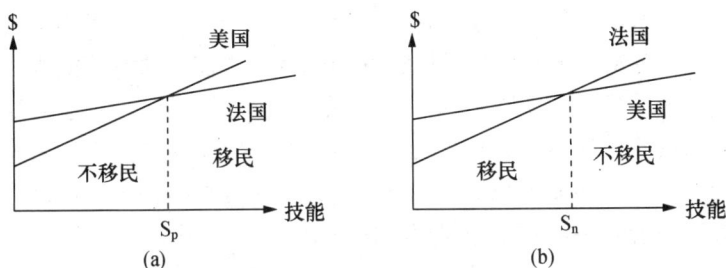

图 8 - 2　移民流动的自选择：收入分配与移民结构

在图 8 - 2 （a）中，假设法国与美国相比，收入分配更平等一些，对于法国的高技能劳动者来说，其在法国获得的收入偏低，如果去美国工作，可以获得更高的收入。于是劳动者会出现分层，高技能劳动者会选择移民美国，而低技能劳动者由于在法国能够获得相对较高的收入，他们没有动力成为移民，会选择继续居住在法国。分界点就是法国的收入分配线与美国的收入分配线交点所对应的技能水平 S_p，高于此技能水平的劳动者会成为移民者。这就形成了所谓的正向选择的移民流动。

如果情况相反，在图 8 - 2 （b）中，假设法国与美国相比，收入分配差距更大一些，对于法国的低技能劳动者来说，其在法国获得的收入偏低，可能是因为政府没有通过对高技能者征税、增加转移支付等手段来提高他们的收入，也可能因为人为压低低技能劳动者的工资。如果法国的低技能劳动者去美国工作，则可以获得更高的收入。于是劳动者会出现分层：低技能劳动者会选择移民；而高技能劳动者由于在法国能够获得相对较高的收入，他们没有动力移民，会选择继续居住在法国。这时的分界点也是法国的收入分配线和美国的收入分配线交点所对应的技能水平，即图 8 - 2 （b）中的 S_n，低于此技能水平的劳动者成为移民者，

---

① 扣除物价、汇率等因素的实际收入水平，事实上纵坐标可以用相对收入份额来表示。

从而形成了所谓的反向选择的移民流动。

从中国改革开放以来的移民情况来看，也存在着劳动者的自选择过程，并且由于收入分配格局不断发生演变，移民的结构也随之发生变化。在改革开放初期，由于传统计划经济的平均化收入分配体制仍然在起作用，与其他发达国家相比，高技能劳动者的收入偏低，出现所谓"脑体倒挂"现象，这就诱发很多高技能人才大量移民到发达国家，导致我国严重的人才外流。这可以称为正向选择的移民流动。随着改革开放的深入，收入分配差距也在不断扩大，而且由于低技能劳动者过剩等原因，低技能劳动者的收入偏低，进入20世纪90年代以后，移民中低技能劳动者的比例在不断增加。相反，高技能劳动者由于在国内可以获得很高的收入，向外移民的动力在减弱，甚至出现原来流出的高技能人才重新返回祖国就业或创业的现象，即所谓的"海归派"。这时就形成了所谓的反向选择的移民流动。当然，由于各国移民政策的数量限制和对不同类型劳动者采取不同的移民政策，上述中国移民的两个不同阶段也没有非常清晰地表现出来，但是大致的区别仍然存在着，并可以用上述理论进行解释。

一个有趣的现象是，并不是一国收入的绝对水平决定了移民的类型，而是两国收入分配的相对差异在起作用。但是收入绝对水平的下降或上升会影响到移民数量的多少。如图8-3所示，如果由于经济萧条，美国劳动者的收入出现整体下降，这体现为收入分配线的向下平移。在图8-3（a）正向选择的移民流动中，美国新的收入分配线与法国的收入分配线的交点为B点，对应的技能水平是更高的S_p'。这说明只有高于S_p'的高技能劳动者才会选择移民，移民的数量减少，因为移民带来的收益整体下降，对一部分人来说，选择成为移民不合算。同样，在图8-3（b）的反向选择的移民流动中，在美国收入分配线下移的情况下，与原来的均衡点相比，现在的均衡技能水平也下降了。只有技能低于S_n'的低技能者才会选择移民，对于这部分人来说，移民的收益大于成本。移民的数量与原来相比也减少了。

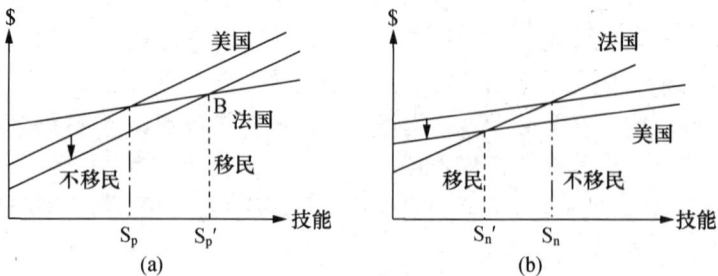

图8-3　当美国收入下降时的移民流动

可以看出，一方面，移入国收入水平的同比例绝对下降会导致移民数量的减少，但不会影响移民的技能结构。另一方面，移出国收入水平的同比例绝对上升也会导致移民数量的减少，但也不会影响移民的技能结构。后者的例子可以在中国看到，随着中国改革开放带来人均收入水平的普遍提高，出于经济原因选择移民的劳动者数量在减少。[①]

此外，考虑到迁移本身的成本，迁移成本的增加也会减少移民的净收益。而迁移成本的普遍增加（例如对任何类型移民进入都进行数量控制）与上面移入国收入水平的同比例绝对下降在效果上是一样的。可以理解为，移入国收入分配线的平行下移，下移的垂直距离为迁移成本的增加量。由图8-3可以看出，它造成的结果也是移民数量的减少，但并不改变移民的技能结构。

二、移民收入与本地居民收入的比较

劳动者移民后，随着对异国生活和社会环境不断适应，其收入水平会逐渐提高。这体现为移民者的收入随着年龄的增长而增长，且与本土劳动者相比，这种增长速度更快一些。其中的原因是什么？是移民者的技能更高，工作更努力？还是有其他原因存在？如果这种较高的收入不能得到合理解释，就会导致本土居民的反移民倾向。

首先，看一下是如何比较移民与本国劳动者收入差距的。人们一般选择在同一时点用不同年龄段的移民和相似的本国劳动者来进行比较。1970年，刚进入美国的年轻外来移民（20岁）的收入比美国同一年龄段劳动者的收入低15%；但是，35岁移民的收入就开始高于本国同一年龄段劳动者的收入，此后，在每一个年龄段移民的收入都高于本国劳动者的收入[②]，如图8-4所示。这说明，移民的收入随年龄增长得更快一些。其原因可能是移民工作更努力，技能水平更高。在移民的早期，只是因为语言、生活环境陌生等障碍使得其人力资本不能得到有效地发挥，随着对环境的逐渐适应，他们的高技能和高努力程度理应为其获得较高的收入。图8-4也意味着每一个年轻移民将来都会有美好的未来，最终收入会超过本国劳动者的平均收入。这是从横截面数据得出的结论。

但是，这一结论可靠吗？严格来说，应该比较同一个移民随年龄增长而出现的收入变化情况，因为如果不同时期移民的技能水平不同，同一时点的比较就会出现失真的现象。这一问题用图形可以得到清晰的说明。假设劳动者一般都是在20岁进行移民，选择的时点是1990年，在当年，有新进入的20岁移民，也有40岁的移民（1970年进入美国），有60岁的移民（1950年进入美国）。而不同

[①] 尽管出于其他原因选择移民的人数仍不少。
[②] 转引自Borjas，G J.，*Labor Economics*，The Mcgraw - Hill Companies，1996，p. 290.

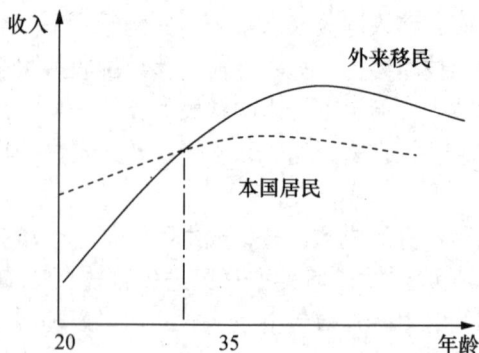

图 8 - 4   移民与本国居民的收入变动

时期移民的技能水平是不同的，20 世纪 50 年代进入的移民平均来说是高技能的劳动者（高于本土劳动者的技能），20 世纪 90 年代进入的移民平均来说是低技能劳动者，20 世纪 70 年代进入的移民的技能水平居上述两者之中①。所以，对于不同历史时期的移民者来说，他们的起点工资是不同的，20 世纪 50 年代移民的技能水平最高，起点工资也最高，其次是 70 年代移民，最低的是 20 世纪 90 年代的移民。他们都有各自的年龄—收入曲线，如图 8 - 5 所示，20 世纪 50 年代移民、20 世纪 70 年代移民、20 世纪 90 年代移民的年龄—收入曲线分别为 PP、QQ、RR。在 1990 年这个时点观察，如果按照上面的方法，分别考察 20 岁、40 岁、60 岁移民者的收入情况，必然会得到图 8 - 5 中的 R′Q′P′这样一条曲线，它是非常陡峭的，以此来反映所有移民者的收入随年龄增长而增长的情况就会失真，它高估了移民收入的增长率。原因在于不同历史时期的移民的技能结构是不同的，而时点考察的假设前提认为移民的技能结构是相同的。这种不同群体的技能结构差异被称为大队效应（Cohort Effect）。

与本国劳动者相比，移民的技能结构在不同时点更有可能变化（取决于移入国的移民政策，在不同时期鼓励或限制某一技能类型的劳动者），所以，在同一时点比较本国不同年龄劳动者的收入，可以近似地得出同一个劳动者在不同年龄阶段的收入状况。但这一做法不适合分析移民随年龄变化而产生的收入变动。

大队效应的产生还在于移民的回国现象，其中的原因可能是无法适应异国的生活和工作或工作提供的工资较低。从经济原因来看，只有那些能够获得较高工资的移民才会选择长期定居，因而留下的劳动者是移民中的佼佼者。在时点考察中可以看到，年龄大的劳动者（他们选择留下来）都是被筛选过的高技能者，

---

① 这一假设基本与美国的移民历史相符，20 世纪 50 年代以后，美国移民者的技能水平确实出现了下降。

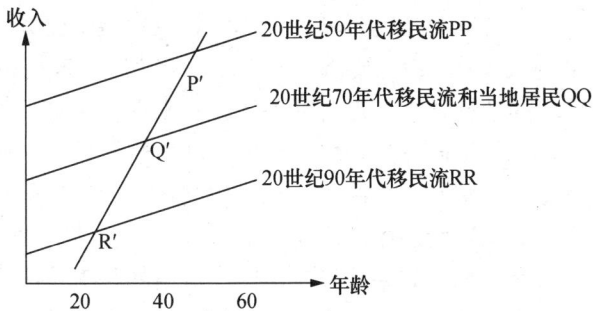

图8-5　大队效应和移民的年龄—收入线

因而以他们的收入来反映新进入移民的未来收入是不恰当的，它高估了移民的收入增长率。新进入的移民将来有一部分人也会不得不离开美国，这些是时点考察反映不出来的问题。

从美国的具体情况来看，不同历史时期移民的技能水平确实存在差异，在20世纪60年代，新移民的学历比美国本国劳动者的学历高0.5年；20世纪80年代，新移民的学历比美国本国劳动者的学历低1年；20世纪90年代新移民的学历比美国本国劳动者的学历低1.3年。这说明，早期的移民是技能较高的劳动者，而后期的移民是技能较低的劳动者。如果在1990年的时点考察移民的收入增长情况，就会得出错误的结论。另外，据估计，大约有1/3的美国移民后来又离开了美国。如果留下的移民是优秀的高技能劳动者，则同一时点考察移民的年龄—收入增长率，也会出现大队效应。

那么应该如何进行合理的计算呢？应该对同一个劳动者进行时序跟踪调查，例如，一个20岁劳动者在1970年移民美国，记录下当时他的工资情况；到了1980年，考察他30岁时的工资情况；到1990年，再考察他40岁时的工资情况。如此，可以得到移民的工资是如何随着年龄而增长的。用这一方法考察的结果表明，1975~1979年的移民比美国本土劳动者的工资大约低20%，在每个年龄段都是如此。相反，1950~1959年的移民年龄—收入曲线却位于本土劳动者年龄—收入曲线之上。这说明，20世纪50年代的移民与本土劳动者相比，具有更高的技能，因而可以获得更高的工资。也得出了不同于时点考察的结论：不是所有的移民都可以逐渐赶上并超过本土劳动者的工资。

三、移民的社会福利影响

移民是否会导致移入国失业人口的增加，尤其是来自发展中国家的移民是否会带来发达国家的失业？这是近年发达国家反移民浪潮的一个主要原因。具体分析如下：首先，取决于劳动力流动规模的大小，如果发展中国家的劳动者为追求更高的收入，大量进入发达国家的劳动力市场，而发达国家则由于劳动供给增加，在劳动需求不变的情况下，劳动者的平均工资水平会下降。如果工资不可调整，甚至会出现失业。如果向发达国家流动的劳动力规模较小，则不会对发达国家的失业造成太大影响。其次，取决于劳动力的结构，即流动的是高技能劳动者还是低技能劳动者。如果从发展中国家流出的是低技能劳动者，则发达国家低技能劳动者的失业数量会增加；如果从发展中国家流出的是高技能劳动者，发达国家的经济则会受益于流入的高技能劳动者，由于高技能劳动者和低技能劳动者的互补性，发达国家低技能劳动者的就业机会会扩张，失业率反而会下降。

但是，在目前的全球化过程中，劳动力跨国界流动仍受到很多限制。发达国家的劳动者反对来自发展中国家的移民，认为是他们导致了自己收入水平下降、失业率上升。其实，流入发达国家的移民从总体数量上依然只占发达国家就业总量的一个很小比例，对劳动者的收入、失业影响不大。另外，高技能劳动者自不用说，即使是低技能劳动者，也并不一定就与发达国家的劳动者形成替代和竞争的关系，很大一部分是互补关系，这样，就不会对发达国家劳动者形成威胁。

按照最极端的假设，劳动者是同质的，劳动者移民后会导致移入国的劳动力供给增加，从而移入国的工资水平下降，工资的灵活调整不会有失业出现。在这种情况下来分析移民对移入国的社会福利效果，如图 8 - 6 所示，劳动力供给曲线是垂直的，移入国原来的劳动力数量为 N，移民后增加到 M。移入国的工资由于移民的进入，由原来的 W_0 下降为 W_1。从图 8 - 6 中可以看出，移民的收入为 NMCF，而本国劳动者的收入出现下降，由 W_0BNO 下降为 W_1FNO，这是本国劳动者的福利损失 W_0BFW_1。但是另一方面，生产者剩余增加，由原来的 AW_0B 增加为 AW_1C，不仅弥补了劳动者的福利损失，而且还有一个剩余，即三角形 BFC 的面积。这也是移入国的净福利增加，这是由移民带来的好处。下面计算一下这个福利三角的大小，并估计它在一国国民收入中占多大比重。

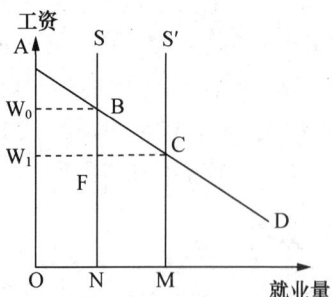

图 8 - 6　移民对社会福利的影响

国民收入的增加量为三角形的面积，它等于 $1/2 \times (W_0 - W_1) \times (M - N)$。这一福利增加占国民收入的比例应该为 $1/2 \times$（工资的变化率）$\times$移民在劳动力中的比重$\times$劳动力在国民收入中的份额。假定移民在美国劳动力中所占的比例为 10%，这些外来劳动力供给的增加会导致工资下降 3%，而劳动力在国民收入中的份额为 70%。则移民产生的福利增加占国民收入的比重为 $1/2 \times 3\% \times 10\% \times 70\% = 0.105\%$，从数字上看，它占国民收入的比重不大。

这里用的数据是参照美国这样一个移民国家，在其他国家，移民在劳动力中的比重更小，则其福利贡献就更小。当然，移民绝对不会对移入国带来净福利损失，即使在上面的极端情况下，移民导致本国劳动者收入下降，这部分减少的劳动者收入也被生产者剩余的增加所弥补。如果考虑到移民和本国劳动者之间的互补关系，则产生的净福利效果会更大一些。

分析移民对移入国和移出国经济和社会发展的长期影响，需要考虑更多的因素。例如，移出国由于大量高技能劳动力流出，经济发展会受到损害。移民在移入国生活和就业，会产生一系列相关的消费需求，从而促进移入国经济的发展。贫困移民的过度增加也会导致移入国财政转移支付的增加。此外，过多的移民还会造成拥挤和社会治安等方面的问题。

上面的福利分析模型也适用于一国范围内的劳动力跨地区迁移。例如，在中国，农村剩余劳动力进城导致城市职工的工资下降和就业岗位丧失，如何看待这一问题，需要分析农村剩余劳动力进城产生的综合福利效果。只要有净的福利增加，就应该鼓励农村剩余劳动力流入城市。

【案例】

美国境内非法移民对社会"贡献很大"？

美国有关部门估计，该国境内现有大约 700 多万非法移民，这些人赖以谋生的职业几乎都是当地合法居民不愿从事的"脏活、累活，以及重体力活"。一个典型的非法移民每周要辛苦工作 70 小时，平均每小时的工资在 8.5 到 12.75 美元不等。尽管如此，这些非法移民每年还要给政府上缴养老和医疗保险金，成为补贴美国社会保障系统的重要力量。据悉，这些人每年上缴的金额高达 70 亿美元以上。去年美国政府在社会保险金产生的盈余中，大约 10% 来自非法移民的"贡献"。可是，无论他们缴纳多少钱，只要其非法移民身份不发生变化，最终都不可能在年满 65 岁后从美国联邦政府手里得到一分钱养老金或者医疗保障金，而且还要饱受美国合法居民的歧视，因为他们是"没有合法身份的黑户"。

过去，非法移民可通过要求雇主支付现金的方式来避免缴纳各种税收，但自从美国政府在 1986 年通过的法律表示将严惩那些雇用"黑工"的老板后，众多非法移民只好通过购买虚假的身份证明来保住自己饭碗。这样，他们明明知道自己将来什么也得不到，可是还必须像合法移民那样"照章纳税"。《纽约时报》披露，美国加利福尼亚州的移民聚集区内，只要花上150美元就能买到伪造的绿卡和社会保障卡。由于每个合法的社会保障卡号码都有与之配套的专门账户来管理持卡人交纳的养老保险费用，随同伪造的社会保险号码上缴的养老金到政府那里就会露馅，但有关方面只为那些"对不上号的社会保障奉献"开设了个专门账户，希望将来能弄明白这些钱的主人。目前，这个特别账户里的资金以每年500亿美元的速度增加。

专家认为，多数移民因为年轻，他们为政府所做的贡献比享受的福利要多，因此，只要经济条件乐观，多吸收些移民对美国人来说实际好处很多。一般来说，美国的餐馆、建筑公司和农场是雇用非法移民的主要力量，而加利福尼亚、得克萨斯和伊利诺伊则是非法移民聚集的重灾区。不过，有些持保守立场的美国人强烈反对对非法移民进行特赦，以免他们在获得合法身份后讨回自己原来缴纳的"黑保障金"，从而影响其他美国人的利益。此外，虽然很多美国境内的艰苦行业雇用了大量"便宜好用"的非法移民，许多美国人还是希望能严格控制流入当地的非法移民数量，有人甚至组织了一个叫"民兵计划"的反非法移民运动，召集上百名来自美国各地的志愿者，并从2005年4月1日开始沿着美国亚利桑那州与墨西哥交界地带巡逻。

资料来源：高轶军：《美国境内非法移民对社会"贡献很大"?》，腾讯新闻2005年4月6日。

【案例】

研究称1%外来移民推动美国人均收入增长超0.6%

在一份声称涌入美国的新移民使几乎所有美国人都更加富裕的报告中，旧金山联邦储备银行（San Francisco Fed）就移民是帮助还是伤害美国公民就业状况的争议性话题展开研究。这份周一发布的报告由加州大学戴维斯分校（University of California，Davis）经济学教授斐利（Giovanni Peri）撰写。他目前在旧金山联储做访问学者。报告反对那些认为移民抢占美国公民工作并压低工资的观点。

斐利在报告中说，无论是从短期还是长期来看，没有证据表明移民排挤美国本土工人的工作。相反，有证据显示，美国经济是以扩大就业的形式吸纳移民，而不是以取代美国本土工人的就业机会为代价。根据州级统计数据的分析显示，移民通过刺激性投资和促进专业化扩大了美国经济的生产力，从而提高了经济效率和人均收入。这份研究报告主要从移民对经济增长的整体刺激作用入手，详细分析了移民如何潜移默化帮助美国本土工人提高工资，而不是将其压低。报告估计，美国每引入相当于就业人口 1% 的移民，人均收入就会增长 0.6% ~ 0.9%。从更广泛来看，1990 ~ 2007 年，赴美移民总人口使实际人均工资收入增长了 6.6% ~ 9.9%。斐利在报告中说，按 2005 年不变美元价格计算，这相当于普通美国工人平均年收入增长了约 5100 美元，即 1990 ~ 2007 年，美国登记在册的工人人均年收入实际总增长 20% ~ 25%。

但报告并未对合法移民和非法移民加以区分，而是将他们全部统计在内。根据美国人口普查局（U. S. Census Bureau）的调查，2007 年，美国 1.53 亿劳动力中有近 2300 万人在美国之外出生。美国国土安全部（Department of Homeland Security）估计，2009 年初，美国有近 1100 万非法移民，其中逾半数来自墨西哥。相比之下，政府数据显示合法移民仅有逾 2000 万人。

在移民问题仍然复杂且颇具争议的政治背景下，旧金山联储的这份报告无疑会招致诸多批评。作为位于美国最西部的美联储分行，旧金山联储做研究时从不避讳热点问题，今年早些时候还讨论了扩大失业保险救济是否会使失业成本过低而助长失业等问题。那篇报告的总结认为，因扩大失业保险救济而增加的失业人数只会是非常少的一部分。由于美国失业率水平居高不下，扩大失业保险的提议最终落空。

资料来源：张轶婷：《移民提高了美国工人收入》，世华财讯 2010 年 8 月 31 日。

第四节 劳动者与企业的寻找行为

劳动者跨地区和跨国界的迁移行为，迁移的结果是劳动者的工作得到更换，工作的匹配程度得到加强，工资获得提高，这有利于劳动力资源的配置，有效率的工作更换是指劳动者在工作岗位更换后的生产率高于在原来工作岗位上的生产率。劳动者即使在本地区流动，更换岗位也同样能够提高劳动力资源的配置。但是，无论是跨地区流动、跨国界流动还是在本地区内流动，劳动者要想实现工作岗位的更换，必须自己去寻找工作岗位，而企业为了尽快填补空缺的岗位，也需要去寻找劳动者。因此，有必要分析劳动者和企业在劳动力市场上的寻找行为。

一、劳动者的寻找行为

运用寻找工作模型对劳动者的寻找行为进行分析，寻找工作模型（Job Search Model）在 20 世纪 70 年代由菲尔浦斯（Phelps）和莫特森（Mortensen）

等提出，起源于宏观经济学要寻找就业波动的微观基础，它为菲利浦斯曲线提供了一个替代解释。当时，菲利浦斯曲线被批评为缺乏微观基础，寻找理论作为一种微观机制，说明了失业与空位、保留工资之间的关系，它可以解释失业的周期性波动。其中寻找机制又可从两方面来分析：保留工资方法、交易摩擦方法。后者涉及寻找中的外部性。保留工资方法认为，工人在寻找工作过程中，由于信息的问题，对工资和价格有错误的判断，因而出现就业的波动。我们运用寻找工作模型不仅分析自愿失业者，还要分析非自愿失业者。

（一）固定样本寻找和保留工资寻找

有的劳动者在开始寻找工作之前决定寻访企业的数量，例如 10 家企业，达到这个数量之后，他就不再继续寻找。然后，从已经寻访过的企业中敲定一个最优者。还有的劳动者有一个工资底线（也是他的保留工资），在没有遇到高于此工资底线的企业之前，他会一直寻找下去。这两种不同的寻找方式，哪一种更有效率呢？

其实，两种寻找方式存在着一定的联系，假设劳动者都追求收入最大化，在固定数量寻找中，最终选择的企业是工资报价最高的企业。而且，固定数量设定的越大，内含高工资企业的可能性就越大，遇到高工资的可能性也越大。但是，寻找企业数量的大小又受制于寻找成本，因为寻找的企业数量越多，寻找成本越大。

而保留工资的寻找方式则说明，劳动者有一个理想的工资要求，一旦找到高于保留工资的企业，寻找活动就可以结束。这样他在寻找过程中就不会一味注重寻找企业数量的多少，而会有选择地去寻找工资高的企业。保留工资寻找拓展了寻找的领域，对于我们理解寻找活动的某些侧面，如失业和工作期限的长短等，是很有启迪和帮助的。另外，保留工资寻找的效率是优于固定样本寻找的。因为一旦寻找到令人满意的工资，寻找过程就立即停止，这可以节省寻找成本，事先确定样本数目是大可不必的。尤其是，当市场环境波动较大时，保留工资寻找模型具有较大的优越性。

（二）在职寻找还是自愿失业

因为不同的企业存在着工资差距，这种差异可能是效率工资作用的结果，或是工会谈判影响的结果，抑或是个人生产率不同的结果，总之，这种工资差距会促使在职工人寻找具有更高工资的工作。为了找到好工作，有的人选择自愿放弃现有的工作，形成自愿失业；也有的人一边在现有职位上工作，一边寻找新工作，等找到新工作以后才辞职。这两种寻找形式对当事人而言，哪一种更经济呢？在现实中，哪一种更具有普遍意义呢？

首先，失业是一项生产性活动。这里当然仅针对那些自愿失业寻找工作的人而言，失业后，他们可以集中精力找到更好的工作。而在职寻找则因受到种种限制，寻找工作的效果可能不佳。自愿失业寻找的优势在于，有效的工作搜寻需要工人随时在场，如应聘面试、试用。而在职寻找就会受到限制，从而影响其寻找效果。虽然失业是一个不好的信号，但在低级岗位上工作的负面影响更大。且一个人刚获得一份工作又去寻找另一份，会给其带来高更替率的风险（一旦企业经营不好，会先被解雇）。这些因素都会阻止工人先屈就于低级工作进行在职寻找，而宁愿进行失业寻找，从而影响到失业问题的尽快解决。

但在职寻找者可以比失业寻找者获得更多关于工作的信息，因而寻找成本更低些。而且，雇主更愿意雇用在职寻找者，因为失业给招聘的雇主传递一个不好的信号，往往与无能、犯错误被解雇联系起来，长期失业者的境遇更差，甚至被排除在面试范围之外。

实际上，这也与二元结构劳动力市场理论有关。有人愿意先在次等市场就业再去寻找头等市场的机会，虽然这样做的成功率不高；有人则宁愿失业，直接去寻找头等市场上的工作，之所以这样，也是因为头等市场工资过高，不能出清劳动力市场。

究竟失业寻找更有效率，还是在职寻找更有效率，目前还存在很大争议。如果在职寻找是可能的（不可能的原因在于雇主的限制等），那么它就会对寻找工作模型产生影响，例如对保留工资和最终选择就业或失业的影响。

假如一个劳动者获得一份工作并可继续寻找更好的工作（具有相同的成功率），他就可以选择任何工作，只要这份工作支付的工资比他失业时获得的净收入（来自失业保险等）大。另外，若在职寻找不可能，失业者就会要求一个相对高的保留工资，因为一旦接受这项工作，他就要长期就业于此企业，被剥夺了继续寻找更好机会的可能（当然这只是一种极端情况）。现在分析一般的情况：在职寻找是可能的，但有成本。用 B 表示失业收入，保留工资为 W_c，他进行寻找的概率取决于以工资形式表现的可接受的空位分布，用 $P(W_c)$ 表示这个概率，这是关于工作空位的信息，则 $P(W_c) = Prob(W > W_c) = 1 - F(W_c)$，假如他应聘后获得工作的概率为 λ，则每一时期获得工作的概率为 $P(W_c)\lambda$。

预期收益等于下一时期有保证的获得大于 W_c 的工作的可能与其收入超过 W_c 部分的折现值的乘积。$W_c - B$ 代替间接成本（类似于机会成本），而寻找工作是要花费时间与金钱的，因此除了 $W_c - B$ 外，还有一个附加的直接成本 C。另外，由于不工作能够获得一定的闲暇，其收益也会增加，计为 b。

这样，预期成本等于预期收益就可以写为：

$$W_c - B + C = \frac{\lambda}{r}P(W_c)\left[\overline{W}(W_c) - W_c\right] + b$$

$$W_c^* = \frac{\lambda P\ (W_c)\ \overline{W}\ (W_c)\ +r\ (b+B-C)}{r+\lambda P\ (W_c)}$$

其中，$\overline{W}\ (W_c)\ =E\ (W\mid W>W_c)$，$r$ 为折现率。在在职寻找有成本的情况下，寻找者有一个最大保留工资 W_{c_2}，超过这一限度继续寻找是不经济的，因其边际收益可能低于边际寻找成本；而最小保留工资为 W_{c_1}（比 B 大）。则有下述情形：

若 $W<W_{c_1}$，不接受工作，继续寻找；

若 $W_{c_1}\leqslant W<W_{c_2}$，接受新工作（工资为 W），但继续在职寻找；

若 $W\geqslant W_{c_2}$，接受新工作（工资为 W），停止在职寻找。

不同的寻找工作方式会产生不同的保留工资以及不同的失业量。在职寻找意味着在雇佣制度上对劳动力流动不加限制（如劳动合约不长），这样，劳动者可以暂时先就业于可获得的但工资较低的岗位，将其作为一个保险、一个跳板，而后再慢慢寻找其他更好的机会，而且只有在真正找到更好的工作时才辞职，这样他失业的可能性就会降低。而如果相反，由于制度性的障碍，在职寻找是困难的（中国传统体制限制劳动力自由转换工作即是类似的例子）。在这种情况下，劳动者只能一步到位，寻找到在很长时期都会令自己满意的工作，这时工人的保留工资很高，从而加大了其找到工作的难度，必须经过很长一段失业期间的等待。

上面公式中 λ 的大小主要取决于个人特征，λ 表示获得具有可接受工资的空位概率。这里的个人特征主要指寻找者的技能与空位的匹配程度，匹配程度越高则越容易被雇用。对于技能高的人，他可以适应很多种工作，他被雇用的可能性很高，因而其保留工资也很高，他往往不急于马上接受一份工作，而是等待更多、更好的机会。此外，竞争对手的多少、雇主的雇用习惯也会对 λ 产生影响。

寻找成本对失业的影响如何呢？寻找成本 C 的提高，会降低保留工资，从而增加失业者离开失业的可能性。决定寻找直接成本的因素是往返路费、信息成本，但在以往的寻找理论中常认为直接成本很小，甚至可以忽略不计，他们假定寻找者知道工作的分布，因而不存在信息成本。实际上，信息成本是直接成本中很重要的部分，失业者在不知道工作分布的情况下，要去搜寻信息。市场上信息传递不顺畅或者信息被垄断，都会加大失业者获得信息的成本。当获得信息后的边际收益小于边际成本时，失业者就会放弃寻找，接受现有的工作机会。

与保留工资相关的一个问题是它是否是固定不变的，回答是否定的。一般而言，随着失业时期的增长，劳动者的保留工资也会随之下降。如何解释这一现象呢？这是由劳动者的消费水平、消费资金来源决定的。如果失业者能够从资本市场上长期获得资金以维持其消费水平不变，那么他的保留工资就会保持固定不变。但由于资本市场是不完善的，失业者不可能长期获得外来的资金，一旦得不到援助（包括失业救济），其消费水平就会下降。为了维持消费水平，他就需要尽快找到工作，从而不得不降低保留工资。可以看出，长期失业者的保留工资低于刚进入失业队伍者的保留工资，即是因为其资金的来源受到限制。从这一点也能看出劳动力市场与信贷市场的联系。

二、企业的寻找行为

失业者的寻找行为一方面是从劳动力市场的供给角度来分析，但寻找涉及供求双方面，另一方面来自厂商。厂商为了能够填补其空位，也要通过劳动力市场寻找合适的雇员。分析厂商的寻找行为，不仅要与其寻找习惯、寻找方式、支付工资相联系，也要与企业内部的生产、产品需求相关，这就可以将劳动力市场的寻找与社会总需求变动联系起来。同时，加入厂商的寻找后，可以分析两种寻找如何协调、达成一致，实现两种寻找行为的终止。

厂商的寻找一般源于企业内部出现空位。何谓空位呢？英国的定义是，一项目前空闲的工作，且厂商在过去四周时间内采取过纳新（Recruiting）行动。空位产生的原因可能来自工人退休、企业解雇工人，也可能来自企业扩大生产规模。企业空位的大量存在，对于失业寻找者来说，就增加了找到工作的可能性，但在劳动力市场上信息不充分、存在信息成本的情况下，寻找者并不能准确地获得关于空位的信息。厂商的寻找无疑加大了失业寻找者成功的概率，虽然厂商也是出于自身利益的考虑。

1. 空位的产生

厂商的雇佣习惯影响着空位的产生量。雇佣习惯，本质上是与厂商对雇佣成本、利润最大化的考虑分不开的。由于不同企业中厂商与工人之间的合作关系不同以及各个产业面对需求变化时采取的劳动力调整方式不同，所以其空位产生的数量也不相同。如果厂商与工人建立长期的合作关系，则在产品需求出现下降时，厂商不一定解雇工人，而会缩短就业时间，储存一部分过剩的劳动力，以应付需求扩张时的需要。否则，企业倾向于解雇工人。这样，在需求回升时，企业又会出现大量空位，需要重新雇用工人。不同产业在需求变化时劳动力调整方式主要是从技术的角度说明，有的产业无论产出多少，都需要保持固定的劳动力数量，每个人都各司其职，这在需要大规模统筹合作的生产领域较常见；而另一些产业则可以较自由地随着需求变化而增减工人，他们可能停止使用若干台机器，也可能让保留工人代替辞退者来从事生产。对于后者，空位数量随着需求变化的波动较大，这是由其资本—劳动比例的可调整性决定的。此外，空位的产生并非与企业的需求是一一对应的关系，无论是成长中的企业还是衰退中的企业都可能增加雇用劳动者，即衰退企业在大量解雇工人的同时，也会增加雇用新工人。

从时间序列来看，企业宣布空位的产生不是均匀分布的，即使对于可预期的空位变化。一般而言，只有在空位数量累积到一定数量，且影响到企业正常生产和利润时，厂商才在一段时间里集中招聘大量工人。这主要出于两方面的考虑：首先，从生产过程来看，当出现一个空位时，只要不是关键空位，一般不至于对产出造成重大影响，并且可以通过在职者多做一些努力来暂时填补空位。如果需求稍微增加或增加不大时，扩大再生产虽然可以创造出少量空位，但厂商并不急于招聘，而是仍然通过在职职工多产出来满足需求。一方面，需求增加是暂时的还是长期的并不确定；另一方面，少量空位并不能形成一个生产团体，若增雇少量工人，并增加机器设备投入，可能会带来开工不足，就是说还不值得进行大规模固定资产投资。其次，从厂商寻找的角度来看，雇用工人是要花费成本的，如果出现一个空位就招聘一次，势必增加企业的成本。在达到一定数量时进行集中招聘，便可实现规模经济效益。① 了解厂商宣布空位的时间分布变化，有助于我们更清楚地分析劳动者寻找和空位变化之间的磨合。另外，如果能够降低企业的寻找成本，比如加强劳动中介机构和企业的联系，就可以使空位信息连续地产生，这对于劳动者来说是一件好事。

企业空位的产生还来源于在职者因对工资、工作环境不满意而主动辞职，或者劳动合约到期，职工不继续签约而更换别的工作。自愿失业与企业的工资确定相关，或者说工人的保留工资高于企业的支付工资。如果是这种情况，企业要想很快地填补此空位，就存在困难，最后的结果可能就是提高工资，这与当时提高工资以留住主动辞职者相比，花费的成本可能更大。但厂商总希望能以较低成本填补空位，他的选择是理性的，结果却未必是最优的。劳动合约到期后，工人若已经有了更好的去向，一般会离开现在的企业。这部分空位的出现是有规律的，因为劳动合约有着固定的年限。厂商可以对这些将出现的空位尽早做出计划，以便及时填补。

一般而言，企业内现有就业数量与空位的总和应该与它能提供的有生产意义的就业数相等。但有时企业公布的空位数量会大于实际需求，以此来吸引更多的应聘者，避免所需的空位招不满。这样做的风险是一旦寻找者众多且符合条件，企业就不得不多雇用超出实际需要的工人，否则，会影响其声誉，使以后的招聘工作受挫。那么，什么时候、什么类型的企业会多报空位数量呢？一般来说，在劳动力市场上供给相对短缺时，厂商预期到填补空位的困难，会多报空位数量。

2. 寻找努力程度

企业的寻找方式不同，也会影响到其寻找效果。大多数厂商是通过中介机

---

① 第三章已经谈到雇用的固定成本较高时，企业倾向一次性集中招聘。

构、在媒体发布招聘信息来寻找，直接寻找者很少，除非是要招聘重要的管理和技术人才。因为相对于劳动者寻找企业来说，企业寻找劳动者的范围太广，无从下手，成本也太高。

企业寻找的努力程度可用广度和深度来表示。广度是指对每个空位的应聘数量（每次面试人数与面试次数的乘积)[1]，深度是指对每个应试者了解信息所花费的成本。总成本即寻找广度与深度的乘积。企业寻找努力程度的提高，使得空位能够迅速地被填补。企业努力程度的大小与多种因素有关，企业规模大小、空位所需技能水平、劳动力市场状况、雇用制度都会影响其广度与深度。大企业一般会广泛召集应聘者，并进行较正规的面试（往往多于一次），有专门的招聘人员组织，因而其寻找成本较高。而对于较高技能人才的招聘，企业一般比较重视对每个应聘者进行深入考察，尽可能多地搜集信息，保证录用者能够胜任空位。对于服务性质的空位来说，企业花费的寻找成本较小。[2] 当经济不景气、劳动力过剩时，企业愿意通过劳动中介机构寻找，也会雇用失业者；而在经济好转时，存在着对劳动力的过度需求，企业则会通过广告来自行招聘，宁愿花费很高的寻找成本，且这时的招聘主要面向在职寻找者。最后，如果政府在雇用制度上限制厂商自由地解雇工人，厂商一旦进行寻找，他就会花费大力气找到最适合的、能在较长时期内胜任此空位的人才，避免因不适合而很快解雇工人，既触犯劳动法规，又加大雇用成本。解雇的制度性限制不仅使厂商增加了寻找的广度，而且增加了寻找的深度，但却会使空位闲置的时间过分地延长，不利于失业问题的解决。

有时，一些企业遇到较优秀的应聘者时，即使目前没有空位，也会先将其纳入人才储备库，一旦空位出现时，先录用这些早期的应聘者。这样，当前的寻找范围就扩大了，其努力程度也提高了，主要是考虑了企业长期发展对人才的需求，这样做可以节约以后的寻找成本。企业的这种做法对劳动者也有深刻的意义，他们会更愿意应聘有人才储备计划的企业，因为企业会为他们将来的就业提供更多的机会。而一般来说，有此项计划的企业规模较大。

3. 寻找中的工资决定

在厂商制定工资的前提下，雇主可以通过提高相对工资来尽快地填补空位，也可以像上面所说的多创造空位来吸引更多的人应聘。但这两种做法都是有成本的：提高工资自然会增加工资成本，多创造空位包含着空位的闲置成本。要达到均衡点，这时的空位率与工资对企业来说都是最优的。谈到用工资吸引应聘者，

① 也可以包括其刊登招聘广告的频率、广度（地域范围）等。
② 在招聘过程中，为了避免由于信息不对称造成的逆向选择问题，企业要增加寻找的深度，相应地，也就增加了寻找成本。

可以联系效率工资中的逆向选择模型，厂商提高工资可以提高应聘者的平均技能水平，这在空位是需要高技能的岗位时尤其适用。

要想实现劳动者与空位相匹配，就必须要求劳动者的寻找与企业的寻找达成一致，主要是就工资达成一致，即失业者的保留工资小于或等于企业的支付工资。在现实经济中，应聘时最终工资的确定是双方谈判的结果，谈判反映了空位与劳动者的比例、空位闲置成本、劳动生产率、寻找成本、失业保险等因素。

这里存在的一个难点是，厂商对应聘者生产率的信息知之甚少，在应聘者从事实际生产之前很难判断，因为应聘者不仅存在隐藏的私人信息，而且生产率也不只是由个人素质决定的，更是一个人与岗位环境、合作者相匹配的产物。所以招聘时，厂商只能从其经历，更重要的是从其保留工资来做出生产率高低的判断，保留工资可以作为衡量应聘者生产率的信号。[①] 招聘广告上并不必须写明厂商的支付工资，劳动者只能预测其与保留工资的比较，来决定是否去应聘。这样做的不足之处是预测失败后，给自己带来损失。因而招聘广告上的工资信息尽可能明确、全面，有助于提高寻找的效率。

4. 放弃寻找

上面的分析表明企业空位的产生是有规律的、可以预期且每一时期相对稳定，因而厂商可以提前报出空位的数量。但市场变化是反复无常的。有时企业的产品需求会突然增加，因而会增加大量空位，或者职工离职时并没有事先通知雇主，这时厂商需要马上雇用工人来填补空位。这时的寻找策略就不同于有预期的空位寻找，厂商会投入更多的资源，增加寻找努力程度，提高工资吸引工人前来应聘。但是，厂商如果对马上寻找到替代者不抱有信心，他也可能根本不去寻找，而是利用企业内部的现有职工，通过增加其工作时间、劳动强度，甚至内部培训合适的技能人员来满足自身的需求，只要这样做的成本小于向外界寻找的成本。将这一现象引申，在现实中可以看到，确实有不少厂商由于信息的阻碍，很难寻找到合适的工人，因而会放弃寻找，如同放弃寻找工作的失业者一样。这类厂商也叫作沮丧雇主（Discouraged Employer）。他们的存在使得公开的空位数量减少，加大了失业寻找者找到工作的难度，因而对社会来说是不经济的。

另一类雇主不愿寻找外部工人来填补空位的原因则是劳动保护等法规制度增加了雇用新工人的成本。就业保护法规在许多欧洲国家是很严格的。[②] 例如，英国1965年《富余人员支付条例》规定，给富余工人一笔法定收入，开始雇主只承担部分责任，但1986年以后则全部担负。1971年《产业关系法令》规定

---

① 在解决劳动者和企业的信息不对称问题上，信息经济学认为劳动者可以通过信号（Signal，例如学历）来显示自己的能力，而企业也要增强甄别（Screening）的能力。

② 自20世纪90年代以后有所放松。

了反对不公平解雇的权利。1975年《就业保护法》扩展了解雇雇员的通知期限。因为解雇工人的成本太高，以致厂商不愿新雇工人，从而不产生劳动力需求。

我国的就业体制改革也对企业寻找行为产生影响，例如，国有企业拥有了自由雇用和解雇职工的权利，虽然在一定时期内可能产生一些失业人员，但与改革之前相比，由于企业预期到自己拥有了用工自主权，它雇用合格工人的愿望增强，寻找的积极性提高，所以对整个社会就业量的提高是有帮助的。现阶段，我国岗位空位大部分来自非国有经济部门，从企业寻找角度的解释就是，非国有部门受到的就业保护限制较小，厂商寻找的努力程度较高。再比如，有些城市限制企业招聘没有本地户口的劳动者，这也给当地企业的寻找行为带来消极影响，企业可能会放弃寻找。

第五节　劳动力流动与岗位匹配

劳动力流动会导致工作更换和就业的不稳定。以上主要考虑的是劳动者自愿离开企业，即辞职行为。在涉及企业寻找时，则要分析企业的解雇行为。有效率的工作更换提高了劳动者和企业之间的工作匹配，增加了劳动者对国民收入的贡献。所以，如果工作更换是有效率的，辞职和解雇之间的界限就模糊了，两种类型的工作更换都提高了劳动者和企业之间的匹配质量。被解雇说明劳动者不适合现在的工作，解雇劳动者，让其去寻找更适合自己的工作，因而被解雇比继续待在原企业对劳动者来说更有利。同样，有员工辞职对企业来说也不一定是坏事，它说明企业的劳动力配置出现了问题，会刺激企业改善管理，增强对员工的激励。

不管怎样，劳动者和企业的寻找与长期劳动合约以及企业特殊人力资本是不相适应的。但是他们又存在一定的联系，劳动力的流动与工作年限长短有关，也就是说，工作时间越长，劳动者辞职和被企业解雇的可能性越小。这与人力资本投资和企业合约有关。

于是可以得到图8-7的结果。纵坐标表示劳动者的离职率，横坐标表示劳动者的工作时间长短。随着劳动者在一个企业工作时间的延长，离职率逐渐下降，这被称为"状态依赖"（State Dependence），无论是自愿辞职还是被解雇，都是如此。需要注意的是，这一考察也应该考察同一劳动者的情况，而不应站在同一时点上进行考察，否则就会出现与上面分析移民收入时同样的问题，即"大队效应"。

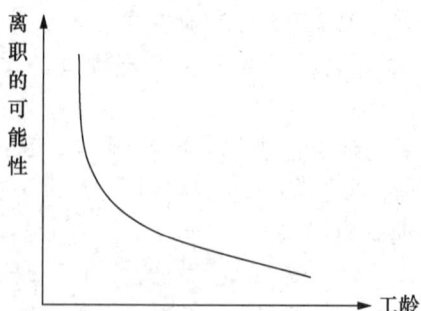

图 8-7　离职可能性的状态依存

例如，有两种不同类型的劳动者，一类劳动者总是喜欢新鲜的工作环境，喜欢在不同的企业工作较短的时间，不管他在企业工作时间是短还是长，他的辞职动机都很高，这一类型劳动者被称为"跳槽型"（Mover）。而另一类型的劳动者总喜欢在同一个企业长期工作下去，即使在短期内工作并不尽如人意，他也不愿轻易跳槽，因而不管他在企业工作时间是短还是长，他的辞职率都很低。这一类型劳动者被称为"留守型"（Stayer）。

在图 8-8 中，用高低两条水平线来表示"跳槽型"和"留守型"两种类型劳动者的工龄—离职率曲线。如果站在同一时点考察一个企业的离职率，则很可能得出这样的结论：因为离职者都是"跳槽型"，他们在企业工作的时间较短，似乎是工作时间越短，就越有可能跳槽。同样，不离职者都是"留守型"的，他们在企业工作时间较长，似乎是工作时间越长，跳槽的可能性越小。由此，将 A 点和 B 点连接起来，用形成的直线来反映随着工作时间的延长而离职率下降这样一个规律。但是这样的研究方法是错误的，因为它比较了不同类型的劳动者。只有对同一个劳动者进行时间序列的研究，才能够得出正确的结论。

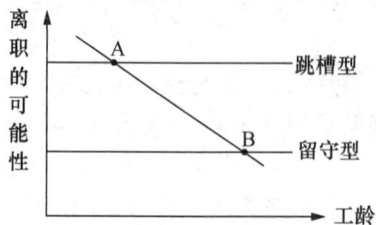

图 8-8　工人的异质性和离职的可能性

劳动者选择辞职的一个重要原因是工资过低，对于工作时间较短的劳动者来说，尤其如此，可用工资随工作时间而增长的现象以及年功序列制来理解。同样，考察年功序列也不能在同一时点考察不同劳动者的工资情况，因为劳动者是不同质的。有的劳动者由于和工作有较好的匹配关系，即使工作时间很短，也能获得较高的工资；相反，有的劳动者和工作的匹配关系较差，即使工作时间很长，也只能获得较低的工资。如果站在同一时点考察，考察工龄短的劳动者恰好是低匹配程度的劳动者（因为匹配程度低，所以工作时间不长就辞职），而工龄长的劳动者恰好是高匹配程度的劳动者（因为匹配程度高，所以不会辞职），然后如图8-9所示，连接成一条直线 AB，以此来说明随着工龄的增长工资会不断上升。这样的研究方法是错误的，因为它考察的是不同匹配程度的劳动者，而不是同一个劳动者。

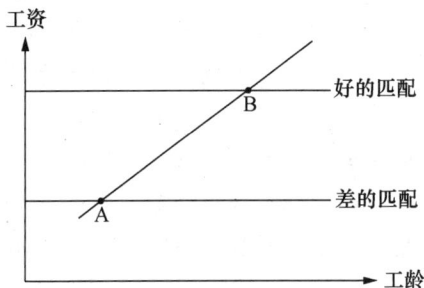

图 8-9　工人的异质性和工龄对收入的影响

实证研究也证明，单纯的工龄延长并不一定会提高工资。如果不能获得企业特殊的人力资本，不能和工作较好地匹配，即使工作时间再长，也只能获得较低的工资。有的劳动者在一个企业工作了一辈子，退休前依然是低工资的劳动者。因此得到了一个结论：匹配程度是决定劳动力流动的因素。而匹配程度的高低可能与工作时间长短有关（劳动者和企业经过一定时间的磨合，匹配程度不断加强），也可能无关。

综上所述，可知：并不一定是工作时间越长，劳动者的工资越高，流动性越小。因为劳动者是异质的，对于喜欢流动的劳动者（Mover），无论如何都会保持较高的辞职率。而劳动者和工作的匹配程度也是决定劳动力流动的重要因素，如果匹配较好，就不需要辞职，因为即使工作时间较短，这样的劳动者也能够获得较高的工资。

本章小结

- 劳动力跨地区流动的可能依赖于目的地和原居住地经济状况和迁移成本。

- 如果迁移决策基于全体家庭成员的利益做出，迁移会包含"跟随迁移者"，从个人角度来看，跟随迁移者有损失，但这一损失会被其他家庭成员的迁移收益所弥补。

- 如果移民的技能构成存在着大队效应，早期的移民比新移民收入高这一事实并不表明所有的移民都会随着时间的延长不断提高自己的收入。

- 移民并不是从人口中随机产生的。如果目标国的技能回报率高于母国的技能回报率，移民是正向选择的，他们具有高于平均水平的技能；如果目标国的技能回报率低于母国的技能回报率，移民就是反向选择的，他们具有低于平均水平的技能。

- 移民会增加目标国的国民收入，虽然目标国的劳动者会有损失，但资本所有者会获益很多，从而目标国的社会净福利是正的。

- 有效率的工作更换提高了劳动者和企业之间的工作匹配程度，增加了劳动者对国民收入的贡献。

- 要缩短劳动力流动时间、降低失业率，劳动者和企业都需要积极地寻找。

- 劳动者在企业工作时间越长，就越不会出现工作更换。这是因为不同类型的劳动者有不同的工作更换倾向，也是因为企业特殊的人力资本投资降低了工作更换的可能性。

- 劳动者在企业工作的时间越长，收入越高。这是因为不同类型的劳动者有不同的工作匹配关系，也是因为企业长期人力资本投资提高了劳动者的生产率。

本章主要概念

重复迁移（Repeat Migration）

返回迁移（Return Migration）

家庭迁移（Family Migration）

跟随迁移者（Tied Mover）

跟随留守者（Tied Stayer）

大队效应（Cohort Effect）

罗伊模型（Roy Model）

正向选择的移民流动（Positively Selected Immigrant Flow）

反向选择的移民流动（Negatively Selected Immigrant Flow）

寻找工作模型（Job Search Model）

有效率的工作更换（Efficicency Turnover）

状态依赖（State Dependence）

工作匹配（Job Match）

思考题

1. 解释当下列情况发生时对迁移净收益折现值的影响：①年龄；②迁移的距离；③教育；④折现率。

2. 迁移的个人收益和家庭收益有何不同？讨论这些不同如何产生跟随留守者和跟随迁移者。

3. 假设劳动者的技能可以用他拥有的效率单位来表示，在人口中效率单位的分布是劳动者1有1个效率单位，劳动者2有2个效率单位，如此等等。在甲国有100个劳动者，他们在决定向乙国移民时，比较本国的工资收入 W_0 和乙国的工资收入 W_1，两国工资和技能之间的关系式分别为 $W_0 = 700 + 0.5s$，$W_1 = 670 + s$，s 表示劳动者的效率单位数量。①如果没有迁移成本，移民的最小效率单位是多少？移民是正向选择，还是反向选择的？②假设移民成本为10元，移民中的最小效率单位是多少？

4. 用图形定义移民产生的剩余，讨论它是如何计算的。在移民中存在着收入的再分配吗？试结合中国的实际，分析农村剩余劳动力进城就业对城市福利产生怎样的影响。

5. 如果人们相信自由的国际贸易，那么也应宣扬不受限制的劳动力移民吗？分析这一说法："美国对来自低工资国家征收进口关税刺激了低工资国家的低技能劳动者向美国移民。"

6. 劳动力流动和移民如何影响劳动力市场的买方垄断地位？

7. 宣扬美国国内劳动力自由流动的思想与反对移民进入美国的思想是否一致？

8. 在中国目前的劳动力流动过程中，企业充当怎样的角色？从企业寻找、工资制定等方面寻找答案。

9. 分析中国农村外出劳动力的技能类型，它与城乡内部收入差距大小有关吗？

10. 为什么说企业寻找和劳动者寻找都是必要的？

11. 如何解释近年我国中西部地区农村外出劳动力返乡现象？

12. 分析我国户籍制度放开后对农村外出劳动力流动及市民化的影响。

课外阅读文献

1. Roy, A., "Some Thoughts on the Distribution of Earnings", *Oxford Economic Papers*: 1951: 235 – 246.

2. Borjas, G., "The Labor Demand Curve Is Downward Sloping: Reexamining the Impact of Immigration on the Labor Market", *Quarterly Journal of Economics*, 2003, 118: 1335 – 1374.

3. Borjas, G., "Self – Selection and the Earnings of Immigrants", *American Economic Review*, 1987, 77: 531 – 553.

4. Jovanovic, B., "Job Matching and the Theory of Turnover", *Journal of Political Economy*, 1979, 87: 972 – 990.

5. Mortensen, Dale T., "Job Search and Labor Market Analysis", in Ashenfelter, O. and Layard, R. (ed.) *Handbook of Labor Economics*, North – holland, 1986.

6. 赵耀辉：《农村劳动力迁移与教育的作用》，《经济研究》1997 年第 2 期。

7. 杨云彦：《转型劳动力市场的分层与竞争——结合武汉的实证分析》，《中国社会科学》2000 年第 5 期。

第九章　工资差距问题

在现实社会中会看到形形色色的工资差距：不同的职业、不同的学历、不同的行业、不同的人种，其工资水平都会不同。这种差异的存在与充分竞争的劳动力市场是否矛盾？在劳动力市场的均衡分析中，假定劳动力是同质的，其工作性质也相同，只有在劳动力市场是非充分竞争的情况下，例如买方垄断或卖方垄断，才会出现工资差距。如果劳动力市场是充分竞争的、同质的，劳动者就应该获得相同的工资。但现实世界却是一个五彩斑斓的异质世界，劳动者的个人特征是不同的，劳动者的受教育程度、技能、工作性质、性别、种族等个人特征都存在差异，所以工资差距的出现也就在所难免，人力资本理论主要讨论教育和在职培训如何影响工资差距。问题是这些差异都是合理的吗？它充分地反映了劳动者的技能差异、工作性质的差异呢，还是存在着工资过度支付或支付不足的问题？不合理的工资差距产生原因是什么？它对于社会经济效率会产生怎样的不利影响？这些都需要进行深入分析。

本章分别从职业性质、劳动者的技能、劳动力市场分割和歧视四个方面分析产生工资差距的原因，并从经济学原理上分析哪些工资差距是合理的，哪些是不合理的。这里的"合理"是指工资反映了劳动者的技能和生产率差异，而"不合理"则是指由劳动力市场分割和扭曲导致出现工资差异。

第一节　工作性质与工资差距

这里考察的工作性质，主要是指工作的危险程度、繁重程度和稳定程度等。危险的工作、非常繁重的体力劳动、非常不稳定（随时有被解雇的风险）的工作，给人们带来的负效用很大，因而需要用高工资来补偿。至于多高的工资补偿是合理的，取决于劳动者的效用函数和企业的利润函数，合理的工资补偿能够足以使从事危险工作的劳动力供给与劳动力需求相等，从而达到劳动力市场的均衡。

一、危险工作的供给与需求

首先分析工作的危险程度，一般来说，工作越危险，获得的工资补偿就越大，工资也就越高，而且这种工资补偿是随着危险程度的增加而递增的。假设劳动者的效用函数为 $U = U(w, p)$，其中 w 为工资，p 为在工作中受伤的概率。由效用函数可以得出工资和受伤概率的边际效用。增加一单位工资的边际效用为正，增加一单位受伤概率的边际效用为负。因为危险是一种"坏"东西，所以受伤概率的边际效用为负。

危险程度和工资之间的关系可以用图 9-1 来表示。横轴表示因危险程度增加而提高的劳动者受伤概率，纵轴为工资。U_0 为劳动者的无差异曲线，在 P 点从事危险程度为零的工作（安全工作），可以获得的工资为 W_0；在 Q 点从事危险概率为 0.5 的工作，可以获得的工资为 W_1。劳动者在 P 点和 Q 点获得的效用水平是相同的，因为它们都在同一条无差异曲线上。从事危险工作可获得更高的工资，因而能够补偿受伤风险增加给劳动者带来的负效用。无差异曲线的形状是先缓慢上升，而后陡峭上升，这说明，风险越高，工资的补偿力度就需要越大。之所以出现工资补偿递增，是因为受伤概率非常高时，人们受到伤害的可能性非常大，事故实际发生后的损失也很大，这种损失本身是递增的，因而工资的补偿也应是递增的。

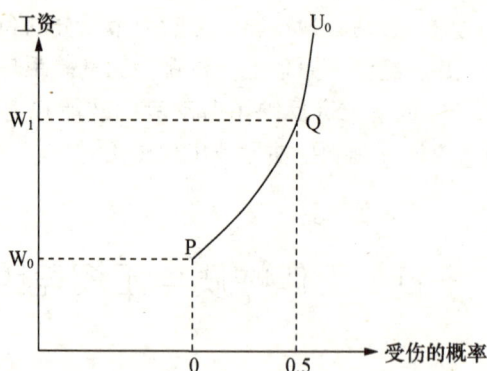

图 9-1　工资和受伤可能性之间的无差异曲线

我们把图 9-1 中 $W_1 - W_0$ 定义为劳动者的保留价格（Reservation Price），如果发生危险概率为 0.5 的工作提供的工资仅仅为 W_1，只比安全工作提供的工

高 $W_1 - W_0$，对于这个劳动者来说，从事危险工作与否是无所谓的，因为他获得的效用水平相等。只有将工资提高到 W_1 以上，此人才会愿意从事危险工作，因为这时他的效用水平得到提高。

从中不难看出，风险厌恶型的劳动者要求的工资补偿更大一些，因而其无差异曲线是非常陡峭的。而风险偏好型的劳动者要求的工资补偿较小，因而其无差异曲线比较平缓。

工资的补偿在劳动者看来体现为其效用水平的变化，只有带来效用水平提高的工资补偿才会促使他从事危险性工作。但由于不同类型的人对风险的态度不同，对于相等的工资提高会使不同的人做出不同的决策。这在图 9-2 中可以得到反映。比较两种类型的劳动者：富人与穷人。如果在劳动力市场上从事安全工作可以获得 W_0 的工资，从事危险工作可以获得 W_1 的工资，对于穷人来说，获得 W_1 的工资可以将其效用由 U_1 提高到 U_2，所以其会选择危险工作，如图 9-2（a）所示。而对于富人而言，获得 W_1 的工资后，其效用不仅不能保持在原来的 U_1 水平上，反而下降到 U_0，即高工资没有形成足够的风险补偿，效用水平没有提高则意味着富人不会对提供 W_1 工资的工作感兴趣，所以其会选择安全工作，如图 9-2（b）所示。要使他从事高风险的工作，需要为其提供更高的工资，这一现象说明了富人已有的财富对其工作选择、自身生命价值的影响。这同时说明，穷人不是天生的风险偏好型，富人也不是天生的风险厌恶型，人的偏好并没有本质的差别，往往是财富、生产要素的约束形成人们不同的偏好。这印证了贝克尔的观点。

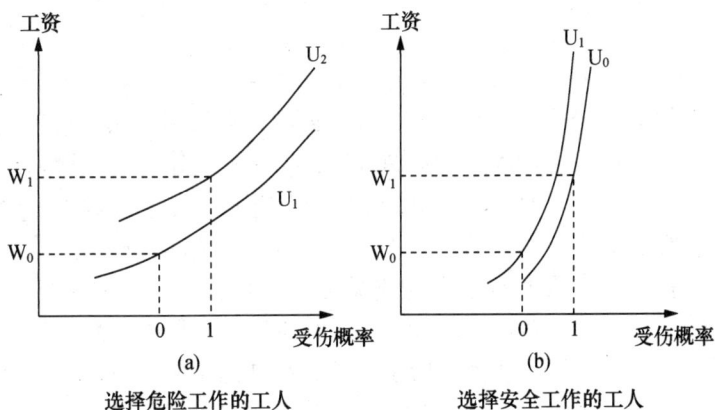

图 9-2 危险工作、安全工作的选择

由此可以得出，对危险工作劳动力供给曲线，不同的人有不同的保留价格，富人的保留价格较高，穷人的保留价格较低。假设富人和穷人在总就业人口中的比重都较小，中等收入的劳动者所占比重较大。如果用纵坐标表示保留价格，横坐标表示从事危险工作的劳动者数量，则在保留价格很低时，只有穷人愿意从事危险工作。随着保留价格的提高，越来越多的人愿意从事危险职业，因而劳动力供给曲线也是向右上方倾斜的。

不同的微观个体对危险工作的不同反应，在宏观上表现为危险工作劳动力供给变化。它与企业对从事危险工作劳动力的需求共同决定了这一劳动力分市场的均衡。那么，企业为什么要提供危险工作呢？首先从企业的生产函数上看，假设企业的生产函数为 $q=f(L, p)$，其中 q 为产量，L 为劳动力数量，p 为发生危险事故的概率。由此可以得出，劳动力的边际产量和发生事故概率的边际产量。一般来说，劳动者的边际产量是正值。增加一单位事故概率的边际产量是正值还是负值呢？因为提供安全环境要花费企业大量的投资，如果不进行安全投资，可以将这些投资用于增加产量，但事故发生概率增加了，因此，MP_p 也是正值。如果企业提供安全的工作环境，其产出为 $q_0 = a_0 \times L$，a_0 为安全环境下企业的边际产量，L 为劳动力的数量。如果企业提供危险的工作环境，企业的产出为 $q_1 = a_1 \times L$，a_1 为危险环境下企业的边际产量。这里的 $a_1 > a_0$，因为企业节省了用于安全维护的费用，这笔资金用于生产可以提高边际产量。如果产品的价格为 P，则企业从提供安全环境转向提供危险环境，从每个劳动者身上可以获得的收益增加量为 $P \times a_1 - P \times a_0$。进一步可以计算企业在两种情况下的利润，在安全的环境下，企业的利润为 $P \times a_0 \times L - W_0 \times L$；在危险的环境下，企业的利润为 $P \times a_1 \times L - W_1 \times L$。则可以得出，只有提供危险工作环境的利润大于提供安全工作环境的利润时，企业才会提供危险工作环境，也就是 $P \times a_1 \times L - W_1 \times L > P \times a_0 \times L - W_0 \times L$，进一步得出 $P(a_1 - a_0) > W_1 - W_0$，这一公式表明，企业提供危险环境的收益要大于危险工作的工资补偿（其成本），否则企业会提供安全的工作环境。

从企业提供危险工作的成本与收益看，提供危险工作的成本是相对较高的工资，但由于企业可以节省投入大量资源去维护安全的工作环境，所以边际产量较高，企业的收益较大，从而企业从每个工人身上获得的净收益较大。企业收益增加越大，企业提供危险工作的动力越大。不同行业和不同企业从危险工作环境中获得的收益增加不同，因而有最大的收益增加（往往是最危险的工作）和最小的收益增加。采掘业的收益增加较大，因为其用于安全维护的费用较大；教育行业收益增加较小。收益增加较大和较小的行业都是在比例上占少数的行业。如果企业为维护安全而需要投入的成本越大，意味着因不投入而节省的成本也越大，从提供危险工作中获利也就越大。① 这在一些采掘业中较普遍，即它们的较高工

---

① 这里假设高工资是危险工作的唯一补偿。即使真的发生事故，企业也不再继续给工人补偿，或者即使补偿也是不充分的。

资与节省的安全成本投入是不完全成比例的，也只有这样才可以解释煤矿中普遍存在的危险工作环境：改善工作环境的成本很高，企业愿意用稍高的工资来吸引劳动者，尤其是低收入劳动者加入，从中企业获得更多的收益。

企业对危险工作的劳动力需求是怎样的呢？这取决于企业的成本和收益核算。如果用纵坐标表示危险工作工资和安全工作工资的差额，当工资差额高于最大的收益增加，成本大于收益时，则没有企业对从事危险工作的劳动力产生需求。当工资差额开始小于最大收益增加时，一些企业（例如煤矿）开始对从事危险工作的劳动力产生需求。随着工资差额的变小，劳动力需求量逐渐上升。当工资差额等于或小于最小收益增加时，所有行业和所有企业都会提供危险工作，会对劳动力产生充分的需求。所以劳动力的需求曲线也是向右下方倾斜的。

有了危险工作的劳动力需求曲线和劳动力供给需求，就可以决定均衡的就业量和均衡工资。如图9－3所示，危险工作的劳动力需求曲线是从纵坐标上最大企业收益的一点开始向右下方倾斜的曲线，而供给曲线是从纵坐标上最小保留价格开始向右上方倾斜的曲线。它们的交点为均衡的就业量和均衡工资，从而得到从事危险工作的劳动者数量和均衡的危险工作工资与安全工作工资的差额。在特殊情况下，如果劳动者是风险偏好的，他有冒险精神，希望通过从事危险工作来锻炼自己的胆量，因而即使没有工资补偿，他也愿意从事危险工作，因为冒风险本身给他提供了一种特殊的效用。而在危险工作劳动力需求一定的情况下，由供求决定的危险职业均衡工资可能会低于安全职业均衡工资。

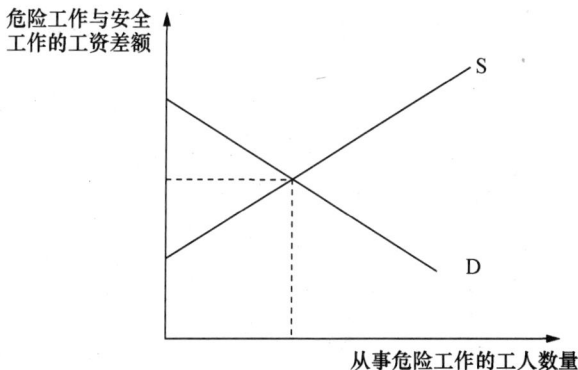

图9－3　市场均衡决定工资补偿和从事危险工作的工人数量

从我国目前的情况来看，由于劳动法规、劳动标准不健全，高风险的职业并没有得到相应的工资补偿。如一些小煤矿的工作条件恶劣，但工资仍很低。这一问题与劳动力市场的买方垄断有关。偏远矿区的低收入劳动者众多，而能够提供就业机会的企业很少，地区间劳动力市场又是分割的，煤矿主就可以任意压低工资，使危险工作的工资补偿没有得到体现。这里的低工资与劳动者偏好风险是没有关系的。

在绝对安全的工作和绝对危险的工作之间分布着危险程度不同的工作类型，现实生活中有各种不同危险程度的工作，而劳动者的风险偏好程度也不同。现实经济中不同危险程度的工作由不同的劳动者从事，这样的配置是如何实现的，不同风险偏好的劳动者是如何各得其所的？在图9-4中，横坐标表示工作的危险程度，用受伤概率表示，纵坐标表示工资水平。首先从企业的角度来看，随着企业提供工作的危险程度加强，劳动者的工资应相应地提高，存在着一条等利润线，它是不同工资水平和不同危险程度工作的组合。提供低危险程度工作和低工资与提供高危险程度工作和高工资给企业带来的利润相同。等利润线是向上倾斜的，说明要维持安全的工作环境，必须花费大量的投资成本，所以要实现相同的利润，安全的工作环境对应的工资水平较低，危险的工作环境对应的工资水平较高。同时，等利润线又是凹性的，它说明安全生产环境的边际收益递减。在非常危险的情况下，只要投入较少的成本，生产环境就可以得到改善，因而劳动者的工资下降不大。而在工作环境已经比较安全的时候，要使事故概率降到零，就需要大量投入。因而，企业也要大幅度削减工资，以保证利润不变，所以等利润线是凹性的。

在图9-4中，位于较高位置的等利润线代表着较低的企业利润，而位于较低位置的等利润线代表着较高的企业利润。因为在事故概率相同的条件下，较低位置的等利润线对应的是较低的工资，企业的工资成本较低，利润较大。

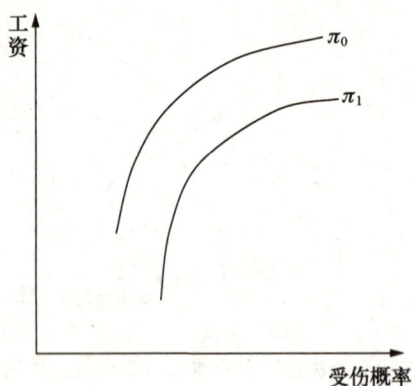

图9-4　企业的等利润线

不同风险类型劳动者的无差异曲线形状不同，风险厌恶型劳动者的无差异曲线更陡峭。有了劳动者的无差异曲线和企业的等利润线，它们相切之点就会形成一个均衡点。对于企业来说，要尽可能找到与最低的等利润线相切的无差异曲线，以期获得最大的利润；对于劳动者而言，要尽可能找到与最高的无差异曲线相切的等利润线，以期获得最大的效用。如图 9 - 5 所示，形成了三个切点，分别代表了不同类型企业和不同类型劳动者的组合。在切点 A 上，企业提供的是低危险工作，它雇用的劳动者是风险厌恶型劳动者。在切点 C 上，企业提供的是高危险工作，它雇用的劳动者是风险偏好型的劳动者。将所有的切点连接起来，形成的曲线称为享乐主义①工资方程（Hedonic Wage Function）。

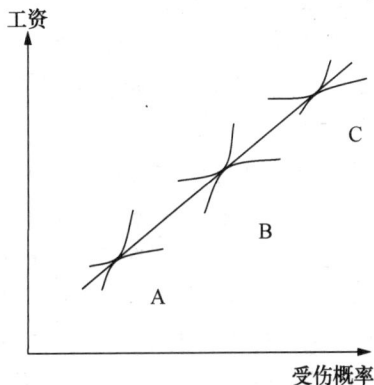

图 9 - 5　享乐主义工资方程

人们对工作性质与工资进行计量分析表明，工资与危险程度呈正向关系。接触危险原料或设备的工人工资比不接触者的工资高 3% ~ 4%。因事故而死亡的概率每增加 0.001，劳动者的年收入会增加 5000 ~ 6000 美元，由此也可以计算生命的价值。如果取 5000 ~ 6000 美元的中值 5500 美元计算，生命的价值为 5500/0.001 = 550 万元。它说明人们愿意支付 550 万元来补偿一个因事故而死亡的劳动者。

【小资料】

风险工资的激励

大约两个世纪以前，英国最早采取风险工资的经济激励方式来改善工作环境。雇主为工人提供高工资，以回报预计的事故风险。风险工资能产生两个效果：首先，因为提高安全水平可以减少支付给劳动力的工资，雇主有经济动力不

----

① 它来源于边沁（Jeremy Bentham）的享乐主义理论，认为人们的天性都是追求享乐的，如果有痛苦，就需要给予一定的补偿。

断改善工作环境；其次，风险工资可以补偿工人最大的风险，整个工作的报酬能更为公平地分配。

尽管风险工资条例的产生可能是由于业主的仁慈或责任心造成的，但最主要的原因来自劳动力市场的竞争压力。在很难获得足够劳动力供应的情况下，由于普遍缺乏劳动力或所需的特殊技能，风险工资的需求是很大的。在这种情况下，没有工人会接受危险的工作，除非获得额外的薪资以补偿。亚当·斯密的《国富论》中认为，风险工资是市场经济正常产生的。在19世纪，英国和美国规定风险工资标准，雇员无须经过其他手续即可获得。

然而，尽管风险工资在实际生活中存在，但是不常发生，它支付的补偿往往少于事故风险。在发达国家的统计研究中显示，两者存在这样的关系：高风险，低工资。

为什么风险工资在大多数行业相对不重要？其有两方面原因：首先，长期失业现象的存在；其次，社会上认为有些风险可以不补偿。尽管如此，在某些危险工作中，风险工资仍然起着重要作用，例如井下采矿和地上采矿就存在较大的工资差别。

随着19世纪风险工资问题的提出，相关案件逐渐增加，法庭倾向于保护受伤害者——工人。结果，经济激励使得安全水平得到提高。在一定意义上，诉讼作为一种经济激励形式，效果与风险工资相似，其区别在于风险工资有事前性，诉讼是事故发生之后进行的。

由于诉讼的费用昂贵，耗时、耗力，更耗钱，并且结果未知。企业主在存在潜在诉讼风险时，可以投保，从而减少了安全生产的经济激励。保险费并不用于改善工作环境，因为改善环境代价昂贵，且实现困难。投保使得本来稀缺的资源更难用于安全投入，从而保费更为昂贵（保险经济学家称为逆向选择）。

资料来源：作者根据相关资料整理。

二、政府的作用

通过健全法律让危险的工作都得到工资补偿，是当前中国的一项重要任务。如果法规过度限制危险工作的出现，又会带来怎样的社会后果呢？这时只有安全的工作和相对低的工资，对于劳动者来说，失去了获得较高工资、提高效用水平的机会；对于企业来说，因为需要投入大量成本进行安全环境的改造，利润水平也下降。所以，结果似乎是对双方都不利。如图9-6所示，在没有政府干预的情况下，企业和劳动者达到的均衡点为P，企业获得的利润为π^*，劳动者获得的效用为U^*。这时劳动者的工资为W^*，工作出现事故的概率为P^*。现在，政府要求企业改善工作环境，要将事故发生的概率降到$\underline{P}$，由于投入大量资金用于安全维护，企业的利润下降为$\underline{\pi}$，只能给劳动者支付较低的工资$\underline{w}$。这时，对于劳动者而言，其效用水平也下降，位于较低的无差异曲线$\underline{U}$上。所以，政府的干预并没有实现社会资源的优化配置，反而造成了社会福利的损失。

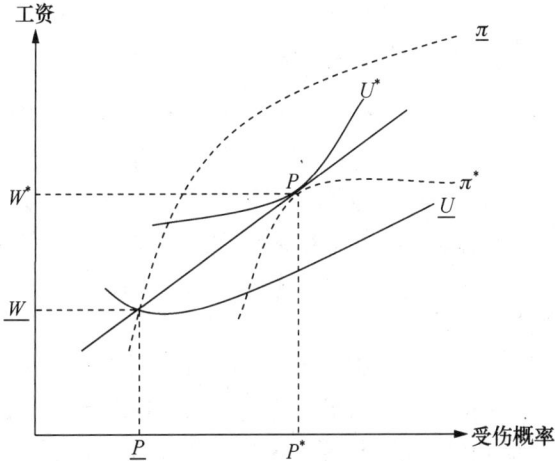

图9-6 职业健康安全管理（OSHA）对工资、利润和效用的影响

但是，如果劳动者在就业之前不知道工作的风险程度有多高（存在信息不对称问题，企业欺骗和利用劳动者，让其从事高风险的工作），而且考虑到事故发生后企业和社会承担的各种成本，政府的限制就会有正的效果。如图9-7所示，工人获得W^*的工资，但错误地以为工作中发生事故的概率为P_0，这时其可以获得的效用水平为U_0，而实际上发生事故的概率高于P_0，为P_1，他只能获得较低

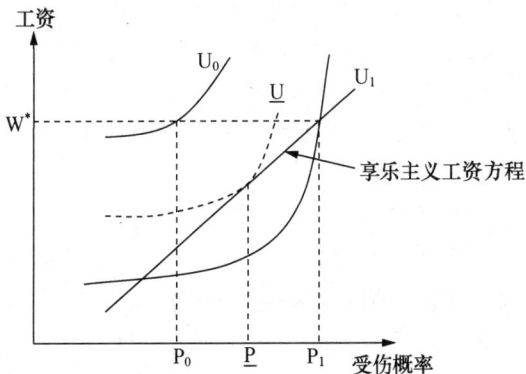

图9-7 工人错误估计风险时职业健康安全管理（OSHA）的影响

的 U_1 水平的效用。如果政府要求企业的事故发生概率不能超过 P，则在享乐工资方程（图中的直线）上会有新的一点成为均衡点，这时劳动者的效用水平会得到提高。政府帮助劳动者认识到了工作的真实风险，这样的干预能够提高劳动者的福利。政府的强制安全标准能够降低事故的发生概率，也具有外部经济的作用。

三、其他需要工资补偿的工作及体现

不仅危险的工作需要工资补偿，重体力劳动也需要工资补偿。但这种补偿也受劳动力供求因素的影响。在发达国家，人们受教育水平较高，很少有劳动者愿意从事重体力劳动，因而，一些重体力工作需要用高工资来吸引人们就业。而在发展中国家，人们受教育水平和技能偏低，大量劳动者不能在需要高技能的部门找到工作，因而只能涌向重体力工作市场，使得供给过剩，工资水平自然较低，工资体现不出对重体力劳动的补偿。

另外，不同稳定程度的工作给人们带来的效用也是不同的。如果企业经营状况不稳定，工资就会随企业经营状况好坏而变动，这样的工资收入格局给人们提供的效用水平会不同于长期获得稳定工资收入的情况。如图 9 - 8 所示，横坐标为工资，纵坐标为效用。有两类工作：工作甲和工作乙。如果工作甲是稳定的工作，每月收入 1500 元，而工作乙在企业经营好时（出现这种情况的概率为50%）可以获得每月 2000 元的收入，但在经营不好时（出现这种情况的概率也为50%）只能获得每月 1000 元的收入。效用曲线是如图 9 - 8 所示的凸形，反映出边际效用递减的特性。工作甲提供的效用水平为 U_3 单位，而工作乙提供的效用水平应该是连接 A、B 之间的线段中点所对应的效用 U_2，它显然低于 U_3。所以，虽然工作乙每月的期望收入也是 1500（2000 × 50% + 1000 × 50%）元，与工作甲相同，但它提供的效用水平却低于工作甲提供的效用水平。而要想吸引人们从事不稳定的工作，必须提高工作乙的工资（或者提高经营好情况时的工资，或者提高经营不好情况时的工资，或者兼而有之），以实现对工资不稳定的补偿。工资提高后，会对不同类型劳动者的效用产生影响，导致一些人会参加到工作不稳定的职业中。同样，就业不稳定（解雇的概率较高）的工作也要有较高的工资来补偿。

这可以解释中国劳动者长期以来愿意在事业单位就业的现象，因为事业单位的工作稳定，除非个人犯严重的错误，一般不会遭到解雇；而在企业单位工作，工作不稳定，可能因企业破产倒闭而失业。平均来看，即使国有事业单位和国有企业单位的工资水平大致相等，人们仍然希望到事业单位去，因为现行的工资体系没有对企业单位的就业不稳定进行补偿。另外，随着企业所有制的多元化，在

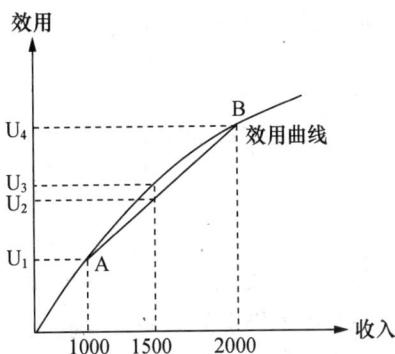

图9-8 解雇风险和补偿性工资差距

私营企业和外资企业就业的劳动者增多。虽然在这些企业工作不如国有企业稳定，被解雇的风险较大，但由于有相对较高的工资补偿，相当一部分劳动者仍更愿意到私营企业和外资企业工作。

下面通过计量经济学来考察工作性质对工资的影响。工作性质包括体力劳动强度、工作危险程度、工作稳定程度等。

回归方程为 $w = \gamma_1$ 工作特征1 + γ_2 工作特征2 + 其他工作特征 + 其他变量

但是研究结果表明，除了死亡率等工作危险性特征对于工资的解释力较强外，其他工作特征的解释能力都不强。例如，按照补偿理论，需要大量体力劳动的工作应该支付较高的工资，但实际上重体力劳动者的工资往往偏低。如何解释这一现象呢？除了上面所说的劳动力供求影响之外，还要控制劳动者的其他因素，只考虑工作性质的不同对工资的影响。例如，如果从事危险工作的劳动者是低技能劳动者，而从事安全工作的劳动者是高技能劳动者，即使存在工资补偿，从事危险工作劳动者的工资也不一定会高于从事安全工作劳动者的工资。

如何解决这一问题呢？可以考虑工作性质变化对同一个劳动者工资变化的影响，而假设人们的能力不会因为变换工作而改变，这样能力就不会对工资变化产生影响。因而回归方程变为：

工资变化量 = γ_1 工作特征1的变化 + γ_2 工作特征2的变化 + 其他工作特征的变化 + 其他变量

这样一来，实证分析的结果就与补偿工资理论较一致。例如，虽然在有噪声的环境下工作的劳动者工资低于在没有噪声的环境下工作的劳动者工资，但是，一个劳动者如果从安静的工作环境转向有噪声的工作环境，其工资会得到相应提高。搬运工人的工资比其他工种工人低，但是一个工人如果由其他工种转向搬运工作，其工资会获得一定程度的提高。需要注意的是，这里比较的是同一劳动者在不同工作环境的情况，而不是不同类型的劳动者。

第二节　技能与工资差距

　　与人力资本理论相联系，具有较高人力资本的劳动者需要较高的收益，因而工资的差异也反映了人们人力资本投资的差异，反映为受教育水平的高低，反映为接受在职培训的多少。在此，统一用技能来表示。由此产生的工资差距一般被认为是合理的。

　　高技能的劳动者之所以可以获得高收入，与产业结构的升级及对高技能人才需求的增加是有关的。随着产业结构的升级，技术也不断从劳动密集型向资本密集型、技术密集型转变，对劳动力的技能要求也越来越高。能够适应产业结构调整的劳动者就可以获得高收入，而那些技能低的劳动者只能拥挤在低收入的岗位上。在美国，低技能劳动者和高技能劳动者的工资差距不断扩大，被看作是技能偏向型技术变化（Skill Biased Technological Change）和产业结构升级的结果。它也成为劳动者工资差距形成的重要原因。

　　从教育水平来看，受过高等教育的劳动者收入高于只受过中等教育的劳动者收入，并且失业率也低。从在职培训的角度来看，工龄长的工人往往接受的培训多，技能也相应熟练，所以其工资也较高。这在日本体现为年功序列制，虽然年功序列制通常被批评为论资排辈的结果，但也有大量的研究证明，实际上它与技能水平高低是相关的。在中国，无论是在企业单位还是在事业单位的工资构成中，一般都有工龄工资部分，它的设计是为了反映工资与技能之间的关系。但是在技术更新日益加快的今天，也出现了工龄长的老工人反而不能很好地接受、适应新技术的情况，因而工龄工资就有其不合理的一面。

　　此外，有时会看到两类劳动者的技能差异不大，但工资却相差悬殊。例如总经理和副总经理之间的工资差距很大，而他们的才能其实相差不大。如何理解这一现象呢？这里的工资差异是否还具有其他功能？确实如此，这里的工资差距起到激励劳动者的作用。通过巨大的工资差距，激励每个参与者都积极努力、希望成为胜出者。虽然谁最终胜出往往取决于很微弱的才能优势，甚至是偶然因素，但胜出者可获得很高的收益。正如势均力敌的体育比赛胜负取决于很微弱的优势或偶然因素，但冠军获得远高于亚军的丰厚报酬，通过这一方式激励双方努力竞争，增加比赛的可观赏性。由于有了巨大的工资差距产生的激励，所有参与者努力创造的产出远远大于企业付出的工资成本，企业从中获得更多的利益。但从按劳分配的角度来看，胜利者多得，失败者少得，这样的工资设计又显得有些不合理。

具有特殊才能的人也可以获得较高的收入，例如，一流演员和二流演员的表演技能相差不大，但一流演员的收入远高于二流演员。这是因为一流演员的产品可以复制，有巨大的市场潜力。而消费者的需求增长也助长了一流演员的高收入，一般的消费者宁愿通过电影、电视观看世界一流演员的表演，也不愿去现场观看二流演员的表演。可以用经济租金的理论来解释这一现象，由于具有特殊才能的劳动者是稀缺的，它的供给数量无弹性，是一条垂直直线。劳动力的需求曲线和供给曲线相交的一点决定了特殊才能劳动者的均衡工资，他们的工资属于经济租金，如同土地由于稀缺而获得租金一样。这里特殊才能劳动者的供给价格被看作很低，甚至为零（完全是天赋的才能），因而劳动者的净收益很高，它不同于大多数人获得的以教育或培训为基础的正常收益率。并且，这种高额收入会长期存在，因为特殊才能的人不会受高收入影响而马上被生产出来，劳动力供给总是不足的。

如果劳动力供给暂时不能变化（例如培养软件人才需要一定的学习时间），在劳动力需求增加的情况下，劳动者也能够获得较高收入。高于平均人力资本收益的部分被理解为准租金，它不会长期存在，随着劳动力供给增加，准租金会逐渐消失。

第三节　劳动力市场分割与工资差距

劳动力市场分割是指劳动力由于制度的限制，不能在不同地区、不同部门之间进行流动，因而限制了统一劳动力市场的形成和均衡工资的决定，从而导致不同地区、不同部门劳动者的工资差距。其极端形式是二元结构劳动力市场。它是指劳动力市场上存在着严重的分割，出现两种类型的劳动力市场：头等市场上劳动者的工资高，就业稳定；次等市场上劳动者的工资低，就业不稳定。但因为存在垄断，次等市场上的劳动者即使提高了技能，也很难进入头等市场。二元结构劳动力市场的根源在于行业垄断、职业垄断和企业垄断。

垄断企业的工资较高，这种高工资来自企业的高利润，也即有了高利润，垄断企业愿意与企业内劳动者进行利润分享。但这一结果并不是自发实现的，关于劳动力市场均衡和工会理论中论述了劳动力实行买方垄断的企业工人工资较低，工会垄断时工人的工资会较高。看来，影响工资差距的一个重要原因是劳动力市场的垄断竞争程度。劳动力市场的垄断与产品市场的垄断也会存在一定的联系。在一般情况下，垄断行业的工会力量也很强大。

与劳动力市场分割相关的工资差距，与垄断企业的高利润直接相关。由于劳动力市场分割的存在，不同分市场的劳动者工资不能实现统一，因而出现工资差异。劳动力市场分割与劳动力市场的垄断同样都是形成工资差距的原因，但不能等同。例如，如果存在着劳动力市场的分割，劳动力不能自由流动，企业就会在工资制定上有很大的力量，往往会形成劳动力市场的买方垄断。一旦形成了买方垄断，作为垄断方的企业为了维持自己的租金就会阻止外来企业的加入；如果形成的是卖方垄断，工会就会采取措施阻止外来非工会劳动者的加入，从而反过来限制了劳动力的自由流动，形成了劳动力市场的分割，阻碍了竞争劳动力市场的形成。

除了行业垄断产生的劳动力市场分割外，中国还有特殊的二元结构劳动力市场，即城乡劳动力市场分割、东西地区劳动力市场分割、不同所有制劳动力市场分割。由于劳动力市场分割的存在，同样的技能在一个地区或行业比在另一个地区或行业更有价值，这也是一种准租金。同样，不同职业虽然要求的技能不同，但如果政府对职业实行严格的数量许可证管制，从而使得劳动者进入一种职业受到限制，也会产生租金。这些管制表面上的目的是要确保职业标准或维持市场秩序，但不难想象，他们也经常考虑通过限制劳动力供给的手段来保证现有从业者的收入，使他们在较长的时间内获得准租金。

一、行业工资差距

由于拥有垄断势力，企业在产品市场上可以获得较高的利润，垄断企业在面对不同的劳动力市场竞争状况时，其支付的工资水平也会不同，对劳动力实行买方垄断的企业给予的工资较低，而工会卖方垄断时工资又会较高。

由于不同行业的垄断竞争状况不同，因而不同行业存在着不同的利润率。而政策因素和自然垄断因素，使得资本不能自由地在不同行业间转移，利润率的平均化也很难实现。高的行业利润使得行业的工资水平也相应得到提高，尤其在存在卖方垄断的情况下。在表 9-1 中，从美国的情况来看，不同行业之间存在着较大的工资差距，石油、石油设施、化学、通信、电子机械等行业的工资较高，高于各行业平均的工资水平。而餐饮、零售、服装等行业的工资较低，低于各行业的平均工资水平。仔细观察可以发现，高工资的行业大多是垄断程度较高的行业，而工资较低的行业大多是竞争程度较高的行业。此外，考虑到各行业对劳动者的技能要求不同，在分析行业工资差距时要排除技能差异的影响。在第二栏中，如果扣除劳动者的素质因素，各行业的工资差距缩小，但是工资高低的行业排位没有发生变化：高垄断行业依然工资较高，竞争程度高的行业依然工资较低。

表9-1 估计的行业工资差距（括号内为标准差）

行业	没有控制劳动素质因素	控制劳动素质因素
采矿	0.404（0.043）	0.262（0.036）
建筑	0.216（0.024）	0.153（0.022）
商品	0.085（0.036）	0.072（0.031）
纺织	-0.114（0.048）	-0.022（0.041）
服装	-0.327（0.037）	-0.156（0.033）
化学	0.362（0.041）	0.238（0.034）
电子机械	0.362（0.030）	0.105（0.027）
餐饮	-0.504（0.022）	-0.188（0.022）
银行	0.084（0.026）	0.077（0.023）
娱乐	-0.181（0.043）	-0.143（0.036）
通信	0.353（0.035）	0.194（0.030）
石油设施	0.527（0.039）	0.287（0.030）
石油	0.594（0.094）	0.382（0.077）
零售	-0.241（0.013）	-0.156（0.081）

资料来源：Lang, K., Leonard, J. S., *Unemployment & the Structure of Labor Market*, Basil Blackwell, 1987, p. 20.

在中国，不同行业也存在着工资差距，且有扩大的趋势。从具体行业来看，长期以来，金融保险业，科学研究和综合技术服务业，电力煤气及水的生产和供应业，交通运输、邮电通信等行业的工资较高，2002年的年平均工资分别为19135元、19113元、16440元、16044元，这些行业基本上属于垄断行业或不完全竞争行业。而农业、批发零售贸易和餐饮业、建筑业、制造业的工资较低，2002年的工资分别为6398元、9398元、10279元、11001元，这些行业属于充分竞争的行业。最高行业工资是最低行业工资的2.99倍。2003年以后采用了新的行业划分标准，但行业的工资分布格局没有明显改变，差距依然较大。2005年工资较高的行业为信息传输、计算机服务和软件业（40558元），金融业（32338元），科学研究、技术服务和地质勘查业（27434元），电力燃气及水的生产和供应业（25073元）。工资较低的行业为农业（8309元）、住宿和餐饮业（13857元）、建筑业（14338元）、批发零售业（15241元）。最高行业工资是最低行业工资的 4.88 倍，差距进一步扩大。2013 年，工资较高的行业为金融业（99659 元），信息传输、计算机服务和软件业（90926 元）；科学研究、技术服务和地质勘查业（76603 元）、电力、燃气及水的生产和供应业（67082 元）；工资较低的行业为农、林、牧、渔业（25820 元）、住宿和餐饮业（34043 元）、水利、环境和公共设施管理业（36122 元）。最高行业工资是最低行业工资的 3.86 倍，差距有所缩小。从纵向比较来看，1980 年农业的平均工资约为电力煤气及水的生产和供应行业的 60%，但是到了 2005 年，农业工资只相当于电力燃气及水的生产和供应行业的 33%，到 2013 年，农业工资只相当于电力燃气及水的生产和供应行业的 38%。这说明，虽然改革开放 20 多年市场化进程在加快，但不同行业的市场化速度存在差距。

当然，笼统地比较不同行业的工资差距只能给人一个初步的印象，并不能够准确地反映真实的行业垄断情况，因为每一个行业的企业分布在不同的地区和不同的所有制中，地区因素和所有制因素都可能对不同行业产生不同的影响，因而会干扰行业因素的分析。所以，进一步的分析要比较同一地区、同一所有制、不同行业的工资差距，考虑当面对同样的地区因素和所有制因素时，不同竞争状况行业的工资差距。

例如以北京市的国有单位为例，2002 年工资较高的行业有金融保险业（46636 元）、科学研究和综合技术服务业（31222 元）、卫生体育和社会福利业（31090 元）；工资较低的行业有采掘业（10692 元）、农业（15729 元）、建筑业（15971 元）。2005 年工资较高的行业是金融业（90674 元），电力燃气及水的生产和供应业（57866 元），信息传输、计算机服务和软件业（53418 元）；工资较低的行业有住宿和餐饮业（20344 元）、采掘业（23761 元）、农业（23864 元）。这一分布格局就与全国笼统的行业工资分布不同，不仅高、低工资的行业发生变化，且工资差距更大一些。

由于行业的垄断竞争程度不同形成了行业间的工资差距，考虑到中国的所有制形式和国情，一般垄断程度高的行业，劳动者的工资也很高，很少出现产品市场垄断程度高而劳动力市场是买方垄断的情况[1]，在国有部门尤其如此。这可以理解为劳动者对垄断利润的分享。垄断企业的资本密集程度较高，劳动成本在总成本中所占比重较小，这也提高了工会的谈判能力，能够为劳动者争取更高的工资。产品垄断程度低的行业往往对应的是买方垄断的劳动力市场[2]，因而其工资很低。同时，劳动力在不同行业间流动又存在着障碍，低工资行业的劳动者很难进入高工资行业（要进入，只能通过"走关系"寻租等非市场化的过程），高工

---

[1] 在私有部门会有这种情况发生。
[2] 虽然企业数量较多，但劳动力供给极度过剩，买方垄断依然会形成。

资行业虽然没有通过工会等组织形成卖方垄断，但现有职工却有无形的力量来阻止新的劳动者进入，作为国有企业的厂商也没有动力用外部劳动者来代替内部劳动者——他不进行劳动成本的节约也能够获得高的利润。所以，行业间的工资差距长期不能缩小。

二、地区工资差距

地区垄断往往与政府对不同地区的发展政策有关。地区经济发展政策的差异导致企业获利能力不同，而地区经济发展水平也使得各地区劳动力市场的发育状况不同，在劳动力不能在不同地区自由流动的情况下，劳动力的工资差距就会出现。在中国，不仅存在东部、中部和西部地区的劳动力市场分割，而且还存在城乡劳动力市场分割。从理论上说，只要资本和劳动力是自由流动的，各地的经济发展水平会逐渐地趋同，工资差距也会逐渐消失。但是，由于不同地区的经济政策不同，导致发展水平很难趋同，发展水平差距会形成不同的工资水平，劳动力的自由流动会起到消除工资差距的作用。但劳动力市场的分割却造成工资差距长期难以缩小。

所以，分析中国不同地区的工资差距，要考虑各地的经济发展水平、物价、地区劳动力市场的分割。从表面来看，经济发展较早的东部沿海地区工资水平较高，而西部省份工资较低。但是，也不能一概而论，例如西藏地区的工资水平就较高，这主要与工作环境有关，属于补偿性差异。2005 年，上海市和北京市的职工平均工资较高，分别为 34345 元、34191 元；江西省、河南省的工资较低，分别为 13688 元和 14282 元；上海市工资是江西省的 2.5 倍。2012 年，北京市和上海市的平均工资较高，分别为 84742 元和 78673 元；河南省和黑龙江省的工资较低，分别为 37338 元和 36406 元。

同样，地区间工资差距也要消除行业和所有制的影响，例如不同地区的国有经济比重不同，支柱产业也不同。所以比较同一行业、同一所有制、不同地区的工资才是有意义的。以国有金融保险业为例，2002 年，北京市的平均工资为 46636 元，天津市的平均工资为 22487 元。2005 年，北京市国有金融业的平均工资为 90674 元，天津市为 49705 元。这样大的差距说明了什么问题？是经济发展水平的差距还是地区劳动力市场的分割？在其背后有没有国家地区政策的因素在起作用？在其他行业也有这样的地区差异，例如，国有科研和综合技术服务业：2002 年，北京市的工资为 31222 元，天津市为 19409 元；教育、文化艺术和广播电影电视业：北京市的工资为 26568 元，天津市为 17063 元；国家机关、党政机关和社会团体：北京市的工资为 26761 元，天津市为 19019 元。集体所有制或其他单位同一行业京津之间的工资差距小于国有所有制同一行业京津之间的工资差距，就说明地区政策因素在起作用，因为国家政策对国有部门的影响力更大一些。

既然存在着工资差距，劳动力的跨地区流动就会出现。但是长期以来，北京市形成了劳动力市场的保护，限制外来劳动力进入一些行业。[①] 要求保护的主要是本地的劳动者，外来劳动力被限制进入后，他们就处于劳动力市场的卖方垄断地位，其高工资就能够得到维持。当地政府出于就业目标、社会治安等考虑，会顺应本地劳动者的意愿，对外来劳动力进入进行限制。

从劳动力市场分割的角度来看，有的地区工资低，也可能是由于当地劳动力市场存在着买方垄断。在这种情况下，买方垄断的企业会阻止外来企业进入本地投资，防止其破坏自己在劳动力市场上的垄断地位。这样，一方面劳动力的需求方数量不增加，另一方面劳动力供给方由于地区劳动力市场的分割，流入其他高工资地区存在障碍，所以供给数量也不减少。最终的结果必然是买方垄断的局面长期维持。

三、所有制工资差距

在中国的转型时期，不同的所有制企业也会面临不同的发展政策和机遇，因而它们的获利能力不同。而由于劳动力市场在不同所有制部门之间的分割，它们也会面临不同竞争程度的劳动力市场。所以，不同行业劳动者的工资也会出现差距。从中国不同所有制企业的工资差异来看，一般情况是其他所有制部门的工资＞国有部门的工资＞集体部门的工资，2002 年，平均工资分别为13212 元、12869 元、7667 元。2005 年发生改变，国有部门工资超过其他所有制部门，平均为 19313 元，其他所有制为 18244 元、集体部门为 11283 元。2013年，国有部门工资平均为 52635 元、其他所有制为 51452 元、集体部门为 38904元。[②] 集体部门的工资与其他所有制部门和国有部门的工资差距很大，一方面说明集体部门的经济效益不如其他所有制部门，另一方面它也不像国有部门那样，工资长期固定不变、与企业经营状况联系较少。

其他所有制企业的较高经济效益是与政策的宽松和企业承担的义务相对较少分不开的。如果考虑到很多其他所有制企业对劳动者的福利费用支出不足，则其相对较高的工资就包含了福利保障的部分。2002 年工资的排位情况依次

---

① 例如从 1996 年起，北京市劳动局每年发布公告，公布限制使用外地劳动力的行业、工种。这些受到限制的行业和工种从 1996 年的 15 个，增加到 1997 年的 34 个和 1998 年的 36 个，以至 2000 年的 103 个。参见张刚：《清除歧视性的制度环境，促进农村人力资本的形成和积累》，《经济学消息报》2000 年 11 月10 日。

② 对于国有企业职工的高工资，一种解释是企业改制后效益得到提高，另一种解释归为垄断形成的租金。

为：外商投资企业＞股份制企业＞港澳台企业＞联营企业＞有限责任企业＞其他企业＞股份合作制企业。2005年的排位稍有变化，依次为外商投资企业＞股份制企业＞联营企业＞港澳台企业＞有限责任企业＞企业股份合作制企业＞其他企业。2013年的排位为外商投资企业＞股份制企业＞港澳台企业＞股份合作制企业＞有限责任企业＞联营企业＞其他企业。

外商投资企业和港澳台企业由于其政策优惠和较强的竞争力，经营效益较好，因而有能力支付较高的工资。股份制企业一般规模较大，很可能在行业中处于垄断地位，所以其工资水平也较高。有限责任公司规模相对较小，而股份合作制企业主要是由中小企业构成的，很多是由原来亏损的国有或集体企业改制成职工持股而形成的，他们所处的行业一般是充分竞争的行业，面临的劳动力市场是供给过剩的劳动力市场，因而其工资水平较低。

如果将行业因素和地区因素都固定住，考察同一地区、同一行业，不同所有制企业的工资情况，则可以更准确地反映所有制因素对工资的影响。以上海市的制造业为例，2002年，国有单位的平均工资为21925元，集体单位的平均工资为11870元，其他单位的平均工资为22897元。2005年分别为30180元、16630元、30120元。再以山西省的采掘业为例，2002年国有单位的平均工资为10632元，集体单位的平均工资为6031元，其他单位的平均工资为10981元。2005年分别为22281元、13259元、24224元。

劳动力市场分割并不能完全限制劳动力流动，因为劳动者总是要追求更高的收入，虽然流动存在着限制，在利益的驱动下，仍会有劳动者要尽力流入垄断的部门。一旦有机会进入并获得工作，就可以长期享有较高的工资。在这里，市场机制仍在起作用，它会使得在非垄断部门的工资等于在垄断部门的工资乘以在垄断部门找到工作的概率。本质上，流入垄断部门找工作是劳动者的一种"寻租"行为。对于劳动者个人而言，"寻租"是有效率的。但如果其获得工作是以非市场的方式达到的（拉关系），则从社会效率的角度考虑，这种劳动力资源配置方式是欠佳的。

由于行业垄断、地区分割和不同所有制企业分割，会导致劳动力市场的二元结构，在每一种类型的垄断或分割的分市场下，劳动力市场的买方垄断和卖方垄断都可能存在。这样两层含义的非充分竞争相互影响，共同决定了工资的差异。可以用一个综合的计量分析来表达行业、地区和所有制因素对工资差距的影响。$\log w = a$ 行业 $+ b$ 地区 $+ c$ 所有制 $+ d$，这里的 $\log w$ 表示工资的对数形式，而行业指标要用能够反映行业垄断竞争的指标来表达，地区指标包括地区的经济发展水平和地区劳动力市场的开放度，如果可以，最好分别设立指标。所有制指标可以用虚拟变量的方式，按照所有制的性质，赋予不同所有制相应的数值。

第四节 劳动力市场歧视与工资差距

现实社会中存在着各种各样的歧视，在劳动力市场上也不例外，歧视会对劳动力市场上的就业状况、工资收入、晋升以及人力资本投资产生影响。例如，一些企业不愿意雇用女性劳动者，导致其就业困难，性别歧视造成女性劳动者的工资低于同样条件的男性劳动者，女性劳动者获得职位晋升更慢、更难，获得培训的机会更少。本节主要分析由歧视产生的工资差距有多大，歧视带来的经济后果是什么。

歧视有不同类型，主要分为性别歧视、种族歧视、年龄歧视、身份歧视（婚姻状况、农民工与否）、个人特征歧视（容貌）。歧视产生的根源来自人们的传统观念、社会习俗，这是经济学所不能解决的问题。贝克尔把劳动力市场上的歧视理解为品位歧视（Taste Discrimination），它与人们的偏好有关，这样就能够将歧视这一问题用经济学的语言来分析。在具有相同生产率的情况下，受歧视的一方工资较低，只是因为他在某一方面不被世俗接受，对于一个有歧视情绪的雇主来说，他需要用这种方式来补偿受歧视者给其带来的负效用。例如，有一个白人劳动者和一个黑人劳动者，他们的劳动生产率相同，但雇主给黑人劳动者支付的工资较低，为 W_b，而白人劳动者可以获得较高的工资 W_w。但是，对于雇主来说，雇用黑人的真实成本不是 W_b，而是 $W_b(1+d) = W_w$，d 表示歧视系数。歧视系数给出了由于雇主的偏见需要"补偿"的雇用成本，也可以把它理解为心理成本。雇主的偏见程度越高，歧视系数越大，则雇用黑人的"真实"成本越大，严重的歧视可能导致"真实"的雇用成本非常高，如果达到 $W_b(1+d) > W_w$，雇主就不愿意雇用黑人劳动者。被歧视者因找不到工作而失业，即使他们愿意接受较低的工资也不会被雇用。

一、雇主歧视、雇员歧视与消费者歧视

从歧视产生的主体来看，有雇主歧视、雇员歧视和消费者歧视等几种。上面的雇主歧视系数也可以用来分析雇员歧视和消费者歧视。如果白人劳动者对黑人劳动者有偏见，感觉与黑人劳动者共事存在效用上的损失，则即使白人劳动者获得较高的工资 W_w，对于他来说，实际的工资收入只有 $W_w(1-d) = W_b$，d 为白人劳动者的歧视系数。或者说，白人的名义工资需要高于黑人的名义工资，以补偿其与黑人共事带来的负效用。但是，这一理论的假设前提是黑人对白人没有

歧视，如果黑人劳动者也歧视白人劳动者①，则黑人劳动者的工资也要求有所补偿。极端的歧视会导致白人劳动者不和黑人劳动者合作，虽然和黑人合作可以获得相对较高的工资（高于和白人合作的工资）。从消费者歧视来看，如果一个有偏见白人消费者面对一个黑人销售者时，会产生负效用，他购买商品的价格为 p，则实际上他的消费成本会更高一些，为 p（1＋d），d 为白人消费者的歧视系数。极端的歧视会导致很高的消费成本，白人消费者完全不购买黑人销售者的商品，即使其商品价格较低（低于白人销售者的商品售价）。

以中国的农民工歧视为例，假设农民工和城市工是完全替代的关系。雇主歧视表现为，雇主因自身歧视农民工而不愿意雇用农民工，虽然现行的农民工工资低于城市工工资。如果有两类雇主，一类完全歧视农民工，即使其工资低也不愿意雇用他们；另一类雇主完全不歧视，愿意用低工资雇用农民工，他的雇用原则是按照农民工的工资等于边际收益产品来决定雇用数量。这样一来，非歧视企业的劳动成本就低，在市场竞争中占有优势，长期下去可以把歧视农民工的企业挤垮，从而最终消除歧视。如果企业是介于上述两者之间的类型，对农民工有一定程度的歧视，但可以雇用，在其他条件相同的情况下，雇用的数量会少于完全没有歧视的企业。

因为企业实际的工资成本是名义支付的工资乘以（1＋其歧视程度）。这时，如果农民工的工资×（1＋歧视系数）＜城市工的工资，则企业会完全雇用农民工；如果农民工的工资×（1＋歧视系数）＞城市工的工资，则企业会完全雇用城市工。可见，只要农民工和城市工是相互替代的，企业主的不同歧视水平决定了企业雇用劳动力的结构不同，而且会出现完全的分层：企业或者完全雇用农民工，或者完全雇用城市工。如果歧视程度非常高，企业就完全雇用城市工，雇用数量由城市工的工资等于其边际收益产品来决定。如图 9－9 所示，如果企业的歧视程度不是很高，农民工的工资×（1＋歧视系数）＜城市工的工资，则企业会完全雇用农民工。企业按照农民工的工资×（1＋歧视系数）＝农民工的边际收益产品来决定雇用数量。可以看出，这时的雇用数量少于在完全没有歧视时的雇用数量。

这时由于两类企业主都实行歧视，因而他们的利润都受到影响。虽然完全雇用农民工的企业名义工资成本较低，但由歧视产生的实际工资成本较高，导致企业的雇用数量较少，因而利润会低于完全没有歧视情况下的利润。随着歧视程度的增加，企业的利润不断下降。直到歧视非常高时，农民工的工资×（1＋歧视系数）＝城市工的工资。从表面来看，企业雇用农民工还是雇用城市工都无所谓，但区别仍然存在，只雇用农民工的名义成本低，利润会大于只雇用城市工的

---

① 这一现象也是有可能出现的。但一般来说，是人口占多数的群体歧视人口占少数的群体。

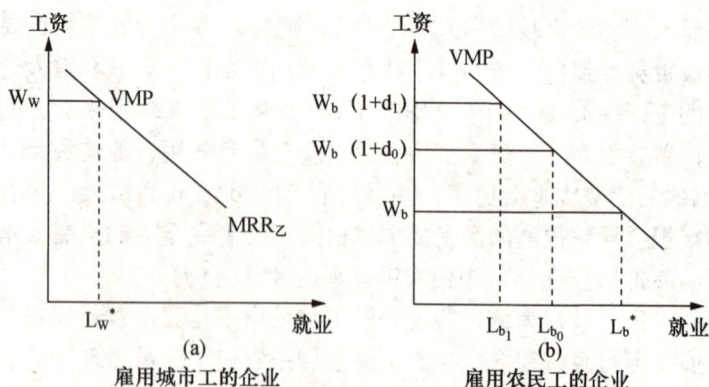

图 9-9　有偏见企业的雇用决策

利润。在这里，歧视不影响雇用数量，但影响利润。进一步地，对于只雇用城市工的企业，因为其歧视程度已经足够高，雇用数量保持不变，利润不再随歧视程度增加而进一步发生变化，利润是固定不变的。利润和歧视系数之间的关系可以表现为如图 9-10 所示的关系。

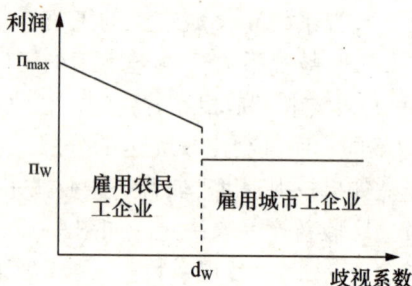

图 9-10　利润和歧视系数

　　同样，由于歧视程度低的企业比歧视程度高的企业（只雇用城市工）获得更高的利润，所以长期来看，歧视程度高的企业会在竞争中被迫退出。最终的结果是通过市场的作用，使得雇主歧视消失。对于农民工来说，雇主歧视的消失使得就业得到保障，但是并不会消除城市工和农民工之间的工资差距，因为这一分析的前提就是城市工的工资高于农民工的工资。

　　但是，如果农民工的工作是城市工不能替代的，或者因为其有特殊能力，或者因为其供给数量有限，农民工的工资就可以得到提高。黑人劳动者和白人劳动者的关系也是如此。如图 9-11 所示，黑人劳动者的劳动力供求决定了黑人工资与白人工资的比例，对黑人需求的增加会提高黑人的相对工资。例如，有些工作白人不愿意做，白人和黑人之间不是替代关系，这时对黑人的需求就会增加。在特殊情况下，受歧视一方的供给数量有限，需求的增加会导致受歧视者的相对工资提高，甚至会大于1。例如在美国，黑人田径运动员的工资较高，表明其受到的歧视较小。实际上歧视依然存在，只是由于黑人田径运动员天赋很高，对其需求很大，而供给有限，在市场机制的作用下其工资不得不提高。

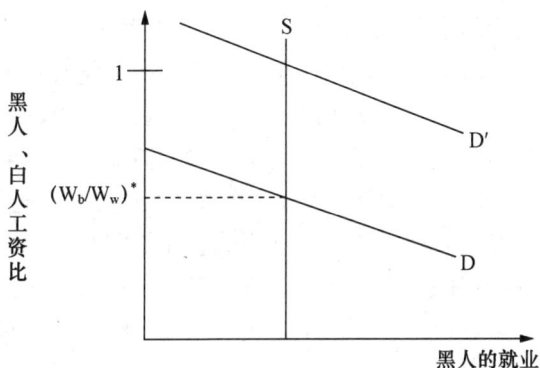

图9-11 劳动力市场上黑人和白人工资率的决定

供求因素也可以用来解释少数民族聚集区的工资。在美国，黑人通常居住和就业于黑人区，黑人区的大部分居民都是黑人，这里的企业主一般是歧视系数较低的雇主。为了避免就业歧视，许多黑人都愿意在此就业，因而这里的劳动力供给增多，工资较低。这里的工资较低主要是供求作用的结果，而不是歧视的结果。如果黑人劳动者能够勇敢地走出黑人区，到外面就业，虽然存在着就业歧视，但在黑人劳动力供给相对较少时，反而能够获得较高的工资。这里的工资较高是劳动力供求作用的结果，而不是因为不存在种族歧视。像这样的黑人区被称为"孤岛经济"（Enclave Economies），它的出现是为了减少对少数民族的歧视、提高他们的工资①，但是，事实并没有表明"孤岛经济"能够有效地提高少数种族的工资。相反，一些研究说明在"孤岛经济"工作的劳动者工资偏低。例如在墨西哥区工作的墨西哥移民比在区外工作者周工资低150美元。这说明供求因素在起作用，墨西哥移民走出少数民族区，会面临相对更多的就业机会，虽然有就业歧视，但供求决定的工资会得到提高。此外，从歧视本身的消除来看，"孤

---

① 在中国大城市的郊区也聚集了大量的农民工，他们为了避免歧视，自成独立的生产体系，从事非正规经济活动，也叫"城中村"。

岛经济"的做法也是不可取的。贝克尔的理论告诉我们，少数群体在经济上和其他方面不宜用完全自我孤立的方法来避免受到歧视，只有勇敢地走出去，与多数群体交流，让别人了解自己，才会减少受歧视的程度。[1] 完全的封闭减少了少数群体的绝对收入和相对收入，因而增加而不是减少了对他们的市场歧视。[2]

来自雇员的歧视表现为雇员不愿意和被歧视者共事，这会对企业主的雇用行为产生怎样的影响呢？假设城市工对农民工存在歧视，对于城市工来说，如果两个企业给他提供的工资相同，但在其中一个企业工作时需要与农民工合作，则他不会选择该企业，因为他实际获得的工资为名义工资×（1－歧视系数）。如果企业需要这个城市工，就必须为其支付更高的工资来补偿其负效用。但是，企业可以有其他的选择，只要不存在雇主歧视，单纯的雇员歧视不会阻碍企业主雇用被歧视者。例如，在城市工不愿意和农民工合作的情况下，企业主可以形成两套生产组织，让城市工和城市工共事，农民工和农民工共事，避免他们正面接触，以减少歧视和矛盾的发生。这样做也不会影响企业的利润，但却形成了完全分割的劳动力市场，即城市工的劳动力市场和农民工的劳动力市场，他们的工资差距依然存在。但是，如果城市工和农民工之间可以完全替代，这种工资差距就是不可能存在的。因为如果农民工和城市工生产率相同，而农民工的工资较低，这时没有歧视倾向的企业主愿意用农民工替代城市工，对农民工的需求增加，农民工可以依靠竞争优势实现工资的均衡。当农民工和城市工的工资都相同时，他们仍然会被不同的企业所雇用，或在同一个企业的不同部门工作。雇员歧视依然没有被消除。

如果是消费者存在歧视，那么对于企业的雇用行为和劳动力配置，消费者的支付也会产生影响。例如，在一些服务行业，消费者希望得到容貌漂亮的雇员提供的服务，而不愿意接受容貌欠佳的雇员的服务。这时，企业就需要调整劳动力配置，让容貌漂亮的雇员从事服务性工作，他们会为了扩大企业的销售收入，提高利润，让容貌欠佳者从事"后台"的工作，而不是"前台"的服务性工作，否则会使得企业销售收入下降，因为必须降价销售以弥补消费者的负效用。这时，容貌欠佳者的工资也会低于容貌漂亮者的工资，因为他们为企业带来的利润较少。在这种情况下，只要企业迎合消费者的需要，在"后台"雇用容貌欠佳者不会使其利润受到影响。但是，如果完全是服务性行业，所有的雇员都需要和

---

[1] 这里歧视产生的根源在于信息的不充分、不对称。从心理学上说，人类对与自己不同的"异类"都有本能的抵触和反感，因而会产生歧视。随着交流和接触的加深，对"异类"不再陌生，歧视程度会减轻。

[2] 加里·S. 贝克尔：《人类行为的经济分析》，上海三联书店、上海人民出版社1995年版，第29～30页。

顾客见面,企业很难把容貌欠佳者掩藏起来,那么容貌欠佳者就很难被雇用。这可以说明为什么很多服务性企业对应聘者的容貌提出要求,本质上不是企业存在歧视心理,而是消费者存在歧视心理。企业只是为了迎合消费者而不得不采取歧视行为,而消费者也为"漂亮"付出了代价,因为容貌漂亮者工资较高,服务收费一般也会较高。

以上分析了歧视造成劳动者工资的差异,也对企业利润和消费者剩余带来影响。在这个过程中,有利益受损者,也有受益者,但是赢家的收益不能弥补输家的损失,即歧视会带来社会福利的净损失。

二、度量歧视

歧视的存在使不同群体的劳动者工资出现差异,但不同群体的工资差距并非完全是由歧视造成的,必须排除其他因素的影响。在其他条件相同的情况下,再比较两个群体的工资差距。如图9-12所示,男性的平均受教育年限为m年,女性的平均受教育年限是f年,f < m,男女的工资线分别如图所表示的形状,我们看到的男性平均工资$\underline{W}_m$大于女性的平均工资$\underline{W}_f$,因而认为这一差异中可能存在性别歧视的因素,但并不是所有的$\underline{W}_m - \underline{W}_f$都是由性别歧视造成的,还要考虑男女受教育水平的不同。假设男性同样受f年教育,他可以获得的工资是W_f^*,而女性只能获得$\underline{W}_f$,因此真正由歧视造成的工资差距是$\underline{W}_f^* - \underline{W}_f$部分,而不是$\underline{W}_m - \underline{W}_f$部分。这种由度量不准确(分别给男女劳动者赋予不同的教育回报率和不同的截距项)造成的歧视叫"度量歧视"(Measuring Discrimination)。

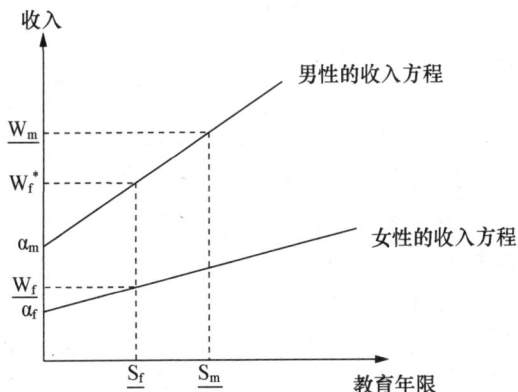

图9-12 度量歧视对工资的影响

进一步,可以用公式来表述这一问题。男性的工资方程为$w_M = \alpha_M + \beta_M s_M$,$\alpha_M$为男性的起点工资,$s_M$为男性的受教育年数;女性的工资方程为$w_F = \alpha_F +$

$\beta_F s_F$，α_F 为女性的起点工资，s_F 为女性的受教育年数。如果雇主对男女劳动者的受教育年数同样评价，则受教育年数对工资的影响系数相同，即 $\beta_M = \beta_F$。如果雇主对没有受过教育的男女劳动者同样看待，则他们的起点工资就会相同，即 $\alpha_M = \alpha_F$。然后，可以将男女的工资差额写成 $\Delta w = (\alpha_M - \alpha_F) + (\beta_M - \beta_F)s_F + \beta_M (s_M - s_F)$。

公式的前一部分是由于存在歧视而产生的工资差距，而公式后一部分则是由于技能差异而产生的工资差距，这一公式被称为 Oaxaca 分解（Oaxaca Decomposition）。如果笼统地比较男女劳动者的工资差距，将 Δw 全部看作是性别歧视造成的结果，忽视男女劳动者受教育年数的差异，就会夸大性别歧视对工资差距的影响。

但是，男性劳动者受教育年数较高这一事实本身，是否也是性别歧视的结果呢？由于男女不平等传统观念的存在，女性受教育的年数较少，人力资本积累较少，因而单纯用公式的前一部分来表示歧视对工资差距的影响，会导致低估性别歧视的影响。此外，即使男女劳动者受教育的年数相同，但如果考虑到教育质量存在差异，假设由于存在性别歧视，女性只能在教学质量较低的女校学习，虽然她们受教育年数和男性相同，但人力资本积累较少①，则通过比较受教育年数相同的男女劳动者的工资差距来说明性别歧视，也不能完全说明问题。同样，也会低估性别歧视对工资差距的影响。

尽管如此，Oaxaca 分解依然具有实践意义。例如，在控告雇主在工资支付上存在性别歧视的法律诉讼案件中，原告一方的辩护律师就要证明工资差距不能完全用技能差异来解释；被告一方的律师就要证明工资差距能够用技能差异来解释。他们依据的原理就是 Oaxaca 分解。

三、统计歧视

还有一种歧视称为"统计歧视"（Statistical Discrimination），它反映的是由于信息不充分、信息不对称，导致用群体特征代替个体特征，从而造成对一部分与群体特征差异较大的个体的歧视。例如，在确定某个具体劳动者的工资水平时，一方面要考察其个人能力（通过一次面试来完成），另一方面又要考虑他所在群体的平均情况。因为一次面试包含偶然因素，存在着信息不对称，雇主不能完全通过劳动者的一次面试来判断其生产率情况，而多次考察又不经济，所以要适当考虑其所在群体的平均特征。群体特征与个体特征各占一定的比例，因此，工资支付的公式为 $W = (1 - \alpha)\underline{T} + \alpha T$，其中 $\underline{T}$ 为群体的平均能力情况，T 为个体的

---

① 这一情况在种族歧视中更普遍，例如在美国某些地区，黑人只能进入专门为黑人开办的低教学质量的学校学习，这会影响其人力资本质量。

能力情况，α 为个体能力在考察中所占的比例。如果 α = 0，则意味着完全用群体特征来确定工资，个人能力完全被忽视。如果 α = 1，则意味着完全用个体特征来确定工资，因而"统计歧视"是不可能出现的。

如图 9 – 13（a）所示，假设男性劳动者的平均能力高于女性劳动者的平均能力，即 $T_m > T_f$，有两个个人能力完全相同的男性甲和女性乙，按照上述的工资支付方式，他们来自个人能力部分的工资额应该是相等的，都为 αT。但由于来自群体特征的工资部分不同，$(1-\alpha) T_m > (1-\alpha) T_f$，因而，他们各自获得的工资额也不等，$W_1 > W_2$，差额部分就是用群体特征来考察的部分，即 $W_1 - W_2 = (1-\alpha) T_m - (1-\alpha) T_f$。这样做造成的结果是，有相同能力的两个人存在工资差距，差异的原因是雇主用群体特征代替个体特征，在这里表现为统计歧视。也就是说，即使平均来说，女性的能力低于男性，但也有能力高的女性存在，对于她们的考核，如果过分依赖群体特征（表现为 1 – α 过大），则会出现严重的歧视问题。只有对于那些个人能力与群体平均水平相近的个体来说，这样的考核方式才不会产生歧视问题。

另外，即使男女劳动者的平均测试成绩相同，统计歧视也可能出现。按照上面的分析，如果他们的测试成绩相同，$T_m = T_f$，代表着他们的平均能力相同，歧视问题似乎不可能再发生。但是，如果测试的设计者本身有偏向性，会导致不同群体的测试成绩与能力之间的相关性不同。例如，一个男性的测试设计者所设计的题目可能包含一些女性不熟悉、不擅长的题目，因而男女劳动者的系数 α 会不同。对于女性来说，如果由于测试题目本身的性别歧视，测试不能很好地揭示其生产率情况，雇主也不相信其成绩是生产率的体现，则其系数 α 就会较低。如图 9 – 13（b）所示，由于 $\alpha_f < \alpha_m$，$(1-\alpha_f) T_f > (1-\alpha_m) T_m$，由于两条直线的斜率不同，它们会相交。可以证明，交点对应的测试成绩就是男女平均的测试成绩，$T_m = T_f$。在交点之前，女性的工资高于男性的工资，也就是说，个人成绩低

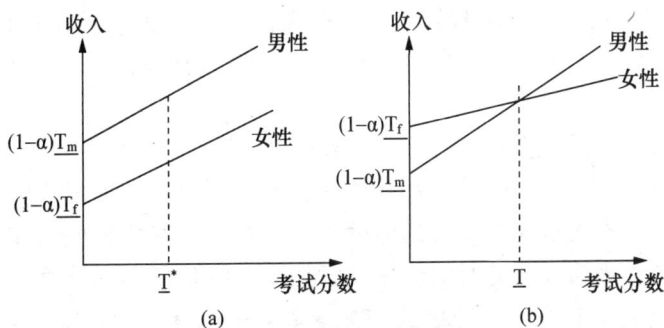

图 9 – 13　统计歧视对工资的影响

于平均测试成绩的女性获得相对较高的工资；在交点之后，女性的工资低于男性的工资，个人成绩高于平均成绩的女性获得相对较低的工资。总之，女性的工资更多地依赖于群体平均能力，而男性的工资更多地依赖其个人能力。因而存在对高成绩、高能力女性的歧视，这种歧视是由测试和能力本身的关系造成的。与上面第一种类型的统计歧视不同，只有一部分女性（高成绩的女性）受到歧视，而在第一种类型统计歧视中，具有和男性相同能力的所有女性都会受到歧视。

这一统计歧视可以用来解释一些成绩优秀的女大学毕业生存在就业困难的问题。许多女大学毕业生虽然学习成绩很高，但企业对其成绩的评价很低，认为其高分不代表高能，因而在工资支付上给出的 α_f 较低。而对于获得同样成绩的男性毕业生，则给出较高的 α_m。那么，为什么女生高分不代表高能呢？因为测试的设计者不是围绕女性生产率特征来设计题目，即使她们能够获得高分。现实中，更多存在的是另一种看似相反的情况，题目设计是以女性擅长的记忆性题目为主，而这样的题目不能很好地考察人们的生产率情况，这也导致雇主不看重这类成绩，尤其对女性的成绩不看重，对其高成绩与高能力之间的正向关系产生怀疑，这样也会导致较低的 α_f，对于优秀的高成绩者的考察"戴上有色眼镜"，往往要考虑其所在的群体（女性）的基本特征。

可以发现，统计歧视产生的原因是雇主的信息不充分，它与品位歧视不同，雇主主观上并没有恶意，是不得已而为之，这样做是雇主降低劳动成本、追求利润最大化的需要。如何降低统计歧视呢？从测试的角度来看，如果能够针对不同的群体进行不同的测试，并将测试设计与各群体的生产率相联系，则可以在一定程度上降低统计歧视的发生。

四、歧视的后果与政府干预

歧视问题是现实存在的。目前美国黑人工资只相当于白人工资的70%，其中只有一半的差异归于他们可观察的技能不同。妇女的工资长期以来只有男性工资的60%，在20世纪80年代以后得到提高，2003年相当于男性工资的75%左右。歧视的存在打击了劳动者参与就业的积极性，使得黑人和妇女的劳动参与率下降。

由低工资导致受歧视群体的低劳动参与率，反过来，低劳动参与率又会影响其未来的再就业工资。它们似乎相互影响，互为因果。在考虑了劳动者的技能、统计歧视之后，有人认为男女劳动者的工资差距还反映了他们工作经历的差异。由于女性在劳动力市场上的时间较短，而且经常中断（例如结婚、生子），即使工作，也主要从事工作时间较短的零工，这会影响其人力资本积累和"在干中学"，进一步地，女性不在劳动力市场上，其技能就会贬值，从而影响其工资收入。例如在 20 世纪 80 年代末，一个女性劳动者在劳动力市场上的工作时间只相当于其潜在工作时间的 71%，而对于男性劳动者来说，这一数字高达 93%。因此，Mincer 和 Polachek 在 1974 年指出，女性劳动者在劳动力市场上就业的非连续性是解释性别工资差距的原因，即所谓的 Mincer–Polachek 假说。[①] 也有实证资料支持这一假说，例如，女性每在家庭部门待一年，其再就业时劳动力市场的工资就会减少 1%。Mincer 和 Polachek 认为，如果女性像男性那样持续地在劳动力市场上就业，则男女工资差距就会缩小 2/3。

总体来说，美国劳动力市场上的歧视现象在不断减少，有人将其归为政府采取的法令。1964 年的公民权利法令规定，禁止雇用过程中的性别和种族歧视。企业不仅不能歧视劳动者，而且要采取反歧视行动（Affirmative Action）来保证他们没有进行歧视。例如，要有一定的目标和计划，规定在雇用中女性和少数民族裔劳动者要达到一定的比例，这一政府管制引起争议，有人认为这已经导致了反向歧视（Adverse Discrimination）问题。因为企业为了达到政府规定的比例、避免被戴上"歧视企业"的帽子，对女性和少数民族裔劳动者会放宽雇用标准，在同等条件下会优先雇用女性和少数民族裔劳动者，甚至会出现这样的结果：技能高的白人被拒绝，而技能低的黑人被录用，只因为政府强制每个企业要雇用一定比例的黑人劳动者。结果是不是黑人而是白人受到歧视，也有人认为这是进行"代际补偿"，白人后代要为其祖先的歧视行为付出代价。但这样的补偿是不公平的，白人的后代并没有犯错。而且对逆向歧视提出反对意见的不仅是白人劳动者，黑人劳动者也不满于这样的制度。尤其是一些优秀的黑人，因为他们事业上的成功往往被人们归为法律上对黑人的"特殊照顾"，这使得他们的自尊心受到损害，因而也要求取消这一法令，以和白人劳动者进行公平竞争，证明自己的实力。事实也表明，在实行黑人就业比例法令之后，黑人就业的确变得容易了。在1966 年，实行法令之前，与白人相比，黑人进入相关企业的可能性低 10%，而到了 1980 年，黑人进入相关企业的可能性比白人高 25%。另一个例子来自美国南卡罗莱纳州的纺织业，1910~1964 年，黑人劳动者的比例没有发生太大的变化，一直在 4%~5%。由于这个州的纺织品有 5% 销售给政府，因而要受到政府的管制，到了 1970 年，行业就业人员中黑人劳动者的比例上升到近 20%。虽然反歧视行动使得黑人就业更容易，但是黑人的工资并没有有效地提高。黑人劳动者和白人劳动者的工资差距仍然存在。

由于性别和种族歧视的存在，不同性别和不同种族的人从事的职业也不同，而不同的职业也会给他们带来不同的工资，但这种职业选择是他们不得已的选

① Mincer Jacob and Solomon Polachek, Family investments in human capital: Earnings of women, *Journal of Political Economy*, 1974, 82 (2): S76 – S108.

择，而非自愿行为。例如，少于 10% 的工程师是女性，而超过 95% 的幼儿园教师是妇女。她们从小所受的教育和社会环境使得她们不得不选择一些所谓的"适合女孩子的职业"，如果不这样，如一个女性劳动者不去做护士而去做卡车司机，就会遭受雇主和公众的歧视。这导致受歧视者聚集于特定的职业，形成所谓的职业拥挤（Occupational Crowding）。大部分女性拥挤于有限的职业，导致这些职业的工资偏低，与其他职业的工资差距扩大。

更典型的职业拥挤是有些职业（例如秘书）对女性的结婚行为进行阻止。一旦女性结婚，就会被解雇，当然也不接受已婚的求职者。这会导致已婚女性劳动者拥挤于没有结婚限制的职业，不得不接受较低的工资。尤其是一些高学历的女性劳动者，往往因为结婚而使得自己的工资收入下降。

比较歧视产生的工资差距时，尤其是不同职业的工作差异，最好能够对工作性质做深入衡量，即工作所需要的技能、努力程度、工作环境、责任与工作压力等（所谓的 Comparable Worth），在此基础上考虑哪些差异是合理的，哪些是不合理的、完全属于歧视造成的，而不应该简单地比较男女工资差距或黑人与白人工资差距。

【案例】

专家称农民工收入不合理　人为歧视因素占近四成

农民工待遇问题一直是社会关注的焦点。据《工人日报》报道，近日在北京举行的进城务工人员职业培训专题研讨会上，劳动问题专家指出：在导致农民工工资低、收入不合理的诸多因素中，有近四成是由于人为歧视造成的。

农民工收入少且不合理，当然和他们缺乏一定的劳动技能有关，但更不乏来自城市人的歧视。中国社科院人口与劳动经济研究所所长蔡昉提供的研究报告显示，除了技能培训、受教育程度等因素影响外，在外来劳动力与城市劳动力之间的工资差异中，同种岗位就有 39% 的因素是人为歧视。也就是说，从事同样的工作，付出同样的劳动力，如果农民工比城市劳动者少挣 1000 元的话，其中有390 元是因为受到歧视而造成的。当然，这其中还不包括欠薪问题。

此前，一位政协委员曾统计过：一个农民工一年给城市创造的价值大约在25000 元，但充其量才拿走 8000 元。"贡献大、收益小"的不合理现象表现明显。

专家们表示，根据第五次人口普查数据计算，没有城市户口的农民工已占第二产业岗位的 57.6%，商业和餐饮业岗位的 52.6%，加工制造业岗位的 68.2%，建筑业岗位的 79.8%。可以想象，离开了这些进城务工人员，我们的城市将会陷入怎样的窘境。

蔡昉说，中国已经开始从劳动力"无限供给"转向"有限剩余"，"民工荒"现象的出现就是一个转折性标志。如果外出打工的收益不能补偿外出机会成本上升的部分，那么，农村劳动力的意愿供给数量就会下降。

因此，对农民工的歧视，后果是严重的。包括报酬歧视在内的就业歧视、身份性歧视、农民工子女求学受歧视，等等，都将阻碍劳动力流动的步伐，并将对我们的城市造成伤害。

资料来源：郑勇、刘晓翠：《专家称农民工收入不合理　人为歧视因素占近四成》，中国新闻网 2005 年 9 月 27 日。

以上分析的都是在封闭环境下的工资差距，在开放的环境下，工资差距形成的原因也扩大了。例如，在不同所有制企业（国有企业、外资企业）之间的工资差距，它们归因于什么？在同一外资企业内部，不同国籍劳动者之间的工资差距，是否反映为一种歧视？在对外贸易和国际投资的背景下，不同国家劳动者的工资差距是否可以缩小？如果没有缩小，原因又是什么？是由于存在国际贸易中的不等价交换，还是国际投资过程中对落后国家劳动力的剥削？此外，在考察工资差距的时候，还要考虑汇率、不同国家物价水平的影响。

因此，要考察工资差距，必须从多个因素进行分析，包括行业特征、地区特征、所有制特征、职业性质、学历、工龄、性别、身份等个人特征，前四个变量反映的是劳动力市场竞争状况对工资的影响，而后四个变量反映的是个人特征对工资的影响（也包含着歧视的成分）。这一分析方法可以溯源到亚当·斯密的《国富论》，斯密分析了产生工资差距的原因，比如职业的愉快与否、业务学习的难易、业务安定与否、责任大小、成功可能性大小，在劳动力市场方面的原因包括限制某些职业的竞争人数、增加另一些职业的竞争、不让劳动和资本自由流动等。这些原因基本包括在本章的分析中。

研究工资差距的意义不仅限于劳动经济学，工资差距是影响收入差异的重要原因，对于分析收入分配和宏观经济问题也有很重要的启示作用。

本章小结

● 影响工资差距的因素包括技能、劳动力市场的垄断竞争、工作性质和歧视。

● 如果补偿工资超过保留价格，劳动者会选择危险的工作。

● 企业如果提供危险的工作环境，就需要给劳动者支付较高的工资。如果提供安全的工作环境，就需要花费投资于安全设施，企业会选择最有利可图的工作环境。

● 劳动者和企业在劳动力市场上形成匹配关系。最厌恶工作风险的劳动者会选择提供安全工作环境的厂商，而最偏好工作风险的劳动者会选择提供危险工作环境的厂商。

● 在劳动者不清楚工作真实风险的情况下，政府的安全管制会提高劳动者的效用。

● 繁重的工作、不稳定的工作也需要一定的工资补偿。

● 歧视的类型包括雇主歧视、雇员歧视和消费者歧视。

● 如果黑人劳动者和白人劳动者在劳动过程中是完全替代的，雇主歧视会导致企业利润减少。

● 雇员歧视会导致黑人劳动者和白人劳动者的分离，但不会产生工资差距。

● 如果企业不能隐藏黑人劳动者（在后台工作），消费者歧视会影响黑人劳动者的就业，并产生工资差距。

● 应该比较不同群体的具有相同能力（教育、劳动力市场经历）劳动者的工资差距，如果没有考虑劳动者之间的能力差异，单纯比较不同群体的工资差距就会产生误差，这被称为度量歧视。

● 如果企业对劳动者缺乏充分的信息，就会用群体特征作为劳动者个人生产率的参考，统计歧视导致来自不同群体的相同技能劳动者的工资差距。

本章主要概念

补偿性工资差距（Compensating Wage Differential）
保留价格（Reservation Price）

享乐工资方程（Hedonic Wage Function）

风险厌恶（Risk – averse）

雇主歧视（Employer Discrimination）

雇员歧视（Emloyee Discrimination）

消费者歧视（Consumer Discrimination）

歧视系数（Discrimiation Coefficient）

统计歧视（Statistical Discrimination）

度量歧视（Measuring Discrimination）

奥可萨科分解（Oaxaca Decomposition）

思考题

1. 工人可以选择两种类型的工作：安全工作和危险工作。如果有 100 个工人，工人 1 的保留价格为 1 美元，工人 2 的保留价格为 2 美元，依此类推。市场中只有 10 项工作是危险的工作。则危险工作和安全工作的均衡工资差距是多少？哪些工人会选择在危险岗位中就业？

2. 假设所有的人对于在污染工作环境下工作的感受相同，其效用函数为 $U = w^{1/2} - 2x$，其中，w 是工资，x 是污染的比例。有两种类型的工作，清洁工作（$x = 0$）和污染工作（$x = 1$），如果清洁工作的工资为每小时 16 美元，则市场的补偿工资差距是多少？

3. 分析为什么大学教授平均来说会比在公司工作的博士同行收入低一些，从收入稳定性方面解释。

4. 讨论：在中国，许多在恶劣的工作环境下工作的劳动者收入也较低，因而补偿性工作差异的理论不成立。

5. 假设企业的生产函数为 $q = 10 (E_w + E_B)^{1/2}$，其中，E_w 和 E_B 分别是白人和黑人工人的数量。假设市场上黑人工人的工资为 10 美元，白人为 15 美元，产品的价格为 100 美元。①如果企业对不同种族的劳动者没有歧视，它会雇用多少工人？其利润为多少？②如果企业对黑人劳动者歧视，歧视系数为 0.3，企业的雇用数量为多少？利润为多少？③如果企业的歧视系数为 0.7，有多少工人会被雇用？企业利润为多少？

6. 假设教育是唯一影响收入的变量，男性劳动者和女性劳动者的收入方程分别是 $w_M = 500 + 100s$，$w_F = 300 + 75s$。男性平均受教育年限为 14 年，女性为 12 年。①劳动力市场上的男女工资差距是多少？②运用 Oaxaca 分解，计算工资差距中有多大成分可以归为歧视。

7. 什么是统计歧视？它是如何产生的？统计歧视的理论认为来自雇主的歧视会永远存在，而品位歧视则说明雇主歧视会消除。解释它们的不同。

8. "男女劳动者的工资差距并不反映歧视，而是反映了男女劳动者工作的连续性和对教育、在职培训决策上的差异"。你是否同意这一观点，为什么？

9. 为了纠正和弥补历史上的歧视，黑人和妇女应该在就业和晋升方面有优先权。你是否同意这一说法？在美国著名的Bakke案例中，原告认为他被不公正地拒绝进入医学院，因为在配额制度下，能力差的黑人申请者有优先权。评价原告的申述"对某一群体有利的歧视必然会损害另一群体的利益。"在中国，是否有类似的例子？请举出一个。

10. 分析中国劳动力市场上男女劳动者的工资差距，这一差距在多大程度上可以归为性别歧视问题？产生歧视的原因是什么？

11. 综合分析中国劳动者之间的工资差距，可以用哪些理论来解释这些差距？

12. 实证分析我国不同行业、地区和所有制的工资差距大小。

课外阅读文献

1. Brown, C., "Equalizing Differences in the Labor Market", *Quarterly Journal of Economics*, 1980: 94: 113 - 134.

2. Budd, J. and M. Slaughter, "Are Profits Shared Across Borders?", *Journal of Labor Economics*, 2004, 22: 525 - 552.

3. Brown, C. and J. Medoff., "The Employer Size Wage Effect", JPE, 1989, October.

4. Autor, D., L., Katz, and M., Kearney, "Trends in U. S. Wage Inequality: Revising the Revisionists", *Review of Economics and Statistics*, 2008, 90.

5. 王美艳：《中国城市劳动力市场上的性别工资差异》，《经济研究》2005年第12期。

6. 姚先国、赖普清：《中国劳资关系的城乡户籍差异》，《经济研究》2004年第7期。

7. 秦蓓、陆铭、桂勇：《劳动力市场转型与补偿工资支付——以上海浦东新区女职工为例》，第四届中国经济学年会会议论文。

第十章 失业问题

失业是劳动力市场上经常出现的问题，它不仅影响劳动者的就业、收入和个人生活，也影响着宏观经济的稳定。本章主要讲述不同的失业类型及失业产生的各种原因，在理论分析的基础上，结合西方国家和中国的实践，进行实证检验。

第一节 关于失业的一些事实

在第二章中，我们已经知道，失业率是失业人口占劳动力的比例，劳动力包括就业者和失业者两部分。失业的界定是劳动者从工作岗位被解雇，在报告期前4周都在努力寻找工作。如果劳动者放弃寻找，退出劳动力市场，则不会被统计在失业人口中。

一、失业类型

从失业的原因看，主要有：古典型失业、需求不足型失业、结构性失业、摩擦性失业。

1. 古典型失业

古典型失业是指工资过高，导致雇用数量不足和失业的出现，如果降低工资将使就业的需求量扩大，从而解决失业。古典经济学认为，只要市场是充分竞争和完善的，就可以通过价格机制的调节使得劳动供给和需求相等，实现均衡的就业水平。如果劳动者不愿意接受调整过程中的较低工资，放弃就业，就形成所谓的自愿失业。

2. 需求不足型失业

需求不足型失业也即凯恩斯型失业，它强调由于有效需求不足（主要是投资需求不足），使得企业对劳动力的需求量减少，经济不能达到充分就业的状态。

或者说，不同于古典型失业，即使劳动者无限降低工资要求，企业也不愿意雇用他们，这是一种非自愿型失业。一般认为，需求不足型失业与经济的周期运动有关，即经济衰退期需求不足型失业增加，随着经济趋向好转，需求不足型失业的数量会减少。[①]

3. 结构性失业

结构性失业一般是指由于技术变动和产业结构调整而产生对劳动力的需求减少，从而导致的失业，或者劳动力的需求结构发生变化而劳动者不能很好地适应这种变化从而导致失业。[②] 此外，结构性失业也包括由于地区经济发展不平衡而出现的地区间的失业率差异。很多学者将摩擦性失业也归入结构性失业之中，认为摩擦性失业与劳动力市场结构有关。本书将摩擦性失业与结构性失业做出区分，但自然失业率包括结构性失业和摩擦性失业。一般而言，结构性失业也属于非自愿型失业。

4. 摩擦性失业

摩擦性失业是指由于就业信息不足和寻找工作的成本等因素导致劳动者暂时处于失业的状态。有人将摩擦性失业归入自愿性失业之中，很难判断摩擦性失业本身完全是自愿的，有些劳动力市场摩擦并不是寻找工作的劳动者愿意接受的，所以又带有非自愿的色彩，例如由制度性阻碍而产生的劳动力市场摩擦。

此外，其他的失业原因还包括季节性失业，它是由于企业的生产周期决定的季节性停工而导致的失业，一般来说，当生产恢复后，这些季节性失业者又会重新回到原来的企业中就业。因而季节性失业和摩擦性失业一样，都是暂时的现象，一般对社会总体失业的冲击不大。

二、失业原因

从劳动者个人经历的角度来看，之所以会失业，主要有以下几种原因和形式。一是因为企业倒闭或被解雇而失去工作，也叫失去工作者（Job Losers）；二是由于主动辞职而失业，也叫离开工作者（Job Leavers）；三是在劳动力市场之外停留一段时间后重新进入劳动力市场，也叫重新进入者（Reentrants）；四是应届毕业生首次进入劳动力市场，也叫新进入者（New Entrants）。从美国的情况来看，20世纪60年代以来，失去工作者一直占最大的比重，且有增加的趋势。在

① 但是，水野朝夫将需求不足型失业分为两种类型，一类是周期性的，另一类是由于总需求不能满足劳动供给的扩大趋势，所以即使在繁荣期，也会出现总需求不足型失业，甚至可能更严重（因为在繁荣期劳动供给增加很大），参见水野朝夫：《日本的失业行动》，中央大学出版社1992年版。但笔者认为，第二种类型的需求不足型失业实际上可以在古典型失业理论中进行分析。

② 即由于劳动技能的不匹配产生的失业。

60 年代只有不到 40% 的失业者为失去工作者，到 1993 年，这一数字为 55%，2005 年为 48.3%，2013 年为 54.3%。这也说明，大部分失业者是非自愿的失业者。居第二位的失业者类型为重新进入劳动力市场的劳动者，他们占失业总量的比重为 20%～30%，2005 年的数字为 31.4%[1]，2013 年的数字为 27.6%。[2] 而主动离开工作者和新进入者的比重大致相同，都为 10% 左右。

从劳动力市场的流量均衡来看，如果失去工作的劳动者和找到工作的失业者数量相同，则失业率会处于稳定的状态。即有 $lE = hU$，其中 l 为就业者成为失业者的概率，E 为所有的就业人口；h 为失业者再就业的概率，U 为所有的失业人口。而就业人口又等于劳动力数量减去失业人口，即 $E = LF - U$，把这一关系式代入上式，得到 $l(LF - U) = hU$，整理后可以得到失业率的表达式为 $U/LF = l/(h + l)$。这一失业率也被称为自然失业率。也就是说，失业率取决于就业者成为失业者的概率和失业者再就业的概率，这两个概率分别从流入失业和流出失业两方面考察失业率的变化。从上面的公式容易看出，如果流入失业的概率提高，则失业率会提高；相反，如果流出失业的概率提高，失业率会下降。流出失业的概率提高，则说明失业时间的缩短。

那么，到底这两个因素对失业的影响各有多大呢？是流入失业的概率很高，但失业期间较短，即失业涉及的劳动者范围较大；还是流入失业的概率较低，但失业期间较长，即失业只是少数人的事情。美国 20 世纪 70 年代中期，有 2.4% 的劳动力至少失业 6 个月，这可以解释总失业的 42%。也就是说，少数劳动者承受着失业的负担。20 世纪 80 年代中期和 60 年代相比，不仅流入失业的概率提高，而且失业的时间延长，这两个因素都使得失业率提高，而失业时间的延长对失业率提高的影响更大一些。在 20 世纪 50 年代早期，只有 5%～10% 的失业人口失业时间超过 26 个星期，到了 20 世纪 90 年代早期，有近 20% 的失业人口的失业时间超过 26 个星期。

下面让我们分析第二次世界大战后主要西方国家失业变动的长期趋势。表 10-1 中列出了主要资本主义国家第二次世界大战后不同历史时期失业率的变动情况。

从失业的周期性变动来看，经济合作与发展组织（OECD）各国的失业率在 20 世纪 50～60 年代最低，而后在 70 年代逐渐上升，到 80 年代初达到一个高峰，80 年代后期除了美国等少数国家在治理失业上稍有作为外，大部分国家的失业问题继续恶化。在 90 年代初期的经济危机中，各国的失业率上升到一个新的台阶，西班牙 1991～1995 年的失业率更是达到 20.4%。从 90 年代中期开始各国失

[1] *Employment & Earnings*, Jan 2006.
[2] *Employment & Earnings*, Oct 2013.

表 10 –1 主要发达国家的失业率 单位:%

国家	1956~1966 年	1967~1974 年	1975~1979 年	1980~1983 年	1984~1990 年	1991~1995 年	1996~2000 年	2001~2005 年	2006~2009 年	2010~2012 年
澳大利亚	2.2	2.1	5.5	7.2	7.6	9.8	7.5	6.1	4.8	5.2
加拿大	4.9	5.2	7.5	9.4	9.1	10.5	8.3	7.3	6.7	7.6
法国	1.5	2.5	4.9	7.5	9.8	11.0	11.1	9.4	8.3	9.4
德国	1.4	1.1	3.5	5.4	7.4	7.2	8.3	8.6	8.5	6.2
意大利	6.5	5.6	6.8	8.6	9.5	10.1	11.5	8.6	6.9	9.2
日本	1.7	1.3	2.0	2.3	2.5	2.5	4.1	5.0	4.2	4.7
西班牙	2.1	2.7	5.8	14.6	18.9	20.4	14.6	11.0	11.5	22.2
英国	2.5	3.4	5.8	10.9	9.2	11.6	6.6	4.9	6.0	8.0
美国	5.0	4.6	6.9	8.4	6.3	6.6	4.6	5.5	6.1	8.9

资料来源：1956~1983 年数据引自 *OECD Economic Outlook*1984，1984~1990 年、1991~1995 年数据根据 *OECD Economic Outlook* December1999 计算得出，1996~2000 年、2001~2005 年数据根据 *OECD Economic Outlook* December 2004 计算得出，2006~2009 年、2010~2012 数据根据 *OECD Economic Outlook* 2012 计算得出。

业率有所下降，但绝对水平仍然较高。欧盟 15 国 1997 年的失业率平均为 10.7%，2000 年为 8.4%。2011 年，欧盟 27 个成员国的平均失业率为 9.8%。2008 年经济危机的爆发使得大部分国家的失业率回升，西班牙 2012 年失业率高达 25%。

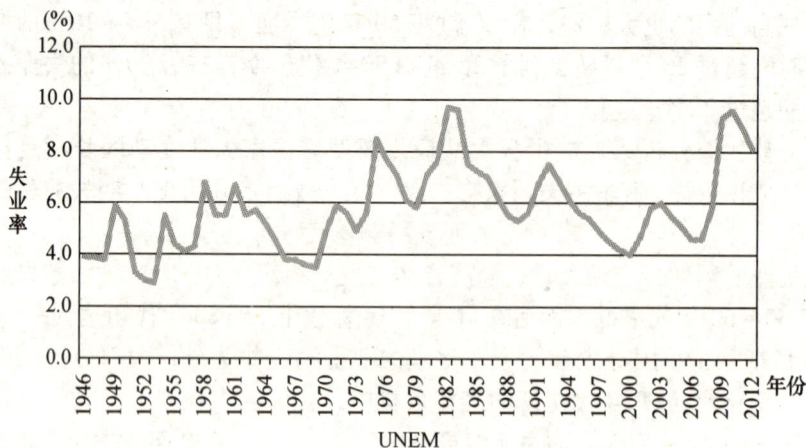

图 10 –1 第二次世界大战后美国失业率的变动（1946~2012 年）

资料来源：根据《美国总统经济报告》1991 年、2006 年和美国劳工部统计局数据绘制。

以美国为例，按十年计算的平均失业率分别为：1950～1959年的平均失业率为4.5%，1960～1969年为4.8%[1]，1970～1979年为6.2%，1980～1989年为7.3%，1990～1999年为5.75%，2000～2009年为5.54%。[2]可以看出，第二次世界大战后美国的失业率呈不断上升的趋势，在20世纪80年代达到最高点，90年代的失业率明显下降，这与90年代较长的经济繁荣期有关，但失业率仍高于五六十年代的水平。其他国家失业的运动趋势情况也大致如此。当然也有例外，日本和德国在90年代中期后，失业率不但没有下降，反而上升。失业率的周期性变化与资本主义经济周期有关，与生产过剩、需求不足有关。而在经济危机时，企业采取不同的调整措施会产生不同的失业量。

再从劳动力总量和就业总量来考察。美国劳动力的总量从1950年的6340万增加到2000年的1.42亿，增长了1倍多，高于人口的增长率，2013年已达到1.55亿。劳动力的参与率也由1950年的59.7%上升到2000年的67.1%。这使劳动力的供给增加较快。从劳动力数量与就业数量增长的比较来看，在20世纪60年代两者相差较小，而到了80年代，劳动力增长速度加快，两者的差距较大，说明失业率较高。就业量的增长速度在90年代又上升，并且劳动力的增长速度放缓，使得失业率得以下降。

劳动力供给是造成失业的一个原因，但这里的劳动力供给对失业的影响不像新古典经济学或劳动经济学所理解的那样——劳动力供求决定均衡工资和均衡就业水平。因为正如马克思所言，劳动力供给在资本主义经济中是一个内生的变量，它受制于资本积累的进程。一方面，劳动者的工资多少决定了其生育、抚养下一代劳动人口的能力，劳动力供给不是简单的自然人口生殖的问题；另一方面，资本积累也需要存在大量的产业后备军，它不断产生的过剩劳动力，形成劳动力的供给，从而为尽可能压低工资提供基础。

劳动力的供给结构也会对失业产生影响，包括性别结构、年龄结构和受教育的情况。第二次世界大战后美国妇女的总体参与率从1950年的28.6%上升到2000年的60.2%[3]，妇女在劳动力市场上易受到歧视，其流动性较大，失业率较高，从而会影响整体失业率。有人认为这是20世纪60年代以后美国失业率提高的一个直接推动因素。从年龄结构来看，美国劳动力中青年人所占的比重在第二次世界大战后上升，16～19岁男性青年的劳动参与率从1960年的58.6%上升到1980年的60.5%，而16～19岁的女青年的劳动参与率从39.1%上升到

① 转引自高峰：《资本积累理论与现代资本主义》，南开大学出版社1991年版，第195页。

② 根据 *Employment & Earning*（December 1999，2014）的统计资料计算。

③ Elliott，R. F.，1991，*Labor Economics*，McGraw - Hill；*Employment & Earnings*，December 2002.

52.9%。① 年轻人的技能较低，且易于转换工作，因而失业率较高。劳动力的性别结构和年龄结构与自然失业率有关，妇女和年轻人占劳动者的比重增加会带来失业率的上升，但主流经济学认为，这种失业是自愿失业，不需要过多考虑。关于自然失业率下面要专门进行讨论，要分析妇女和年轻人的易流动性是否是自愿的，他们与资本积累的关系又是怎样的？

劳动力技能结构的不同会影响失业率的高低，一般而言，劳动者的技能水平越低，失业率越高。技能水平与受教育程度有关，例如在 1992 年，有大学文凭劳动者的失业率为 3.2%，有高中毕业文凭劳动者的失业率为 6.8%，高中毕业以下文凭劳动者的失业率为 11.4%。但是从总体上来看，第二次世界大战后发达国家劳动力教育水平和技能普遍提高后，失业尤其是结构性失业反而提高了，为什么呢？从每个学历层次劳动者的失业率来看，也是如此，20 世纪 90 年代的失业率普遍高于 60 年代的失业率。这与资本主义经济的技术变动有关，本章将在失业的原因分析中进行探讨。

从劳动力的需求结构来看，不同产业会有不同的失业率，这与产业结构的演进和升级有关，也与产业本身的性质（是否容易随经济周期而波动）有关。例如，美国 1993 年农业的失业率为 11.6%，建筑业的失业率为 14.3%，银行保险和房地产业的失业率为 4.1%，服务业的失业率为 6.1%。农业的失业率较高是因为农业是传统产业，它在国民经济中的地位在不断下降，因而就业量也在下降，失业率较高；而建筑业的失业率较高是由建筑业的特点决定的，建筑业受经济周期波动影响非常敏感，20 世纪 90 年代初期，美国的宏观经济不景气，建筑业首当其冲受到影响，则建筑业的失业率也会很高。

【案例】
西班牙高失业率事出有因

欧洲统计局近日公布的统计数据显示，欧盟 27 个成员国 2011 年 11 月的平均失业率为 9.8%，其中西班牙失业率居各国之首，达到 22.9%。分析人士指出，西班牙高失业率的形成，同其特殊的劳动力市场结构以及房地产泡沫的破灭不无关系。

西班牙的二元劳动力市场在欧盟 27 个成员国中独具特色。西班牙的雇用合同分成长期合同和临时合同，三分之二的就业人口签订长期合同，三分之一的就业人口签订临时合同。长期合同灵活性较差，雇主解聘这类雇员的成本非常高。因此，出于对劳务纠纷费用的担心，在西班牙雇人难解聘也难。与长期合同相

① *American Statistics Abstract*. 1974，1993.

比，临时合同条款粗疏，被雇用者处于不利地位，年轻人、妇女和移民成为这种合同的主要对象。合同到期，雇主就可以结束雇用关系，即使在合同期内解聘，赔偿标准比起长期合同也要低得多。

这种双轨制的劳动力市场合同造成了青年人失业率居高不下。一般情况下，父母往往拥有长期合同，子女、年轻人则只有临时合同，导致低收入子女不得不成年后还和父母居住在一起。据统计，25～35岁的西班牙青年人中，大约三分之二的人和父母一同生活。欧洲统计局2011年11月的统计显示，西班牙25岁以下青年人的失业率高达49.6%，在德国这一数字仅为8.1%。

在西班牙，要想获得一份长期工作合同，需要工作平均10年以上，因此，很多学生索性辍学。欧洲统计局的数字显示，在西班牙大约每3名学生就有1名辍学，青少年辍学率位居欧盟第一。

临时合同还降低了劳动力的流动性。在西班牙国内不同地区间的失业率差别很大，有的地区为10%，有的地区则达到30%。但是，由于离开父母的生活成本太高，导致地区间的劳动力流动困难。

西班牙城市居民最近几十年才兴起买房。在1960年以前，大多数人以租房为主，但是20世纪70年代发生滞胀后。一浪接一浪的物价上涨让西班牙人认定，房地产是最安全的投资方式。西班牙人把大部分财富都投入房产，即使在收入最低的家庭中，大约也有10%拥有第二套房产。

1999年加入欧元区后，西班牙银行失去了对货币政策和汇率政策的控制，无法采用传统工具应对信贷的周期性波动，西班牙实际利率大幅下降6%，真实利率在1999～2007年屡次出现负值。在西班牙特殊的劳动力市场结构作用下，催生出了巨大的房地产泡沫。

在泡沫破裂期间，大量劳动力被解雇。在2007年之前，西班牙和法国的失业率都徘徊在10%左右。房地产泡沫破裂后，法国的失业率到2011年依然是10%，但西班牙的失业率则翻倍增长。

信用规模大幅扩张增强了居民对房地产投资保值的依赖，但是他们没有意识到，自己签订购房贷款合同使用的是浮动利率，而不是20世纪70年代使用的固定利率。这导致他们对利率变化极为敏感。2008年，美国次贷危机发生后，西班牙房地产泡沫破灭，大量建筑工人失业，而且还有很多家庭陷入负资产的境地，不得不把房产交给银行。

资料来源：关晋勇：《西班牙高失业率事出有因》，《经济日报》2012年1月31日。

第二节 工资确定、工资黏性与失业

第二次世界大战后发达国家失业率的上升与工资过高有关的观点属于古典型失业理论的观点。到了 20 世纪 80 年代，主流经济学又提出新的观点，认为不是工资的绝对水平而是工资变动不灵活，即存在工资黏性导致失业率的上升。那么，工资是不是失业的真正原因？它与失业到底存在怎样的关系？这是本节的分析重点。

一、工资的确定与古典型失业

马克思经济学认为，工资是劳动力价值的货币表现，工资的确定是否过高从而导致失业，要取决于劳动力价值的确定。劳动力价值是由生产和再生产劳动力商品的社会必要劳动时间决定的。它的一个重要特点是"包含历史的和道德的因素"。以劳动力价值为基础的工资要能够保证工人抚养家庭、让子女接受教育，并维持必要的社会文化生活。"工人必须有时间满足精神的和社会的需要，这种需要的范围和数量由一般的文化状况决定。因此，工作日是在身体界限和社会界限之间变动的。但是这两个界限都有极大的伸缩性，有极大的余地。"[1] 这就为资本家剥削提供了施展空间。

马克思经济学者对劳动力价值的确定进行了分析，确立了所谓"生存工资"的概念，这一工资要保证能"抚养家庭、维持个人尊严、参与社交和娱乐活动"。Pollin（2002）以美国加州 Santa Monica 为例，估算了生存工资，他认为，美国官方的贫困线生活标准不能够合理地代表生存工资，在考虑地区价格水平差异、生活必需品估计等因素后，Pollin 提出，生存工资应相当于官方贫困线的160%，以一个四口之家（父母和两个小孩）为例，如果丈夫一个人工作，每年的收入应该为 27949 美元，这相当于 13.44 元的小时工资。[2]

生存工资的确定有着重要的意义，它不仅说明了当前资本主义经济中剥削的存在，因为很多人的实际小时工资低于生存工资，而且说明了工资与就业之间的关系，对所谓最低工资的实行会减少就业的观点也是一个回击，因为最低工资标准远远低于生存工资。美国加州的最低工资在 Pollin 做这项调查时仅为每小时

---

① 马克思：《资本论》（第 1 卷），人民出版社 1975 年版，第 260 页。
② Robert Pollin, 2002, "What is a Living Wage? Considerations from Santa Monica, CA", *Review of Radical Political Economics*, Vol. 34（2）.

5. 75 美元。

　　一个意味深刻的观点是工资受资本积累中相对过剩人口的影响，即失业率会影响工资高低，而不是相反，如新古典经济学所言——过高的工资导致失业率上升。这一问题我们要从长远的视角来分析，如果孤立地截取某一个断面，在某一个时期内，看到的可能就是工资高导致失业率上升。如果再放长眼光，从长期来看，工资的决定是由被资本控制的劳动供求来决定的，而相对过剩人口对劳动力的供给产生影响。所以，更合理的逻辑是失业影响工资。至于失业的产生，马克思认为它与资本有机构成的提高和资本积累过程中矛盾的展开有关。

　　新古典经济学认为，工资由劳动力的供求决定，工资等于劳动力的边际收益产品，也就等于劳动力的边际产品（相当于劳动生产率）乘以产品价格。并且，新古典经济学认为，只要按边际收益产品支付工资，就不存在对劳动力的剥削。更重要的是按照这一原则进行工资分配，也能保证实现充分就业，即不出现失业。新古典的理论给我们考察现实资本主义经济中工资的变化提供了一个很好的参考系。我们可以考察实际工资是否与劳动生产率的增长相符合，如果实际工资增长慢于劳动生产率的增长，按照新古典的失业理论，失业更不可能发生。如果失业率反而上升，就说明工资过高导致失业的理论是站不住脚的。需要注意的是，不能单纯比较实际工资的高低，必须将它与劳动生产率相对比，因为如果实际工资提高是生产率提高的结果，则实际工资上升不应该对失业产生负面影响。

　　例如，美国 1973～1996 年的小时劳动生产率提高了 26.4%，而实际小时工资仅提高了 1.8%，在 20 世纪八九十年代实际工资都出现了下降。[①] 但是，80 年代却出现了较高的失业率。Buchele 和 Christiansen（1993）衡量了第二次世界大战后美国非农业部门工资份额的变化，他们定义的工资份额为实际工资与劳动生产率的比率，按照新古典的说法，如果充分支付工资，则工资份额应该等于1。运用这一指标，可以考察企业劳动成本的变化，进而分析它与失业的关系。工资份额在第二次世界大战后呈现出很明显的波动，如果以 1977 年的工资份额为1，在 50 年代工资份额呈现上升的趋势，在 1 至 1.02 之间，而 60 年代工资份额先下降后上升，大多数年份在 1 以下。70 年代工资份额保持在较高水平，在 1至 1.02 之间。到了 20 世纪 80 年代，工资份额又下降。从失业率来看，美国20 世纪 50 年代平均失业率水平最低，以后逐渐升高，到 20 世纪 80 年代达到最高。这似乎无法用工资份额的变化来解释，因为工资份额下降并没有带来失业率的下降。相反，工资份额却受失业率的影响，例如 20 世纪 60 年代工资份

---

　　① 转引自 R. D. 伍尔夫：《2000 年的美国经济：一个马克思主义的分析》，《当代经济研究》2001 年第 1 期。

额的下降受到 20 世纪 50 年代末失业率提高的影响，而后随着失业率的下降，工资份额也逐渐上升。而 80 年代工资份额的下降直接来自 70 年代失业率的上升。[①] 这一分析符合现实情况，也符合马克思经济学的产业后备军对工资产生影响的理论。

进一步地，可以通过实证来说明这一问题，首先看工资是不是失业的解释变量。Madsen (1994) 回归分析了 OECD 22 个国家实际工资差额 (实际工资超过劳动边际产出的部分) 和失业之间的关系。结果虽然表明有正的影响，但 Madsen 认为影响系数不大，并且还有其他因素可能曲解两者之间的关系。[②] 总之，Madsen 认为实际工资差额对 20 世纪 70 年代后期各国失业率的上升可能有一定的解释力，但 20 世纪 80 年代的高失业率还需要从其他方面来解释，例如需求因素。

反过来，Buchele 和 Christiansen (1993) 在用上一年失业率、设备利用率和上一年劳动份额做解释变量，对美国劳动份额进行回归分析时，发现在大部分时期失业率对工资份额的影响都是显著的。在 1948 ~ 1966 年，失业率对工资份额的影响系数为 -0. 3721，在 1982 ~ 1989 年，系数为 -0. 4668。它说明 20 世纪 80年代失业率对工资份额下降有更大影响。

工人谈判在工资决定中起到怎样的作用呢？Buchele 和 Christiansen (1993) 的回归分析中用上一年劳动份额的回归系数来表示谈判力量的强弱。即如果能够更大程度地维持上一期工资 (尤其在经济衰退的背景下)，则说明工会谈判力量较强。上一年劳动份额的回归系数在 1948 ~ 1966 年为 0. 8056，在 1967 ~ 1981 年为 0. 9864，在 1982 ~ 1989 年下降为 0. 5388。20 世纪 80 年代工会组织率下降，工人谈判力量下降，在失业率上升的背景下要维持原来的工资水平变得更加困难，所以工资份额在 20 世纪 80 年代下降。例如，美国的工会组织率从 1980 年的 21% 下降为 1985 年的 14%，到 20 世纪 80 年代末为 12% 左右。1982 年生效的 42% 的劳动合约和 1982 ~ 1986 年协商的 34% 的集体谈判协定都包含工资冻结和工资削减的内容。有指数化条款劳动合约的比重也从 1980 年的 60% 下降为 1986 年的 30%，因而，1989 年的实际工资比 1979 年下降了 6. 6%。[③] 这也从另一个角度说明高工资导致失业理论的失败，它在 80 年代更加不适用。

---

① Buchele, R., and J., Christiansen, 1993, "Industrial Relations and Relative Income Shares in the United States", *Industrial Relations*, Vol 32 (1).

② 参阅 Jakob B. Madsen, 1994, "The Real Wage Gap and Unemployment in the OECD", *Australian Economic Papers*, 33: 96 – 106.

③ 转引自 Buchele, R., and J., Christiansen, 1993, "Industrial Relations and Relative Income Shares in the United States", *Industrial Relations*, Vol 32 (1).

【案例】

涨工资，会使中国工人失业？

"工资提得太高，会使打工者连工作的机会都没有了！"国务院发展研究中心副主任李剑阁认为：如果工资提得太高，投资者把产业都转移到工资更低的越南去了，这样的话，我们打工者连工作的机会都没有了。不能给工人涨工资，基于下列一些情况：一是职工工资收入水平提高远远和长期高于国民经济增长速度；二是工人工资太高，工资占企业成本比例过大，使企业产品由于劳动力成本过高在国际上没有竞争力；三是居民消费增速太快，消费水平过高，由于过高的消费，导致内需急剧增加，而生产滞后于消费，出现由于消费过高而引起的经济过热。在以上三种情况下，如果强调提高工人工资水平，显然是不合适的。

资料来源：李剑阁：《交锋：涨工资，会使中国工人失业？》，网易新闻 2005 年 11 月 9 日。

二、工资黏性与失业

当工资过高不能很好地解释失业时，主流经济学家又提出了工资黏性的理论。即工资变化存在着一定的黏性，滞后于价格的变化，从而会影响企业的成本，形成失业。这是从长期动态的过程来分析工资与失业的关系。工资黏性理论又分为名义工资黏性和实际工资黏性。

实际工资黏性的理论主要有隐含合约理论、效率工资理论、局内人—局外人理论和工会理论。[①] 隐含合约是工人与厂商之间达成的关于报酬和工作时间安排的默认协议，以应付未来可能出现的各种不测情况。之所以会产生隐含合约，主要是因为厂商未来的产品价格、需求量存在着不确定性，从而对劳动力的需求也不稳定。有了隐含合约，工人就能得到风险规避，厂商的效用也得到提高。最早提出隐含合约模型的是 Azariadis（1975）和 Baily（1974），他们主要关心当需求出现短期波动时，为什么就业水平变动大于工资率变动，也即工资具有一定的黏性。以后的模型试图分析这种合约导致的失业量比工资灵活变动的现货市场（Spot – auction Market）是多还是少。简单的隐含合约模型虽然可以解释工资黏性，但对失业，尤其是非自愿失业的解释能力并不非常强。

效率工资理论是另一种从微观角度解释工资黏性和失业的理论。它从厂商的利益出发，阐述了工资与工人劳动生产率的关系，说明在信息不对称的情况下，

[①] 在第六章劳动合约与工作激励中，我们曾介绍了隐含合约和效率工资理论，在那里主要说明其对劳动者工作激励的影响，而在本章则作为工资黏性的形成原因，用于解释宏观失业率的变化。

厂商基于效率激励原则制定的工资总是高于市场出清水平，工资黏性和失业也就长期存在。新凯恩斯主义者夏皮洛和斯蒂格利茨（1984）的偷懒模型（Shirking Model）说明了在监督不可能的情况下，高工资和失业如何形成了对努力工作而不偷懒的激励，从而达到失业的均衡。高工资除了激发工人努力外，还可以减少工人辞职现象，这也会对企业总体效率产生良好的影响。参见劳动转换模型（Labor Turnover Model）（Salop，1979；Schlicht，1978；Stiglitz，1974）。Malcolmson（1981）、Stiglitz（1976）和 Weiss（1980）发展了另一种模型：逆向选择模型（Adverse Selection Model），也是为了说明工资与劳动生产率的关系。高工资激励工人的机制还通过以下方式实现：增加工人与企业之间的认同，使他们愿意合作。这被称为社会模型（Sociological Model），由 Akerlof 和 Yellen（1984）等人创立。

在效率工资解释工资黏性和失业的问题上，偷懒模型没有反过来说明任何时刻的失业者都是因偷懒而被解雇的，若不能说明这一点，就影响了其理论的说服力。因为它不能解释全部的失业量，毕竟还存在着其他类型的失业。效率工资过高导致失业只反映了一种表面现象，这种过高也是企业追求最大化利润的需要，且只是一部分劳动者（高技能者）才能享受到，而大多数劳动者工资仍偏低，消费需求不足。所以，基本的制度关系仍是失业问题的根源。

局内人—局外人理论则认为，这一决策权主要受在职工人（Insider）的控制。主要是因为雇用更替成本的存在使得厂商不能随意用局外人（Outsider）去替代现有的在职工人，在职工人据此与厂商谈判，使工资超过市场出清水平，从而带来工资黏性与失业。它反映着局内人与局外人之间的利益冲突，这一理论的提出者主要是林德贝克（Lindbeck）和斯诺尔（Snower）等。工会作为一种制度组织，是工人为了能够有效地与厂商谈判以维护自身的利益而建立的。工会是否必然会带来工资黏性与失业呢？回答应该是否定的，工会是否会带来失业，取决于工会的运作方式如何：工会的谈判力量强弱；谈判内容是针对工资还是就业量或者兼而有之；集体谈判所包含的工人数；谈判是集中的还是分散的；等等。

名义工资为什么会出现黏性呢？我们讨论名义工资黏性时，通常认为价格是充分灵活的，名义工资不能随价格变动而变化。之所以工资会有黏性，或者是由于工人对价格变动尤其是意外的价格变动，没有事先预期到和及时感受到，因而在签订合约时不能使工资与价格变动紧密联系起来，这在签订长期劳动合约时尤为如此（长期劳动合约理论）；甚至即使价格变动了，由于信息原因，工人和厂商也不会立刻感受到并做出反应（不完美信息理论）。或者是由于即使工人和厂商知道价格变动，但由于变动工资需要成本（菜单成本理论），他们也倾向于保持工资不变。也就是说，仍要从微观角度来寻找名义工资黏性的基础，这一寻找是必要的，它关系到货币中性问题，关系到货币政策的重要性与有效性。

下面分析经济衰退时企业的调整选择如何会引起失业。会先考虑名义工资黏性，在产品需求下降时降低工资是不大可能的。因为长期劳动合约、不完美信息和调整成本的约束都使得名义工资的调整滞后。但是，这种滞后并非对企业不利，从而增加企业的劳动成本，而是企业在特定约束条件下的最优选择。例如，因为调整工资存在着菜单成本，企业不调整工资比调整工资更合算。如果工资不能有效地下降，解雇工人就成为企业的选择。可以说，名义工资黏性即使存在，也不是工人的错，工人不应该对此负责。

而实际工资黏性的存在又加大了需求下降时降低工资的阻力。实际工资黏性应该说是一种常态，它不随经济周期的变动而变动。在衰退时期，隐含合约要求企业仍旧按照原有的水平支付给工人工资；效率工资也不会被打破，否则会影响工人的劳动生产率；最后，局内人及工会力量也会阻止衰退时期工资的下调。

工人与厂商之所以订立隐含劳动合约，不仅仅是为了回避产品市场的风险，也是为了能够长期持有企业特有的人力资本，降低雇用成本，通过工人与企业形成的长期纽带联系来激励工人努力工作。效率工资理论与局内人—局外人理论、工会理论存在着联系。效率工资理论着重强调厂商在制定工资方面的市场势力，局内人—局外人理论和工会理论者则强调了企业内部的职工拥有较大的市场主动权。现实经济中两者都拥有一定的控制权，这主要体现在厂商与工人的谈判或者厂商与工会的谈判上，从而会对工资黏性带来影响。厂商主动制定高工资是为了提高工人的劳动生产率，厂商被迫接受工人的高工资要求是因为局内人会影响雇用成本、解雇成本以及劳动更替产生的效率损失。谈判的结果取决于各自的力量对比。

可以看出，实际工资黏性也符合企业的利益，是企业的自主选择。实际工资黏性的存在原因中，既然有劳动生产率的因素，那么这种黏性（尤其是高工资）就有其合理的成分。只有将随生产率提高（降低）而相应增加（减少）的部分扣除，剩下的才是真正的实际工资黏性，而以往的研究者并没有这样，他们将因生产率提高（降低）而引起的工资变动归为黏性，往往会扩大黏性的程度。

但是工资黏性对失业的影响究竟有多大，尚需实践来证明。从理论上看，实际工资黏性是一种常态，它使工资总高于市场出清水平，因而对失业的影响亦是负面的。但名义工资黏性在经济繁荣、物价上涨时，工资保持不变或落后于物价调整，则其作用是积极的，只有在经济衰退、物价下降时才对失业有负面影响。① 由于经济周期变化，工资黏性的影响是否可以相互抵消，在理论上还不得而知，需要从实证上做一些探索。

---

① 与此相反，隐含合约和内部劳动力市场的存在使得在经济繁荣时不增加雇用工人，而在经济衰退时也不减少雇用工人。

Allen（1992）认为，由于研究方法的不恰当，使人们得出第二次世界大战后美国的名义工资黏性增大、对周期反应不敏感、自相关程度更强的结论。采用正确的研究方法，他发现美国今天的工资与100年前的工资一样对周期有敏感性，甚至更强一些，从而否定了名义工资黏性一说。Nickell 和 Quintini（2003）研究了英国的名义工资黏性。虽然有证据表明，在经济衰退时，一些劳动者的工资存在向下的黏性，但也有很大比例的劳动者工资出现下降。Christofides 和 Stengos（2003）对加拿大的工资黏性做了研究，发现在 1976～1999 年，名义工资的下降很少见，但实际工资的下降经常会被看到。在经济衰退的低通货膨胀时期，发生削减实际工资的事件数量并不会减少，虽然削减的幅度不大。这说明加拿大的实际工资基本不存在黏性。[①]

再来看一看实际工资黏性与名义工资黏性的大小及对失业的影响，参照 Layard 等的分析，如表 10－2 所示。

表 10－2　一些西方国家名义工资黏性、实际工资黏性与失业率的关系

	1983～1985 年和 1989～1990 年失业率大幅下降（%）	实际工资黏性	名义工资黏性
德国	5.1	0.63	0.49
英国	7.1	0.77	0.70
西班牙	13.8		0.56
澳大利亚	5.6	1.10	
丹麦	7.8	0.58	
	1983～1985 年和 1989～1990 年失业率大幅下降（%）	实际工资黏性	名义工资黏性
德国	-2.1	0.85	0.65
英国	-5.1	1.23	1.12
西班牙	-3.0	0.52	0.56
澳大利亚	-2.6	1.10	

---

① 关于工资黏性的研究，参阅 Allen Steven G. ，"Changes in the Cyclical Sensitivity of Wages in the United States，1891－1987"，*American Economic Review*，1992，82（1）. Nickell, S. , and G. , Quintini, "Nominal Wage Rigidity and the Rate of Inflation"，*The Economic Journal*，2003，113：762－781. Christofides, L. N. , and T. , Stengos, "Wage Rigidity in Canadian Collective Bargaining Agreements"，*Industrial and Labor Relations Review*，2003，56（3）：429－448.

续表

	1983～1985 年和 1989～1990 年失业率大幅增加（%）	实际工资黏性	名义工资黏性
美国	-2.7		0.80
加拿大	-3.3		1.37

注：由 19 国 1969～1985 年数据计算得出的回归方程：

$\Delta u = 1.93 - 0.35 \ (NWR)$，$\Delta IM + 1.90 \ (RWR) \ Shock + 11.59 SP$，$R^2 = 0.72$

由 19 国 1983～1990 年数据计算得出的回归方程：

$\Delta u = 0.72 - 1.39 \ (NWR)$，$\Delta IM + 0.61 \ (RWR) \ Shock$，$R^2 = 0.46$

其中，NWR 为名义工资黏性，RWR 为实际工资黏性，ΔIM 为通货膨胀年变化量，$Shock$ 为冲击指数，SP 为西班牙的哑变量，Δu 为失业率的变化量。

资料来源：根据 Layard，R.，N.，Stephen and J. Richard，1991，Unemployment：Macroeconomic Performance and the Labor Market P. 409 - 411 整理。

与 20 世纪 70 年代初期相比，西方主要国家 80 年代初期的失业率上升很大。这一时期大多数国家的通货膨胀率逐渐下降，即 ΔIM 为负值；石油危机的冲击仍然明显，冲击为正值，属于经济衰退期。由回归方程可知，实际工资黏性的系数（1.9）远大于名义工资黏性的系数（-0.35），它对失业的变化产生很大的影响，即实际工资黏性越大，失业率上升越大。[1] 从表 10-2 中大致可以看出，德国、英国、丹麦、澳大利亚的实际工资黏性较大，对失业增加的影响也较大，因为实际工资黏性对失业的影响往往是负面的，在经济衰退期，尤其因工资不可下调而对失业产生不良影响。实际工资黏性与工会组织、局内人力量有关。由于这一时期 ΔIM 为负值，由回归方程可知，名义工资越大，失业率的增加也越大。衰退期名义工资变动的黏性也增加了失业负担，虽然影响系数相对较小。德国、英国、西班牙较大的名义工资黏性也成为这些国家失业率大幅度上升的重要原因。总之，工资黏性可以解释这一时期 19 国失业增加 70% 以上（$R^2 = 0.72$）的原因。

而在 20 世纪 80 年代后期，主要发达国家的失业率得到较大的下降，这时，通货膨胀开始上升，ΔIM 为正值；石油危机冲击逐渐消失，冲击变为负值，经济进入了景气时期。从这一时期的回归方程可以看出，与衰退期相反，名义工资黏性的系数（1.39）大于实际工资黏性的系数（0.61），说明经济景气期名义工资黏性的作用增大，而实际工资黏性只起被动的作用，即消除冲击的影响。[2] 因名

---

① 对失业率的具体作用大小还取决于各国所受的冲击大小，虽然冲击指数基本为正，但各国的大小不一，也即即使实际工资黏性较大，如果冲击指数很小，对失业率的提高影响程度也不会太大。

② 虽然随着冲击的化解，实际工资黏性越大，失业率下降越大。但一旦冲击消除，在经济景气期，实际工资黏性一般会导致失业的增加。

义工资黏性前面的系数为负，如果工资没有随通货膨胀而充分上涨，通过菲利浦斯曲线的作用，失业率就会得到下降。加拿大与美国的名义工资黏性较大，是因为这些国家的劳动合约较长，且很少规定指数化条款，工资变化不同步，而名义工资黏性越大，对失业率降低的影响越大。德国、英国、西班牙原来较高的名义工资黏性在景气期也起到降低失业率的作用。这一时期，工资黏性对失业率下降的解释能力下降，不足一半（$R^2 = 0.46$）。

进入20世纪90年代以后，各发达国家的工资黏性明显减弱，在荷兰和美国，工资的灵活调整[①]被认为是保持较低失业率的关键要素。而由于周期波动和产业结构的变化，单独用工资黏性来说明失业率的变化也更加不充分。

第三节　周期性失业

一、技术、消费需求与周期性失业

在周期性失业理论方面，主流经济学者有相当多的论述，但大多从技术层面分析，没有深入分析经济周期的原因以及失业和经济周期的关系。下面介绍马克思经济学对周期性失业的理解和认识。美国经济学家谢尔曼对马克思的周期性失业理论做了发展，他将失业的原因归结为危机的原因。他认为危机的直接原因是利润率下降，而后者又是投资过度和消费不足共同作用的结果。在经济扩张阶段后期，投资过剩从供给方面起作用，通过工资上升和原材料价格上涨使生产成本提高，同时消费不足从需求方面起作用，限制了商品价格的相应上涨。换言之，繁荣时期，工资的上升引起工资占收入份额的上升和资本份额的相应下降。到繁荣的后期，利润率的下降降低了人们的预期，经济从繁荣走向停滞，失业人口增加。尔后，又会开始新一轮循环。其中，谢尔曼引用了 Glyn 和 Sutcliffe 等学者的观点，分析了工资上升与工会斗争有关。随着经济的膨胀，在扩张的后期，劳动力市场上的失业者减少，工会的谈判能力增强，因而工资有可能提高。[②] 这样的分析给人的感觉是工资挤压利润造成周期性失业，其实不然。谢尔曼认为，工资份额的上升只是利润率下降的结果，而不是原因，更不是唯一的原因。虽然工资在利润达到最高点前就上升，但上升速度慢于利润的增长速度，在利润达到最高

---

① 更真实地说是相对较低的工资，在荷兰主要依靠工会的协调作用。

② Howard J., Sherman, "*The Business Cycle: Growth and Crisis Under Capitalism*", Princeton University Press, 1991, pp. 223 - 224.

点之前，工资的份额是下降的，直到利润开始下降以后，工资的份额才上升。[①] 而利润的下降又是由多方面的原因导致的，主要有要素价格的上升、需求不足。工资上升在其中起作用，但作用不大。谢尔曼承认马克思的分析是长期趋势分析，但他将其理解为长周期，因而对全面把握马克思的失业理论仍显不足，但他在周期性失业方面的研究，的确是对马克思理论的一个重要发展。

关于经济周期波动的理论，都强调了企业投资需求不足的问题，由于企业家的预期不乐观，投资需求会下降，从而使企业对劳动力的需求下降。但是，在资本主义经济中，需求不足更重要的来源是消费需求不足，它决定着产品的价值实现。[②] 而消费需求的主要构成主体是劳动者，劳动者获得的工资是其主要收入来源，是其进行消费的基础。这样一来，消费需求就与工资建立了紧密的联系。如果按照新古典失业理论的观点依靠降低工资来解决失业问题，则不会取得好的效果。因为虽然从微观上看，降低工资的企业劳动成本下降，企业愿意多雇用工人。但是，作为宏观经济中的消费者，众多被削减工资的工人消费需求会下降，所以企业的商品会出现销售困难，从而使整个宏观经济中的失业量反而可能上升。马克思对这一问题做过深刻分析，"直接剥削的条件和实现这种剥削的条件，不是一回事。二者不仅在时间和空间上是分开的，而且在概念上也是分开的。前者只受社会生产力的限制，后者受不同生产部门的比例和社会消费力的限制。但是社会消费力既不是取决于绝对的生产力，也不是取决于绝对的消费力，而是取决于对抗性的分配关系为基础的消费力；这种分配关系，使社会上大多数人的消费缩小到只能在相当狭小的界限以内变动的最低限度。这个消费力还受到追求积累的欲望的限制，受到扩大资本和扩大剩余价值生产规模的欲望的限制"。"生产力越发展，它就越和消费关系的狭隘基础发生冲突。在这个充满矛盾的基础上，资本过剩和日益增加的人口过剩结合在一起是完全不矛盾的……"[③]

在卡莱茨基的模型中，高工资有助于实现高就业水平，也有利于高的经济增长。由收入分配所决定的工资使得消费需求不足，而消费需求不足会导致投资需求不足，投资不足又会进一步抑制资本主义再生产过程和经济增长，并引起经济周期性波动。[④]

在资本主义经济中，通过提高工资刺激消费需求是可行的吗？Lavoie

---

① Howard J., Sherman, *"The Business Cycle: Growth and Crisis Under Capitalism"*, Princeton University Press, 1991, p. 228.

② 诚然，单纯生产过度、资本有机构成提高就会导致利润率下降和周期性失业，危机不一定与产品价值实现有关，这也是马克思危机理论的核心。但是现代的经济危机往往与产品价值实现相联系，即与消费需求有关。

③ 马克思：《资本论》（第3卷），人民出版社1975年版，第272～273页。

④ 参阅陈英、景维民：《卡莱茨基经济学》，山西经济出版社1999年版。

(2003）的有效劳动需求理论认为，在就业水平低时，就业和产出的扩大需要提高工资以使增加的总供给能被总需求吸收，经过一段时间，由于存在边际收益递减，增加的产出相对于增加的就业和工资支付而言很小时，实际工资必须下降以使产品市场上的供求相等，其前提是边际收益递减规律成立。社会的总需求是由工人的工资总额和资本家的自主花费（消费和投资）构成的，利润最大化企业家的预期取决于购买者的消费行为，从而产生有效劳动需求。其公式为$f'(L)=\frac{[f(L)-a]}{L}$，$f(L)$为生产函数，a为来自利润的自主花费的比例，L为劳动力数量。因而 Lavoie 指出，高工资产生失业的理论是错误的，在现有的有效劳动需求条件下，企业家没有动力也没有办法降低工资，因为实际工资受有效需求的决定。只有社会有效需求增加时，实际工资才可能下降。[①] 而这时的社会有效需求增加要依靠自主花费a的提高，也就是说，收入分配比例会发生变化。在工资下降，工人的消费需求不足时，要依靠来自利润的消费和投资的增加来维持总有效需求。但是，资本家的自主花费也会出现不足的问题，这时，就需要政府采取财政支出扩大的政策，来提高a，从而得出凯恩斯治理需求不足的结论。而无论是资本家的自主花费和政府花费的最终来源仍然是收入分配中从工人手中多得的部分，所以它们伴随着工人工资的降低，从这个意义上 Lavoie 说，“失业的最终解决还要靠降低工资”。[②] 可是，如果社会有效需求不增加，只是降低工人的工资是没有用的，它不能解决经济衰退和失业问题。因此，依靠工人消费需求的增加来解决社会有效需求不足才是真正正确的途径，但在资本主义经济中却缺乏实现的可能性，所以才需要依靠资本家和政府来解决。

Rowthorn 和 Glyn（1990）的实证分析表明，人均消费水平与失业之间存在着相关关系。1979～1985 年，那些人均消费出现大幅度负增长的国家，失业率水平也很高。例如，西班牙、爱尔兰、荷兰、德国等[③]。美国从 20 世纪 70 年代开始直至 90 年代中期，实际工资下降给消费需求带来了负面的影响，虽然企业的劳动成本得到降低。消费需求的不足必然会对失业率产生威胁，但是，为什么在 80 年代、90 年代美国的失业率能够有效地下降呢？必须考虑消费信贷的支持，如果劳动者只是依赖工资收入来进行消费，消费需求不足早就会出现。而消费信贷使得维持较高的消费需求成为可能。但是，消费信贷本身也有很大的弊病，尤其从长期来看，导致居民高负债率这一隐患迟早会给宏观经济以致命的打击。美

① 这时，劳动者的产出可能出现边际收益递减，但也不一定。

② Marc Lavoie，“Real Wages and Unemployment with Effective and Notional Demand for Labor”，*Review of Radical Political Economics*，2003，35（2）.

③ Marglin，S. and J. Schor（ed.），*The Golden Age of Capitalism*，Clarendon Press，1990.

国平均每个家庭的消费债务由 1989 年的 1.92 万元上升到 1998 年的 3.34 万元，而同期家庭收入仅从 3.28 万元上升到 3.33 万元①。

二、通货膨胀与周期性失业

在失业的周期波动中也要强调通货膨胀和失业的关系，一般学者认为通货膨胀和失业存在替代关系，即存在所谓的菲利浦斯曲线——高通货膨胀率和低失业率相对应，而低通货膨胀率和高失业率相对应。这种运动的内在机理却是实际工资的变化。在经济走向繁荣期的阶段，通货膨胀率不断上升，而实际工资增长慢于价格的上升，从而实际工资是下降的，成本的下降带动了投资的扩大，所以高通货膨胀率对应的是低失业率。但是，繁荣期不可能长久持续下去，因为实际工资的下降必然会影响消费需求。而如果劳动者要求增加工资以与通货膨胀水平保持一致时，则企业的投资意愿又会受到影响（不是获得不了利润，而是不能获得像以前那么多的利润），所以替代关系不能长久地成立。

因此，只有在短期内菲利浦斯曲线才能够成立，也就是说，超出人们预期的突然的通货膨胀率上升能够使失业率下降。一旦人们意识到真实的通货膨胀水平后，他们要求相应地调整工资，失业率又会上升。从长期来看，会形成垂直的菲利浦斯曲线，失业率不随通货膨胀率变化而变化，这一失业率又被称为自然失业率。其中的政策含义是短期内政府干预经济的政策会达到治理失业率的目的，但是从长期来看，由于人们存在着理性预期，通过扩大通货膨胀来降低失业率的政策会失效。

第四节 技术变动与结构性失业

一、技术进步与就业的补偿机制

对技术性失业的最早关注可追溯到 19 世纪初，19 世纪几乎所有的古典派经济学家都参与了这一问题的讨论，包括萨伊、西斯蒙第、李嘉图、拉姆塞、马尔萨斯、西尼尔、马克思、穆勒等。在这其中，分为对立的两派，一派认为技术变动对就业的负面影响只是短期的，另一派则认为技术性失业是长期的。

在此基础上，人们围绕技术进步的就业补偿机制展开了很多的讨论。例如，

① 转引自 R. D. 伍尔夫：《2000 年的美国经济：一个马克思主义的分析》，《当代经济研究》2001 年第 1 期。

Howard 和 King 对"补偿理论"的重新辩解。Vivarelli（1995）将技术进步影响失业的补偿机制进一步归纳为八种：①通过降低价格从而增加需求；②通过新的投资；③通过降低的工资，工资下降会促使企业用劳动替代资本或延缓节约劳动的技术创新过程；④通过新机器生产，带动产业间联系，进行补偿；⑤通过新产品创新；⑥通过技术进步增加的收入，进而转化为消费和投资；⑦通过"熊彼特效应"，以创新增加投资；⑧通过"庇古效应"，用价格下降来带动投资增加。①

现实情况是技术进步、劳动生产率的提高与就业增长和失业率的下降之间并没有一定的规律。较高的劳动生产率可以带来低失业率（德国的 20 世纪 60 年代、美国的 20 世纪 90 年代），也可以带来低就业增长率（德国的 20 世纪 70 年代）；同样，较低的劳动生产率能够带来高就业增长率（荷兰的 20 世纪 90 年代），也能够带来高失业率（美国的 20 世纪 70 年代、德国的 20 世纪 90 年代）。这说明了技术进步与就业和失业的关系不是简单的正向或反向关系，具体结果取决于补偿机制的完善程度。②

Vivarelli（1995）通过对美国和意大利有关技术进步的相关资料进行计量分析，得出这样的结论：在美国，通过价格和产品创新的补偿机制较显著；而在意大利，通过新机器和收入的补偿机制较显著。总体来说，美国的技术进步对就业扩大的正面影响更大一些。

第二次世界大战后随着第三次科技革命成果的应用，资本主义经济中技术更新的速度加快，资本有机构成的提高也相应加快，以美国制造业为例，从 1947 年到 1984 年，固定资本净存量增长了 268%，按固定资本计算的资本技术构成提高了 192.4%，与此同时，职工人数仅增长了 26%。③ 这说明资本对劳动力的需求因技术的采用而相对缩小了。另外，从资本生产率和劳动生产率的对比中也可以看出技术进步的方向是节约劳动型的还是节约资本型的，后者对就业的影响是正面的。实际上，资本有机构成等于劳动生产率与资本生产率的比值。表 10-3 是一些主要资本主义国家 1960~1997 年劳动生产率和资本生产率的数值，可以发现，资本生产率在大多数时期都是负值，只有美国、法国、意大利在 20 世纪 60~70 年代出现过正值。证明资本主义经济中节约资本的技术应用不多见，一般采取节约劳动的技术，这会减少劳动力的需求。当然也不能绝对地认为劳动生产率越高，失业率越高。因为劳动生产率高的国家具有国际竞争力，在工人工资

---

① 参见 Marco Vivarelli, *The Economics of Technology and Employment*, Edward Elgar, 1995.

② 一般而言，经济增长率高的年份，失业率低，即两者存在着反向关系，而劳动生产率与经济增长率之间又存在着紧密的关系。由于我们主要分析技术进步对就业的影响，所以劳动生产率是我们考察的重点，而把经济增长率的影响作为补偿机制中的重要部分来分析。

③ 高峰：《资本积累理论与现代资本主义》，南开大学出版社 1991 年版，第 179 页。

提高的幅度不超过劳动生产率提高的幅度时，可获得大量利润，如果用于再投资，就能扩大对劳动力的需求。日本在经济起飞阶段就是如此，它的劳动生产率较高，资本生产率较低，但失业率较低。

表 10-3 各国生产率的年均增长率 单位:%

	劳动生产率			资本生产率		
	1960~1973 年	1973~1979 年	1979~1997 年	1960~1973 年	1973~1979 年	1979~1997 年
美国	2.6	0.3	0.9	0.4	-0.5	0.0
日本	8.4	2.8	2.3	-2.3	-3.6	-2.0
德国	4.5	3.1	1.2	-1.4	-1.0	-0.7
法国	5.3	2.9	2.2	0.6	-1.0	-0.5
意大利	6.4	2.8	2.1	0.5	0.3	-0.5
英国	4.1	1.6	1.7	-0.3	-1.4	0.0
加拿大	2.5	1.1	0.9	-1.9	-2.6	-3.8

资料来源: *OECD Economic Outlook*, June 1998, p.284.

由于资本主义经济中存在的固有矛盾，各种补偿机制之间存在矛盾，因而补偿不可能充分实现。[①] 以投资需求为例，投资补偿有赖于利用获得的利润，进行迅速再投入。投资要足够的大，这又涉及技术进步收益在工人和资本家之间的分割问题，从而形成矛盾：消费需求增加要求收益更多地向工人倾斜，否则产品的价值实现就成为问题，而投资需求增加又要求利益更多地向资本家倾斜。看来，两种补偿机制不可能同时充分实现。而且投资的补偿还要求投资不存在时间的滞后，但这一条件基本上是不现实的。由于对未来的预期不确定，资本家很难迅速增加投资，如凯恩斯所言，投资不足也是西方国家经常发生的问题。另外，如果新的投资过程又伴随着技术变动，形成的是资本密集程度更高、技术更新的项目，则就业补偿的能力更加微弱。马克思认为，资本积累的常态是资本有机构成的提高，即资本密集程度不断扩大。这一技术特征被以后的经济发展历史所证实。

二、就业和失业的结构性特征

产业结构的变化要求劳动力能够进行跨行业的就业转移，如果由于技能等原因存在转移障碍，就会形成结构性失业。这里的结构变化不仅包括三大产业之间

---

① 具体参见第三章第四节的分析。

的变化，也包括三大产业内部的变化。就业结构在一定程度上决定着失业的结构，制造业中一些传统产业的就业增长缓慢，并且容易受经济周期的冲击，结构性失业的数量较多，而新兴产业部门的就业比较稳定。

从美国第二次世界大战后发展来看，就业结构主要表现为非农产业内部的变化，第二产业比重下降、第三产业比重上升以及它们各自内部的变化，这都会给失业带来冲击。从表10-4中可以看出美国就业结构的变化。美国就业人口中农业部门的比重不断下降，从1947年的13.8%下降到2005年的1.6%。农业工人如果在城市中找不到工作，就会形成失业人口。下降幅度在20世纪50~70年代尤为明显，1950年农业部门的就业比重为12.2%，1960年为8.3%，1970年为4.4%，这意味着在每个相邻年份都有较大的变化，从而导致结构性失业的上升。①

同样，在非农产业的内部，也发生了较大的就业结构变化。第二产业的就业比重缩小，第三产业的比重上升。在非农产业中，第二产业的就业比重从1960年的35.3%下降到2009年的14.2%，下降了近20%，而第三产业的就业比重则从1960年的64.7%上升到2009年的85.8%。在20世纪80~90年代，第二产业就业比重下降的幅度尤其大。

在第二产业内部，主要是制造业的就业比重下降非常突出，从1960年的28.4%下降到2005年的10.7%。在第三产业内部，就业比重上升较快的产业主要是教育卫生、商业服务、娱乐、金融，而贸易交通、信息等行业的就业比重却略有下降。

表10-4 美国非农产业的就业结构变化（1960~2009年）

年份	非农就业	第二产业	资源采矿	建筑	制造业	服务业	贸易交通	信息	金融	商业服务	教育卫生	娱乐	其他	政府
1960	100	35.3	1.4	5.5	28.4	49.1	20.5	3.2	4.7	6.8	5.4	6.4	2.1	15.6
1970	100	31.2	0.95	5.1	25.1	50.9	19.9	2.9	5	7.4	6.4	6.7	2.5	17.9
1980	100	26.8	1.2	4.9	20.7	55.1	20.3	2.6	5.6	8.3	7.8	7.4	3	18.1
1990	100	21.7	3.7	4.8	16.2	61.5	20.7	2.5	6	9.9	10	8.5	3.9	16.8
2000	100	18.7	0.5	5.2	13.1	65.5	19.9	2.8	5.8	12.6	11.5	9	3.9	15.8
2005	100	16.6	0.5	5.4	10.7	67.1	19.3	2.4	6.2	12.7	13	9.5	4.1	16.3
2009	100	14.2	0.5	4.6	9.1	68.6	19.1	2.1	5.9	12.7	14.7	10	4.1	17.2

资料来源：根据 *Economic Report of the President* 2011 计算。

---

① 在20世纪50~70年代，美国经济增长较快，周期性失业所占的比重并不大。

但是，第三产业的发展也不能脱离第一产业、第二产业，尤其是第二产业中的制造业。Greenhalgh 和 Gregory（1997）的研究表明，英国制造业就业的下降是解释英国失业增加的重要原因。① 因为制造业是产业结构的基础，它为国民经济提供技术支持，也对第三产业产生需求，更重要的是它具有很强的就业创造功能。

结构调整要求劳动者转换技能。从技能不匹配的方面来看，失业和空位同时存在证明了有不匹配问题。衡量不匹配的程度一般用贝弗里齐曲线（Beveridge Curve）来反映，横坐标为失业率，纵坐标为空位率，曲线越远离原点，不匹配程度越深，说明失业率与空位率同时上升。斯克卡特（Schettkat）计算了美国1963～1987年的贝弗里齐曲线，认为从1963年到1982年，曲线有一种向右移的趋势，说明不匹配的程度在加深，而1982年以后又开始向左移动② 。但不管怎样，空位率都大大低于失业率，空位率最高的年份也不到2%，而失业率在4%～11%，可见单纯用技能不匹配不能解释所有的失业问题。在资本主义经济中，失业是不可避免的，即使提高了工人的技能。据估计，部门变动引起的不匹配只能解释失业的25%～40%，虽然在有的历史时期可以解释得更多一些。

【案例】

深圳市失业和空岗并存

记者从今日召开的深圳劳动系统推进职业培训工作会议获悉，深圳每年急需中、高级技能人才3万余人，而每年的培训能力尚不足1万，缺口很大。

据了解，随着产业结构调整和市场经济的发展，深圳市技能人才队伍总量不足、素质结构不合理、供给渠道不畅、培训能力不强的矛盾日渐突出，已在一定程度上影响和制约了深圳经济的发展。深圳技能劳动者仅占社会劳动人口的28.83%，在深圳常住劳动人口中，具有技师、高级技师资格者所占比例仅为0.04%。在深圳技能劳动者的技术等级比例中，高级工以上占5.6%，中级工占19.9%，初级工占75%，中、高级技术工人比例偏低，中级工比例比全国平均值低16.1%，高级工比发达国家低29.7%。

从技能人才岗位空缺调查情况来看，近几年深圳市每年急需中、高级技能人才3万余人，而深圳社会职业培训机构和企业内职业培训机构80%以上不具备培养中、高级技能人才的能力，全市每年培训中级、高级技能人才的能力尚不足1万，缺口很大。与此同时，失业与空岗并存，近几年来，该市每年都有1万名失

① 参见 Philpott, J. (ed.), *Working for Full Employment*, Routledge, 1997.
② Schettkat, R., *The Labor Market Dynamics of Economic Restructuring*, Praeger, 1992, p. 129.

业员工需要再就业。这些失业员工，80% 以上没有参加过职业培训，无一技之长，实现再就业较为困难。

资料来源：宋毅、许芳：《深圳市失业和空岗并存》，《羊城晚报》2002 年 8 月 2 日。

技术进步不仅对劳动力需求的数量产生影响，而且还对劳动力的就业结构、劳动力的素质乃至身心都会产生影响，从而失业也呈现出结构性特征。马克思在工人与机器的斗争中也曾提到这些问题，在后来的马克思主义经济学家中，布雷弗曼和戈登对技术发展、劳动分工使资本主义劳动过程发生的质变做了深入、透彻的分析。这丰富了马克思经济学的就业理论。

布雷弗曼的著作《劳动与垄断资本》的副标题就是"20 世纪中劳动的退化"，它暗示了技术进步、劳动分工使劳动者的技能简单化，人们长期被束缚在只有细小操作的工作中，对工作产生厌倦，身心受到损害，这在垄断资本主义阶段表现得更为突出。布雷弗曼从管理的起源说起，认为管理的目的在于加强对工人的控制。有了管理，就有了对劳动的分工，这会达到提高生产率的效果，也能降低雇用劳动的成本，可见，分工既有其技术上的需要（生产率的提高），也有社会方面的需要（降低工资成本）。随着技术的应用，分工得到了更大的发展。技术的应用也被掌握在资本家的手中，成为其攫取利润最大化的工具。布雷弗曼谈到，"机器可能做到的事非常之多，其中不少可能性都被资本家故意地挫伤了，而不是发展了。"[1] 只有对资本家有利的可能性，资本家才乐于将其转化为现实，机器可以替代组织手段、纪律手段的性质会得到发挥与应用，而最先进的、对社会福利最大的机器却未必会被采用。虽然技术得到应用，但大多数工人的技能水平是下降的，只是作为简单的操作工人而存在。只有少数人控制着先进的技术，他们成为企业的领导层。而分工的细化又加强了工人对资本的从属关系，使其不敢轻易辞职，否则，就会面临失业的威胁。

分工和技术的发展也改变了工人内部的职业结构：企业内部的管理人员、办公室人员增多。这并不意味着这部分人的地位上升，也不意味着工人内部出现了分化。他们中的大多数人仍受资本家的控制，尤其是很多岗位由妇女从事，其工资甚至低于工厂中的蓝领。他们的出现只说明是为了适应分工细化的需要，管理部门本身也成为一个劳动过程，也需要控制。此外，布雷弗曼也分析了社会分工对工人阶级的影响。社会分工同样得到细化，它一方面促进了经济的快速增长，另一方面则造成了对工人潜能的束缚。

---

[1] 哈里·布雷弗曼：《劳动与垄断资本》（中译本），商务印书馆 1979 年版，第 207 页。

实际上，技术与分工不可能不对就业的数量产生影响，这种数量更多地体现在数量的结构方面。工作组织和劳动控制方式是决定充分就业与否的重要因素。资本主义经济中技术和劳动分工的发展是服务于资本的需要，所以常常会以牺牲劳动者的就业数量为代价。例如，"在科学技术革命的时代里，发展最迅速的大量职业部门是与科学技术关系最少的那些部门，机器的目的不是为了增加而是为了减少从属于它的工人的数目。"① 这种看法与有机构成提高下的相对过剩人口理论是相吻合的，对所谓的补偿理论却是一个反击。此外，如上所述，分工使工人的技能受局限，也会影响他在其他部门的就业，这使结构性失业和技能不匹配增多。

第五节　寻找工作模型与摩擦性失业

要分析摩擦性失业，必须对劳动者寻找工作的行为和企业寻找劳动力的行为做深入了解。劳动者的寻找又分为非自愿失业（被解雇）的寻找和自愿失业（辞职）的寻找。

一、自愿失业寻找与非自愿失业寻找

本书第八章中给出了自愿失业寻找的工资决定公式，

$$W_c^* = \frac{\lambda P\ (W_c)\ \overline{W}\ (W_c)\ + r\ (b + B - C)}{r + \lambda P\ (W_c)}。$$

现在比较一下自愿失业与非自愿失业的寻找行为。自愿失业者闲暇的效用 b 较大，否则不会自愿失业。由于是有确定目标的寻找（否则其不会轻易失业），因而其应聘时成功的概率 λ 就会较大。自愿失业者也会有较强的物质基础（储蓄、借贷）作为寻找的后盾，因而其折现率 r 相对较低。这三种因素作用的结果是 W_c^* 偏高。另外，如果工人是自愿失业，可能会影响其获得失业救济，尤其是来自政府的部分，这样，B 就会降低。从而会部分抵消上述因素的作用，但不管怎样，自愿失业者的保留工资仍会高于非自愿失业者，只要非自愿失业者愿意就业，并且也在寻找工作。

对于中国的大部分非自愿失业者来说，闲暇的效用基本上是非正的，劳动力市场上信息不充分以及户籍制度的阻碍又加大了寻找成本，而失业救济金较少且

① 哈里·布雷弗曼：《劳动与垄断资本》（中译本），商务印书馆 1979 年版，第 340 页。

不稳定，这些都造成其保留工资较低。只要有合适的工作，失业者大多愿意接受。

上面的分析基本上是针对城市劳动力，下面比较一下中国农村劳动力、外出劳动力在保留工资构成和大小方面的不同。

首先，农村劳动力闲暇的效用 b 是负的，正因如此，他们才出来寻找工作。与城市劳动力相比，农村劳动力的收入低，储蓄额小。1998 年，农村居民家庭人均纯收入为 2162.0 元，而城镇居民家庭人均可支配收入为 5425.1 元，是农村居民的两倍多；2011 年，农村居民家庭人均纯收入为 6977.3 元，城镇居民家庭人均可支配收入为 21809.8 元，是农村居民的 3 倍多[1]。农村劳动力又没有其他的借贷来源，因此折现率 r 较高。此外，由于原有社会保障制度的缺陷，大部分农村劳动力没有失业保险或救济，因此 B = 0。

从信息摩擦来看，农村剩余劳动力要在城市寻找工作，与城市当地劳动力相比，实际的寻找成本（C）更大，而获得收益的不确定性也更高。寻找成本包括在城市寻找工作花费的时间与金钱、由农村向城市迁徙的成本，这部分迁徙成本不仅应包含往返路费，还应包括由于迁徙对农民精神上的影响，比如忍受背井离乡、思念亲人的痛苦，这部分成本对研究农村劳动力在城市的就业结果很重要，但却很少受到研究者的重视。由前面的结论可知，寻找成本越高，保留工资越低，从而会增加失业者离开失业状态的可能性。在收益的不确定方面，由于农村剩余劳动力在城市获得工作信息的来源狭窄，仍主要依靠从亲友那里获得，从而获得信息的数量有限，因此，以工资形式表示的可接受的空位的分布 P（W_c）缩小，即其可供选择的余地很少，从而获得工作收益变得不确定。另外，对于农村劳动力来说，他们大多缺乏劳动技能，获得具有可接受工资的空位的概率 λ 较小，除非是选择自我雇用。

所有这些因素都降低了他的保留工资，这也是农村劳动力在城市很少对工作和工资挑剔的原因。只要能获得稍微多的收入，他都愿意接受。

要更清晰地分析失业者如何走出失业，仅有保留工资是不够的，还要在此基础上对失业者的退出失业比率及失业期间进行分析，这样才能从动态的角度认识失业的变化情况。

寻找工作行为不能仅仅被看作是寻找高工资，它还是一个找寻空位的过程，对于非自愿失业者更是如此。从这一点来看，寻找是作为对工作配给（Job Rationing）的反应，这时的劳动力市场特征是供给大于需求。因此，强调劳动力市场供求状况对寻找行为的影响是重要的，它将微观寻找行为与宏观运行紧密地结

---

① 国家统计局：《中国统计年鉴》，中国统计出版社 2012 年版。

合起来。尽管如此，保留工资的研究意义仍旧存在。将工作配给引入上述保留工资公式的是 P′，即空位的概率，当 P′较低时，受空位的约束较深，失业者的保留工资就会降低，因而更易于接受工作。这时，其离开失业的概率是找到一个空位的概率与这个空位是可接受的概率的乘积，即

$$P'P\ (W_c)\ = P'[1 - F\ (W_c)]$$

从时间序列来看，失业期间的长短取决于寻找者的努力程度、雇主的雇用习惯以及空位的多少。反过来，另一个问题是随着失业期间的增加，失业者的努力程度是否会下降？即长期失业者获得工作并退出失业的可能性小。影响努力程度的因素主要是失业救济、失业获得闲暇的效用、失业者士气的挫伤（由于长期失业者获得工作机会的减少）。

失业救济可以提高保留工资，是否还会降低失业者寻找工作的努力程度呢？基本的观点认为会降低寻找工作的努力程度。失业期间对失业救济的弹性，大约是 0.2～0.9，具体大小取决于劳动力市场状况和各国的具体情况。英国 1979 年估计的弹性为 0.8，1985 年为 0.3。Meyer 对美国（1990）的弹性估计为 0.88[1]。Berg（1990）则从保险救济和福利救济两个方面估计，得出前者约为 0.15，而后者为 0.5[2]。尽管失业救济增加了失业期间，其对失业的影响仍未确定，特别是它只表明了失业者不愿努力寻找。至于失业救济是否对流入失业的人数产生影响，也值得分析，在本书的第二章劳动力供给中已经涉及。另外，在保留工资分析中也提到失业救济的影响，它会使保留工资提高，从而对失业造成间接影响。

失业救济并不是长期固定不变的，在很多国家，失业达到一定时间后就减少或取消救济，因此，它对失业期间的影响也会发生变化。Meyer（1990）认为，退出失业状态比率在失业救济快要到期前一段时间急剧上升。这种上升又包含失业者又被原来的雇主召回的情况。看来企业的召回政策与失业救济体制有关系，企业很可能利用这一体制来"搭便车"。此外，不同人对失业救济反应的敏感程度不同，年轻人和低技能的失业者对其更敏感，更易受其变化的影响。

失业者努力程度的下降也来自其对获得就业失去信心。这里要分析随着失业期间增加，长期失业者的就业机会越来越少。主要是因为失业者的技能贬值、雇主的歧视造成。首先，如果失业者长期不工作，其原有的技能熟练程度会减退，甚至会丧失部分技能，而且他对于技能的新发展、新方向也缺乏了解。长期失业也会造成一个人组织纪律性、合作精神、进取精神的衰弱，从而影响其被再次雇

① Meyer, B. D. Unemployment Insurance and unemployment Spells, Econometrica, 1990, 58 (4): 757－782.

② Berg G. J., Seach Berhaviom, Transition to Non－participation and the Duration of Unemployment, Economic Journal, 1990, 100: 842－865.

用。其次，排除上述失业者技能贬值的可能性，许多雇主仍对长期失业者抱有歧视态度。他们常将失业期间长短作为衡量一个应聘者素质高低的一项标准，"失业期间长"传达给雇主的信号即是能力低，这在信息不对称、没有更好的办法去甄别应聘者才能的情况下尤为如此。在长期失业者离开失业状态比率低的原因分析中，有人仅强调失业者个人特征的差异，没有将随时间推移、离开率自身有不断下降的趋势作为一种规律来解释。下面具体分析。

假设仅存在失业者个人特征的差异，离开率不依赖于失业时间长短。$h_i = C_i \bar{h}$，C_i 反映失业者特征，而 $\bar{h} = h\left(\dfrac{V}{CU}, 1\right)$ 表明劳动力市场状态。比较两种类型的市场状态，一种是市场繁荣，就业机会多（$\bar{h} = \bar{h_1}$）；另一种则是市场衰退（$\bar{h} = \bar{h_2}$）。假设没有失业时间依赖，市场衰退时长期失业者增多，但失业者的平均素质应与市场繁荣时相同。i 类型失业者在两种状态的离开率分别为 $C_i \bar{h_1}$ 和 $C_i \bar{h_2}$，平均失业期间为 $1/C_i \bar{h_1}$ 和 $1/C_i \bar{h_2}$。每一类型的存量等于流入量乘以失业期间，假设流入量的结构不变，则每一类型失业者占总失业者的比例不变，即平均素质不变。变化的仅是离开率下降 $\bar{h_2}/\bar{h_1}$，对于新进入者的离开率 h_N 而言，也是如此，因此，$\dfrac{h}{h_N}$ = 常数。

实际情况如何呢？英国从 1969 年到 1988 年，整体离开率降低了 5/6，而新进入者的离开率下降 1/2，因而 h/h_N 下降 60%，这接近于努力程度下降的 65%，因而，平均寻找努力程度因长期失业的存在而下降。也就是说，特征差异不足以说明离开率 h/h_N 的下降，或者说若仅是存在特征差异，h/h_N 应为常数，即经济繁荣时同比例上升，衰退时同比例下降。所以仍存在着时间依赖的影响，新进入者的离开率总是比平均离开率高，更高于长期失业者的离开率。同样，单纯的时间依赖也不能解释问题的全部，必须辅之特征差异。如表 10－5 所示。$\hat{C}/C_N$ 也不是固定不变的，且其与 h/h_N 变化方向基本一致，这说明了特征差异的解释力量。

表 10－5　英国男性失业者的离开率（1969～1988 年，以 1984 年为 100）

年份	整体离开率（h）	新进入者离开率（h_N）	h/h_N	$\hat{C}/C_N$
1969	597	255	234	282
1974	532	242	220	266
1979	231	167	138	154
1984	100	100	100	100
1988	139	128	109	104

资料来源：Layard, R., N., Stephen and J. Richard, *Unemployment: Macroeconomic Performance and Labor Market*, Oxford University Press, 1991.

可以看出，英国 1969～1988 年的统计数据表明，短期失业者退出失业的比率高于长期失业者，究其原因既有特征性差异（短期失业者的技能高于长期失业者），又有时间性因素（长期失业者丧失信心，寻找努力下降）。从我国的情况来看，我国 1996 年失业者中失业期间达一年以上的占 31.2%，半年以上的占 59.9%，1998 年失业半年以上的失业者占失业总人口的 59.65%，远远高于西方国家的水平。长期失业者比率过高的原因：随着时间的延长，失业者自身士气受到挫伤。此外，厂商的雇用习惯（弹性工作制不普遍）以及失业者的就业观念（不愿意做零工）也使得失业问题长期得不到解决。

二、实证分析

实证分析失业者的寻找工作行为，要从其寻找工作的努力程度、保留工资、折现率、对工作的挑剔程度等几个方面来考察。

表 10-6　英国男性失业者的寻找努力程度（1978～1979 年）　　单位:%

时间、金钱	失业 6 周	失业 16 周	失业 12 个月
花费时间（小时/周）			
5 小时以下	46	50	64
6～9 小时	18	20	17
10 小时以上	36	30	20
平均小时数	6	5	4
花费金钱			
0 镑	22	24	42
1 镑以下	29	35	34
1～3 镑	28	26	18
3 镑以上	21	15	6
平均花费金钱	1	0.75	0.25

资料来源：Layard，R.，N.，Stephen and J. Richard，*Unemployment*：*Macroeconomic Performance and Labor Market*，Oxford University Press，1991.

从表 10-6 可以看出，随着失业时间的延长，失业者花费在寻找工作上的时间与金钱都逐渐减少。在不去寻找工作的工人中，有一部分是期待被原来的雇主重新召回，因而认为寻找没有必要。而另一些人不寻找工作则是需要进行教育、再培训等。还有，英国 1986 年享有失业救济的人群中有 26% 的人在被调查前一个月没有去寻找工作。

在寻找方式的类型上，英国的失业寻找主要通过中介机构——报纸、职业介绍所等。而美国 1990 年的统计调查显示，70% 的失业者通过直接与雇主见面来寻找工作，这种寻找方式的效果往往好于其他方式。

有了职位空缺的信息，劳动者要去应聘，但他们参加多少次应聘呢？英国对 1978 ~ 1979 年失业达 4 个月的劳动者进行调查，结果为平均每月应聘一次；1987 年的统计显示每月 3 次，这时的市场环境是全国的整体失业率提高。而美国对 1976 年失业达 4 周的劳动者调查结果显示为平均每月应聘 8 次。寻找次数的差异与美国失业者直接快速与雇主见面有关，但这并不能解释差异的全部。

另一个问题是找到工作者很快又会失业。英国在 1978 年 40% 的失业者在寻找到工作后的 12 个月内再次失业。1987 年，41% 的失业者找到工作后 9 个月内至少失去一次工作，其中 22% 的人失去两次，8% 的人失去三次（经历至少两次失业期间），这主要与失业者不利的人力资本优势以及雇主主观上对失业者的歧视有关。有人将这部分不断失业者叫作"永久的临时工"（Permanent Temporariness）。

要将失业者对未来的预期收益反映在现在，需通过一个折现率来计算，而这一折现率如何确定？这里，如果失业者有金融资产或可以从资本市场上借贷以保持其消费水平，则折现率相对较低，否则就较高。英国 1987 年的资料显示，有一半的失业者在开始失业时没有储蓄。年轻人的储蓄很少，一旦失业，其消费水平就会受到影响，所以他们的折现率较高。

工人接受工作与否的挑剔程度与哪些因素有关呢？是不愿去新的行业、职业？还是保留工资不能得到满足？甚至是工作场所与家庭住址之间交通不便？在接受工作与否方面，大多数人会接受寻找过程中的第一次机会，美国 1976 年的统计调查说明仅有 8.5% 的寻找者拒绝了为其提供的工作。Daniel 的研究表明，非体力劳动者拒绝的可能性更大。短期失业者比长期失业者更有可能拒绝，英国 1980 年 6 月的调查发现，12% 的失业者在至少 16 个月的寻找期间拒绝过一份工作，而仅有 4% 的人在以后的 15 个月内仍旧拒绝。

从中国的情况来看，首先在职寻找的比例逐渐上升，即在劳动力市场上寻找工作的人有一部分是拥有工作的在职者，他们希望获得更满意的工作。这反映了我国劳动力的流动性在增强。这有利于资源的优化配置，也有助于降低失业率。因为，如果在职寻找不可能，那么，劳动者要求初次就业一步到位，直至找到满意的工作才就业；或者自愿失业去寻找，结果都会加大就业的难度。天津市人事局 1998 年 11 月对全市专业技术人员的抽样调查显示，在被调查对象中，今后两三年内想调动工作的占 13.74%，不想调动的占 63.67%，不确定的占 22.60%。被调查者想离开现单位的原因主要有：收入太低，占 37.2%；没有接触新知识、新技能的机会，占 16.04%。当重新选择单位时，最看重的因素主要是：收入高，占 33.63%；有发展机会，占 17.31%。[①] 可见，人才流动的趋势在加强，而收入是流动的主要动因，这验证了保留工资分析的有效性。从表 10-7 可以看出，非户口迁移人口就业转换比较频繁，从事现在工作的时间最短，因此摩擦性失业的可能性较大。而户口迁移和常住人口就业相对稳定，从事现有工作的时间较长。

表 10-7　不同类型经济单位员工的工作转换及相关因素（广州）

	人数（人）	转换工作次数（次）	从事现在工作时间（年）	参加工作时间（年）
合计	1195	2.75	4.1	11.15
非户口迁移	700	2.84	2.24	11.07
户口迁移	257	2.41	3.55	17.42
常住人口	238	2.84	9.89	11.50

资料来源：李玲、C. Cindy Fan：《社会经济结构转型期迁移与非迁移人口的工作选择与转换——广州劳动市场初步研究》，《人口研究》2000 年第 2 期。

在寻找的途径方面，不同于西方国家主要通过中介机构或直接与厂商见面，我国的寻找方式中通过关系介绍占较大比重。李玲和 Fan（2000）1998 年 7～8 月在广州对 911 份非户口迁移人口、300 份户口迁移人口和 305 份常住人口进行问卷调查，其中获得目前工作的主要途径和信息来源的情况如表 10-8 所示。

表 10-8　取得目前工作的主要途径、信息来源（广州）　　　　单位:%

流动人口		户口迁移	常住人口	
主要途径	自己联系	87	64	56
	单位招聘	8	22	24
	组织分配	0.7	9	19
信息来源	亲友介绍	78	54	52
	媒体广告招聘	9	15	12
	劳务市场中介	5.8	6.3	4

资料来源：李玲、C. Cindy Fan：《社会经济结构转型期迁移与非迁移人口的工作选择与转换——广州劳动市场初步研究》，《人口研究》2000 年第 2 期。

一方面，自己联系工作成为就业的主要途径反映了我国劳动力就业的市场化程度在提高，尤其对于流动人口来说更是如此；另一方面，就业的信息来源仍主要靠亲友关系介绍，这说明就业的信息流动是不充分的，劳动力中介服务机构没

---

① 张再生：《人才流动态势及影响因素分析——以天津市为例》，《人口学刊》2000 年第 1 期。

有发挥应有的作用。毕竟在亲友关系中获得的就业信息，就其数量和质量来说，远远不能与专业的中介机构拥有的信息相比。通过亲友介绍是在流动人口（打工者）中普遍采用的就业途径，且也凭借其优势发挥了重要的配置劳动力的作用。但随着就业规模的扩大，劳动力市场化的程度不断加强，这种方式已经不能适应经济发展的需要，不可能成为最主要的就业途径。

另外，随着互联网技术的发展，网上招聘也逐渐兴起。它能够充分发挥网上信息广泛、更新速度快的优点，克服传统劳动力市场上的信息摩擦。但网上招聘并不能独立存在，否则，会出现信息不真实、不安全等问题，它应该作为传统劳动力市场招聘的辅助手段。

事实上，在我国一些地区，劳动力中介机构、人才市场正发挥着越来越重要的作用。以下岗失业问题严峻的 20 世纪 90 年代为例。天津市 1998 年末有职业介绍机构 203 家，进场求职 247.2 万人次，达成意向 49.7 万人次，成功率为 20.1%。① 天津市北方人才市场从 1995 年到 1998 年 10 月共举办人才集市和人才招聘专场 364 场，进场应聘人才数达 704271 人次，市场达成流动意向 278333 人，市场洽谈成功 66366 人。② 但是，仍有不少中介机构提供虚假就业信息，骗取劳动者钱财。为此，《天津市人才流动条例》规定："人才流动中介服务机构提供虚假信息的，由市或者区、县人事行政管理部门给予警告，并可处以 5000 元以下罚款；情节严重的，吊销其许可证；给当事人造成损失的，应当依法承担赔偿责任。"另外，对人才流动服务机构的资质提出了要求："设立人才流动中介服务机构，须具备以下条件：①有规范的名称、固定的活动场所和必要的设施；②有不少于 20 万元的注册资金；③申请的业务范围、活动内容要符合有关法律、法规的规定；④具有健全的管理制度和章程；⑤专职工作人员不少于 5 人，须具备大学专科以上学历，并取得人才流动业务培训合格证书；⑥能够独立承担民事责任。"

从离开失业比率来看，1998 年，全国的失业人员为 1031.8 万人，失业人员就业人数为 413.35 万人，离开失业比率为 40% 左右。在辽宁、四川等省，离开失业比率更低，只有 30% 左右。从失业期间来看，1998 年，在全国登记失业人员 571.28 万人中，失业时间小于 6 个月的为 230.50 万人，大于 6 个月的为 340.78 万人。失业期间较长说明我国失业问题不能得到较好解决。

从失业救济的覆盖面来看，只有很少的一部分失业者能够领取失业救济，例如天津市 1998 年年末下岗职工累计 38.91 万人，只有 6.36 万人领取了失业救济。并且，失业救济的金额也较少。这样，失业救济就基本上不会对寻找者的保

① 天津经济年鉴编委会：《天津经济年鉴》，天津人民出版社 1999 年版。
② 张再生：《人才流动态势及影响因素分析——以天津市为例》，《人口学刊》2000 年第 1 期。

留工资产生实质性的影响。

在劳动力市场上对不同职业的工资水平按照市场行情进行公布，有利于劳动者获取更多的信息。因为以往劳动力市场或中介机构很少将工资列入就业信息范围内，而工资是寻找者最关注的问题。天津市在 1998 年公布了 1997 年 30 个工种的劳动力市场价位表，为供求双方提供了更多的指导，有助于降低劳动力市场上的摩擦。

从企业的寻找来看，空位产生的数量以及企业寻找的努力程度不仅仅与企业的需求有关，而且由于信息、制度因素的影响，空位产生的数量缩小了，企业寻找的积极性降低了，这些都不利于失业的减少。而由此形成的均衡失业率和劳动力市场上的均衡工资，由于存在信息和制度的摩擦，并不能真实反映市场的供求状况。

三、关于自然失业率

自然失业率理论是主流经济学家提出的，马克思主义经济学者对这一理论进行了批评。自然失业率理论强调这种失业是经济中不可避免的，是正常现象，即使经济实现了理论意义上的充分就业，也会有一定量的失业存在。失业如果是自愿的，也就不能通过政策来消除。如果是这样的话，资产阶级就能够掩盖资本主义经济中的矛盾和危机，把失业看作是正常现象，它不是由制度缺陷所造成的，政府和企业不需要也没有义务去为降低这一类型失业而努力。一般认为，自然失业率包括摩擦性失业与结构性失业[①]，它们都与劳动供给结构有着密切的关系。

摩擦性失业主要是由于劳动转换需要经历一定的时滞，包括劳动者的寻找行为和企业的雇用行为。如果劳动力市场是完善的，信息可以自由流动，则摩擦性失业可以基本不存在。西方主流经济学者一般从劳动力市场的制度结构和劳动者自身的特征来说明摩擦性失业。例如，如果法律上存在着严格的解雇限制，就会导致企业雇用行为的低落，劳动者寻找的摩擦就会加大。而年轻人和妇女的就业行为尤其会出现短期化的现象，因而更容易成为摩擦性失业者。其实，摩擦性失业者并不完全是自愿失业者，它的产生受制度结构的影响，但远不是解雇限制这样的制度，而是更深层的制度。例如，为什么年轻人和妇女劳动转换率高、易于流动？他们是自愿的吗？其实不然，这取决于资本对这两种类型劳动力的需要。马克思对妇女和儿童的劳动有精辟的论述，认为他们是资本主义使用机器后首先考虑的雇用对象，是资本主义劳动的补充力量，使工人家庭全体成员都受资本的直接统治。也因为此，成年工人的劳动力价值可以降低，因为其他家庭成员都走

---

① 也有将自然失业率称为"无加速通货膨胀的失业率"、"无加速工资增长的失业率"或者直接称为"结构性失业率"（包括由劳动力市场结构所导致的摩擦性失业）。

向劳动力市场，成年工人的工资中不必包含抚养家庭的部分了。妇女和儿童是更容易剥削的群体，工资较低，在经济周期波动时可以随时解雇。由于这些原因，加上妇女和年轻人自身特有的特征（妇女生育、年轻人接受教育），使人们得出这样的印象：妇女和年轻人劳动流动性强导致摩擦性失业增多。而更深层的原因在于探讨资本主义生产为什么要将妇女和年轻人纳入雇佣大军。妇女劳动参与率在第二次世界大战后不断上升，一个很重要的原因是单靠丈夫一个人工作已经很难抚养家庭。解雇限制虽然对劳动力市场摩擦有影响，但是我们看到的却是一些有严格劳动保护的国家（例如北欧各国）其失业率很低，低于缺乏劳动保护和解雇限制国家的失业率。这说明劳动保护和解雇限制不足以解释摩擦性失业。

劳动力的技能结构问题会产生结构性失业，这也包含在自然失业率的范围中。有人认为因为技术革新是不可避免、经常发生的，所以因技术变动、技能不匹配而出现的失业也是正常的，是任何制度的经济社会都存在的。但是，如果技术被合理利用并存在充分的就业补偿机制，技术进步并不必然会带来结构性失业。但是在资本主义经济中，因为技术为资本所控制，且缺乏充分的补偿机制，所以技术进步会产生大量的结构性失业。这不仅仅与劳动者的技能有关，即使劳动者提高了技能，如果技术又进一步变化或者存在劳动力市场的分割（二元结构劳动力市场），失业也会经常存在。总之，无论是摩擦性失业，还是结构性失业，这些失业并不是自然现象，它们都是由资本主义内在制度结构所决定的。

早期人们认为，自然失业率是固定不变的，大致在6%。这样只要不高于6%的失业率都被看作是正常的，也不需要再降低。后来的学者认为，自然失业率是变化的，而事实上出现低于6%的失业率。美国在20世纪90年代自然失业率为什么会降低呢？有人把它归为劳动力供给结构的改善（年轻人所占比重下降，劳动者的技能提高），实际情况是，由于90年代的经济景气使得总体失业率下降（自然失业率与周期性失业率、古典型失业率之和），低于6%的自然失业率，这使原来固定不变的自然失业率理论不攻自破[①]。为了维护自然失业率理论，他们只好提出"自然失业率不是固定不变的"学说。这意味着在某一历史时期是"自然"的失业率，在另一时期就会变成"不自然的"，"自然"与否取决于政策需要，而劳动力市场的竞争程度与劳动力的供给结构并没有发生大的变化。当现实出现高失业率时，可以宣称"自然失业率上升了"来为政府开脱，这样自然失业率就成为一个"有力"的工具来维护政府的利益。当现实的失业率低时，可以宣称"自然失业率下降"，但更多的时候是说"政府的宏观经济政策有效，失业治理成功"。

---

① Pollin（1999）认为劳资力量对比的变化以及美国更大程度地融入全球经济是压低自然失业率的两大主要因素。参见郭懋安：《自然失业率论是掩饰阶级剥削的理论》，《国外理论动态》2000年第12期。

因为自然失业率的特殊政治意义和实践价值，主流经济学很重视对它的研究。后来，又提出"无加速通货膨胀的失业率"（NAIRU）的概念，让自然失业率与通货膨胀建立联系，来为资产阶级的宏观经济政策服务。在自然失业率水平以下，再降低自然失业率，会带来非常高的通货膨胀率。这样更给政府解脱责任提供了理由，一旦经济达到自然失业率水平（例如6%），则这一失业率不仅是正常的，不需要花力量降低它；而且如果努力降低它，不仅失业率不会有明显降低，还会带来副产品——严重的加速通货膨胀。也就是说，政府的任务是将失业率降到自然失业率为止即可，但是自然失业率的水平又是不确定的，取决于政府与主流经济学家的判断，他们于是将自然失业率为己所用。但是，经济现实却给予了有力的反驳。例如，美国对自然失业率的估计为6%～6.2%，按照自然失业率理论，当失业率低于自然失业率1%时，通货膨胀率会上升0.5%，那么从1994年8月到1996年8月，美国5.6%的失业率将导致0.2%的通货膨胀率上升（假定自然失业率为6%）。实际情况却是通货膨胀率在这个时期从2.9%下降到2.6%。

实际上，失业率一旦被降得很低，低于所谓的自然失业率水平（如果它存在），进一步降低失业率不会带来加速的通货膨胀，通货膨胀在失业率被长期压低的情况下上升幅度不会增加。传统观点认为，菲利浦斯曲线是凸形的曲线，同一水平的通货膨胀增加带来失业的减少呈现递减趋势，因而政府不愿意将失业率降得足够低，虽然他们能够做到。但是，如果菲利浦斯曲线是凹形的，同一水平的通货膨胀增加带来失业的减少则会呈现递增趋势。Stiglitz（1997）认为，菲利浦斯曲线可能是凹形的，实证分析也支持这一点。这与非对称价格调整一致，生产者可能向下调价，但不愿意向上调价，即使面对普遍上升的价格。这样，政府就会对治理失业有信心，能尽可能地将失业率降低。但这一思想还不可能被资产阶级政府所接受。

第六节　经济全球化与失业

20世纪80年代以来，经济学家对经济全球化与就业这一问题给予了关注。经济全球化给资本主义经济中的失业问题带来怎样的影响呢？下面简要从全球化的几个侧面来分析。

从发达国家产品出口来看，出口的扩大能够带来就业的增加，出口也是资本主义经济摆脱国内危机的重要途径。前面虽然提到，技术进步、劳动生产率提高会减少劳动力需求，如果进入开放的模型，结果会有所不同。若劳动生产率的提高能够提高本国的国际竞争力，则对本国就业的冲击就会减小。德国在20世纪60~80年代，劳动生产率的增长率高于美国，但其失业率比美国低。这除了因为伴随着生产率提高出现的国内需求增长以外，更因为生产率的提高增强了德国产品的国际竞争力，因而增加了对德国产品的国外需求。劳动生产率和失业率反向发展的情况荷兰在20世纪60~70年代也经历过。

但是为什么到了20世纪90年代，德国相对较高的劳动生产率却带来了比美国更高的失业率呢？从产品的国际竞争来看，德国产品的竞争地位相对下降，有人认为这与其劳动生产率增长缓慢有关，20世纪90年代，德国的劳动生产率增长率为1.95%，而60年代、70年代、80年代分别为4.26%、2.57%、2.10%。因此，德国的出口在90年代初期曾出现低增长和下降，由于德国经济对进出口的依赖程度较高，出口的下降势必会影响到本国就业的增长。而美国和荷兰却利用各种宏观经济政策保持了较强的经济竞争力。荷兰的低工资使得制造业生产的商品价格便宜，而配合着汇率贬值，其商品在国际市场上就具有较强的竞争力。通过出口的提高，使总需求得到扩大，这最终转化为服务业就业的增长。美国信息产业的高速增长提高了本国各行各业的生产率，1995~2000年，美国的劳动生产率年均增长2.15%，高于德国的1.76%。这既创造了国内的需求，也增强了国际竞争力，同时，出口赤字因为资本项目的大量资本流入而得到补偿[①]，资本的流入是以美国的货币政策和股市的繁荣为基础的。从本质上讲，美国经济更多地依靠国内需求，这是与德国以及荷兰的不同之处。

来自发展中国家的进口是否会带来发达国家的失业呢？从比较利益和长期发展的角度来看，发达国家的劳动者可以从消费来自发展中国家的廉价商品中获益。贸易保护无助于提高他们的国际竞争力。如果发达国家的劳动者能够迅速提升自己的技能，发展科技含量高的产品并出口海外，那么，发达国家劳动者和发展中国家劳动者都能从贸易与全球化中获得好处。Bhagwati（1998）从发展中国家出口商品的价格变化、发达国家国内需求等方面说明发展中国家的出口商品不会对发达国家劳动者带来负面影响。但是，这一理论却受到现实制度的约束。发达国家的劳动者，尤其是一些工会组织同样反对来自发展中国家的进口产品，反对发展中国家的低劳动标准。由于本国资本投向海外和来自发展中国家进口产品的竞争，发达国家劳动者的就业状况恶化，因而迁怒于发展中国家的劳动者。他们应该清醒地认识到，造成发达国家劳动者失业增加和工资下降的罪魁祸首不是南方和东方的廉价工人，而是从全球化中获利的大企业。

---

① 其中包括许多来自发展中国家的资本，而发展中国家由于缺乏资本，国内的失业问题比发达国家更严重。

来自发展中国家的移民是否会带来发达国家的失业呢？首先，取决于劳动力流动的规模大小，如果发展中国家的劳动者为追求更高的收入，大量进入发达国家的劳动力市场，而发达国家则由于劳动供给增加，在劳动需求不变的情况下，劳动者的平均工资水平会下降。如果工资不可调整，甚至会出现失业。如果向发达国家流动的劳动力规模较小，则不会对发达国家的失业造成多大的影响。其次，取决于劳动力的技能结构，即流动的是高技能劳动者还是低技能劳动者。如果从发展中国家流出的是低技能劳动者，则如上面所分析的那样，发达国家低技能劳动者的失业数量会增加。如果从发展中国家流出的是高技能劳动者，发达国家的经济则会受益于流入的高技能劳动者，由于高技能劳动者和低技能劳动者的互补性，发达国家低技能劳动者的就业机会还会扩张，失业率会下降。

但是，在目前的全球化过程中，劳动力跨国界流动受到很多限制。发达国家劳动者反对来自发展中国家的移民，认为是他们导致了自己收入水平的下降、失业率的上升。其实，流入发达国家的移民从总体数量上依然只占发达国家就业总量的一个很小比例，对劳动者的收入和失业影响不大。另外，高技能劳动者自不用说，即使是低技能劳动者，也并不一定就与发达国家的劳动者形成替代和竞争的关系，很大一部分是互补关系，这样，就不会对发达国家劳动者形成威胁。

除了产品进出口，许多发达国家的企业为寻找低的工资成本，纷纷在发展中国家进行直接投资。这意味着发达国家的劳动密集型产业被转移到发展中国家，同时，发达国家进行新的技术革新，发展新兴的朝阳产业，以增强本国的国际竞争力。但这种做法对发达国家的就业会产生怎样的影响呢？原来在劳动密集型产业就业的工人会大量失业，要能够转移到新兴产业中去，就需要进行技能培训。在经济全球化的背景下，对发达国家的失业问题应站在全球的角度来分析，而失业也就与资本积累的国际化进程，尤其是生产资本的国际化密不可分，更应该在全球资本主义生产体系的框架下探讨全球的失业问题，而不单单是局限于发达国家的失业问题。

第七节　失业的综合分析

下面综合考察第二次世界大战后发达国家的各种失业原因和失业类型。在已有的失业原因综合分析中，科恩（Coen）和希克曼（Hickman）将失业率分解为自然失业率、由需求不足引起的失业率以及由于工资过高引起的失业率（古典型失业），并计算了几个主要国家在 20 世纪 70~80 年代的失业率构成。德国与英国 20 世纪 70~80 年代的失业率主要是需求不足型的，自然失业率比重下降的幅度较大。在英国，由于工资不能灵活变动引起的古典型失业比重也不小。而美国恰好相反，自然失业率所占比重一直是首位，都在 50% 以上，其次为需求因素，而古典型失业几乎没有，这反映了美国劳动力市场上工资的竞争性。[①]

到了 20 世纪 90 年代，各国情况又都发生了变化，结构性问题日益突出，需求因素所占的比重很小。这里的结构性因素即是无加速工资增长的失业率（NAWRU），包括了结构性失业率和摩擦性失业率。实际失业率减去由于结构性因素造成的失业率，即为周期性失业率和古典型失业率。根据 OECD（1998）的资料，1997 年，英国、美国、丹麦、爱尔兰等国的失业完全是由结构性因素造成，周期性因素消失，甚至起相反的作用。[②] 这时，这些国家正处于经济繁荣阶段，周期性失业几乎不存在，也即这些国家的失业率接近自然失业率（可见，自然失业率从横向来讲也不是一个固定的概念，不同国家由于不同的制度特征，自然失业率的水平也不一样）。而对于瑞士、德国、意大利、法国这些欧洲大陆国家来说，其周期性因素仍占一定比重，虽然小于结构性因素的作用。

下面以美国为例，计算分析第二次世界大战后 1949~2004 年影响美国失业的主要因素。被解释变量为失业率，解释变量包括实际 GDP 增长率、劳动生产率（私人部门的小时产出增长率）、实际劳动成本增长率（以私人部门的小时劳动报酬为替代变量，扣除劳动生产率的增长率）。[③] 三个解释变量分别反映需求、技术和工资对失业的影响，对应于需求不足型失业、结构性失业和古典型失业。关于劳动生产率和实际 GDP 增长是否相关，即回归方程存在多重共线性的问题，可以对其进行检验。Ramanathan（2002）认为，如果回归系数显著、符号和大小是有意义的，而且变量是由于理论原因而纳入模型的，则即使存在多重共线性，也可以安全地把它保留下来。[④] 下面的回归分析中，劳动生产率和实际 GDP 增长率基本满足这些条件，所以可以不必过分担心多重共线问题。

这些变量中只有实际 GDP 增长率是平稳的，对其他变量差分后进行回归，结果如下：

$$DUNEM = 1.314 + 0.072 \times DPROD - 0.057 \times DWAGE1 - 0.373 \times RGDP$$

$$\qquad\quad (11.323) \qquad (1.866) \qquad (-1.667) \qquad (-13.279)$$

$$R^2 = 0.813$$

---

① Coen, R. M., and B. G., Hickman, "Is European Unemployment Classical or Keynesian", *American Economic Review*, 1988, 78 (2): 188 - 193.

② 如我们上面对自然失业率分析的那样，这里的结构性失业也被过分夸大了，即使在经济繁荣时期，需求不足的问题仍然存在。

③ 资料来源: Economic Report of the President 2006, 1990.

④ 拉姆·拉玛纳山:《应用经济计量学》，机械工业出版社 2003 年版，第 145 页。

　　差分后的回归分析表明，实际 GDP 增长率对失业率影响显著，每增长 1%，失业率下降 0.37% 。这说明需求扩大对解决失业具有一定作用。而劳动生产率和失业率同方向变化，说明由于补偿机制的不完善，技术变化会对失业产生不利的影响。但影响系数不大，且结果只在 10% 水平内显著。如果技术进步推动经济增长，则可以扩大就业。工资增长率和失业率反方向变化，工资增长率上升，失业率下降，这反驳了工资过高导致失业的观点，但工资对失业的影响更小，且不显著。

　　长期中失业率和经济增长、劳动生产率以及工资之间是否存在稳定的关系呢？需要进行协整检验。建立向量自回归（VAR）模型，根据 Schwartz 准则，最佳滞后期为 1 期，并进行协整检验，结果表明四者之间存在协整关系，且有两个协整关系。进一步建立向量误差修正模型，根据 Akaike 和 Schwartz 准则，最佳滞后期均为 1 期。

　　包含两个协整关系的失业误差修正模型表达式：

$$D(unem) = -0.359 \times (UNEM(-1) + 0.879 \times RGDP(-1) - 0.398 \times WAGE1(-1) - 7.43) + 0.232 \times (PROD(-1) - 1.160 \times RGDP(-1) + 0.255 \times WAGE1(-1) + 0.700) - 0.930 \times D(UNEM(-1)) - 0.038 \times D(PROD(-1)) + 0.071 \times D(RGDP(-1)) - 0.037 \times D(WAGE1(-1)) + 0.028$$

　　从而得到两个长期的协整关系分别为：

$$unem = 7.43 + 0.398 wage1 - 0.879 rgdp$$

$$prod = -0.7 + 1.16 rgdp - 0.255 wage1$$

　　第一个长期协整关系反映的是失业率与工资、实际 GDP 之间的关系，解释变量的系数正负号符合经济含义，对失业产生较大影响的是实际经济增长率。第二个长期协整关系反映的是劳动生产率和经济增长、工资的关系，系数符号也符合期待。可以看出，长期中，劳动生产率对失业的影响并不是直接的，要通过经济增长和工资变化来间接影响失业率。两个长期协整关系的调整系数分别为 -0.359 和 0.232。失业的调整速度为负值，表明上一期的失业率如果过高，则本期的失业率有下降的趋势。而上一期的失业率如果过低，则本期的失业率有上升的趋势，从而会向均衡的失业率（自然失业率）调整。劳动生产率正的调整系数说明其有自增强机制，也说明劳动生产率会对失业率变化带来正的冲击。

　　另外，运用主要发达国家的面板数据分析失业的影响因素。由于资料的统一性和可得性，分两段对 11 个主要发达国家（澳大利亚、加拿大、法国、德国、意大利、日本、荷兰、西班牙、瑞典、英国、美国）面板数据进行回归分析，分别为 1967~1990 年和 1991~2004 年，这两段时期也可以大致反映第二次世界大战后资本主义国家经济的变化：20 世纪 70~80 年代的高失业率和高通货膨胀率，

90 年代以后的经济复苏、新经济以及失业率的下降。

1967～1990 年的数据来源于 Historical Statistics OECD 1960－1980 年和 Historical Statistics OECD 1960－1990 年，回归结果如下：

DUNEM ＝0.633 ＋0.356 ×PROD ＋0.009 ×RWAGE －0.416 ×RGDP ＋1.002UNEM （ －1）

　　　　　（5.531）（14.127）（1.436）（ －18.012）（107.842）

R^2 ＝0.983

被解释变量为失业率，解释变量包括实际 GDP 增长率、劳动生产率（劳均 GDP 增长率）、实际劳动成本增长率（以制造业的劳动成本为替代变量，扣除劳动生产率的增长率）。回归结果发现，实际 GDP 增长有助于降低失业率，实际 GDP 每增长 1％，失业率下降 0.41％。劳动生产率的提高会导致失业率的上升，劳动生产率每提高 1％，失业率上升 0.35％，这说明 20 世纪 70～80 年代以来自动化技术的应用对就业产生较大冲击。工资上升也对失业率上升有轻微的影响，但不显著。此外，上一年的失业率会对当年失业率产生较大的影响。

根据 OECD Economic Outlook 2004 的数据，对 11 个主要发达国家（澳大利亚、加拿大、法国、德国、意大利、日本、荷兰、西班牙、瑞典、英国、美国）1991～2004 年的面板数据进行回归分析，结果如下：

DUNEM ＝0.524 ＋0.342 ×PROD ＋0.024 ×RWAGE －0.473 ×RGDP ＋0.994UNEM （ －1）

　　　　　（4.501）（11.423）（1.295）（ －18.909）（87.416）

R^2 ＝0.983

被解释变量为失业率，解释变量包括实际 GDP 增长率、劳动生产率、实际劳动成本增长率（私人部门劳均报酬增长率减去劳动生产率增长率）。发现实际 GDP 增长有助于降低失业率，实际 GDP 每增长 1％，失业率下降 0.47％。劳动生产率的提高会导致失业率的上升，劳动生产率每提高 1％，失业率上升 0.34％，这说明 20 世纪 90 年代以来的信息技术革命对就业产生较大的冲击。工资上升也对失业率上升有轻微的影响，但不显著。此外，上一年的失业率会对当年失业率产生较大的影响。

本章小结

- 各主要发达国家在 20 世纪 70 年代以后失业率都出现了上升，不仅表现为就业者在特定年份经历失业的可能性增加，而且表现为失业期间的延长。20 世纪 90 年代中后期，以美国为代表的少数国家失业率有显著的下降。

- 从失业的原因来看，失业有以下几种类型：古典型失业（工资过高）、需求不足型失业、结构性失业和摩擦性失业。结构性失业主要是由于劳动力供给和需求之间的技能不匹配造成的。摩擦性失业是由于劳动力市场的信息不充分和制度阻碍而使劳动者在寻找工作过程中要经历的一段失业期间。摩擦性失业不能完全被消除。

- 稳定状态的失业率是由就业、失业和退出劳动力市场之间的转换概率决定的。失业率的上升更多的是由失业时间的延长造成的。

- 由于隐含合同、效率工资、局内人和工会力量的存在，工资具有一定的黏性，不能像新古典经济学认为的那样灵活变动，工资会高于市场出清水平的工资，从而造成失业。工资黏性的产生是微观主体自主选择的结果，因而会长期存在，这也使得失业问题难以解决。

- 向右下方倾斜的菲利浦斯曲线（通货膨胀和失业之间的替代关系）在短期内成立，在长期中则很难成立。

- 结构性失业是由于劳动者的技能不能在产业间转移，在衰退产业失业的劳动者必须经过技能培训，才能在新兴行业中就业。如果存在着技能的不匹配，失业和空位就会同时并存。

- 劳动者寻找工作收益的增加会提高其要价，使得失业时间延长。而寻找成本的增加，则会降低要价，缩短失业时间。失业保险的存在会延长劳动者的失业时间，增大暂时性解雇的可能性。

- 经济全球化的发展，扩大了国际贸易和国际投资的范围，会对发达国家和发展中国家的就业产生影响。

本章主要概念

古典型失业（Classical Unemployment）

需求不足型失业（Demand – deficient Unemployment）

结构性失业（Structural Unemployment）

摩擦性失业（Frictional Unemployment）

稳定状态的失业率（Steady – state Rate of Unemployment）

自然失业率（Natural Rate of Unemployment）

工资黏性（Wage Stickiness）

菲利浦斯曲线（Phillips Curve）

技能不匹配（Skill Mismatch）

贝弗里齐曲线（Beveridge Curve）

失业保险（Unemployment Benefit）

思考题

1. 假设有100个失业者。失业期间的资料如下：

失业期间（月）	离开失业比率
1	0.6
2	0.2
3	0.2
4	0.2
5	0.2
6	1.0

（1）这100个失业者将经历多长的失业期间？

（2）失业者中有多大比例为长期失业（失业期间在5个月以上)？

（3）失业期间中有多大比例来自长期失业者？

（4）失业问题的本质是什么？过多的劳动者失去工作，还是过长的失业期间？

2. 如果政府准备提高失业保险的水平，某一产业现在按照效率工资原则支付给劳动者工资，以防止他们偷懒。这一政策会对该产业的工资和失业率产生怎样的影响？

3. 高学历劳动者的失业率低于低学历者，哪些理论能够很好地解释这一现象：寻找工作理论、结构性失业理论还是效率工资理论？

4. 有两个失业者，一个25岁，另一个55岁。他们有相同的技能，并且面对同样的工资支付分布。假设他们的寻找成本也相同，哪个失业者会有更高的工资要价，为什么？寻找理论是否能够帮助你理解为什么年轻人的失业率高于中老年劳动者的失业率？

5. 假设寻找的边际收益如下：$MR = 50 - 1.5w$，w 为现有工作提供的工资。边际成本为 $MC = 5 + w$。

（1）为什么边际收益与工资负相关？

（2）为什么边际成本与工资正相关？边际成本函数中的常数项的经济含义是什么？

（3）工人的工资要价会是多少？

（4）如果失业保险降低，寻找的边际成本提高到 $MC = 20 + w$，新的工资要价又为多少？

6. 名义工资为什么有向下的黏性？这一性质对于需求不足型失业的长期存在是否有影响？

7. 你认为自然失业率会怎样变化，上升、下降还是保持不变，为什么？

8. 实证分析中国的失业原因构成，自然失业率有多高？

9. 分析近年我国大学毕业生失业的原因。

10. 在中国，是否存在工资黏性问题？如果存在，它是否会影响失业问题？

课外阅读文献

1. Joseph Stiglitz, "Reflections on the Natural Rate Hypothesis", *Journal of Economic Perspectives*, 1997, 11 (1): 3 – 10.

2. Bean, C., R. Layard and S., Nickell (ed.), *The Rise in Unemployment*, Basil Blackwell, 1987.

3. Lang, K., and J. S., Leonard (ed.), *Unemployment & the Structure of Labor Market*, Basil Blackwell, 1987.

4. Shapiro Carl and Joseph Stiglitz, "Equilibrium Unemployment as Worker Discipline Device", *American Economic Review*, 1984, 74: 433 – 444.

5. Coen, R. M., and B. G., Hickman, "Is European Unemployment Classical or Keynesian", *American Economic Review*, 1988, 78 (2): 188 – 193.

6. 宁光杰：《失业问题研究——一个微观分析框架》，陕西人民出版社2004

年版。

    7. 凯恩斯：《就业、利息和货币通论》，商务印书馆 1963 年版。

    8. 厉以宁、吴世泰：《西方就业理论的演变》，华夏出版社 1988 年版。

附　录

劳动经济学的一些重要学术期刊

Journal of Labor Economics
Labor Economics
Quarterly Journal of Economics
Journal of Political Economy
Oxford Economic Papers
American Economic Review
Industrial and Labor Relations Review
Industrial Relations
Journal of Human Resources
International Labor Review
《劳动经济研究》
《劳动经济评论》

劳动经济学的相关统计资料、网站

Bureau of Labor Statistics　http：//www. bls. gov
Monthly Labor Review
Employment & Earnings
International Labor Organization

参考文献

1. George J. Borjas, *Labor Economics*, The Mcgraw – Hill Companies, 1996, 2013.

2. Ehrenberg, Ronald G. and Robert S. Smith, *Modern Labor Economics: Theory and Public Policy*, Harper Collins College Publishers, 1997.

3. McConnell, C. R. , S. L. , Brue and D. , Macpherson, *Contemporary Labor Economics*, The Mcgraw – Hill Companies, 2003.

4. Orley Ashenfelter and Richard Layard, *Handbook of Labor Economics*, Volume 1, 2, 3, Elsevier Science Publishers 1986, 1999.

5. Orley Ashenfelter and David Card, Handbook of Labor Economics, Elsevier, Volume4, 2011.

6. Sapsford David and Tzannatos Iafiris, *Current Issues in Labor Economics*, Macmillan 1990.

7. 樋口美雄：《劳动经济学》，东洋经济新报社1996年版。

8. 萨尔·D. 霍夫曼：《劳动力市场经济学》，上海三联书店1989年版。

9. 德里克·博斯沃思、彼得·道金斯、索尔斯坦·斯特龙巴克（1996）：《劳动力市场经济学》，中国经济出版社2003年版。

10. 曾湘泉：《劳动经济学》，复旦大学出版社2003年版。

11. 陆铭：《劳动经济学》，复旦大学出版社2002年版。

12. 蔡昉、都阳、王美艳：《中国劳动力市场转型与发育》，商务印书馆2005年版。

13. 宁光杰：《失业问题研究——一个微观分析框架》，陕西人民出版社2004年版。

后　记

　　本书是在 2007 年出版的《劳动经济学》（第一版）基础上修订而成的。第一版出版后，得到一定的好评，也存在一些错误和疏漏。经过 7 年的教学实践，有必要进行再版的修订。因为一些事情耽搁，这次修订前后花费了近两年的时间。

　　我希望本书能够培养学生建立对劳动经济学这个学科的兴趣，这是一件快乐而又有成就感的事情；也希望本书能对中国劳动经济学的发展贡献绵薄之力。

　　本书也要献给我的父亲宁金棠先生，本书修订过程中父亲因患胰腺癌去世，在与病魔斗争的两年时间里，他坚忍、刚强、不言放弃。希望他在天堂幸福快乐。父亲的在天之灵会指引我珍惜每一天，去劳动、去创造。

　　本书的出版得到南开大学教材建设基金的资助。我的学生雒蕾参与了教材的修订，尤其是帮助我绘制了教材中的图形，在此表示感谢。感谢妻子华慧一直以来对我工作的支持。感谢所有帮助过我的人。

　　也期待着读者的批评、指正。

宁光杰

2014 年 10 月

图书在版编目（CIP）数据

劳动经济学（第二版）/宁光杰编著. —北京：经济管理出版社，2015.4
ISBN 978 - 7 - 5096 - 3589 - 6

Ⅰ.①劳…　Ⅱ.①宁…　Ⅲ.①劳动经济学—教材　Ⅳ.①F240

中国版本图书馆 CIP 数据核字（2014）第 306759 号

组稿编辑：王光艳
责任编辑：王光艳
责任印制：黄章平
责任校对：王　淼

出版发行：经济管理出版社
　　　　　（北京市海淀区北蜂窝 8 号中雅大厦 A 座 11 层　100038）
网　　址：www. E - mp. com. cn
电　　话：（010）51915602
印　　刷：北京晨旭印刷厂
经　　销：新华书店
开　　本：720mm×1000mm/16
印　　张：21.5
字　　数：425 千字
版　　次：2015 年 6 月第 2 版　　2015 年 6 月第 1 次印刷
书　　号：ISBN 978 - 7 - 5096 - 3589 - 6
定　　价：58.00 元